Via
Media Publishing

Tutti i diritti riservati: Nessuna parte di questa pubblicazione, comprese le illustrazioni, può essere riprodotta o utilizzata in qualsiasi forma o con qualsiasi mezzo, elettronico o meccanico, comprese fotocopie, registrazioni o qualsiasi sistema di archiviazione e recupero delle informazioni (oltre a quella consentita dalle sezioni 107 e 108 del la US Copyright Law e fatta eccezione per i revisori per la stampa pubblica), senza il permesso scritto di Via Media Publishing Company.

Avvertenza: qualsiasi atto non autorizzato in relazione a un'opera protetta da copyright può comportare sia un'azione civile per danni che un'azione penale.

Illustrazione della Copertina Anteriore
Veduta di Montenero Val Cocchiara (IS). Fotografia di Michele Di Marco.

Prima Edizione - Italiano
© agosto 2020 Gruppo Albatros Il Filo S.r.l., Roma, Italia
copertina flessibile ISBN-13: 978-88-306-2473-3

Seconda Edizione - Italiano
© luglio 2022 copertina flessibile ISBN-13: 978-18-937-6593-1
Via Media Publishing, Santa Fe, New Mexico, USA
www.viamediapublishing.com • contact@viamediapublishing.com

Michele Antonio Di Marco

Mundunur

Un paese di montagna sotto l'incantesimo del Sud Italia

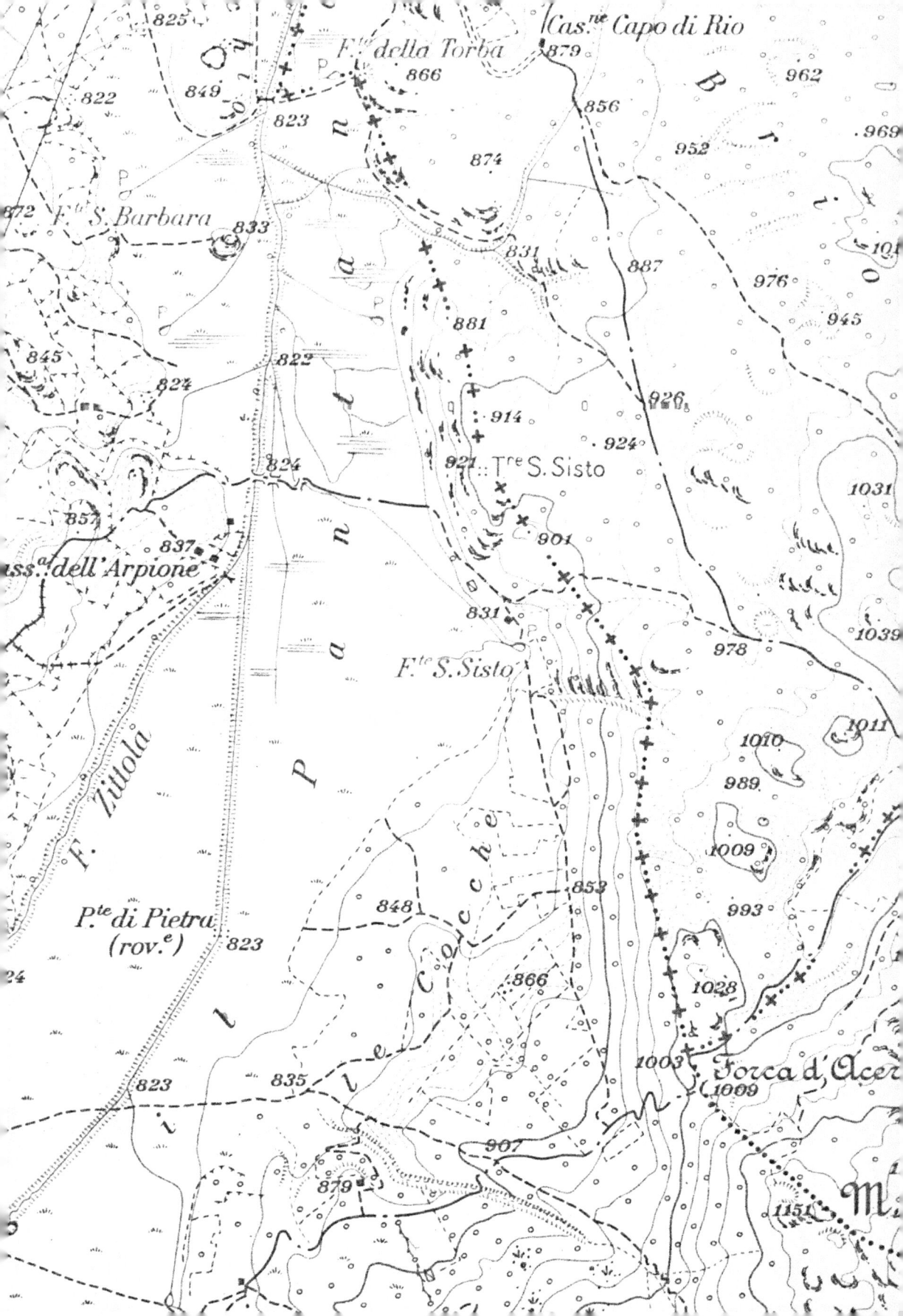

*Ai miei nonni, Michele Di Marco e Lucia Caserta,
e a tutti coloro le cui radici si trovano in quei
piccoli paesi come Montenero, a prescindere
dalla loro collocazione geografica.*

PREFAZIONE

"Qual era il lavoro dei miei antenati? Come si svolgevano le loro giornate, da mattino a sera, nel susseguirsi delle stagioni? Cosa penserebbero oggi di Montenero?"

Sono queste le domande che Michele Di Marco si pone da molto tempo, chiedendosi delle sue origini e di quella terra lontana che diede i natali ai suoi nonni. Michele Di Marco, nonno dell'autore, lasciò Napoli all'età di ventisette anni per unirsi alla moltitudine di suoi concittadini che si era già stabilita a Erie, in Pennsylvania, giungendo così alla Ellis Island il 25 agosto del 1920. Michele era originario di Montenero Val Cocchiara (Mundunur), un paesino del Sud Italia che, al momento della partenza del ragazzo, aveva sfiorato i 1600 abitanti. Oggi, la popolazione di Montenero è di appena cinquecento unità.

La storia di Montenero è simile a quella di tanti altri piccoli centri del Molise, una regione situata all'interno dell'area appenninica. Gli abitanti di questi luoghi montani sono stati per lungo tempo legati a un'economia di tipo agropastorale. La storia di Michele Di Marco è quindi comune a molti molisani e italiani che, tra gli ultimi decenni dell'800 e i primi decenni del secolo successivo, furono protagonisti di una grande ondata migratoria che, dai porti del Mediterraneo, giunse al continente americano.

Si potrebbe aggiungere che la curiosità dell'autore circa i propri avi è comune a molti altri discendenti di emigrati. Per ricostruire la genealogia familiare e scoprire i luoghi delle proprie origini ancestrali, è comunque necessaria una forte motivazione personale.

Ispirato dalle vite dei membri della sua famiglia, l'autore ha condotto delle ricerche sulla storia di quel piccolo paese nel lontano Molise di cui erano originari i suoi nonni. Fin da giovanissimo, Michele ha iniziato a raccogliere foto, cartoline, lettere e storie relative al paese raccontate dai nonni e da altri monteneresi. Ciò lo ha portato ad approfondire la sua ricerca, avvalendosi di articoli, libri e numerosi documenti d'archivio per saperne di più su quel "paese di montagna nell'incantevole Sud Italia". L'incipit del presente libro è quindi un resoconto autobiografico attraverso cui l'autore condivide il commovente viaggio emozionale dei primi contatti con i monteneresi residenti a Erie e in

Italia. Non mancano inoltre i suoi personali ricordi dei diversi sopralluoghi al paese molisano.

Il viaggio intellettuale di Michele trova il suo corrispettivo concreto nei numerosi viaggi da lui effettuati in Italia a partire dal 1979. Negli ultimi anni, Michele ha notato molti cambiamenti nella vita quotidiana di Montenero; in particolar modo, ha purtroppo osservato un diverso atteggiamento nella gente locale, adesso più diffidente che in passato. Malgrado la velata amarezza che sembra emergere dalle pagine, il desiderio dell'autore di lasciare un'opera valida alle generazioni future – che troppo spesso dimenticano o rimangano totalmente indifferenti alle proprie origini – è rimasto immutato.

Il presente volume soddisfa quindi pienamente quest'ultimo obiettivo. Attraverso una ricca bibliografia – anche specialistica – e numerose fonti archivistiche civili, ecclesiastiche, locali o di altra natura, Michele ricostruisce la storia di Montenero dalle sue origini ai giorni nostri, colmando un vuoto nella storiografia locale dovuto all'assenza di una monografia dedicata interamente a questa comunità molisana.

Il volume consta di sedici capitoli. Nei primi tre, l'autore illustra la storia della sua famiglia e il legame con Montenero, per poi proseguire con una carrellata storica dai tempi antichi fino ad oggi. L'autore non manca mai di fornire un contesto storico di riferimento, assicurandosi di spiegare ai lettori – che potrebbero non conoscere la storia italiana – le dinamiche e i processi storici che condizionarono le vicende dell'Italia meridionale nei secoli passati.

Alla fine del volume troviamo un'interessante e ricca appendice contenente i nomi dei sindaci di Montenero dal 1809 al 2015, e degli arcipreti dal 1600 al 2018. Questi elenchi, reperiti negli archivi municipale e parrocchiale del paese, consentiranno ai lettori originari di Montenero di riconoscere i propri avi e intraprendere così il loro personale viaggio nella storia di famiglia.

Chiunque leggerà questo libro non avrà difficoltà nel comprendere ogni aspetto della storia del territorio. *Mundunur: un paese di montagna sotto l'incantesimo del Sud Italia* è sì l'affascinante storia di un piccolo paese, ma è anche un interessante punto di partenza per la scoperta della storia centenaria del Molise e della sua interrelazione con il resto del Meridione. La dovizia di dettagli è ciò che contraddistingue il lavoro di Michele Di Marco.

Dottoressa **Valeria Cocozza**
Dottorato in Storia
Università del Molise

INTRODUZIONE

Nel 2014, al rientro dalla mia vacanza estiva in Italia, andai subito a far visita a un parente, Vincent Caserta, che mi disse: "Dovresti scrivere un libro su Montenero." Vincent sapeva che, oltre ad aver fondato una casa editrice nel 1999, avevo già scritto centinaia di articoli, possedevo una formazione accademica e amavo quel piccolo paese. Benché quest'ultimo punto giocasse certamente a mio favore, non ero comunque un esperto conoscitore di Montenero. Ma ho sempre voluto conoscere ogni minimo dettaglio riguardante il paesino di montagna in cui nacquero i miei nonni. A voler essere realistici, scrivere di un paese relativamente sconosciuto sembrava una cosa di poco valore che solo in pochi avrebbero trovato interessante. Ma uno studio dettagliato su Montenero e la sua relazione con il Meridione valeva forse un tentativo. Solo in questo modo sarebbe stato possibile fornire un quadro completo del paese. Inoltre, sentivo che la vita a Montenero nel corso dei secoli non è stata poi così dissimile da quella di molti altri paesi nel resto del mondo.

"Va bene, Vince," dissi. "Lo farò!"

Ben conscio dei miei limiti – non sono nato a Montenero e ho una scarsa padronanza dell'italiano – mi immersi comunque nel lavoro di ricerca. La documentazione in lingua inglese su Montenero, il Molise o l'Abruzzo – regione con cui il paese confina – non è molta. Nei decenni passati ho raccolto tutto il materiale, tra libri e articoli, che avesse qualche relazione con Montenero. Negli ultimi anni ho contattato alcune persone per chiedere se fossero interessate a scambiare eventuali consigli e informazioni, ma i risultati sono stati trascurabili. Ero quindi da solo.

Iniziai a cercare articoli, libri e video, sia in inglese che in italiano, che menzionassero Montenero. Internet ha facilitato le ricerche, permettendomi di reperire testi rari grazie al prestito interbibliotecario, e di scaricare ottimi articoli e libri da siti dedicati ai ricercatori accademici. La vicesindaco di Montenero, Carmen Marotta, è stata molto d'aiuto. Senza il suo contributo ci sarebbero state molte lacune nella storia del paese. Dalla Francia, Sandra Di Fiore Caserta mi ha mostrato Montenero come non sarebbe mai stato possibile senza la sua guida attraverso i vicoli e gli edifici del paese, il tutto accompagnato dai racconti tramandati di generazione in generazione dai più anziani.

Il capitolo 1 racconta la storia di un giovane italo-americano di seconda generazione cresciuto a Erie, Pennsylvania, attorniato da immigrati originari di Montenero e del sud Italia. Questo ragazzotto ero io. Molto spesso ascoltavo gli anziani seduti attorno al tavolo parlare di Mundunur, pronuncia dialettale di Montenero e nome che ho scelto per il titolo del libro proprio per la profonda risonanza che esso ha nei cuori di tutti i madrelingua. A quel tempo andavo al liceo e, cresciuto a pasta e fagioli e storie su Montenero, decisi di fare il mio primo viaggio in Italia, seguito poi da molti altri di cui parlerò in parte nel secondo capitolo.

Negli capitoli successivi andrete poi alla scoperta di Montenero, dalle sue origini fino ai giorni nostri. Inizieremo con uno sguardo ai movimenti delle placche tettoniche, avvenuti circa trenta milioni di anni fa, e alla graduale formazione del territorio peninsulare. Questo studio sulla formazione del territorio mostra la base, la terraferma sulla quale sarebbe poi stato fondato Montenero. Parleremo poi della flora e della fauna che popolarono l'attuale regione del Molise, determinando le condizioni di vita nelle sue aree montuose e fornendo i materiali necessari alla costruzione di abitazioni e strumenti, nonché gli animali da cacciare e i tipi di piante da raccogliere o coltivare.

Dopo questa panoramica su territorio, flora e fauna, è possibile figurarsi un ambiente vergine pronto ad essere occupato. I primissimi abitanti della penisola italiana comparvero più di settecento mila anni fa in un sito che dista circa trentatré chilometri dall'attuale Montenero. Fin dal Paleolitico, molti altri gruppi influenzarono il territorio e le genti di Abruzzo e Molise, tra cui Sanniti, Romani, Longobardi e Arabi. Poi, sul finire del X secolo, alcune famiglie decisero di stabilirsi nei pressi del pantano che si trova ai piedi di Montenero. Che i monteneresi di oggi non abbiano un'eredità genetica derivante da questi primi coloni?

Con l'arrivo dei Normanni dalla Francia e la conseguente trasformazione del sud Italia in regno, che portò all'instaurazione del feudalesimo, il Molise e la vita dei suoi abitanti subirono un grande cambiamento. L'impatto che tutto ciò ebbe nel Meridione è visibile ancora oggi a livello paesaggistico e architettonico, nonché nel carattere delle persone. Di conquistatori stranieri ce ne furono anche altri, tra cui Francesi e Spagnoli. Durante tutto questo arco temporale, Montenero crebbe lentamente come villaggio agricolo medioevale di proprietà di alcuni nobili, di cui è possibile trovare traccia in qualche edificio del paese, come Palazzo De Arcangelis del Forno e il Palazzo Baronale. Infine, nel 1871, avvenne l'"Unificazione", cioè la conquista del sud Italia da parte del nord, evento così brutalmente imposto che milioni di italiani decisero di emigrare.

La popolazione maschile di Montenero venne mandata a combattere la prima guerra mondiale, sottraendo così mariti e figli alle famiglie e al lavoro nei campi. Il secondo conflitto mondiale aggravò ulteriormente la situazione, soprattutto per l'occupazione di Montenero da parte delle truppe tedesche. Alcune delle atrocità commesse durante quel periodo non verranno mai raccontate. L'Italia è ancora in fase di ricostruzione e si trova ad affrontare, in aggiunta, un'ondata migratoria che aggrava la già difficile situazione politico-sociale. Vivere una condizione di crisi costante è diventata la normalità. Certamente, i secoli di dominazione straniera e la recente crisi gravano sull'intero popolo italiano.

Questo libro nasce in larga parte dalla volontà di scoprire come Montenero abbia influenzato la personalità dei miei nonni, parenti e amici. Quale speciale legame li connetteva al villaggio ancestrale? La cultura influenza il modo di pensare e di comportarsi in società. La gente del sud Italia è diversa da quella del nord, e gli originari di Montenero sono – possiamo asserirlo tranquillamente – speciali. Sono unici. E siccome stiamo parlando di Italia, facciamo un'analogia con la pizza. Un mio conoscente e industriale una volta mi disse che l'unico posto in cui puoi mangiare una pizza napoletana è a Napoli. Perché? Perché l'olio d'oliva, il pomodoro, la mozzarella o altri ingredienti della zona sono unici. Nessuno degli ingredienti sarà mai esattamente uguale se prodotto in un'altra regione, e il sapore finale non potrà quindi essere identico. I monteneresi sono paragonabili a un prodotto locale! Diciamo che hanno un carattere ben definito.

Se diamo uno sguardo agli elementi sociali che contribuirono al forgiarsi dello spirito italiano, questo libro evidenzia alcuni dei fattori principali riconducibili a determinati periodi storici. In aggiunta alle numerose invasioni, con conseguenti dominazioni straniere, si alternarono epidemie, terremoti e scorribande di briganti e ribelli. In seguito alle incursioni dei Turchi e degli Arabi, centinaia di meridionali vennero catturati e venduti come schiavi in altri Paesi, ad esempio in Nordafrica. Questa instabilità sociale favorì l'insorgere della mafia che, a oggi, rappresenta in Italia il business più fiorente.

Focalizzando l'attenzione sulle prime testimonianze scritte e i reperti archeologici ritrovati a Montenero, è possibile tracciare l'evoluzione del paese dalla sua nascita ai giorni nostri. I capitoli dal 4 al 14 sono una panoramica storica del sud Italia e, parallelamente, di Montenero. Il paese ereditò una serie di elementi importanti fin dagli albori. Montenero è rinomata per una speciale razza di cavalli, la Pentro, che pascola nel pantano fin dai tempi dei Sanniti, cioè da più di 2500 anni. L'origine degli ampi cammini per la transumanza stagionale dei pastori è anch'essa riconducibile ai Sanniti, cammini ancora oggi usati per praticare il trekking.

Nel manoscritto latino contenuto nel *Chronicon Volturnensis*, datato 1100, un monaco attesta il primo insediamento, chiamato Mons Nigro. Un censimento voluto dagli Spagnoli nel 1447 rivela per la prima volta i cognomi degli abitanti di Montenero. Una perizia effettuata nel 1685 documenta il valore di tutte le proprietà, come terreni, case, chiese e cappelle; inoltre, questo documento fornisce numerosi dettagli circa la popolazione e le condizioni di vita, tracciando persino molto chiaramente i confini di Montenero rispetto ai paesi vicini. Pagina 701 del registro delle tasse del 1753 può essere considerata un aggiornamento contenente maggiori dettagli sulle singole famiglie.

Nel 1776, il corpo di San Clemente arrivò per offrire protezione spirituale ai residenti. Le sue reliquie infusero forza e coraggio per affrontare il futuro. Quando Joachim Murat giunse dalla Francia per divenire re di Napoli, le truppe austriache minacciarono un'invasione da nord. Murat e il suo esercito napoleonico viaggiarono verso nord per fronteggiare il nemico. Nel 1815, l'esercito si spostò rapidamente verso sud, lontano dalle truppe austriache. I soldati di Murat furono sopraffatti nella Battaglia di Castel di Sangro, luogo attualmente poco distante dalla stazione ferroviaria di Montenero. Ma gli scontri continuano.

A fine '800, il nord Italia mostrò un certo interesse a unire le regioni della penisola e la Sicilia in un unico Paese. La popolazione di Montenero era divisa in merito agli obiettivi politici. Nel 1860, una dozzina di uomini del paese venne arrestata per sovversione politica; la cittadinanza fu soggetta a uccisioni e ruberie. Un'epidemia propagatasi nel 1865 e una successiva carestia, nel 1869, causarono ancora altre morti. Sul finire del secolo, sedici montenerini si spostarono verso sud con le loro greggi durante la stagione invernale, finendo vittime di un terremoto che colpì Foggia nel 1879. Tutti questi eventi ci fanno capire quanto sia stata dura la vita a Montenero a fine Novecento.

Come è facile immaginare, la prima guerra mondiale ebbe un effetto devastante su Montenero. Nel capitolo 11 vengono menzionati gli uomini che morirono o rimasero feriti; si parla inoltre di alcune storie della tradizione orale. Un episodio relativo alla guerra è la Rivolta della Torba. Il pantano di Montenero contiene tonnellate di torba; alcuni imprenditori volevano appropriarsi dei terreni di Montenero per estrarre la preziosa materia prima, in quanto prodotto utile a scopi militari e commerciali. Gli abitanti, per protesta, assaltarono i membri del consiglio municipale il 22 luglio del 1917. Ci furono dei feriti, e i rivoltosi finirono in galera. L'anno successivo venne organizzata una vera e propria rivolta, in seguito alla quale ci furono diversi morti e 123 arrestati, tra cui i miei bisnonni. La torba veniva utilizzata anche come carburante per l'impianto del famoso birrificio Birre d'Abruzzo, fondato nel 1921 e costruito nei pressi della stazione di Montenero. Nonostante il suo grande successo, il birrificio cessò la sua attività nel 1936.

Le difficoltà presenti nel sud Italia a quel tempo spinsero maggiormente all'emigrazione. La popolazione patì enormemente, poiché l'Italia fu campo di battaglia durante la seconda guerra mondiale. Il capitolo 13 parla dell'occupazione tedesca a Montenero, soprattutto secondo quanto riportato in alcuni diari polacchi, scozzesi e irlandesi, assieme ad altre testimonianze militari. Montenero non era sola in questo momento così difficile, condividendo le sorti con altre città e paesi del meridione.

La storia di Montenero annovera diversi legami speciali con altre piccole o grandi città. C'è stato per lungo tempo un rapporto con San Vincenzo al Volturno e la sua abbazia, e con Trivento come sede diocesana. In quasi ogni capitolo del libro è possibile trovare collegamenti con Alfedena, Rionero Sannitico, Castel di Sangro, Agnone, Isernia e Napoli. Solitamente erano le famiglie aristocratiche di Montenero ad avere un ruolo nell'instaurazione di questi rapporti.

Fino a non molto tempo fa, Montenero è stata una comunità agricola. Ogni aspetto della vita del paese ruotava attorno all'agricoltura e all'allevamento del bestiame. Questa cosa è cambiata con l'apertura di una scuola elementare e la crescita di una varietà di attività economiche. Agli inizi del XXI secolo, in paese iniziarono ad arrivare persone straniere o provenienti da altre zone d'Italia. Il capitolo 15, dedicato al futuro del Molise e di Montenero, parla di questa demografia in cambiamento. Dal momento che la regione ha subìto un calo drastico della popolazione a causa della mancanza di lavoro, come possono i residenti creare un nuovo futuro? Di questo si parla molto attualmente, e sembra che il più grande ostacolo sia lo stato di apatia dei residenti che porta ad una impasse generale. Persino il sindaco di Montenero mostra poco interesse nelle sorti del paese. Tutti gli esperti in materia di sviluppo delle aree rurali del Molise sottolineano l'importanza del materiale promozionale, come volantini, libri e siti internet. Nonostante ciò, il sindaco e altri monteneresi non hanno dedicato al progetto di questo libro neanche un minuto, forse perché incapaci di vedere il grande potenziale del paese o semplicemente per non impegnarsi in dibattiti riguardanti il suo avvenire. Da giovane ero troppo ingenuo per riconoscere in questa indifferenza una forma d'arte tipica del paese.

Al contrario, chi a Montenero non ci è nato, ama la zona e ha voluto investire tempo e denaro per migliorare il paese. Per farlo, Montenero deve trasformarsi, da paese agricolo in difficoltà quale è, in città moderna con un alto standard di vivibilità in grado di offrire lavoro a tutti. Sicuramente saranno più gli stranieri a contribuire a tale processo. L'Unione Europea sta stanziando dei fondi per la ricostruzione e la creazione di nuovi posti di lavoro. Ci vorranno ancora alcuni anni per vedere se Montenero ce la farà a reinventarsi; diversamente, perirà per abbandono, come è successo a tanti altri piccoli paesi italiani.

Il capitolo 16 vi accompagnerà in un tour immaginario di Montenero della durata di tre giorni. Salite sul pullman! Attraverso il racconto sarà come visitare il paese, con l'aiuto di quanto detto nei capitoli precedenti. La storia verrà alla luce man mano che camminerete per i vicoli e la piazza principale, passando per chiese, cappelle, bar e ristoranti. Allo stesso tempo, conoscerete alcuni degli abitanti, visiterete le attività commerciali, andrete a cavallo nella valle e proverete la frenesia dei festeggiamenti organizzati per il giorno di San Clemente, patrono del paese.

Come molti altri, penso spesso alla bellezza di Montenero e a quanto sarebbe stupendo vivere in un luogo così idilliaco. Dopo la mia ultima visita e cinque anni di ricerche, è facile vedere come la bellezza di questa terra venga oscurata da una radicata attitudine alla negatività. Bill Emmott, autore di *Good Italy, Bad Italy*, pubblicato dalla Yale University Press, conclude che l'Italia necessita di un'altra grande crisi che costringa il suo popolo a cooperare per un futuro migliore.

Mi auguro non serva una catastrofe affinché gli italiani imparino ad essere più cordiali e collaborativi per risolvere i loro problemi. Non sono da soli. Le diverse culture nel mondo hanno spinto gli individui a un sempre maggiore individualismo e ostilità verso il prossimo. Siamo tutti in competizione? Penso di sì. Tutto ciò ha origine dalla lotta per la sopravvivenza degli antenati del Paleolitico. Non dovremmo forse riconoscere questa nostra tendenza e fare di tutto per essere più premurosi verso gli altri e vivere così in armonia, traendone reciproci vantaggi? Temo che se non lo faremo, il disastro sarà imminente. Forse non abbiamo ancora raggiunto quella fase dell'evoluzione umana in cui questo è possibile.

Montenero non è altro che un microcosmo del mondo, e i suoi abitanti possiedono gli stessi difetti di qualsiasi altro essere umano. Siamo tutti impazienti, ma i meridionali sembra prendano fuoco ancora più facilmente. Secoli di invasioni, dominanza straniera e crisi contribuirono senz'altro a questo temperamento. Siamo tutti miopi, nati per vedere il mondo solo attraverso i nostri occhi. Siamo il centro dell'universo – o almeno così pensiamo. Ci vuole impegno per percepire e capire come siamo tutti interconnessi, per vedere come ognuno di noi è una goccia d'acqua in questo vasto oceano.

La postfazione è sulla Grande Legame di Montenero – come è possibile trovare in un piccolo e remoto paese di montagna tutto ciò che più conta nella vita. Ci sono persone, attività, passatempi e rapporti che riflettono tutti gli aspetti del vivere ravvisabili in qualsiasi ambiente sociale. Esistono differenze a livello di benessere, scolarizzazione, abbigliamento e carattere. Una cosa che è possibile trovare in qualsiasi antico villaggio rurale è l'anziano e saggio contadino che riesce a vedere le cose chiaramente, privo di quei pregiudizi che una formazione ufficiale può involontariamente favorire. Davvero ammirevole!

Le pagine di questo libro sono caratterizzate da una varietà di argomenti e concetti. Mi auguro che i lettori riflettano sul loro significato sottinteso, sia per sé stessi che per i contesti in cui vivono. Le lezioni da imparare dal caso di Montenero sono molte. Spesso è più facile capire ciò che si ha di buono o di cattivo facendo riferimento a un esempio facile, piuttosto che lambiccarsi con qualcosa di complesso. Forse, alla fine, qualcuno aiuterà i luoghi come Montenero a superare la paura con il coraggio, l'impazienza con la calma, l'apatia con l'entusiasmo. Forse, coltivando l'empatia, le qualità più fini dell'animo umano verranno fuori. Sarebbe anche ora.

Michele Di Marco

Foto delle nozze dei nonni dell'autore, Michele Di Marco e Lucia Caserta.
Sposati alla chiesa di St. Paul, Erie, Pennsylvania, 17 settembre 1925.

CAPITOLO 1

Quattro chiacchiere a tavola: le leggende del vecchio paese

Poter sedere al tavolo della cucina dei miei nonni è stata una fortuna. Da bambino, non avevo idea di quanto le ore passate assieme a loro in quella stanza avrebbero condizionato la mia esistenza. Col passare degli anni, il significato è diventato sempre più chiaro. Ho avuto la fortuna di vivere, studiare e lavorare in ventiquattro nazioni – conoscendone la storia e la cultura – ma nessun viaggio o insegnamento scolastico mi ha arricchito quanto il tempo trascorso alla tavola dei miei nonni.

La cucina viene solitamente considerata un luogo in cui soddisfare l'appetito, una sorta di stazione di servizio in cui rifornirsi e poi ripartire. Nonna Lucia Caserta Di Marco aveva una cucina semplice, fornita di elettrodomestici comuni, cibo e bevande, il tutto in stile italiano. Nonna usava solo una marca di olio d'oliva, un ingrediente speciale per le papille gustative che nessun altro olio sembrava soddisfare. Il formaggio in blocchi veniva rigorosamente grattugiato a mano; il caffè in grani rilasciava il suo aroma nell'aria e attirava alla tavola, dove si assaporava la calda bevanda scambiando due chiacchiere.

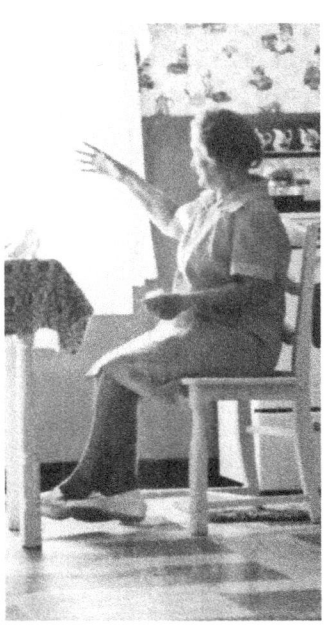

Nonna Lucia chiacchiera con un'amica.

Qualsiasi cosa preparasse la nonna – che fosse sul fuoco, al forno o nel bollitore – sprigionava sapori che raramente ho trovato altrove. La qualità del cibo era una priorità per la famiglia e gli amici. La spesa si faceva al mercato di Brown Avenue, gestito da Danny Savocchio e Frank Leone, originario di Rocca Pia, paese non lontano da quello in cui nacquero i miei nonni, Montenero Val Cocchiara.

Chi conosce poco o per niente l'italiano potrebbe chiedere: "Monte cosa?" Ci sono diversi posti in Italia chiamati Montenero, nome che significa "montagna nera". Quello di cui parlo io, situato a centotrenta chilometri a est di

Roma, si trova a circa novecento metri di altitudine, circondato da montagne che superano i duemila metri. L'aggiunta "Val Cocchiara" è una sorta di scioglilingua, ma aiuta a distinguere questo paese dagli altri Montenero della penisola. Se tradotto letteralmente, Val Cocchiara vuol dire "cucchiaio della valle" o "valle a forma di cucchiaio": le case del villaggio sono rivolte infatti verso una grande palude pianeggiante di forma ovale, che si estende poi repentinamente tra le colline, allungandosi a mo' di manico. In quest'area lussureggiante vagano liberamente centinaia di cavalli selvatici.

Per me l'italiano è una lingua straniera. Mia madre era di origini slovacco-lituane e vivevamo a Erie, in Pennsylvania, quindi parlavamo in inglese. I due fratelli di mio padre, Philip e Dino, sposarono due ragazze, una tedesca e l'altra polacca. Tutti i gruppi etnici sentivano il bisogno di diventare "americani". Purtroppo, alcune tradizioni antiche, compresa la lingua, furono tagliate fuori per far posto a quelle del Nuovo Mondo.

Quando i miei nonni parlavano tra di loro in dialetto o con gli amici italiani, io non li capivo. Se provavo a pronunciare parole come Val Cocchiara, il risultato era incomprensibile, come se stessi parlando con una patata in bocca. Era impossibile! Perfino i monosillabi erano difficili da pronunciare correttamente, come ad esempio "zia". La fonetica inglese non contempla proprio il giusto posizionamento della lingua e delle labbra. Però riuscivo a pronunciare la parola pizza alla perfezione! Ovviamente, quando i nonni volevano che noi ragazzi non carpissimo i loro segreti, parlavano in codice usando il dialetto.

Sebbene fossero entrambi di Montenero, i miei nonni si sposarono a Erie. Appena trasferitisi, parenti e compaesani li aiutarono a sistemarsi offrendo loro alloggio, cibo e vestiti. La storia si ripeteva per ognuno dei *monti*, abbreviazione di montenerese usata dagli americani per riferirsi agli immigrati originari di Montenero. Molti "monti", ormai sistemati, assistevano quelli appena arrivati in ogni modo possibile, per esempio presentando insegnanti di lingua o potenziali datori di lavoro. Ogni incombenza veniva affrontata con spirito collaborativo. Gli uomini costruivano edifici, fienili e recinzioni; le donne facevano invece enormi carichi di bucato oppure si davano il cambio per girare la polenta sul fuoco.

Nonno Michele "Mike" Di Marco lavorava come muratore e, poiché possedeva un camion, svolgeva anche qualche altro strano lavoro, come consegnare il carbone a domicilio. Una volta, un conoscente gli chiese di effettuare una consegna notturna. Nonno tornò a casa all'alba, pallido e preoccupato. Non sappiamo quale fosse la natura di quella richiesta: non raccontò cosa accadde e di quella notte non fece mai più parola.

Per realizzare il sogno americano, nonno mise da parte dei risparmi e alla fine aprì la sua panetteria. Era il periodo del Proibizionismo (1922-1933), e in tutti gli Stati Uniti era illegale produrre, trasportare e vendere alcolici. Durante le lunghe ore notturne di panificazione si utilizzava molto carburante. Anche la preparazione delle bevande alcoliche richiedeva grandi quantità di combustibile, cosa di cui la mafia locale era perfettamente a conoscenza. Nessuno avrebbe sospettato che il carburante utilizzato per la produzione di liquori sarebbe stato anomalo per un panificio. Sembra quindi che degli uomini in completo gessato si presentarono da mio nonno con un'offerta: avrebbe collaborato con loro, oppure era fuori dal giro. Lui scelse di lasciare tutto e iniziò a lavorare come custode presso una grande azienda, la "Kaiser Aluminum and Chemical Corporation", dove rimase fino alla pensione. Grazie al duro lavoro e al sudore della sua fronte riuscì a provvedere alla sua famiglia, garantendole una casa confortevole in cui vivere.

La casa dei miei nonni era in realtà una bifamiliare; al secondo piano abitavamo i miei genitori, Ralph e Janet, mia sorella ed io. Gli spazi non avevano delle barriere ben definite, né fisiche né psicologiche, e per questo motivo mia sorella ed io eravamo spesso al piano di sotto. Quando non si mangiava, giocavamo a nascondino, correvamo nel seminterrato o guardavamo la TV, mettendo alla prova la pazienza dei nonni. Giocavamo anche fuori con altri bambini nell'ampio giardino sul retro, in cui inizialmente il nonno aveva piantato ortaggi ed erbe aromatiche. Di fronte alla finestra della cucina c'era un pesco, ma dopo il matrimonio dei miei metà del giardino fu seminato a prato per farci giocare.

Quando lo zio Phil si sposò, i miei genitori comprarono una casa tutta per noi, di modo che la nuova coppia potesse trasferirsi nel comodo appartamento sopra casa dei nonni. Dopo nove mesi, iniziarono ad arrivare altri nipoti e, qualche anno più tardi, anche gli zii trovarono un'altra sistemazione per lasciare l'appartamentino a una nuova coppia di sposini, il cugino Vincent Caserta con la moglie Carmela (Freda). In seguito, nell'appartamento si alternarono altri nipoti.

Questa era la nostra casa a Erie, in Pennsylvania, al 949 di West 20th Street. Non starò qui a descrivere ogni stanza o centimetro del giardino. Chiaramente, l'ambiente più importante era la cucina, e posso affermarlo senza alcun dubbio sulla base di due fattori chiave. Il primo riguarda il cibo, il nutrimento essenziale. Questo aspetto non riguarda solo il cibo in sé, ma il modo in cui gli ingredienti venivano scelti e preparati a ogni pasto. Dire che l'amore è l'ingrediente segreto non è una battuta. Secondo un antico proverbio, "se vuoi sapere quanto ti ama un italiano, chiedigli di prepararti la cena."

Il secondo fattore è che il tavolo della cucina era il punto di ritrovo per parenti e amici, che lì condividevano pensieri ed emozioni. Come mai? Le persone ci tenevano davvero tanto a trascorrere del tempo assieme, a parlare e a conoscersi intimamente.

Non passava giorno che uno o più ospiti arrivassero e bussassero alla porta, ricevendo un caloroso benvenuto. "Entrate! Accomodatevi!" Poi seguivano le domande "Volete qualcosa da bere? Avete fame?" e se la risposta era negativa, allora veniva preparato immediatamente il caffè. Dalla dispensa venivano fuori dei biscotti, probabilmente gli Stella D'oro. A seconda del momento della giornata, appariva misteriosamente altro cibo. Quando arrivavano sandwich, formaggi, carne e pasta, chi li portava? Il grande prestigiatore Houdini?

Quale miglior modo di mostrare affetto se non offrendo i cibi più buoni, nutrienti e salutari? La cucina non era un takeaway. Chiunque avesse a cuore il farci visita veniva ricompensato con i migliori cibi e bevande. Faceva bene al corpo ma ancor più all'anima, che traeva nutrimento dalle conversazioni con amici e familiari.

Gli abitanti del secondo piano potevano certamente andare a trovare la nonna in cucina tutti i giorni. Gli altri parenti venivano regolarmente, alcuni ogni settimana, altri una volta al mese, altri ancora una volta all'anno. Più era forte il legame che li univa, più le visite erano ravvicinate. Quando uno zio faceva visita, solitamente chi stava al piano di sopra si univa alla tavolata. Le coppie o famiglie che erano solite andare a trovare i nonni erano zio Dino con la moglie Mary Ellen e il figlio Danny; zio Phil con zia Carol e i loro cinque figli; poi c'erano il prozio Pat (Pasquale) Di Marco e la gemella di nonna, Jenny (Genneve) assieme alle figlie Gloria e Viola. Durante le festività e in occasioni speciali, venivano tutti i parenti.

Quando il mio prozio Oreste Caserta e sua moglie Elia (Miraldi) emigrarono dall'Italia negli anni '60 con i loro cinque figli, ci fu una grande cena di benvenuto a casa Di Marco. Tutte le donne della famiglia si misero al lavoro per preparare un banchetto sontuoso. Ricordo il cugino Enio con un grande sorriso sporco di sugo. Erano tutti di famiglia, chiunque era sempre il benvenuto.

Una mattina di Natale, mia sorella Sandy ricevette un regalo da Babbo Natale che accese il suo talento creativo. Dopo aver aperto la scatola, lavorò senza sosta per completare, seguendo i numeri, un dipinto a olio coloratissimo il cui soggetto erano delle rose. I pigmenti ancora freschi scintillavano sulla tela con sfumature di rosa, rosso e bianco. Quella sera stessa, dopo il cenone, il salotto si era riempito di parenti, e mia sorella pensò fosse il momento ideale per mostrare il suo capolavoro. Dopo che tutti si complimentarono educatamente, Sandy poggiò il dipinto su un piccolo sgabello, di cui tutti si dimenticarono presto. Non appena il gruppo tornò ai suoi discorsi, mio nonno si sedette per partecipare alla conversazione, ma subito dopo si alzò per prendere da bere. Camminando verso la cucina, tutti notarono quanto fossero realistici i fiori dipinti da mia sorella, perché si erano trasferiti sulla parte posteriore dei pantaloni nuovi del nonno. L'imbarazzo fu superato, come sempre, grazie a una buona dose di umorismo.

Da queste visite regolari venivano fuori molte storie di vita quotidiana, ma anche ricordi degli anni trascorsi in Italia. Un po' alla volta, imparai il significato di qualche parola, come *paisano*, *comare* e *compare*. Solitamente gli adulti non allontanavano i più giovani durante le loro conversazioni, quindi io stavo spesso seduto al tavolo e ascoltavo. Col tempo appresi qualcosa dell'Italia, ma soprattutto di Montenero. Dalle chiacchiere al tavolo della cucina scaturiva una sorta di quadro impressionista del vecchio paese, immortalato così com'era a fine Novecento.

Nella cucina della nonna c'erano spesso i parenti delle famiglie Di Marco e Caserta, ma anche numerosi monteneresi i cui cognomi erano Bonaminio, Calvano, Cacchione, Danese, DiFilippo, DiNicola, Donatucci, Gonnella, Iacobozzi, Mannarelli, Narducci, Orlando, Pallotto, Pede, Scalzitti, Tornincasa, Zero, Ziroli...

I monteneresi erano clienti abituali degli esercizi commerciali e delle attività dei loro compaesani: la bottega di Aqualino Orlando offriva i cibi preferiti; Richard Donatucci Lopez riforniva i negozi locali di prodotti agricoli; Rose Donatucci Gamble aprì una serie di ristoranti rinomati per la cucina casalinga; Antonio e Arturo DiFilippo, padre e figlio, suonavano nostalgiche musiche italiane, Elmer Yacobozzi dava lezioni di chitarra; Nello Bonaminio Fiorenzo vendeva e consegnava candeggina per il bucato; i fratelli Narducci si occupavano della nostra igiene dentale e di medicina in generale, Vincent Caserta insegnava italiano; i fratelli Ziroli costruivano e manutenzionavano le nostre abitazioni; l'agente Rocco Orlando vendeva immobili; e infine l'agenzia di pompe funebri Orlando dava degna sepoltura ai defunti della comunità.

Un paio di volte a settimana, mia nonna chiedeva a mia sorella o a me di accompagnarla al mercato di Brown Avenue per fare degli acquisti. Il dialetto era incomprensibile, ma capivamo il suo inglese stentato. Chiedeva spesso un "pacco di azzurro", riferendosi all'ammorbidente Woolite, o una confezione di "luvette", che erano le lamette. Capimmo solo anni dopo cosa significassero davvero quei termini specifici.

Almeno una volta ogni due settimane, nonna Lucy ordinava anche "mezzo chilo di bullaham". Andavamo quindi al negozio, dove venivamo accolti da Esther Savocchio, e ci dirigevamo al banco macelleria sul retro. Solitamente c'erano anche altri italiani in attesa di essere serviti.

"Ehi, tu sei il nipote di Mike Di Marco, eh?" I clienti in fila ingannavano il tempo chiacchierando tra di loro.

Poi arrivava il mio turno: "Salve, signor Savocchio. Posso avere mezzo chilo di bullaham?" Lui me lo dava senza fare domande. Ordinammo sempre la stessa cosa per anni. Circa trent'anni più tardi scoprimmo che la "bullaham" non era una specialità italiana a base di carne. Era semplicemente prosciutto cotto (boiled ham).

Molti prodotti venivano direttamente dal giardino ben curato di mio nonno. A volte riempiva una grande sporta marrone di verdura e andava da suo fratello Pat con dei pensieri per la sua famiglia composta da undici persone. Poi tornava a casa e ripeteva l'operazione per ciascuno dei figli... Produceva così tanti ortaggi che a volte li vendeva al Brown Avenue Market. I suoi agli, enormi e potenti, lasciavano tutti di stucco. Diceva che riusciva a farli crescere in quel modo annodando le infiorescenze verdi, per far sì che i bulbi ricevessero più forza. A quanto pare funzionava.

Quando la gente di Montenero non poteva fornire un servizio o prodotto, ci rivolgevamo ad altri molisani o agli abruzzesi. Montenero è situato sul confine settentrionale del Molise, al di là del quale si trova l'Abruzzo. A dire il vero, i miei nonni si definivano loro stessi abruzzesi, perché il Molise divenne formalmente una regione solo nel 1970.

Era normale che alcune persone originarie dei dintorni di Montenero si sentissero parte di quel ristretto miscuglio sociale. Giuseppe "Joe" Montagna e fratelli, di Prato Peligna, costruivano case per i monteneresi. I fratelli Patrick e Italo Cappabianca (parenti acquisiti di Rocca Pia) erano rappresentanti politici. Buona parte degli immigrati proveniva da Alfedana, Rocca Pia, Prato Peligna e Montenero. Le coppie si sposavano alla chiesa cattolica di St. Paul e i figli frequentavano la scuola elementare "Columbus", entrambe situate nel cuore di Little Italy.

La Little Italy di Erie era popolata principalmente da meridionali, quindi i monteneresi si mescolavano a molti calabresi e siciliani. Carmen Panetta era il nostro barbiere, Raymond Ferritto si occupava di scommesse sportive, padre Marino celebrava messe e funerali; poi c'erano il fioraio Pedano e il preside del "Gannon College", Scottino, che dispensava consigli accademici.

So bene che di "copie" di Montenero ce n'erano anche altre, oltre che a Erie: a Lorain, Ohio; a Chicago, Illinois; a Toronto, Canada; a Mulhouse, Francia. Gli immigrati di prima generazione devono aver avuto tutti esperienze simili nel tentativo di adattarsi ai nuovi assetti culturali. Si sentivano naturalmente più vicini ai loro connazionali e compaesani, piuttosto che ad altri gruppi etnici.

Nonno Mike Di Marco tiene in braccio il suo omonimo e future autore, 1955.
Un albero di pesco e il suo giardino sullo sfondo.

Al di là del sostegno morale infuso dai parenti italiani, un altro modo per trovare conforto era frequentare i circoli regionali, come il "Montenero Men's Club" e la "Ladies Montenero Society"; il "Prato Peligna 'P.P.' Club", il "Calabrese Club", e "La Nuova Aurora Club". I circoli si svilupparono poi ulteriormente, divenendo organizzazioni commerciali, come ad esempio il "Wolves Club", che faceva da incubatore per le imprese locali e offriva borse di studio agli studenti italo-americani particolarmente promettenti.

Una volta concluso il processo di integrazione, gli immigrati ampliarono il loro raggio di influenza inserendosi nella politica e negli affari locali, prima in ambito cittadino e poi nazionale e oltre. A Erie, la comunità italiana divenne il gruppo etnico dominante in ogni area e attività, che si trattasse di sport, edilizia, educazione, religione, intrattenimento o arte. Questa realtà trova il suo più ampio riflesso in ambito comunale nella nomina dei sindaci. Louis J. Tullio (1966-1989) è stato il primo italo-americano ad essere eletto per ricoprire il ruolo di primo cittadino. Era figlio di un migrante italiano che non sapeva né leggere né scrivere. Poi c'è stata Joyce Savocchio (1991-2000), la prima donna sindaco di Erie. Dopo ancora è stato eletto Richard E. Filippi (2001-2005), il cui padre arrivò negli Stati Uniti dall'Italia all'età di quattordici anni, dopo la seconda guerra mondiale.

Cresciuto in questa comunità italo-americana, a stretto contatto con monteneresi di prima e seconda generazione, ho ereditato modi di pensare e agire tipici del paese. È quello che succede con ogni cultura, ma poi sta a noi, crescendo e maturando, capire cosa farne. Alcuni ignorano le proprie origini solo perché sono nati in America; per volerle conoscere devi sentire di farne parte. Naturalmente, molti di quelli di terza generazione hanno scelto di vivere lontano da Little Italy, avendo quindi meno contatti con gli italo-americani e venendo fortemente influenzati dalla cultura americana. Molti di essi sono diventati dei veri prodotti "made in U.S.A.", con i sensi offuscati da mass media, musica, televisione, film, fast food, narrativa scadente, vestiti alla moda… e l'attitudine all'individualismo.

Chiunque viva in un Paese mantenendo dei legami con la propria nazione d'origine, sarà sempre attratto da entrambe le culture. È un'esperienza polarizzante, come la politica bipartitica. E, non dissimilmente dalla politica, siamo fortunati a poter scegliere di studiare, sperimentare e imparare da più di una cultura o gruppo politico. In gioventù sono stato a contatto con molte

Società di Mutuo Soccorso Nazionale,
succursale di Montenero Val Cocchiara a Erie,
Pennsylvania, 16 ottobre 1927.

Prima fila, da sinistra a destra: E. Macerata, Carmen Montevecchio, Giuseppe Scalzitti, Carmen Fabrizio, Tommasso Presogna.

Seconda fila: Vincenzo Orlando, Sylvester Pallotta, Barone Cacchione, Felice Scalzitti, Nunzio Cacchione, Niccolo DiMarco, Pasquale Pallotta, Tommasso Miraldi, (?) Cappabianca, Emideo DiFilippo, Filippo DiNicola, Giovanni Presogna, Carlo Orlando, Mario Caserta, Guglielmo Pallotta.

Terza fila: Raymondo DiNicola, Raffaele Presogna, Niccolo DiNicola, Gilbert Presogna, Alberto Totleben, Pietro Pallotta, Tommasso Orlando, Clemente Orlando, Franco Mannerelli, Clemente Fabrizio, Pasquale DiMarco, Julio DiMarco, Alfonso Pallotta.

Quarta fila: Giuseppe Calvano, Casimo Surace, Mariotene Ricciuti, Vittorio Bamberga, Domenico Tetuan, Tommasso Pallotta, Tony Iacabozzi, Beniamino Di Nicola, Daniele Ziroli, Salvatore Torincasa, Tommasso Iacabozzi, Marco Colonna, Amico Fabrizio.

Con la bandiera, a sinistra: Ermida Orlando, Filippo Scalzitti, Anna Marie Scalzitti (bambina).

Con la bandiera, a destra: Alberto Di Nicola, Elsie Di Nicola, Theresa Miraldi.

Foto concessa da John Fiorenzo.

culture, soprattutto quella italiana, ma anche con altre etnie che andavano adattandosi alla società americana. È come un calderone in cui ognuno può preparare il suo personale miscuglio di ingredienti.

Al liceo ho avuto contatti sociali ancora più eterogenei, acquisendo maggiore consapevolezza di questa diversità culturale. Col senno di poi, ciò ha probabilmente contribuito ad accrescere la mia voglia di sapere sempre più delle mie radici monteneresi. Ho raccolto ogni possibile informazione su Montenero e su Abruzzo e Molise in particolare. Non è stato facile reperire il materiale, perché non c'era internet e non era certamente possibile cercare "Montenero Val Cocchiara" in qualsiasi biblioteca. La risorsa principale erano gli anziani, una sorta di banca dati vivente fatta di vecchi amici e parenti installata attorno al tavolo della cucina.

Durante i più ricettivi anni giovanili, le nozioni su Montenero le ho acquisite per osmosi. Ovviamente, dall'asilo al liceo, sono stato circondato da coetanei intrisi della cultura americana, ricevendo la loro stessa identica educazione. I monteneresi di prima e seconda generazione influenzarono in modo speciale la nostra vita, cosa per cui mi sono sempre sentito molto fortunato. Agli occhi degli americani, i monteneresi erano stranieri e alquanto misteriosi. La loro presenza mi ha permesso di intravedere un tipo di temperamento italiano che solo i monteneresi possiedono.

Mentre gli altri sorseggiavano caffè, io bevevo del latte macchiato – latte caldo con un goccio di caffè, ben più adatto a un bambino – e ascoltavo. "Nonna, cosa ricordi di Montenero?" Lei tornava indietro con la memoria; ricordava di quando lavorava a maglia seduta in balcone durante i freschi mesi invernali, con il sole di mezzogiorno a scaldarla e la valle davanti ai suoi occhi.

"Nonno, perché porti la fascia elastica attorno alla gamba?" Mi raccontò ben poco della sua esperienza nella prima guerra mondiale, quando l'esercito italiano combatté contro l'impero austroungarico per anni, in uno stallo sul fronte nordorientale della penisola. Oltre mezzo milione di soldati morì a causa dei proiettili, delle schegge, dei frammenti di roccia scagliati per effetto delle esplosioni. Alcuni soccombettero alle malattie, altri morirono congelati, altri ancora vennero colpiti dai loro stessi commilitoni sotto il comando del maresciallo Luigi Cadorna. Questo metodo, simile a quello di epoca romana, costringeva i soldati a caricare al massimo per contrastare il nemico e la forza repressiva delle sue armi letali, risolvendosi infine in una vera e propria carneficina.

"Nonno, sei stato colpito?" Indicava alcuni punti della gamba e altre parti del corpo. Tutti nella sua truppa erano stati uccisi. Tutti tranne due: lui e un altro soldato, che furono feriti, catturati e infine deportati in diversi campi di lavoro, come per esempio a Zossen, a meno di cinquanta chilometri a sud di Berlino.

Attraversarono i Carpazi, giungendo da qualche parte a confine con la Russia. Era tenuto prigioniero in una grotta, costretto a mangiare erba per sopravvivere. Riuscì a scappare e a dirigersi verso sud, passando per l'Ungheria, la Romania e la Bulgaria. Trovò rifugio e aiuto presso alcuni parroci incontrati lungo il cammino. Alla fine, arrivò a Salonicco, in Grecia, e salì a bordo di una nave diretta in Italia. Tutti a Montenero credevano che nonno fosse morto, invece tornò dai suoi cari, per poter godere ancora del cibo genuino e del vino fatto in casa.

I miei nonni conservarono ogni cartolina ricevuta da Montenero, le classiche fotografie del paese in bianco e nero, alcune delle quali colorate a mano. C'era anche una foto del prozio Berardino Di Marco in uniforme militare. Aveva combattuto durante la guerra in Etiopia, dal 1935 al 1936. Un altro prozio, Clemente Di Marco, era quello che scriveva di più. Da piccolo cadde da una sedia e si fratturò la schiena, cosa che gli impedì di crescere correttamente. Era sarto e confezionava abiti a molti in paese. Gli altri due fratelli di mio nonno, Carmine e Filippo, emigrarono in Argentina e non si seppe più nulla di loro; ogni tentativo di rintracciarli anche attraverso la Croce Rossa fu vano.

Io non sapevo ancora leggere, ma sembrava che le cartoline dessero notizia dei monteneresi rimasti al paese. Siccome San Clemente era il patrono di Montenero, alcune cartoline raffiguravano la sua statua e i giornalini della chiesa ne mostravano l'immagine.

Avere alcune foto dei bisnonni è stata una fortuna, se si considera che nacquero attorno a metà '800. Non so molto delle loro vite, ma immagino che lavorassero la terra e si occupassero del bestiame come il resto dei compaesani. So di più delle generazioni più recenti, come quella di mio padre, che combatté la seconda guerra mondiale.

A volte, gli uomini di quell'epoca raccontavano le loro esperienze al tempo della guerra. Lo scenario italiano era ben rappresentato dai programmi tv, dai documentari e dai film. Gli adulti che conoscevano Montenero erano ben coscienti della cronologia degli eventi al tempo della guerra e degli effetti che essa aveva avuto sul paese.

I tedeschi stavano battendo la ritirata dall'Africa alla Sicilia e poi su lungo lo stivale. Hitler aveva tirato una linea appena sotto Roma, dando l'ordine di difenderla ad ogni costo. La "linea invernale" o linea Gustav – così fu chiamata – passava proprio da Montenero. Cosa accadde durante questa occupazione? Ne ho sentite abbastanza da farmi un'idea.

Arrivato all'università, il quadro che mi ero fatto della realtà monteneresi era ancora vago. L'Italia distava quasi cinquemila chilometri; ciò che sapevo per certo su Montenero mi veniva da chi avevo attorno, in particolar modo dai miei nonni e altri parenti.

Uomini a lavoro a Erie, Pennsylvania... fieri dell'operato. Michele Di Marco siede al centro, con Anthony Orlando alla sua sinistra.

La cosa più evidente è quanto i miei nonni fossero devoti, sia l'un l'altra sia nei confronti della famiglia. La famiglia era la loro ragione di vita, il motivo per cui si alzavano presto la mattina. Nonna puliva e cucinava per suo marito, per i figli e per i nipoti. Nonno lavorava per molte ore, anche da pensionato, prendendosi cura del giardino. Per la famiglia hanno sacrificato non solo il loro tempo, ma anche qualcosa in più.

Piuttosto che spendere per sé stessi, i miei nonni preferivano dare agli altri. Nonno metteva da parte pezzi di legno, di cavi e di tubi, sapendo che sarebbero potuti servire in futuro. Nonna conservava grandi quantità di fili ed elastici. Diamine, conservava anche le chiavette per aprire i barattoli di caffè, anche se ogni confezione aveva la propria.

"Ogni soldo risparmiato è un soldo guadagnato," dice il proverbio. Nonna Lucia risparmiava, così da poter lasciare dieci centesimi sul davanzale della finestra per mia sorella Sandy, che li ritirava ogni mattina prima di andare a scuola. Con quei soldi Sandy poteva comprare delle caramelle senza che mia madre lo venisse a sapere.

Quando frequentavo le elementari, pranzavo sempre dalla nonna durante i giorni feriali. Entrambi i miei genitori lavoravano, quindi ci pensava lei a me. A volte mio padre mi raggiungeva là. Ogni tanto portavo un amichetto o si presentava qualche amico di papà; tutti sapevano che lì si mangiava bene. Mentre lavava i piatti, nonna pensava già a cosa cucinare il giorno dopo.

Tutto ciò che facevano i nonni per noi erano dimostrazioni di affetto, e chi se ne rendeva conto non poteva far altro che ricambiare. Nel giorno della festa della mamma, nonna riceveva un bel bouquet di fiori. "Perché questo regalo?" diceva. "Non posso mangiarli!" Per noi quel commento era alquanto strano, ma capivamo che per lei era più gratificante dare che ricevere, e il tappeto logoro del suo soggiorno ne era la prova.

I valori come la famiglia e gli amici stavano al di sopra della superficialità delle cose materiali. Se passava un giorno senza che andassi a trovare mia nonna, lei chiamava chiedendo se stessi bene. Voleva accertarsi che fosse tutto a posto, ma quel suo domandare era anche un modo indiretto per invitarmi a farle visita.

Andare a trovare i nonni, vedere i parenti; radunarsi attorno al tavolo della cucina, dove ogni conversazione sembrava includere Montenero. Storie su storie della vita al vecchio paese, ricordando i bei tempi ma anche quelli più duri, il tutto colorito dal folklore montenerese. Anche quando i racconti non erano in inglese, il dialetto riempiva la stanza con la sua cadenza dolce che colmava il cuore di emozioni: le sillabe erano note musicali di un comunicare subliminale.

Le conversazioni in cucina erano collegate da alcuni fili rossi, come il valore dell'etica sul lavoro, l'essere parsimoniosi, pratici, collaborativi, e l'affrontare ogni cosa con ironia, anche i momenti più difficili. Molti di loro erano capaci di fare più cose, probabilmente perché da sempre avevano provato ad essere autosufficienti. Mio padre, per esempio, era un abilissimo tuttofare, ma anche un eccellente leader nel mondo degli affari. Era possibile leggere la sua firma elegante su ogni scrivania dell'azienda in cui lavorava. Lasciava letteralmente il segno su ogni cosa che toccava.

Negli anni, queste storie mi hanno ispirato a imitare le migliori qualità ravvisate in parenti e amici. Certamente, non tutti erano all'altezza delle personalità più brillanti, ma buona parte di essi era da considerarsi straordinaria. Cominciai a domandarmi se vivere a Montenero avesse contribuito a forgiare simili caratteristiche. Dopo essermi laureato, decisi di andare direttamente alla fonte: prenotai così il mio primo volo per l'Italia.

Montenero. Discendenza. Spesso i giovani
non vedono le vecchie generazioni alle loro spalle... Cir. 1956,
foto concessa da Sandrino Fontanella.

CAPITOLO 2

Uno straniero scopre il villaggio ancestrale

"Un biglietto solo andata per Monte-nero, Val Coc-chiara, Provincia Campo-basso," dissi al bigliettaio alla stazione di Roma. Lui rise sotto i baffi, ma non per la mia pronuncia.

"Deve avertelo detto tuo nonno," rispose. "Ora il paese è in provincia di Isernia."

Nonno emigrò nel 1920, ma fu solo nel 1970 che Isernia diventò capoluogo di provincia, prendendo il controllo amministrativo di oltre cinquanta comuni, incluso Montenero. Era l'estate del 1976 ed era la mia prima volta in Italia; conoscevo ben poco della storia e della politica per Paese.

Viaggiando da Roma in direzione est attraverso il montuoso Abruzzo, ci vogliono più di tre ore per raggiungere Sulmona, città in cui avevo il cambio. I passeggeri sulla linea locale erano tutt'altro tipo di personaggi rispetto a quelli incontrati nella prima tratta… alcuni di loro trasportavano polli vivi. Dopo circa un'ora di viaggio a bordo del vagone démodé, chiesi al controllore: "Montenero?" e lui mi indicò una piccola stazione che avevamo appena superato! La località successiva era Castel di Sangro, dove scesi e trovai l'Hotel Bellavista. Per il corrispettivo di circa 8 dollari a notte, colazione compresa, sarebbe stata la mia base d'appoggio per visitare Montenero.

Il mattino seguente, decisi di incamminarmi alla buon'ora per una passeggiata rilassante verso Montenero, che dista appena 8 chilometri. Sarebbe stato un modo per godere del paesaggio campestre. Il panorama che circonda Castel di Sangro – uno dei centri più grandi, con i suoi oltre 6000 abitanti – è pittoresco. Mi ritrovai quasi subito immerso in campi dalle tante tonalità di verde, ognuna delle quali lasciava intuire la ricca varietà di vegetazione, sia agricola che spontanea.

A circa metà del tragitto, mi imbattei in un bivio in cui convergevano le strade statali 17 e 83. Era poi chiaramente visibile una strada più piccola che portava a Montenero. Una trentina di metri più avanti su quella strada, oltrepassai la stazione di Montenero e mi sedetti in silenzio da una parte. Due ragazzi, evidentemente appena maggiorenni, mi videro e accostarono. Quella strada portava a una sola destinazione. Avevano capito che sicuramente ero diretto al paese, così si offrirono di darmi un passaggio. Indovinarono che ero straniero dal mio abbigliamento e sapevano per certo che le nostre lingue madri si sarebbero dimostrate mutualmente incomprensibili. Nominai un paio di persone di Erie che sapevo essere già a Montenero.

"Vincenzo o Carmela Caserta?" dissi, ma non li conoscevano. "Pasquale Pede?"
"Sì, sì!"

E quindi andammo a trovare Pasquale.

La macchina era un vecchio modello italiano, piuttosto ammaccata e arrugginita. Non appena salii a bordo pensai che avrei fatto meglio a scendere e continuare a piedi. Tra i due sedili davanti c'era un secchio pieno di benzina, dal quale usciva un tubo di gomma collegato al motore. Non era certo una Lamborghini, ma funzionava, e arrivammo al paese senza intoppi. Trovammo casa di Pasquale Pede e bussammo. Ad aprirci fu un Pasquale barbuto, che io non riconobbi.

"Questo tizio è del posto, io invece sto cercando un Pasquale da Erie," pensai. Ma tra i due c'era un collegamento e presto fui preso sotto l'ala protettrice di alcune guide anglofone.

I giorni successivi furono dedicati alle visite ai parenti. Quanto si può essere ansiosi quando si incontrano per la prima volta i fratelli dei nonni? Vince e Carmela Caserta mi portarono a casa di un mio prozio. Berardino Di Marco, sua moglie Diana Santilli e il figlio Carmine erano in trepidante attesa. Con loro, ad aspettarmi, c'era anche un altro prozio, Clemente. Ci radunammo attorno al tavolo della cucina, scambiandoci domande e risposte con l'aiuto di Vincent Caserta, che fortunatamente conosceva diverse lingue in quanto insegnante di italiano, francese e inglese a Erie. Si sentì bussare alla porta ed entrò un cugino alla lontana, Edilio Di Marco. Aveva lavorato per anni a bordo delle navi da crociera e parlava anche diverse lingue, cosa che alleggerì Vincent dal suo ruolo di interprete.

Quando mio nonno lasciò l'Italia per l'ultima volta aveva ventisette anni. I suoi fratelli pensarono sempre che sarebbe tornato. All'epoca del viaggio di cui sto raccontando avevo ventiquattro anni, somigliavo fisicamente a mio nonno e portavo lo stesso nome. Attraverso me, Berardino e Clemente potevano rivedere qualcosa del loro fratello maggiore. Parlammo di tutte queste cose, e la preoccupazione principale era che i parenti fossero tutti in salute e felici – mio nonno Mike, i suoi fratelli, nipoti e pronipoti –; quelli rimasti a Montenero sembravano altrettanto in forma e sereni.

Individuammo la casa in cui viveva mio nonno Mike. Dell'edificio in pietra erano visibili solo porzioni di tre lati, il resto era stato distrutto dai bombardamenti durante la seconda guerra mondiale. Era ancora distinguibile, tra macerie e ragnatele, un camino situato al secondo piano. La struttura priva di tetto era ben nascosta tra cespugli e alberi.

Col prozio Berardino
Di Marco nel 1979.

La moglie di Berardino, Diana Santilli, con suo fratello Marco.

La prozia Ernesta Caserta e suo figlio Filippo Mazzocco nel 1979.

La casa in cui viveva nonna Lucia veniva gestita da suo fratello Oreste e famiglia. L'avevano tenuta anche dopo essersi trasferiti a Erie negli anni '60, utilizzandola durante le loro regolari visite estive. In quel momento ero nel balcone in cui mia nonna era solita lavorare all'uncinetto da giovane e potevo ammirare lo stesso panorama montano.

Qualche sera dopo ci riunimmo a casa della sorella di nonna, Ernesta Caserta. Suo marito Luigi Mazzocco e il figlio Filippo erano lì per salutare l'entourage, inclusi i due interpreti di fiducia. La prozia Ernesta parlava con fare teatrale, muovendo le mani a ogni sillaba, quasi a volerle dirigere come gli elementi di un'orchestra. Che vitalità! Incontrammo brevemente la figlia di Ernesta, Domenica, mentre i suoi due bambini, Gianna e Oliviero, giocavano all'aperto. L'altro figlio di zia Ernesta, Mario, viveva in Francia, quindi non potei conoscerlo.

Questi primi incontri con i parenti ispirarono i miei successivi viaggi in Italia. Nel 1979 studiai italiano per un paio di mesi all'Università per Stranieri di Perugia, città in cui mio nonno aveva fatto il militare molti anni prima. Finiti i corsi di lingua, andai a Montenero. Quando fui in prossimità del paese a bordo di un'auto, l'autista vide mio zio Berardino camminare in un campo, con un ombrello in spalla e la coppola a fargli parzialmente ombra sugli occhi, intento a pascolare le vacche. Scesi dalla macchina per salutarlo alla maniera tradizionale, con due baci sulle guance e un abbraccio, e poi proseguimmo assieme fino a casa sua.

Fui ospite di zio Berardino per l'intero soggiorno. Aver studiato italiano facilitò un po' la comunicazione, principalmente affinando le mie capacità di ascolto. Parlare mi era ancora molto difficile. Berardino mi chiese di zio Phil a Erie: "Che fa tuo zio Filippo?"

Io traducevo parola per parola nella mia testa. Fa, dal verbo fare. Cosa fa zio Phil? Anziché scegliere la risposta più ovvia, alla fine risposi: "Lui fa i bambini". Zio Berardino sorrise, sapendo che zio Phil aveva ben cinque figli.

Rimasi sorpreso nello scoprire quanto i parenti rimasti a Montenero sapessero di quelli emigrati a Erie. Benché molti di loro non si fossero mai nemmeno incontrati, erano a conoscenza delle vicende lavorative e familiari dei parenti oltreoceano. Nonostante la lontananza e gli anni trascorsi, seguivano a distanza le vite di tutto il parentado. Ciò rispecchiava i pensieri e i sentimenti dei miei nonni e di altri montaneresi a Erie, nei cui cuori c'era sempre un posto speciale riservato al paese e ai congiunti. Eravamo fortunati ad avere degli intermediari che ogni anno viaggiavano tra Stati Uniti e Italia, condividendo le notizie e rafforzando così i legami di sangue.

È sempre interessante vedere le persone in visita dagli Stati Uniti calate nell'ambientazione offerta dal vecchio paese. Non conoscevo bene Rinaldo

Freda, perché viveva a Lorain, Ohio. Ci conoscemmo a Montenero, dove avemmo modo di passeggiare un po' assieme. Ascoltai i suoi ricordi e pensieri su com'era la vita al paese. Venni anche a conoscenza del suo vissuto, che gli si vedeva stampato in volto. Montenero gli aveva foggiato il carattere.

Poi c'era Phyllis Bamberga Pulinski, sradicata dal paese in tenera età e portata a Erie che era ancora neonata. Era in visita a Montenero in compagnia del marito Edward e della figlia Judy. Il signor Pulinski si divertiva a scherzare su Montenero, cogliendone gli aspetti meno idilliaci: piuttosto che decantare la valle a forma di cucchiaio popolata di cavalli allo stato brado, parlava di cacca e mosche. Il suo non era certo un idealizzare Montenero! Ma non era l'unico a scherzare su questa cosa: spesso la dura realtà ti pone davanti al giusto equilibrio prospettico.

Un'altra grande gioia è incontrare per caso la gente del posto. Per farmi un'idea di Montenero, scelsi di passeggiare il più possibile tra le

Vista laterale di casa Caserta con l'originale lavorazione in pietra.

viuzze serpeggianti. Su e giù, giù e su per il paese, salutando volti amichevoli, osservando la vita quotidiana e meravigliandomi dell'antichità degli edifici. Qualcuno sembrava perplesso nel vedere una faccia nuova.

Sentii un uomo chiedersi sottovoce in dialetto: *"Chi è stu guaglion?"* – Chi è questo ragazzo?

Lo salutai con un sorriso, seguito da un "buongiorno", e poi gli feci i nomi di alcuni parenti. Lui annuì con aria d'intesa e io proseguii con la mia passeggiata.

"Vieni qua!": da una casa mi giunse un invito a pranzo. Benché non fossero miei parenti, chiesero notizie di me e della mia famiglia. Condivisero con me il loro tempo e il loro cibo. Un'ora più tardi ero di nuovo in cammino, ma durò poco, perché venni invitato nuovamente a bere qualcosa e a fare due chiacchiere. Di inviti ce ne furono ancora e ancora, ogni giorno, tanto che non riuscii a vedere tutte le stradine e i vicoli di Montenero.

Il magnifico scenario in cui è immerso il paese attira verso la campagna, specialmente verso valle, dove alle centinaia di cavalli si aggiungono le vacche al pascolo, il cui allevamento è essenziale per ricavare il latte, utilizzato poi nella produzione casearia, e la carne. Nella porzione di terra che congiunge il paese con il fondovalle, gli orti privati riproducono una sorta di scacchiera. Scendendo verso valle, incontrai una coppia di anziani con un asino.

"Buongiorno!" dissero. Sulle loro labbra affiorò un sorriso, ma anche qualche domanda. Venni a sapere che erano Giuseppe Cacchione e sua moglie, Dea. Lui era il fratello di Maria Colonna, la migliore amica che mia nonna aveva a Erie.

Arrivammo a fondovalle, dove l'erba alta era stata tagliata per farla essiccare al sole. L'asino stava trasportando due pali di legno collegati da circa tre metri di rete. Giuseppe rimosse la rete e l'adagiò al suolo; usando un forcone, ci ammassò sopra il fieno, che poi venne infagottata tirando i pali e assicurata sul dorso dell'animale. Sudavamo sotto il sole di mezzogiorno, che piacevole sensazione! Sebbene quel lavoro venisse svolto con le stesse modalità da centinaia di anni, per me fu un'esperienza unica.

Ricordo ancora tutti i parenti stretti incontrati durante i viaggi a Montenero, ma anche quelli più alla lontana, come i fratelli e le sorelle di Diana Santilli che vivevano a Castel di Sangro. Quando andai al loro paese mi mostrarono casa, perfettamente in ordine, e la falegnameria dei cognati di Diana, Maria e Umberto Marotta. Di tanto in tanto, mio cugino Carmine li aiutava col lavoro, principalmente realizzando infissi per diversi edifici sparsi nella regione.

Molti altri parenti li incontrai nelle chiese, nei pallai, nei bar, nei campi e a scuola. Sebbene gli incontri fossero fugaci, potevo comunque farmi un'idea della vita di paese. Parlammo con delle donne che facevano il bucato a mano all'aperto, nei pressi della grande fontana costruita nel 1821 nella parte sud-ovest del paese. La fontana aveva una funzione molto importante prima che la rete idraulica portasse l'acqua in ogni abitazione.

Incontrare la donna più anziana del paese fu un'esperienza memorabile. Aveva più di cento anni e le rughe sul suo volto ricordavano le profonde valli dell'Alto Molise. Non era curva, vestiva in modo curato e il brillio nei suoi occhi svelava un'assoluta serenità interiore. Vidi molte donne anziane nei loro lunghi abiti neri muoversi come ombre tra i vicoli.

Questa era Montenero come lo trovai da fine anni '70 a fine anni '80. Ogni cosa aveva rafforzato le mie impressioni sul villaggio ancestrale derivate dai racconti dei miei nonni e di altri monteneresi a Erie. Le abitazioni erano sicuramente un po' diverse, con le moderne facciate in cemento colorato e l'utilizzo crescente degli elettrodomestici, come ad esempio le lavatrici. Lo splendore del paesaggio montano era però inalterato, fatta eccezione per la comparsa di qualche palo della corrente elettrica. I miei nonni non avevano mai visto una lampadina in paese. Soprattutto, i tratti caratteriali dei monteneresi di Erie e erano gli stessi dei compaesani rimasti in Italia. Ebbi la sensazione di essere a casa.

Speravo di poter studiare ancora italiano per acquisire maggiore padronanza della lingua e tornare a Montenero. Era uno dei miei sogni più grandi, ma dovetti dare la precedenza alla vita vera e ad altri interessi. Scelsi di seguire un master in studi asiatici e, trovando il giusto equilibrio con l'impegno accademico, mi dedicai anche al tai chi, trasferendomi a Taiwan per approfondirne lo studio. Avviai poi una mia attività, una casa editrice. La mia professione mi assorbì totalmente per circa venticinque anni. Il mio interesse per Montenero passò in secondo piano, pur rimanendomi sempre dentro, quanto bastava per toccare le radici del mio essere. Un sesto senso mi diceva che, in un modo o nell'altro, dovevo tornarci.

Ogni anno speravo in un possibile ritorno in Italia, e ogni anno qualcosa si metteva d'intralcio. "Magari l'anno prossimo", pensavo. Andai avanti così per venticinque anni. Sognare qualcosa non è sufficiente a farla accadere. Ero legato alla casa editrice che avevo fondato nel 1991; un'attività difficile da avviare, che iniziò a dare frutti soddisfacenti dopo otto anni di incessante duro lavoro. Poi fu la volta della crisi economica mondiale del 2008, che si sommò ai drastici cambiamenti cui stava andando incontro il settore editoriale dovuti alla costante crescita di internet e del digitale. L'editoria tradizionale era morta. Durante il periodo che mi vide impegnato nel disperato riadattamento del mio modello di business, i miei genitori e mia sorella si ammalarono gravemente. Nel giro di pochi anni morirono, così come uno zio, una zia e una coppia di miei carissimi amici. Senza più i miei cari nella mia vita, decisi di andare in Italia per connettermi allo spirito ancestrale di Montenero.

Presi in considerazione di rimanere in Italia per un periodo indefinito. Volevo immergermi nella cultura di Montenero e migliorare la conoscenza della lingua. Ci sarebbe voluto del tempo. Mio prozio Vincent Caserta mi offrì gentilente la casa in cui era nata mia nonna. Mi organizzai in fretta, rinnovai il passaporto, vendetti l'auto e alcuni oggetti, misi in affitto il mio appartamento e comprai un biglietto aereo.

Per stare più di tre mesi avevo bisogno di un permesso di soggiorno. Compilai i documenti, li inviai all'imbasciata italiana di Los Angeles e rimasi in attesa. Nessun riscontro. Mandai quindi una email, ma niente. Provai a telefonare, senza ricevere risposta. Alla fine mi chiamarono loro. L'addetta mi redarguì banalmente, consigliandomi di non procedere con la richiesta. Mi raccomandò vivamente di non soggiornare così a lungo in Italia. Fu piuttosto sgarbata nel dirmi che sarei stato il corrispettivo dei cinesi e dei messicani che vanno negli Stati Uniti.

1979: l'aurore beve acqua
di sorgente dalla fontana
costruita nel 1821.

Cosa aveva a che fare tutto ciò con la mia richiesta di soggiorno? Avevo origini italiane, una casa di famiglia e una certa sicurezza economica. Non riuscivo a capire come una rappresentante dell'ambasciata potesse essere una così inutile e scortese fonte di informazioni. Pensai che avrei potuto fare la richiesta una volta in Italia, magari iscrivendomi a un corso di lingua e ottenendo un permesso per studenti.

Il mio volo per Roma partì il 18 agosto 2014. Dopo l'atterraggio, avvenuto al mattino presso l'aeroporto internazionale "Leonardo da Vinci" di Fiumicino, salii prima a bordo di un treno per Roma e poi cambiai per uno diretto a Sulmona. Una volta lì, presi un pullman per Castel di Sangro. Sebbene la distanza fosse di appena 240 chilometri, non riuscii a raggiungere Montenero in un solo giorno per via delle coincidenze. Dopo il volo transoceanico, fu proprio una lunga giornata.

Il mattino seguente, zaino in spalla, lasciai l'hotel trascinando la mia valigia per il manico rotto. Arrivai alla fermata dell'autobus e, trenta minuti dopo, scesi ai piedi di Montenero. Per conquistare la vetta dovetti un po' lottare, portandomi dietro il bagaglio pesante e zigzagando tra le viuzze non segnalate che conducono alla piazza centrale. Eppure è lassù… da qualche parte. Scalando un livello dopo l'altro, mi sentivo come una delle anime del Purgatorio di Dante. Dov'è la guida Virgilio quando serve?

Alla fine, la pendenza diminuì e, alzando lo sguardo, vidi il Roxy Bar. Erano le otto di mattina e il pensiero del caffè mi spinse a sedermi a un tavolino. C'era solo un'avventrice nel patio; era assorta nella contemplazione della tranquilla vallata sottostante che si apriva allo splendore dei primi raggi di sole. Si chiamava Paola D'Avella, veniva da Roma e aveva una seconda casa a Montenero. Era italiana, ma insegnava francese e aveva un'ottima padronanza dell'inglese. Cortese, intelligente, affabile ed elegante. Quanto ero stato fortunato a iniziare il mio periodo montenerese con quella bella signora? Mi piacque molto quella nostra conversazione e sapevo che presto avremmo avuto nuovamente modo di parlare. Ma in quel momento dovevo chiamare Carmelina Pede, che aveva le chiavi di casa Caserta.

Carmelina mi raggiunse al Roxy Bar e poi andammo assieme alla casa. Era disabitata da cinque anni, ma sembrava a posto: Carmelina l'aveva pulita prima del mio arrivo. In cucina, bagno e camera da letto c'era tutto il necessario. Potevo continuare la mia attività editoriale lavorando da remoto, rimanendo in contatto via internet con amici, parenti e collaboratori statunitensi.

Oltre ad essere editore a tempo pieno, negli Stati Uniti ero anche insegnante di tai chi. In quanto arte marziale cinese, l'approccio iniziale alla disciplina prevede un insieme di esercizi. Pensai che avrei potuto trarne vantaggio e che sarebbe stata un'attività divertente per la gente del posto, relativamente isolata tra le montagne del Molise. Era possibile avviare un corso? Chi l'avrebbe trovato interessante?

Insegnare ai monteneresi era per me come restituire qualcosa di valore alla terra natia dei miei nonni. Chiesi consiglio ad alcune persone su dove avrei potuto insegnare, ma le mie furono parole al vento. Chi si adoperò maggiormente per aiutarmi fu Paola D'Avella. Invitò un po' di gente a casa sua e approfittò dell'occasione per presentarmi a un paio di persone che avrebbero potuto aiutarmi con l'organizzazione delle lezioni di tai chi… sempre qualora ne avessero avuto voglia. Tra i presenti c'era Carmen Marotta, una forza trainante della pro loco montenerese; parlando, venne fuori che venticinque anni prima ero stato a casa dei suoi genitori. Organizzò per me una presentazione alla sala comunale, e riuscimmo a suscitare abbastanza interesse da avviare delle lezioni settimanali.

Cos'è l'arte del tai chi? Che valore ha la sua pratica? Alcuni monteneresi lo chiamavano erroneamente yoga, perché con esso si tende a identificare ogni sorta di strana disciplina asiatica. La breve lezione introduttiva fu piacevole, ma ci vollero mesi affinché gli studenti iniziassero a comprendere le basi. Ovviamente, alcuni erano impazienti di attenersi scrupolosamente alla disciplina; altri invece non potevano partecipare ogni settimana perché vivevano a Napoli per la maggior parte del tempo; altri ancora erano impegnati con la chiesa o forse avevano bisogno di digerire un pranzo abbondante. Col proseguire dell'esperimento delle lezioni, proseguiva anche la vita a Montenero, che stavo scoprendo ampiamente riadattata al cambiamento sociopolitico degli ultimi venticinque anni.

Il nipote di mia nonna, Filippo Mazzocco, era l'unico parente stretto che viveva al paese. Tutti gli altri erano già morti oppure si erano trasferiti. Il nipote di mio nonno, Carmine Di Marco, si era sistemato qualche anno prima a Macerata con la madre, la moglie e il figlio. La sua casa a Montenero, in cui ero stato durante la mia prima visita quando i suoi genitori erano vivi, era adesso in rovina. Una famiglia di Napoli vi si era trasferita e la stava mettendo a posto in cambio dell'affitto.

Era chiaro che molti originari di Montenero si fossero trasferiti, alcuni in altre nazioni. Così come casa di mio prozio, anche il resto del paese necessitava di un bel restauro. Era altresì ovvio che in tanti avevano scelto, al contrario, di trasferirsi a Montenero, apportando delle considerevoli migliorie. Ovunque andassi sentivo parlare un italiano dalla cadenza romana. Un venditore ambulante nordafricano faceva il suo giro per cercare di vendere dei capi di abbigliamento a poco prezzo. Capii presto che l'Italia stava vivendo una crisi economica nazionale che si sommava a un'invasione di rifugiati politici provenienti via terra e via mare da Romania, Libia, Pakistan, Somalia e Nigeria. La lista di stranieri includeva anche cinesi e indiani. In tutto, i richiedenti asilo erano centinaia di migliaia. L'instabilità era percepibile in tutta Italia, inclusi i paesini più sperduti.

Un tempo, qualunque persona proveniente dai paesi limitrofi sarebbe stata considerata straniera. Adesso, Montenero ospitava un gran numero di gente di fuori, come napoletani e romani, che lì avevano comprato le loro seconde case. Chiaramente, se possedevano sufficienti risorse economiche per acquistare gli immobili, potevano anche permettersi di ristrutturarli, ingrandirli e apportare migliorie. Per esempio, Lamberto Lamberti e Laura Piccialli hanno aperto un accogliente B&B a cinque stelle, il Pachamama. Vedere l'antico mulino riconvertito in museo – il Molino Museo – è un passo eccezionale verso il riconoscimento di un aspetto essenziale della cultura montenerese. Gli "outsider" apprezzano la pace e la bellezza del paese e dei suoi dintorni, che contrastano nettamente con la vita frenetica delle metropoli. Le loro abitazioni ben tenute si aggiungono al paesaggio naturale e il loro atteggiamento amichevole incentiva una mentalità di più ampie vedute.

Durante la mia permanenza al paese ho conosciuto molte persone provenienti da altre nazioni o regioni e trasferitesi a Montenero. Ho avuto la fortuna di essere ospite di napoletani e romani, che mi hanno deliziato con conversazioni e cibi squisiti. Qualcun altro ha ampliato i miei orizzonti facendomi fare delle gite fuori porta. Non dimenticherò mai la loro gentilezza e ospitalità, così come non dimenticherò gli amabili montenerese conosciuti durante i miei viaggi precedenti.

Al contrario, la gente nata e cresciuta in loco non mi è apparsa molto affabile, mostrando un profondo cambiamento rispetto a quanto avevo sperimentato anni prima. Alcuni mi aprirono la porta – forse per un senso di dovere verso gli antenati – per poi sbatterla subito dopo. Altri erano semplicemente degli infelici trasudanti frustrazione e irritabilità, e mi chiesi come mai.

La freddezza che percepivo nei monteneresi non era diretta solo a me, ma era un atteggiamento tristemente evidente anche tra gli stessi compaesani. I rapporti tra i membri delle famiglie e i vicini non imparentati erano tesi. Gli attriti a livello locale facevano parte di un quadro più ampio che si rifletteva nella crisi che stava scuotendo l'Italia come un terremoto su scala nazionale. Rapporti d'amicizia sfilacciati e un alto tasso di divorzi sono indicatori delle problematiche odierne. Le cose sono cambiate.

Quello che una volta era un campo agricolo è stato tramutato in campo sportivo, dove i giovani giocano chiassosamente fino a tarda sera. Uno dei sentieri su cui gli asini trasportavano silenziosamente il fieno fino a una decina di anni prima è adesso battuto da moto rombanti. E il Rodeo Pentro, l'esposizione annuale della razza di cavalli Pentro che ha reso famoso Montenero, non si svolge più. Si dice che l'avidità abbia ucciso la gallina dalle uova d'oro. Se voleste esprimere un desiderio lanciando una monetina nell'antica fontana, la fortuna non sarebbe dalla vostra. Un moderno sistema idrico municipale ha infatti rimpiazzato la fontana, soffocando la sorgente d'acqua naturale. La struttura esiste ancora ma, oltre ad essere in rovina, mostra anche segni evidenti di atti vandalici.

L'idea di richiedere un permesso di soggiorno nel frattempo era sfumata. Sembrava tutto troppo caotico e disorganizzato anche solo per fare un tentativo. Contattai delle scuole di lingue; gli amministratori sapevano che stavo considerando di iscrivermi e avrebbero potuto richiedere un permesso di soggiorno per studio. Contattarono quindi gli uffici italiani, ma invano: non potevo richiedere il permesso dall'Italia, sarei dovuto rientrare negli Stati Uniti e fare richiesta da lì.

Per secoli, era monterese chi era nato in paese ed era circondato da persone che, come lui, lì erano nate e cresciute. L'omogeneità culturale non esiste più. Il luogo che chiamiamo Montenero e le persone che chiamiamo monteneresi sono cambiati nel tempo, dapprima molto lentamente, per poi accelerare nell'ultimo decennio. Per capire meglio come e perché Montenero sia cambiato e continui a farlo, sembra doveroso rintracciare la causa che ha innescato tale processo. In tal senso, è basilare conoscere il territorio e la storia regionale.

Il capitolo successivo si propone di ricostruire il contesto geografico in cui è sorto il paese, in quanto fattore determinante lo stile di vita che più si adattava a quell'area montuosa del Molise. L'alimentazione dei monteneresi dipendeva dal tipo di colture e animali adatti al clima e all'altitudine del luogo, fattori che hanno condizionato anche l'architettura e l'abbigliamento. L'intera area presenta anche dei pericoli. Chiunque volesse comprendere la vita a Montenero, soprattutto se straniero come me, dovrebbe prima acquisire qualche nozione sul territorio, nonché sulla flora e la fauna che lo caratterizzano.

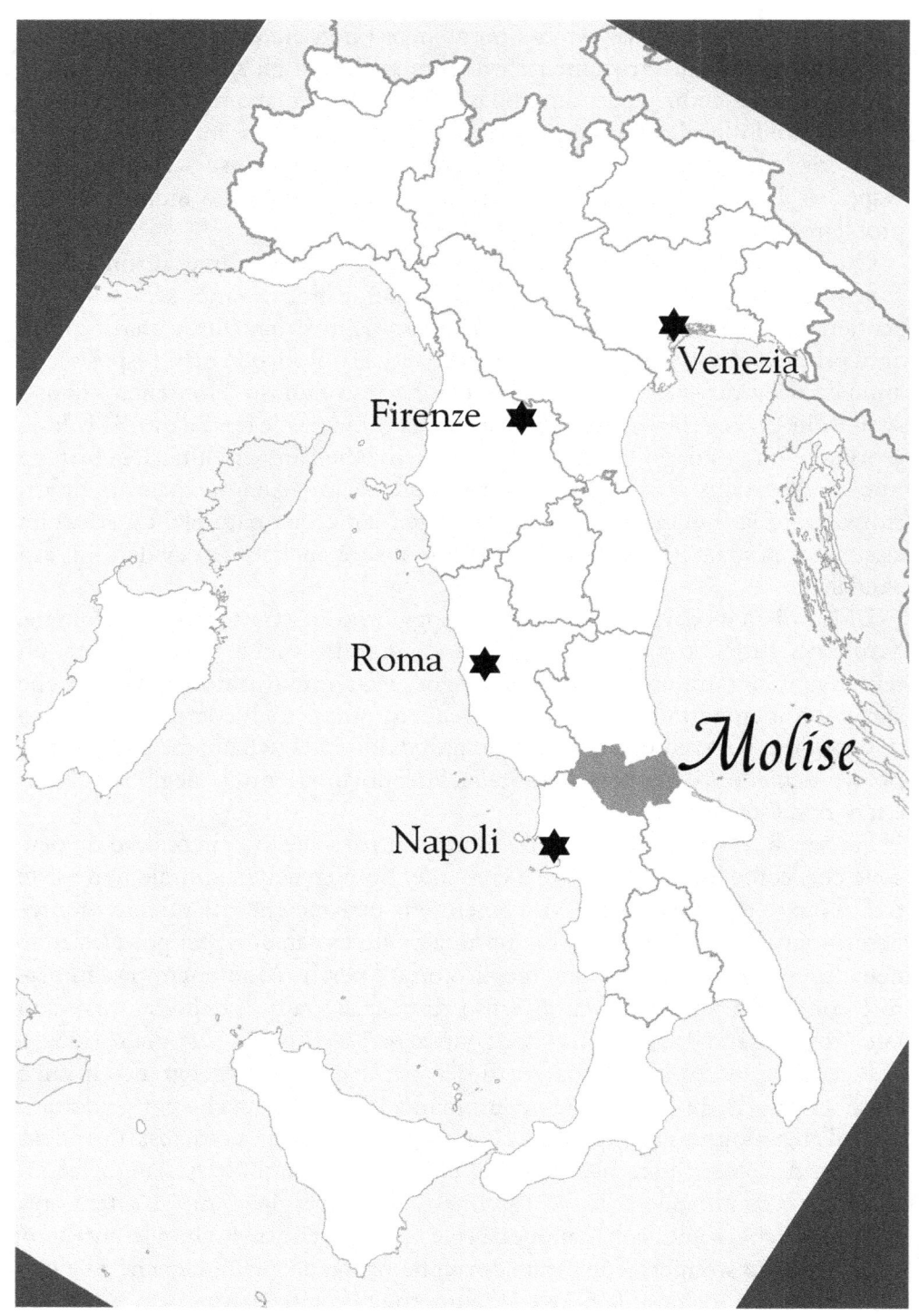

CAPITOLO 3

Un palco tra terra e cielo

Roma. Firenze. Venezia. Tutte le agenzie di viaggi più importanti propongono tour delle città italiane rinomate per le loro ricchezze storico-artistiche. Chiunque sarebbe in grado di collocare su una mappa l'Italia e le sue località più famose, ma dove si trova Montenero? E cosa si scoprirebbe, una volta arrivati lì? Ci sono voluti anni per raccogliere informazioni sul paese e ricostruire un quadro generale del suo contesto geografico.

Montenero è come una mitologica Shangri-la italiana: un paese sperduto, immerso nell'oscurità, nascosto nel cuore degli Appennini molisani. E proprio il Molise, situato a metà dello stivale, è una delle più sconosciute tra le ventuno regioni italiane. Dopo essere stato separato formalmente dall'Abruzzo nel 1970, il Molise è diventato la seconda regione più piccola d'Italia. La regione più giovane, quindi, ma con una lunga storia.

Qual era il lavoro dei miei antenati? Come si svolgevano le loro giornate, da mattino a sera, nel susseguirsi delle stagioni? Cosa penserebbero oggi di Montenero? Se si considera attentamente il contesto geografico, unitamente alla flora e alla fauna che ne popolano il territorio, sarà facile capire come tutti questi fattori abbiano contribuito a caratterizzare il villaggio fin dai suoi albori.

Le spettacolari costiere e catene montuose fanno dell'Italia una destinazione turistica da sogno. Vedendo i paesaggi mozzafiato che circondano Montenero mi sono chiesto da dove sia venuta fuori così tanta bellezza. Le risposte le ho trovate non nelle guide turistiche, ma nei libri di geografia.

La formazione del territorio ha richiesto milioni di anni, principalmente per i continui movimenti delle placche tettoniche. Un'enorme massa continentale che comprendeva anche la Francia si staccò circa trenta milioni di anni fa, iniziando a muoversi verso est. La Calabria, precedentemente unita alla Sardegna, si staccò e finì per avvicinarsi alla Puglia che, assieme alla Sicilia, fa parte della Placca Africana. I movimenti tettonici si verificarono a livello subacqueo fino a che le placche – scivolando l'una sull'altra e scontrandosi – non spinsero lentamente la massa continentale verso l'alto, dando luogo alla penisola italiana tra i cinque e i dieci milioni di anni fa. Le placche si muovono tuttora, e l'Italia continua a guadagnare in altitudine. Non occorre andare in spiaggia per cercare le conchiglie: è possibile trovarle sugli Appennini.

L'attività tettonica è ciò che ha conferito magnificenza geografica alla penisola, ma a un prezzo. Le numerose faglie che attraversano il territorio lo rendono suscettibile ad attività vulcanica e terremoti. "L'attività sismica è comune lungo l'intera dorsale, Sicilia inclusa, con più di 40.000 eventi registrati a partire dall'anno 1000 d.C.".[1] Montenero, come altri paesi montani del Molise, si trova in una zona altamente sismica.

Il territorio molisano è vario: si passa infatti da un piccolo litorale sul versante Adriatico all'area montuosa, la cui vetta più alta, il Monte Meta, sfiora i 2241 metri – a meno di 17 chilometri in linea d'aria da Montenero o a 89 chilometri se si viaggia in macchina attraverso i tornanti. Le catene montuose definiscono il territorio, in cui si alternano zone collinari e pianeggianti. La zona costiera viene chiamata "basso Molise", mentre quella montuosa che circonda Montenero "alto Molise". La regione è divisa in due province, i cui capoluoghi sono Campobasso e Isernia. Montenero si trova nella parte nord-occidentale dell'alto Molise, nella provincia di Isernia, luogo in cui gli antenati poterono respirare aria pura e rarefatta per secoli. Più precisamente, il paese si trova nell'alto Volturno, zona che prende il nome dal fiume più lungo del sud Italia. Il Volturno nasce tra le montagne più alte a circa 32 chilometri da Montenero.

Il terreno montuoso del Molise favorisce la presenza di fiumi, cascate, laghi e ruscelli. Il Biferno, che si origina alle pendici del Matese, è il principale fiume molisano, ma ce ne sono anche altri vicini a Montenero, come il Trigno, il

Da Montenero è facile vedere il Monte Meta, 2241 metri,
il punto più alto del Molise.

Volturno e il Sangro.

Il Trigno, il secondo fiume più lungo della regione, si origina nella provincia di Isernia ed è il più importante dell'alto Molise, costituendo il confine naturale con l'Abruzzo, dalle più alte montagne fino all'Adriatico. Il Volturno nasce nei pressi di Castel San Vincenzo e confluisce in uno spettacolare lago artificiale. È il principale fiume della provincia di Isernia e scorre in direzione sud-est, verso Venafro, per poi sfociare infine nel Mar Tirreno a nord-ovest di Napoli.

A nord di Montenero, il fiume Sangro nasce nell'aspro Parco Nazionale d'Abruzzo, Lazio e Molise, e scorre a sud-est in direzione Villetta Barrea, alimentando i tre laghi artificiali che incontra lungo la sua corsa verso l'Adriatico. Ogni montenerese ha potuto immergere i piedi nelle acque di questo fiume nel punto in cui passa tra Alfedena e Castel di Sangro, centri che distano pochissimo da Montenero.

Ci sono poi altri fiumi e affluenti, come il Sente a est, il San Bartolomeo nei pressi di Venafro, il Caprino e il Sordo, che lambiscono il capoluogo di provincia. Da Montenero passa invece la Zittola, affluente del Sangro: un vero dono per la vallata, che con il suo corso contribuisce alla formazione dello spettacolare pantano che si trova ai piedi del paese.

La complessa conformazione del sottosuolo costituisce un'affascinante meraviglia geologica, ma sono le spettacolari caratteristiche visibili in superficie a lasciarci incantati. Il suolo dell'alto Molise è per lo più di natura calcarea e tende a dissolversi al contatto con acqua e soluzioni acide, erodendosi così nel corso dei secoli. Ne deriva un paesaggio caratterizzato da formazioni carsiche, la cui peculiarità sono dei sistemi naturali di drenaggio sotterraneo, le doline (depressioni a imbuto) e le grotte. Argille di diversi colori hanno riempito gli strati più bassi, con sfumature che variano dal terracotta al bianco porcellana, in base alla quantità di ossido di ferro presente nell'argilla. In contrasto con la dura superficie calcarea, l'argilla appare di una consistenza più soffice.

TAVOLA CLIMATICA												
	gennaio	febbraio	marzo	aprile	maggio	giugno	luglio	agosto	settembre	ottobre	novembre	dicembre
temperatura mediano (°C/F)	2 35.6	2.7 36.9	4.8 40.6	7.9 46.2	12.5 54.5	16.3 61.3	19.3 66.74	19.4 66.9	16.1 61	11.3 52.3	7 44.6	3.4 38.1
temperatura minimo (°C/F)	-0.7 30.7	-0.3 31.5	1.4 34.5	4.1 39.4	8.2 46.8	11.7 53.	14.2 57.6	14.4 57.9	11.6 52.9	7.6 45.7	4.1 39.4	0.7 33.26
temperatura massimo (°C/F)	4.7 40.5	5.8 42.4	8.2 46.8	11.8 53.2	16.9 62.4	20.9 69.6	24.4 75.9	24.5 76.1	20.6 69.1	15.1 59.2	9.9 49.8	6.1 43.0
pioggia (mm)	67 2.6	63 2.5	61 2.4	63 2.5	58 2.3	48 1.9	39 1.5	49 1.9	64 2.5	85 3.4	102 4.0	86 3.4

I dettagli sul clima – inclusi temperatura, copertura nuvolosa, precipitazioni, pioggia, neve, sole, umidità e vento – possono essere trovati sul sito: https://it.weatherspark.com

La geodiversità dell'alto Molise va in coppia con la sua biodiversità, favorita da un caldo clima temperato. Le quattro stagioni regolano il ciclo della vita, con le calde temperature estive che a partire da metà diminuiscono progressivamente. Spesso la neve ricopre le colline già a novembre, portando un gelido inverno. I dettagli riguardanti il clima di Montenero sono contenuti nel seguente grafico.

Il paesaggio immacolato dell'alto Molise è abbellito da una flora dalla vasta gamma di colori, che annovera duecento specie tra piante e alberi. Ovunque si guardi, è sempre possibile vedere querce e abeti bianchi; superati i 1000 metri di altitudine sono i faggi a dominare la scena. I boschi sono popolati anche dai castagni, i cui frutti vengono impiegati nella preparazione di numerosi piatti regionali. Anche se in minor numero, frassini, pini neri, betulle, aceri, sicomori e carpini aggiungono varietà floristica al territorio. È possibile osservare qualche raro abete bianco, che spicca per altezza e larghezza; sorbi, tassi e ciliegi selvatici sono altri esemplari rari.

Montenero si trova sul confine meridionale del Parco Nazionale d'Abruzzo, Lazio e Molise. La bellezza del parco muta con l'alternarsi delle stagioni, grazie alle 2841 specie floristiche che popolano l'alta montagna, le vallate, i pascoli, le paludi e i bacini fluviali. Le due specie uniche di questa zona sono l'iris marsica e la pinguicula carnivora. È facile imbattersi nel

Orchide purpurea. Foto concessa da Ginevera D'Angelo © 2019.

giglio martagone, o più comunemente "cappello di turco", e nel giglio rosso. Se si è particolarmente fortunati sarà possibile incontrare altre specie, come l'agrifoglio, la stella alpina, l'orchidea gialla o nera, e la tanto famosa quanto sfuggente orchidea paphiopedilum, detta volgarmente "pantofola di Venere". Alcune di queste specie sono protette, inclusi il botton d'oro (calendula) e l'orchide incarnata, pianta erbacea perenne. Oltre ai fiori, ci sono innumerevoli tipi di licheni, alghe e funghi.

Di particolare interesse sono le piante officinali, utilizzate anche in ambito veterinario. Uno studio illustra i risultati di 128 interviste effettuate nell'alto Molise, in cui vengono presentate settanta diverse applicazioni medicinali, con relativi metodi di preparazione. Un altro studio raccoglie i dati relativi a ottanta specie, di cui sessantuno utilizzate come rimedi erboristici e ventitré in cucina. Altre numerose piante commestibili crescono nella provincia di Isernia, come il tartufo e le bacche selvatiche; in particolare, il tartufo bianco è molto costoso. Il Molise è la seconda più grande produttrice di tartufo tra le regioni italiane.

Il clima temperato e la vegetazione lussureggiante favoriscono una magnifica popolazione faunistica. L'orso bruno marsicano è da sempre simbolo del

Foto di Ginevera D'Angelo © 2019, scattate a Montenero Val Cocchiara.

Foto di Ginevera D'Angelo © 2019, scattate a Montenero Val Cocchiara.

parco nazionale, molto caro alle persone che vivono nella zona. Negli ultimi decenni la popolazione degli orsi si è sfortunatamente ridotta; il numero totale va attualmente da trenta a quaranta esemplari, a causa del bracconaggio e dello sviluppo del territorio. Altre specie stanno invece vivendo un aumento della popolazione, come ad esempio il lupo italiano, che rimane uno tra gli animali più comuni e facili da incontrare.

Gli escursionisti avvistano spesso volpi rosse, donnole, talpe, ricci, scoiattoli rossi e altri roditori; istrici, gatti selvatici, martore, cervi e lepri di montagna. A volte si può sentire l'eco della lince eurasiatica, ma è molto difficile che si faccia vedere. Il folto bosco era un tempo una rinomata riserva di caccia al cinghiale selvatico, sopravvissuto all'estinzione grazie alla sua reintroduzione all'interno del parco nazionale. I boschi sono popolati anche da altre specie piuttosto solitarie, come la puzzola, il tasso e la lontra.

Camoscio dell'Appennino. Concessa da polifoto © 123RF.com

Nelle aree rocciose ad alta quota vivono gli agili camosci dell'Appennino, sia da soli che in piccoli gruppi. Questo meraviglioso animale è stato spesso immortalato all'interno del parco nazionale, ma la popolazione totale è diminuita del 30 percento nell'ultimo decennio. Una recente stima calcola che la popolazione di camosci ammonta a circa 1700 unità, di cui quattrocento nel parco nazionale. Prima della reintroduzione, avvenuta negli anni '70, la popolazione del cervo rosso contava solamente ottantuno individui. Nel 2010, la conta degli esemplari ha toccato quota 2500, dando prova di un notevole incremento. Secondo uno studio, la dieta di cervi rossi e camosci prevede lo stesso tipo di piante, a discapito dei secondi, che si vedono intaccate le riserve di cibo e arrivano a morire per denutrizione. In aggiunta, alcuni camosci rimangono uccisi dai fulmini che colpiscono in alta quota. La crisi delle risorse alimentari che coinvolge camosci e cervi è un ottimo esempio della biodiversità nell'alto Molise, dove piante, territorio e animali coesistono in un fragile equilibrio.

La provincia di Isernia fornisce delle linee guida per l'attività venatoria, indicando specie animali, calendari delle stagioni di caccia, regole e normative, come quelle riguardanti l'impiego di cani, le vaccinazioni, i test sulla selvaggina e la rimozione delle carcasse.

L'orso bruno marsicano, che si trova solo negli Appennini dell'Italia centrale, è considerato a rischio di estinzione, tanto da essere divenuto specie protetta. Oggi, i maggiori pericoli per l'orso bruno sono il bracconaggio e le collisioni con le auto in transito. Comunque, una lunga lista indica ai cacciatori dell'alto Molise quali specie è consentito cacciare:

Merlo	Gazza ladra	Mestolone
Cesena	Anatra selvatica	Beccaccino
Folaga	Gallinella d'acqua	Tordo bottaccio
Cervo	Fagiano	Talpa
Canapiglia	Piccione	Alzavola
Daino	Codone	Tortora
Volpe	Moriglione	Porciglione
Lepre	Quaglia	Fischione
Cornacchia grigia	Cervo rosso	Cinghiale selvatico
Ghiandaia	Tordo sassello	Beccaccia

Anche la maestosa aquila dorata può essere avvistata ad alta quota nei cieli dell'alto Molise, così come altri rapaci quali lo sparviero, il falco, l'avvoltoio e il gufo. A seconda dell'altitudine e della vegetazione, l'area è popolata da diversi tipi di uccelli. L'alto Molise attrae gli uccelli migratori come il picchio, il gracchio corallino, la pernice, il fagiano, la montifringilla, la ghiandaia e altri. In prossimità di corsi d'acqua e laghi si trovano aironi grigi, merli acquaioli e motacille.

I colori e i richiami della popolazione ornitologica aggiungono molto al paesaggio dell'alto Molise. Inoltre, 95 delle 115 specie di farfalle presenti in Molise si trovano nell'area montuosa. Purtroppo, il numero di queste creature alate si è ridotto a causa degli sport da montagna come l'arrampicata, del transito di alcuni mezzi di trasporto e per la presenza dei cavi delle linee elettriche, tutte conseguenze del moderno stile di vita.

Per quel che riguarda la fauna acquatica, sono tante le specie che è possibile pescare nel Molise. Quelle documentate sono venti; tra le più comuni specie d'acqua dolce ci sono la trota marrone, il cavedano, il triotto e il barbo. Tanta varietà e quantità invogliano alla pesca, sia sportiva che non. Per i meno avventurosi, è possibile pescare salmoni allevati in vasca nei pressi di Rocchetta al Volturno, il tutto per pochi euro.

Chi proviene da luoghi in cui serpenti e scorpioni non fanno parte della fauna locale, forse vorrebbe sapere qualcosa in più sulle creature striscianti del montenerese. In tutto il territorio italiano sono quattro le specie di serpenti velenose. Nell'alto Molise ce ne sono solo due: la vipera comune e quella dell'Orsini, conosciuta anche come marasso. Se paragonate ad altre specie di vipere, la loro velenosità è relativamente bassa. Il morso della Orsini ha una tossicità pari alla puntura di un numero esiguo di api, fatto che la rende pressoché innocua all'uomo. Purtroppo, questa vipera può comunque rivelarsi letale, sebbene per cause non direttamente connesse alla sua velenosità, quali infarti conseguenti alla paura o – ironia del fato – reazioni allergiche agli antidoti. Tra questi rettili e i loro consimili innocui esistono visibili differenze: le specie velenose hanno teste più larghe e triangolari; i corpi sono più corti e grassi; la coda è corta.

Aspide mimetizzata.
Foto concessa
da Guillermo. Avello
© 123RF.com

A un'ora di macchina da Montenero si trova il comune di Cocullo, dove ogni anno la gente del luogo organizza una processione per il santo patrono, Domenico di Sora. Una statua del santo avvolta da serpenti viene portata per le strade, e i più coraggiosi tengono i rettili in mano o attorno alle spalle. Lo spettacolo mette un po' paura, ma si tratta di esemplari innocui.

La regione è popolata anche da tante specie di serpenti non velenose, ognuna con le proprie peculiarità. Il cervone, serpente del grano a quattro

Scorpione italiano. Concessa da buffy1982 © 123RF.com

strisce, e il saettone occhirossi possono raggiungere e superare gli 1,8 metri di lunghezza. La veloce, semiacquatica biscia dal collare si finge morta se infastidita. Il biacco è ancora più rapido (raggiunge una velocità di 11 chilometri orari) e può anche nuotare. Se si pianifica di fare un'escursione nell'alto Molise, è bene possedere dei rudimenti di erpetologia per essere in grado di riconoscere e memorizzare i serpenti presenti nella zona.

Un'altra creatura che suscita paura alla sola vista è lo scorpione. Le specie che vivono in Italia sono sette; a volte lo scorpione italiano (Euscorpius italicus) fa la sua comparsa nelle abitazioni di Montenero. Così come per i serpenti velenosi, anche la puntura dello scorpione è dolorosa quanto quella di qualche ape, ma non è fatale. Sarebbe buona norma controllare le scarpe prima di infilarle e le coperte prima di andare a letto. Alcuni rettili potrebbero invece risultare adorabili, come le lucertole e le tartarughe. Molti anfibi hanno belle colorazioni, come ad esempio la salamandra rossa, la raganella e il tritone.

Nato dallo scontro tra placche tettoniche, l'originario altopiano molisano è diventato un habitat perfetto per la flora e la fauna. Dalle formiche all'orso bruno, dai maestosi abeti ai graziosi gigli, i dintorni di Montenero sono stati saggiamente scelti per far parte del Parco Nazionale d'Abruzzo, Lazio e Molise. Le meraviglie naturali offerte dal territorio appagano tutti i sensi, e non solo per la loro bellezza, ma anche in quanto nutrimento per lo spirito di chi ha fatto di questa terra la propria casa.

Il guerriero di Capestrano

Statua del guerriero, datata VI secolo a.C. circa, trovata a Capestrano, Abruzzo, a 84 chilometri da Montenero. La figura indossa un cappello a falda larga, un'ampia cintura, una collana, dei bracciali e una corazza a cerchio che protegge petto e schiena. Tiene incrociati sul petto uno spadino, un coltello e un'ascia.

Per gentile concessione del Museo Archeologico Nazionale Chieti. Foto di Elisa Triolo.

CAPITOLO 4

Le tracce di Isernia che portano alla romanizzazione

Situato su una collina dell'alto Molise, Montenero Val Cocchiara è un meraviglioso scenario montano dalla ricca varietà di piante e animali. Ma chi si stabilì originariamente in questa zona, costruendo le prime abitazioni, praticando le prime colture e allevando il bestiame? Sebbene il primo documento relativo all'insediamento sia del tardo X secolo, le prove evidenti della presenza umana nel territorio risalgono a molto prima.

Gli archeologi hanno trovato tracce dei primi abitanti della penisola italica risalenti a più di 850 mila anni fa. Più pertinenti all'area montenerese sono i ritrovamenti di Isernia La Pineta, ad appena 32 chilometri da Montenero. È lì che furono scoperti nel 1979 i più antichi ed estesi insediamenti di epoca paleolitica d'Europa, che si rivelarono la più importante scoperta paleoantropologica del continente. I manufatti testimoniano la presenza dell'Homo Aeserniensis, che utilizzava il fuoco e gli strumenti in pietra calcarea. La sua dieta includeva carne di alce, orso, cinghiale, ma anche cacciagione e pesce, gli stessi alimenti che troviamo oggi sulle tavole montenresi. Altri animali – come il bisonte, il rinoceronte, l'elefante e l'ippopotamo – scomparvero dal territorio secoli e secoli fa. I manufatti di epoca paleolitica e neolitica non offrono indicazioni su come sia nato Montenero; sappiamo però che delle piccole comunità vissero in quell'area per millenni.

Durante un periodo non ben definito che va dal 1200 al 500 a.C., alcuni popoli provenienti dalla steppa occidentale portarono le lingue indoeuropee in Europa. Parte di essi passò per le Alpi orientali e si stabilì nella pianura padana; altri, invece, si spostarono più a sud. Alcune tribù condivisero dei tratti linguistici italici per via dell'origine comune dei loro idiomi; per altri, come gli Etruschi, non fu così. C'è ancora molto mistero attorno alle tribù che per prime popolarono la penisola, ma la loro presenza influenzò le sorti dell'Italia.

Gli Osci erano un gruppo italico che si insediò nell'Italia centro-meridionale, principalmente nelle regioni del Lazio e della Campania. La loro lingua e la loro cultura influenzarono senza ombra di dubbio i primi coloni dell'area montenerese. Edward Salmon scrive: "In passato, agli Osci fu attribuita una certa reputazione di genti volgari e oscene, ma ciò fu dovuto semplicemente a un'erronea e quantomai grossolana interpretazione etimologica: osceno, da *Obscus* (Oscus)."[1] Che questa caratteristica non abbia avuto un impatto anche sulle generazioni successive?

Non sappiamo molto di queste tribù, tuttavia possediamo qualche fonte linguistica. A circa un'ora di macchina da Montenero, nei pressi di Agnone, è stata ritrovata una placca in bronzo risalente al terzo secolo a.C. sulla quale appare un'iscrizione in alfabeto osco. La tavola rappresenta una delle più importanti testimonianze di questa antichissima lingua.

L'arrivo dei Sanniti

Un'altra ondata migratoria interessò l'Italia centrale, e una nuova tribù rimpiazzò gradualmente gli Osci. Si trattava dei potenti Sanniti che, con la loro mentalità improntata alla guerra, si stanziarono in Molise e Campania. Erano uomini vigorosi dediti all'agricoltura e alla pastorizia, che imposero con la forza le loro attività principali sul territorio. Utilizzavano i pascoli comuni per allevare il bestiame destinato al sostentamento. Avevano inoltre una fiorente industria metallurgica – chiaramente limitata alle conoscenze dell'epoca – che rifletteva lo stile di vita di una classe elitaria. Erano genti infaticabili che lavoravano a stretto contatto con la terra.

I Sanniti erano in realtà una confederazione di cinque tribù comprendente Caraceni, Frentani, Caudini, Pentri e Irpini. La presenza dei Caraceni, la meno popolosa delle cinque tribù, è testimoniata dal loro insediamento principale nella collina di Alfedana, di cui ebbero il controllo tra il 700 e il 600 a.C. Il territorio della tribù rappresentava il confine settentrionale del Sannio, sul Sangro, e viveva tanto nella lussureggiante valle fluviale quanto nelle montagne ad essa adiacenti. Nel corso dei quattro secoli successivi, i Pentri, provenienti dalle montagne, si mescolarono ai Caraceni, assimilandoli gradualmente. I siti archeologici di Pietrabbondante e Alfedena sono un'importante testimonianza della presenza dei Pentri nel territorio.

Se cerchiamo il nome "Pentri", noteremo subito che la parola deriva da *pen*, che significa cima, vetta. Questo particolare fa pensare che il loro habitat fossero le montagne. Le pecore fornivano ai Pentri la lana per la produzione di indumenti caldi adatti ai rigidi inverni, come dimostrato dagli scavi effettuati nella necropoli di Alfedena. Le sepolture mostrano che la popolazione possedeva sufficienti mezzi di sostentamento. Il tasso di natalità era alto, ma l'aspettativa di vita breve. Ogni così detto aristocratico appartenente a questa società era di fatto un contadino benestante. La necessità quotidiana di sopravvivenza spingeva molti a fare razzie nelle aree limitrofe. Nei secoli, i Pentri diventarono rinomati per la loro indole violenta.

Sebbene molta parte del territorio non fosse adatto alla coltivazione, i Pentri producevano principalmente cereali. "In alcune aree" dell'alto Molise "era di primaria importanza l'allevamento del bestiame, piuttosto che l'agricoltura o la selvicoltura. Ciò vale soprattutto nelle zone abitate da Caraceni e Pentri, non molto adatte alla coltivazione. L'allevamento è una pratica risalente alla preistoria e costituiva sicuramente una grande risorsa economica."[2]

La transumanza

Col crescere della popolazione, si intensificò anche l'allevamento di bestiame. Tra gli animali allevati dai Sanniti c'erano cavalli, asini, muli, capre, maiali e pollame vario, ma la loro specialità era l'allevamento di pecore, di cui utilizzavano anche il latte e la lana. Questa preziosa risorsa alimentare richiedeva a sua volta di essere nutrita, ma nei mesi invernali era difficile fornire ai capi di bestiame cibo a sufficienza. Per questo motivo ebbe inizio lo spostamento stagionale degli animali: dai pascoli ad alta quota a quelli situati più in basso d'inverno, e viceversa d'estate. Questa migrazione stagionale, conosciuta come transumanza, avveniva attraverso una rete di sentieri (i tratturi) creatisi spontaneamente col passaggio periodico delle mandrie e delle greggi.

I tratturi si trovano nel sud Italia, i più famosi dei quali in Puglia, Abruzzo e Molise. In quest'ultima regione i sentieri connettono ogni area del territorio. Il tratturo più esteso collega L'Aquila a Foggia, coprendo una distanza di 244 chilometri. Per quel che riguarda Montenero, il sentiero più importante è quello tra Pescasseroli e Candela: è il terzo per lunghezza del Meridione con i suoi 211 chilometri; passa da Barrea e Alfedena prima di attraversare Ponte Zittola verso Rionero Sannitico e Isernia. Inoltre, c'è un'altra ramificazione principale da Ponte Zittola, conosciuta come tratturo Castel di Sangro-Lucera. Da Lucera parte anche un altro percorso che arriva a Foggia e che ha rappresentato il fulcro dell'intero sistema di tratturi dell'Italia meridionale.

Il punto d'incontro tra i tratturi Pescasseroli-Candela e Castel di Sangro-Lucera fu provvidenziale per la popolazione locale che, a un certo punto, decise di sfruttare la posizione strategica del luogo per costruire una specie di taverna. "Proprio qui si trovava la Taverna della Zittola, un importante punto di ristoro per i pastori, che potevano trascorrere lì una notte durante la transumanza e cogliere l'occasione per scambiare dei prodotti. Difatti, la taverna era posizionata esattamente nel punto in cui il Regio Tratturo Pescasseroli-Candela si interseca con il Castel di Sangro-Lucera."[3]

L'efficiente sistema di percorsi creato dai Sanniti per la transumanza stagionale degli animali serviva anche al trasporto delle merci e come via di comunicazione. Oltre all'attività connessa all'allevamento e all'uso dei tratturi, cos'altro conosciamo della vita dei Sanniti? Non erano rinomati per le loro abilità commerciali; erano piuttosto dei semplici contadini dediti al lavoro della terra.

Sugli altipiani iniziarono a fare la loro comparsa dei piccoli insediamenti. Nei secoli a.C., la maggior parte delle abitazioni era fatta in legno e aveva una sola stanza. Il lusso non era certo di casa! "È probabile che molte delle abitazioni dei Sanniti fossero momentanee, rifugi improvvisati adatti ai bisogni dei mandriani che si spostavano di continuo assieme alle loro greggi."[4] La maggior parte dei villaggi era organizzata in modo semplice. I Sanniti non producevano ceramiche né avevano una propria moneta: per procurarsi i beni necessari praticavano il baratto.

Il pensiero religioso

Le nostre conoscenze circa la quotidianità dei Sanniti derivano principalmente dagli studi archeologici e dalle prime fonti letterarie. In ogni cultura la religione scaturisce dai pensieri e dalle azioni degli uomini. Tra i Sanniti, ognuno credeva in ciò che desiderava. Non c'è traccia dell'esistenza di una casta sacerdotale. Sono evidenti alcune forme di culto, per esempio quelle aventi luogo nei boschi. Ad Alfedena "è stato scoperto un santuario circondato da un portico e con al centro un tempio [...], una costruzione a metà strada tra una casa nel bosco e un tempio provvisto di tetto."[5] Si credeva che nella natura risiedesse il soprannaturale e che la magia potesse influenzare il futuro, a vantaggio dell'uomo. Per questo motivo, maiali, pecore e buoi venivano offerti in sacrificio per ingraziarsi gli dei. Venivano inoltre creati degli amuleti – ritrovati ad Alfedena – per proteggere chi li portava con sé. Forme antiche di paganesimo continuarono a influenzare le credenze popolari per secoli, e a tutt'oggi non sono del tutto scomparse.

Nonostante i continui conflitti tra tribù, i disastri naturali e altre difficoltà, la popolazione confidava nell'intervento divino per il superamento di ogni avversità. Il pantheon sannitico si arricchì di divinità greche e italiche, adottate e poi venerate per portare prosperità alla terra e salute agli uomini. Per quel che riguarda i disastri naturali, ad esempio, è possibile vedere raffigurate su alcune monete ritrovate a Isernia delle scene di adorazione del dio Vulcano perché associato ai terremoti. Apollo garantiva l'abbondanza delle messi. Su un anello d'oro ritrovato a Isernia vi è raffigurata Angizia, dea della salute e della tranquillità. La dea Diana veniva venerata per assicurarsi il buon esito della caccia. Presso i poderosi Sanniti, Marte, dio della guerra, era una presenza costante, tanto che i più comuni idoli in bronzo erano delle piccole figure di guerrieri, come quelli ritrovati a Barrea e Alfedena. Dalle dimensioni più grandi, il Guerriero di Capestrano, simbolo dell'Abruzzo. Questa statua sannita, risalente al VI secolo a.C., si trova attualmente al museo del Louvre di Parigi.

Lo stile di vita improntato alla guerra è ravvisabile anche nel tipo di costruzioni architettoniche. Le comuni abitazioni domestiche erano piuttosto rustiche. I modesti capanni dei pastori non si aggiudicarono di certo alcun premio per l'architettura e durarono per solo qualche decennio. In vari luoghi del Molise è possibile trovare delle strutture in pietra costruite a scopo difensivo. "Erette per proteggere dagli invasori, le fortificazioni poligonali che troviamo nelle montagne del Sannio sono una primissima forma di monumento […] I blocchi di pietra calcarea, poco o niente affatto modellati e di media grandezza, venivano posizionati l'uno sull'altro senza l'aggiunta di cemento, rimanendo saldi grazie al loro stesso peso."[6]

Le prime migrazioni di Aeserniensi, Osci e più tardi di Sanniti interessarono le terre che oggi chiamiamo Molise. Questi popoli hanno lasciato il segno con i loro insediamenti, come Isernia e Alfedena. L'area di Montenero attraeva i coloni. I rifugi offrivano riparo a chi coltivava la terra o allevava il bestiame. L'alto Molise non era particolarmente adatto all'agricoltura, cosa che si aggiungeva ai saccheggi delle tribù vicine. La religione pagana confortava l'animo, mentre le semplici produzioni artistiche appagavano il gusto estetico. La dura vita doveva confacersi a una mentalità guerriera. I Sanniti sono rinomati per il forte senso di indipendenza, per l'aggressività e per l'abilità nel combattere, e contarono proprio su queste loro caratteristiche per contrastare l'avanzata di nuovi popoli.

Migrazioni e conflitti

Col graduale evolversi delle numerose tribù presenti nella penisola italica, andò aumentando anche la popolazione, con una conseguente sempre maggiore richiesta di terre da coltivare e risorse minerarie. Lo stesso processo si stava verificando su a nord, oltre le Alpi. Le tribù germaniche si stavano spostando nei territori vicini alla ricerca di pascoli più verdi, e per farlo dovettero scacciare i Galli dalle regioni del Danubio in cui si erano stanziati. I Galli attraversarono quindi le Alpi e giunsero nella penisola, dando il via a dei conflitti per la conquista di un nuovo territorio nell'Italia settentrionale; alla fine, si spinsero ancora più a sud e saccheggiarono Roma nel 387 a.C. Con molta probabilità, fu a causa di questo evento sconvolgente che Roma e la Lega Sannitica stipularono un trattato nel 354 a.C., nella speranza che un fronte unito impedisse un ritorno dei Galli.

Tra tutte le tribù presenti nella penisola, i Sanniti dominarono la parte di territorio più estesa – 9600 chilometri circa – e sembra che la loro fosse anche la popolazione più numerosa. La Lega Sannitica era un'alleanza abbastanza libera – i cui membri principali erano Caraceni, Pentri, Caudini e Irpini – che si univa quando necessario per reprimere eventuali azioni belligeranti delle tribù vicine. I Sanniti avevano lunga fama di genti aggressive dall'eccezionale capacità nel combattimento. Spesso si avvalevano della presenza delle montagne per agire di nascosto.

Durante i secoli quarto e quinto a.C., la crescita della popolazione costrinse i Sanniti a spingersi verso sud e sudovest in cerca di pascoli. Alcune delle tribù incontrate lungo il cammino cooperarono con loro; altre invece non lo fecero. L'aggressivo popolo di montagna si diresse verso sud seguendo le vallate fluviali con l'intento di conquistare nuove zone in Puglia. Chiaramente, una delle aree più contese era il confine, dove il fiume Liri scorre verso il Lazio, terra dei Romani. Proprio lì vivevano i Volsci, e proprio lì Romani e Sanniti avevano individuato dei depositi di rame e ferro – metalli chiaramente indispensabili alla produzione di armi. Un altro dei principali percorsi del Sannio passava per la valle del Volturno e giungeva alla roccaforte di Isernia. Quest'ultima rappresentava un punto strategico a nord della zona, ma fu Benevento a diventare la città più importante per i Sanniti.

La prima guerra sannitica (343-341 a.C.)

Infine accadde l'inevitabile: ci furono degli scontri tra chi si contendeva le terre adiacenti sotto l'influenza di Sanniti e Romani. Da piccole dispute si passò a conflitti sempre più grandi, poiché queste due potenze si contendevano la supremazia sulla penisola. I tre secoli successivi – a dir poco – videro il Sannio devastato dalla violenza.

I conflitti coinvolsero dapprima le piccole tribù della valle del Liri; successivamente e contro ogni previsione, questi gruppi chiesero aiuto o ai Sanniti o ai Romani. Ne seguì una lunga serie di minacce, invasioni, ritirate, brevi periodi di tregua, cambiamenti di alleanze e ulteriori scontri. I principali avvenimenti di questo periodo sono passati alla storia come le tre guerre sannitiche e guerra sociale, conosciuta anche come quarta guerra sannitica.

Durante la prima guerra sannitica ci furono due importanti combattimenti. Nel 342 a.C., i Romani sconfissero i Sanniti nella battaglia del Monte Gauro. Quando i Romani provarono a invadere il territorio sannita subirono un'imboscata, ma alla fine sconfissero la potenza rivale. Negli anni successivi i Romani minacciarono nuovamente di invadere il Sannio. I Sanniti inviarono gli emissari, anziché dei guerrieri, per incontrare gli invasori e tentare una conciliazione, giungendo così a un trattato di pace. La prima guerra sannitica causò gravi danni e migliorò la posizione strategica dei Romani, che poterono espandere il loro territorio prendendo il controllo delle piccole tribù al confine del Sannio.

I popoli più piccoli confinanti con Sanniti e Romani erano contrari e pieni di risentimento nei confronti dei potenti vicini. Molti di essi davano segni di insofferenza. Da questi malumori scaturì la guerra latina (340-338 a.C.), in cui le truppe sannite e romane collaborarono per sedare i rivoltosi. Le truppe romane viaggiarono da Isernia e Alfedena per assoggettare Marsi e Peligni nel territorio che oggi corrisponde all'Abruzzo. Finita questa serie di battaglie volte alla pacificazione, i Romani fondarono una colonia a Fregelle, sulla sponda del Liri, suscitando il risentimento dei Sanniti che si sentivano minacciati da questa presenza incombente. Questo malcontento portò a un'altra ondata di scontri.

I Romani espansero i loro territori, sancirono alleanze e consolidarono il loro potere. Anche i Sanniti provarono ad allearsi, ma il loro grado di successo non è stato mai attestato. Si ipotizza che, a causa della loro cattiva reputazione, ogni tentativo di rapporto diplomatico si rivelò fallimentare. Come afferma Salmon: "Forse la loro reputazione di vicini barbari, spietati e avidi influì a loro svantaggio."[7]

La seconda guerra sannitica con Roma (326-304 a.C.)

Le nuove conquiste territoriali in Campania accrebbero notevolmente il potere e il prestigio di Roma. La presenza dei Romani allertò i Sanniti, che temevano di perdere gli alleati napoletani. Per dimostrare la loro potenza, mandarono a Napoli un esercito di circa seimila uomini, e i Romani risposero in massa per portare la città dalla loro parte. Cominciò così, nel 326 a.C., la seconda guerra sannitica, caratterizzata da numerosi scontri nelle zone di confine che videro impegnate le due superpotenze per anni.

Stanchi della situazione stagnante venutasi a creare al confine, i Romani decisero di attaccare il Sannio nel 321 a.C. Due legioni romane da diciottomila unità partirono dalla Campania per raggiungere il cuore del territorio nemico. I Sanniti, guidati da un eccezionale comandante, Gaio Ponzio, tesero un'imboscata all'esercito romano usando tattiche di guerriglia. Questo evento, passato alla storia come battaglia delle Forche Caudine, rappresentò per secoli una grave umiliazione per Roma. Al termine del conflitto venne stilato un trattato di pace che durò per qualche tempo.

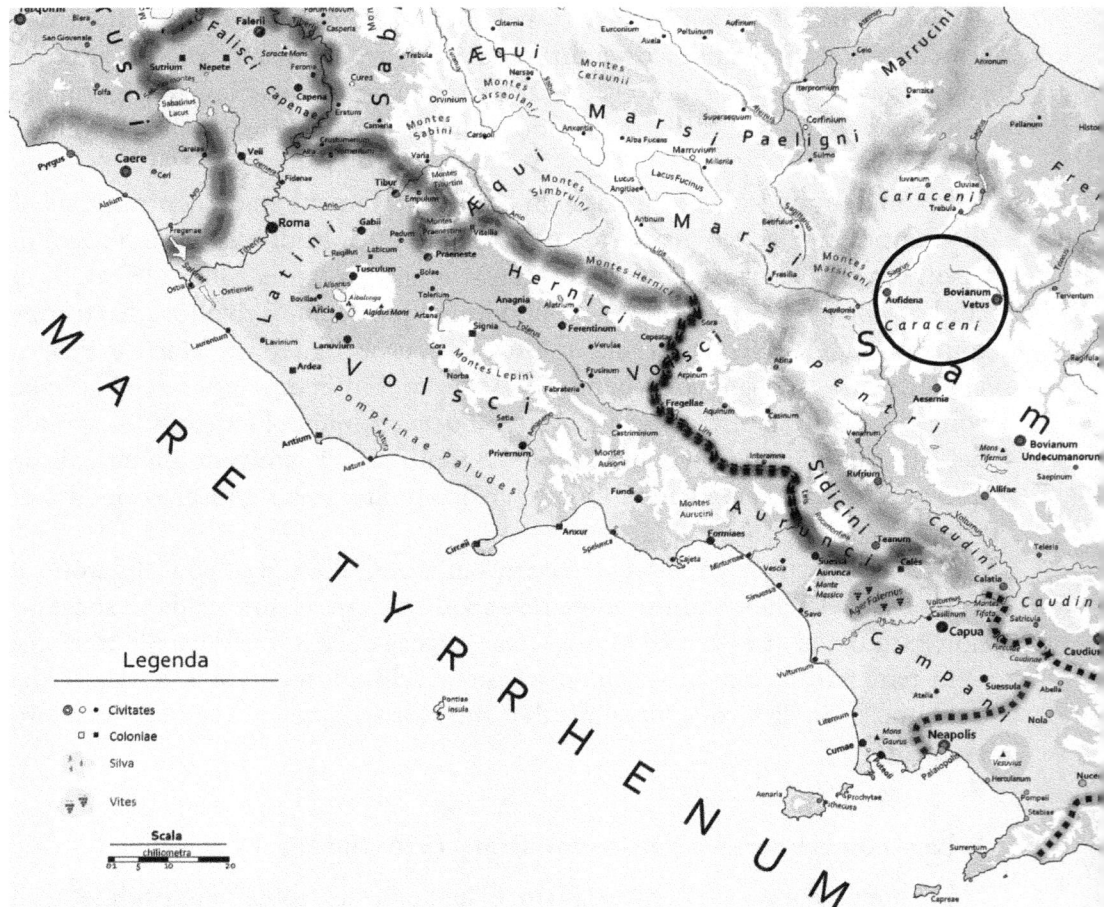

Per un paio d'anni, sia i Romani che i Sanniti lavorarono a livello diplomatico per rafforzare le rispettive situazioni in termini di posizionamento strategico. Aggiudicandosi alleati in lungo e in largo, i loro sforzi cambiarono le dinamiche politiche in gioco, portando a tensioni tra le parti. Nel 316 a.C. i Romani dovettero gestire le ribellioni delle piccole tribù della valle del Liri, dove la loro sempre crescente presenza era diventata insostenibile per gli abitanti originari. Molte di queste tribù erano a favore dei Sanniti, che presto offrirono il loro aiuto, rinnovando così il conflitto con i Romani.

I comandanti romani decisero di attaccare i Sanniti in Puglia e nella valle del Liri. I Sanniti, dal canto loro, partirono alla carica del principale obiettivo nemico, dritti verso il Lazio. L'arrivo dei Sanniti appena sotto Roma attirò tutti i soldati romani in difesa, fatto che giocò a favore dei primi, liberi di prendere le terre a est, come Sora e altre zone della valle del Liri. Nonostante le

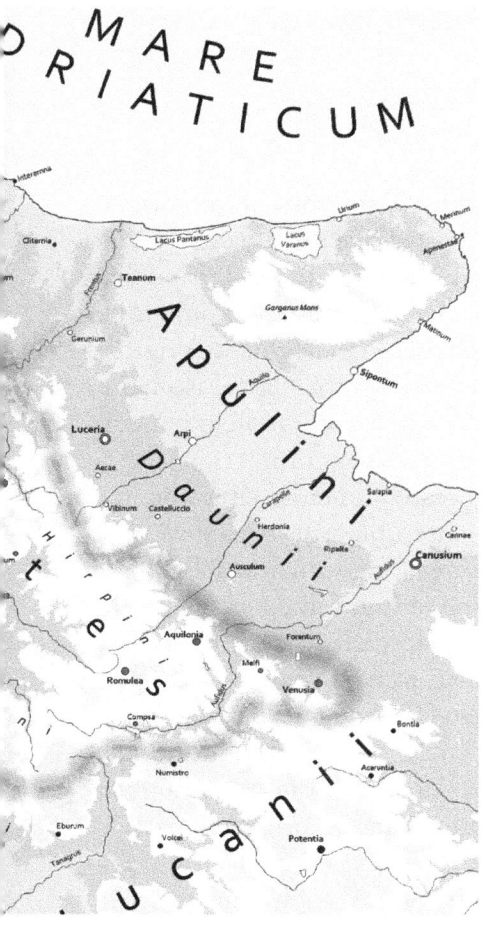

Seconda guerra sannitica

Mappa che mostra il teatro degli scontri, 327–304 a.C.. Montenero sarebbe stato fondato appena a sud di Aufidena (Alfedena), dove l'ovale rosso evidenzia la scritta Caraceni. Per gentile concessione di ColdEel & Ahenobarbus. CC BY-SA 3.0.

grandi vittorie dei Sanniti, i Romani ripresero e riorganizzarono molti dei territori.

La loro avanzata generò paura tra gli Etruschi e altre popolazioni, che corsero alle armi. Il conflitto ebbe così inizio; tra il 311 e il 310 a.C., i Romani riuscirono a tenere a bada gli Etruschi, per poi soggiogarli definitivamente nel 308.

Le irruzioni al confine tra i territori romani e sanniti avvenivano regolarmente, degenerando talvolta in attacchi formidabili. Mentre i Romani tentavano di risolvere la questione con gli Etruschi, le truppe sannite si muovevano verso sud per raggiungere la Puglia. Ciò rappresentò un'opportunità per i Romani, che nel 310 decisero di attaccare il Sannio occidentale nelle zone del Matese. I Sanniti non solo resistettero, ma continuarono la loro marcia verso la Puglia, attaccando la Campania centrale. Nel 305 a.C., i comandanti romani appena eletti condussero l'esercito nel cuore del Sannio, conquistandone finalmente la capitale, Bojano. Si concluse così la seconda guerra sannitica, sancita da un trattato di pace nel 304 a.C. I Romani strinsero inoltre delle alleanze con alcune piccole tribù.

L'esercito romano stava avendo sempre più controllo nell'Italia centrale. Furono costruite delle strade militari, come la via Minucia, che dal raccordo Castel di Sangro-Alfedena immetteva nel vecchio trattaro Pescasseroli-

Candela, l'odierna statale 17. Le nuove strade militari favorirono la crescita urbana di Bojano, Sepino e Isernia.

La terza guerra sannitica (298-290 a.C.)

Al pari di una scossa di assestamento successiva a due grossi terremoti, la terza guerra sannitica scoppiò nel 298 a.C. Era prevedibile che qualche tribù avrebbe manifestato il proprio malcontento, provando a divincolarsi dalla presa romana o sannitica. I Lucani, ad esempio, chiesero aiuto ai Romani al momento di affrontare l'invasione sannitica. Sebbene non sia chiara l'origine della crisi, la situazione riaccese le tensioni tra nemici di vecchia data. I Romani stavano anche combattendo nuovamente contro i Celti a nord, motivo per cui parte dell'esercito non poté partecipare allo scontro con i Sanniti.

Sembra che i Romani fossero impegnati ad attaccare numerose città sannite, incluse Alfedena e Bojano. La tattica maggiormente utilizzata consisteva nel distruggere la base agricola dei Sanniti e nel bloccare la transumanza stagionale lungo i tratturi. Messi alle strette, i Sanniti unirono le loro forze a quelle degli Etruschi, nonostante i Romani fossero riusciti in precedenza a tenere lontane queste due tribù antiromane. Circa centomila soldati romani vennero scelti per prendersi la rivincita sui Sanniti. Lo scontro decisivo fu la battaglia del Sentino – una delle più cruciali della storia romana – avvenuta nel 295 a.C. nel territorio che oggi corrisponde alle Marche. Gli storiografi riportano che morirono centomila Sanniti e che i superstiti fecero ritorno nei territori montani d'origine. Molti di essi vennero uccisi durante il transito nel territorio dell'area peligna.

Mentre i Romani sconfiggevano e soggiogavano le tribù più piccole, stringendo nuove alleanze, i Sanniti facevano del loro meglio per contrastare la potenza romana. Le forze messe in campo variavano dai più giovani, addetti al trasporto delle armi, alla famosa Legione del Lino, una élite composta da abilissimi guerrieri.

Nel 293 a.C., gli scontri avvennero al confine nord-occidentale della regione, dove Caraceni e Pentri vivevano vicini. I Sanniti erano stati sopraffatti e le loro migliori aree agricole confiscate. Le truppe romane tagliavano gole, stupravano e saccheggiavano nei territori corrispondenti all'attuale Molise nord-occidentale, da Isernia ad Alfedena. Nel 290 a.C., gli ultimi sprazzi di resistenza sannia si stavano spegnendo. Con la ex superpotenza sannita ormai al collasso, il nuovo obiettivo dei Romani era l'assoggettamento dell'intera penisola.

C'è una storia interessante che narra di un Caraceno portato a Roma come ostaggio. Nel 269 a.C. riuscì a scappare e fare ritorno nella sua terra d'origine tra le montagne. Non si conosce il luogo esatto, ma si trovava senza dubbio vicino all'odierno confine tra Abruzzo e Molise. Una volta a casa, il caraceno provò a fomentare le sue genti per attuare una guerriglia appena possibile. Sebbene i Romani avessero preso Alfedena nello stesso anno e i Caraceni fossero ormai una tribù a sé stante, questa anima rivoluzionaria continuò a combattere per la libertà. Forse visse abbastanza da creare una famiglia, i cui discendenti vissero nella collina che oggi chiamiamo Montenero.

Guerra pirrica (280-275 a.C.)

Roma continuò a pacificare varie tribù da nord a sud. Naturalmente, il sud, noto come Magna Grecia, era sotto l'influenza greca. Sembrava chiaro che i Romani avrebbero tentato infine di dominare i loro vicini meridionali per garantirsi la penisola. Dallo stato greco dell'Epiro giunse il generale Pirro per proteggere la Magna Grecia. L'inevitabile conflitto divenne noto come guerra pirrica o, più spesso, come quarta guerra sannitica. I Sanniti affiancarono i Greci e colsero l'occasione per ribellarsi, poiché Roma stava combattendo su due fronti, quello settentrionale e quello meridionale.

I Romani subirono quella che fu, forse, la loro più grande sconfitta durante l'egemonia al nord della penisola, vicino ad Arezzo, in Toscana. Eppure, Roma uscì vincitrice dagli scontri con gli Etruschi e i Galli. I Sanniti continuarono a combattere per circa dodici anni, causando danni con le loro tattiche di guerriglia. Sembra che Castel di Sangro divenne una roccaforte, alla cui edificazione contribuì ciò che restava dei Caraceni. Comunque, alla fine, molti dei ribelli furono giustiziati o venduti come schiavi. Il numero dei Caraceni rimasti divenne insignificante. L'ultima battaglia combattuta da Pirro fu quella di Benevento, in Molise. Caduta questa roccaforte sannita, Pirro tornò in Grecia, portando con sé molta parte del bottino conquistato con i suoi sforzi e lasciando il Sannio e il sud in balia dei Romani. Molte delle tribù sannite vennero sottomesse, una dopo l'altra. Per circa un secolo, tra il 200 e il 100 a.C., nel Sannio devastato dalle guerre regnò la calma, con i suoi abitanti impegnati a ricostruire ciò che era stato distrutto.

Le guerre romane contro Cartagine (264-146 a.C.)

Roma, al contrario, prosperava nonostante la presenza di vicini bellicosi. Quando a nord scoppiò il conflitto tra Romani e Galli, i Sanniti non cedettero alla loro naturale propensione alla rivolta. La crescita di Roma attirò anche l'attenzione dei potenti Cartaginesi, il cui impero si estendeva dalle coste del Nordafrica ai territori corrispondenti alle attuali Spagna, Sicilia, Sardegna e Corsica. Furono tre i tentativi di frenare l'ascesa della Repubblica Romana durante le guerre puniche, con i Cartaginesi schierati contro Roma. Poiché Cartagine era la più grande potenza marittima del Mediterraneo occidentale, Roma volle mettersi al riparo da questa minaccia costruendo una propria flotta. Roma aveva vinto la prima guerra punica ed era stato firmato un trattato di pace, che per Cartagine rappresentava solo un modo per prendere tempo e rimettersi in sesto. Con la flotta quasi totalmente distrutta, la seconda guerra punica fu condotta via terra.

Annibale attraversa le Alpi. Dettaglio di un affresco di Jacopo Ripanda, 1510. Museo Capitolino, Roma. © *José Luiz Bernardes Ribeiro* / CC BY-SA 4.0

Nota ai Romani come la guerra contro Annibale (218-201 a.C.), la seconda guerra punica comportò l'invasione comandata dal generale Annibale Barca – considerato dagli studiosi uno dei più grandi comandanti militari mai esistiti. Annibale lasciò senza dubbio il segno, non solo a Roma, ma anche in quei territori che oggi corrispondono a Molise e Abruzzo.

Dalla sua base a Cartagena, in Spagna, Annibale guidò il suo esercito – inclusi trentasette elefanti – verso le Alpi. Lungo il cammino, negoziò o costrinse le tribù locali affinché lo aiutassero con l'invasione. I Romani avevano già mandato le loro truppe in Spagna e Nordafrica, dove riuscirono a impedire che soldati e derrate giungessero ad Annibale. Le tribù galliche in nord Italia furono celeri nell'insorgere contro Roma a fianco ai Cartaginesi; assieme sconfissero l'esercito Romano a nord, e Annibale poté così procedere verso il centro Italia.

Nel 207 a.C., il genio tattico di Annibale portò a un'importante vittoria sui Romani lungo la costa settentrionale del lago Trasimeno. Parte della sua strategia consistette nel convincere gli alleati di Roma a venir meno ai patti, o dichiarandosi neutrali o unendosi ai Cartaginesi. I Sanniti non si erano ancora fatti persuadere, così il generale modificò il suo metodo, inasprendolo. Ad esempio, le zone circostanti la roccaforte di Benevento vennero devastate al passaggio di Annibale e delle sue truppe che muovevano verso Campobasso. Durante la sua avanzata, il generale continuò a distruggere raccolti e terreni, accumulando viveri e catturando prigionieri. Nonostante tutto, i Sanniti non cedettero: non solo rimasero leali a Roma, ma a loro viene attribuita la prima sconfitta militare dei Cartaginesi nei pressi dell'attuale Casacalenda, in Molise.

Con l'avvicinarsi dei Cartaginesi a Roma, alcune tribù italiane e sannite cominciarono a rinunciare alla loro alleanza con la potenza romana. Gli unici rimasti fedeli a Roma furono i Pentri. Per vendetta, Annibale mise a fuoco le loro terre, sia all'andata che al ritorno da Roma. Nel 203 a.C., Annibale fu richiamato dall'Italia per difendere Cartagine da un altro genio militare, Scipione l'Africano, che minacciò il cuore della potenza cartaginese e sconfisse infine Annibale durante la battaglia di Zama.

Il trattato di pace tra Roma e Cartagine si rivelò un grande onere per i cartaginesi. Le richieste di Roma erano diventate insostenibili, tanto da far insorgere i Cartaginesi e dare il via alla terza guerra punica (149-146 a.C.). L'esercito romano strinse il cappio fino a che la capitale cartaginese non arrivò a patire la fame dopo anni di assedio. Nella città si susseguirono stupri e incendi per diciassette anni, e gli abitanti vennero venduti per la maggior parte come schiavi.

La guerra sociale (91-88 a.C.)

Parte del piano di Roma per avere il controllo della penisola consisteva nell'indebolire le tribù alleate con Annibale, privandole ad esempio delle terre e di ogni bene. Silla, potentissimo generale romano, condusse il suo esercito sulle montagne a est di Roma con l'obiettivo specifico di distruggere e massacrare. La maggior parte delle tribù perse la propria autonomia quando Roma trasformò le loro terre in prefetture. Le colonie romane erano sparse su tutto il territorio, e il loro potere finì per condizionare la vita di tutti. La romanizzazione dei toponimi significò il raggiungimento del potere politico sulla penisola. Agli alleati di Roma veniva richiesto il regolare pagamento di un tributo e una certa quota di soldati. Privati di ogni autonomia politica, gli alleati non avevano voce in capitolo neanche negli affari esteri o nei rapporti con le altre colonie. I bottini di guerra spettavano solamente a Roma.

Sebbene i Sanniti costituissero buona parte dell'esercito romano, contribuendo enormemente ai successi militari, per loro non era prevista alcuna ricompensa. Tutt'al più, le reclute sfruttavano spesso la loro condizione per emigrare in aree più prosperose o nelle terre straniere in cui prestavano servizio.

Come già detto, i Pentri erano l'unica tribù sannita rimasta fedele a Roma durante l'invasione cartaginese, guadagnando un certo margine di libertà decisionale. Secondo Dench, verso la fine del secondo secolo a.C., i Pentri "stavano costruendo a Pietrabbondante un complesso teatro-tempio monumentale, divenuto chiaramente il nuovo santuario e luogo di incontro per tutto il secondo secolo."[8] Ciò nonostante, Roma non sentiva alcun obbligo morale nei confronti dei Sanniti. Come aggiunto da Salmon, "sostanzialmente, fu l'indifferenza per il benessere economico degli alleati a portare al punto di rottura nei rapporti tra Roma e gli italiani."[9]

Roma si stava espandendo sempre di più, sempre più corrotta e ricca; i Romani pensavano solo al proprio tornaconto, importando cereali e metalli dalle province conquistate. Ciò soffocò la spinta produttiva degli alleati nella penisola. Gli enormi sforzi finanziari unirono gli oppressi, portandoli a reagire. Allo scoppio della ribellione, nel 91 a.C., tutte le tribù non romane fecero fronte comune per ottenere l'uguaglianza. I Pentri furono una delle potenze più forti nella lotta per i diritti dei non Romani. La roccaforte romana di Isernia era di primaria importanza in quanto passaggio obbligato da Roma a Napoli, motivo per cui diventò subito il principale obiettivo dei Pentri. La tribù sannita riuscì a prendere Isernia, facendone il suo baluardo per tutta la durata della guerra.

Il sentimento antiromano fu così dilagante che Roma dovette fare attenzione. I Sanniti chiedevano di essere cittadini romani, di poter tenere i bottini di guerra e il ritorno di prigionieri e disertori. I Romani offrirono quindi la cittadinanza ai "Latini e agli Italiani non armati o che avessero immediatamente deposto le armi."[10] Ad avere la cittadinanza furono chiaramente anche tutti i non romani che offrivano servizio militare a Roma. Con la nuova legge vennero registrati tutti i nuovi cittadini, mettendo fine così alle pratiche discriminatorie.

La repubblica romana viene resa grande

I vincitori romani infarcirono la loro storia di notizie che ne esaltavano i successi, sminuendo al contempo i Sanniti. Per questo, in molti non sanno che l'ascesa di Roma fu in larga parte dovuta agli elementi culturali mutuati dai Sanniti. Dopo aver conquistato le terre, i Romani dovevano tenere sotto controllo la popolazione. Così, gli elementi più copiati dalle tribù sannite furono quelli relativi all'ambito militare, comprese le tattiche di cavalleria e alcuni pezzi di armamentario, come il *pilum* (tipo di giavellotto) e lo *scutum* (scudo di forma rettangolare). Il combattimento gladiatorio fu copiato invece come forma di intrattenimento e modo eccellente per allenarsi e coltivare lo spirito marziale.

Roma era circondata da potenziali nemici, motivo per cui era logico creare delle strade militari che consentissero di raggiungere agilmente le zone focolaio di insurrezioni. Alcune di queste arterie principali ricalcavano i tratturi sanniti già esistenti da secoli. Nei luoghi strategici, i Romani costruirono delle colonie lungo le strade dei territori conquistati, come testimoniano le roccheforti di Venafro, Isernia, Alfedena, Bojano, Sepino, Benevento, Alba Fucens e Pietrabbondante. Col tempo, le colonie superarono i confini dell'Italia latina, espandendosi per tutto l'Impero. Le colonie avevano un'importanza tanto militare quanto economica, poiché fungevano anche da stazioni commerciali.

I Romani, ben consapevoli del fragile equilibrio di potere venutosi a creare con i contendenti, svilupparono una visione orientata a rafforzare la loro posizione e dare prova infine della loro superiorità. Il rapporto instauratosi con i Sanniti influì grandemente sulla politica estera e le riforme territoriali attuate dai Romani. Man mano che Roma diventava sempre più ricca e forte, si andò formando un'aristocrazia patrizio-plebea che consentiva a chi ne faceva parte di godere delle fatiche altrui – sia dei cittadini che delle centinaia di migliaia di schiavi importati in seguito ai conflitti.

L'importazione di schiavi dalle terre conquistate consentiva il reperimento a basso costo di forza lavoro da impiegare nella realizzazione di grandi progetti. Oltre alla rete stradale, vennero costruiti acquedotti, fortificazioni, ville, templi e molte altre strutture. Il sistema governativo si dovette adattare per far sì che la fiorente repubblica e l'impero fossero gestiti in modo efficiente. L'esercito mantenne la pace sulla penisola e allungò le sue potenti braccia su terre straniere, come la Scozia e l'Egitto.

Le decisioni iniziali giocarono un ruolo cruciale nel futuro della penisola. Spesso, a illustri politici e comandanti militari erano state donate parti di territorio peninsulare come ricompensa per i loro servizi. Vivevano tra i lussi nelle loro proprietà private, sottraendo le terre ai cittadini. Importare il cibo dall'estero divenne più economico e i contadini della penisola italiana raggiunsero nuove soglie di povertà. Roma e altre grandi città prosperavano, specialmente grazie al commercio fiorente. I territori assoggettati a Roma divennero centri romanizzati, mentre le zone montane e meno accessibili mantennero il loro carattere agricolo.

L'Impero crebbe così tanto che, nel 285 d.C., l'imperatore Diocleziano lo divise in due. Roma era la sede centrale dell'Impero d'Occidente, mentre quello d'Oriente veniva governato da Bisanzio (la moderna Istanbul), che abbandonò la cultura latina in favore di quella greca. Nei secoli successivi, l'Impero d'Oriente subì una propria evoluzione.

Carlo Magno

CAPITOLO 5

Toc toc: l'invasione da nord e da sud

Roma era diventata eccessivamente ricca e la corruzione si era diffusa al ritmo di un morbo che stava indebolendo la stabilità dell'impero. Per ottocento anni, Roma era stata una roccaforte inespugnabile, ma quando i Visigoti saccheggiarono Roma nel 410 d.C., fu come sollevare un velo sotto al quale giaceva un governo in disfacimento. Quarantacinque anni più tardi, un altro popolo germanico, i Vandali, devastarono Roma. Nel 476 d.C., l'ultimo degli imperatori romani d'Occidente fu detronizzato da Odoacre, il primo barbaro alla guida di Roma. Circa dieci anni più tardi, fece la sua comparsa l'unno Attila, insieme con un gruppo di genti provenienti dall'Europa centrale e orientale, e razziò il nord Italia. Prima che giungesse a Roma, papa Leone I riuscì a dissuaderlo dall'invadere la città. I Goti, ora alleati con gli Unni, non rimasero ad aspettare con le mani in mano e invasero il Molise nel 535 d.C. Tommaso Astarita scrive nel suo ben fatto e utile libro: "Calabria, Abruzzo e la maggior parte delle regioni centrali – per lo più montuose, difficili da raggiungere e poco adatte all'agricoltura – rimasero povere, rurali, e culturalmente e religiosamente isolate."[1] I saccheggiatori distruggevano i terreni e gli insediamenti delle località incontrate lungo i loro viaggi, e anche la malaria aveva colpito alcune zone.

Come mai tutti questi gruppi germanici erano diretti a sud della penisola? Le diverse popolazioni dell'Europa centrale e orientale si scontrarono quando iniziò ad esserci carenza di cibo. Le pressioni a nord delle Alpi spinsero le popolazioni a migrare nella penisola italiana in cerca di migliori condizioni di vita. Giunti nei territori d'oltralpe, questi gruppi si trovarono in competizione con le genti della valle di Riva del Po e di Roma.

Reliquario d'oro di Carlo Magno, XIV secolo, collezione della
cattedrale di Aachen, Germania. Carlo Magno, imperatore romano
dall'800. Unificò la maggior parte dell'Europa occidentale
e centrale durante l'Alto Medioevo.
Foto di Beckstet, CC BY-SA 3.0CC BY-SA 3.

Giustiniano, imperatore dell'Impero Bizantino, arrivò nella penisola assieme al suo esercito nel 553 d.C. Al fine di unire il vecchio Romano Impero, Giustiniano eliminò molti dei poteri politici ed economici, ma non lo Stato Pontificio, tanto che alcuni territori vennero organizzati sotto il papa. In larga parte, questa fu la risposta alle migrazioni germaniche da nord. Lo Stato Pontificio divenne quindi una forte presenza, da Roma fino ai territori dell'attuale Emilia-Romagna. L'influenza del papa nell'Italia centrale andò aumentando man mano che la popolazione cominciava a confidare nella sua figura per ricevere protezione dai barbari invasori. Astarita riassume così questo particolare periodo storico:

> Durante i secoli quinto e sesto, l'Italia patì enormemente per la situazione caotica e i conflitti che accompagnarono la dissoluzione del ruolo di Roma in Occidente. Diversi popoli germanici combattevano tra di loro, dentro e fuori i confini italiani. Nel sesto secolo, l'impero d'Oriente (Bisanzio), sotto Giustiniano (in carica dal 527 al 565), tentò di riprendere il controllo sulla penisola e il Mediterraneo occidentale. Ne derivarono lunghe guerre, divisioni religiose e una catastrofe economica, nonché una rapida diminuzione della popolazione, anche a causa di epidemie mortali. I lunghi conflitti avvenuti in Italia tra Giustiniano e i Goti furono particolarmente distruttivi.[2]

Le minacce da nord non cessarono. Un'altra tribù germanica, i Longobardi, arrivò nella penisola nel 568 d.C. e in meno di cinque anni riuscì a mettere fine all'egemonia giustiniana. Questo popolo era destinato a lasciare un segno in tutto il territorio, da nord a sud. L'influenza longobarda è chiaramente visibile nella regione italiana che deve il suo nome alla tribù germanica, la Lombardia. Al sud, la loro presenza è meno evidente, se non si conosce la storia d'Italia.

Dopo la seconda metà del sesto secolo, nella penisola c'erano trentacinque duchi longobardi che governavano in modo indipendente; due di essi avevano titolo di granduca, e si trovavano a Benevento e Spoleto. Il duca Zotto prese il controllo di Benevento dopo che "i suoi manipoli, in parte barbari, inondarono le province del Sannio, seminando ovunque il terrore."[3] Nel 571 d.C. Benevento divenne il principale centro longobardo del sud Italia. I Longobardi conquistarono il Molise nel 572 d.C.; Arechi, duca di Benevento, "consolidò il suo ducato, acquisendo quasi tutti i territori del sud Italia, ad eccezione di poche città costiere."[4] Questa opera di consolidamento comportò anche il saccheggio del grande monastero di Monte Cassino, nel 580 d.C.

Alla fine, i Longobardi divennero altamente romanizzati. Fortunatamente, nel muoversi dalla sua terra d'origine, la tribù germanica aveva portato con sé nella penisola bovini e suini. La cura e l'allevamento del bestiame diventarono attività fondamentali nelle zone montane come l'Abruzzo e il Molise. Come scritto da Gattei et al.: "Con il collasso dell'Impero Romano, gli Appennini centro-meridionali regredirono a zone rurali povere e primitive, con la società pastorale chiusa in sé stessa e circoscritta entro i nuovi confini feudali."[5]

Al contempo, nelle zone dei fiumi Reno e Mosa, le tribù germaniche erano state unite sotto un'unica e potente entità politica divenuta nota come Regno Franco. I Franchi finirono per controllare i territori limitrofi, rafforzandosi ed espandendosi in ogni direzione, inclusa la penisola italiana.

Nel 768 d.C., il Regno Franco ebbe un nuovo re, Carlo, solitamente noto come Carlo Magno. Poiché la sua presa militare stava assicurando terre dai Pirenei al fiume Elba, nella moderna Repubblica Ceca, e Amburgo a nord, Carlo Magno sopraffece i Longobardi nell'Italia settentrionale. Carlo Magno era un fervente cristiano, e costrinse i popoli conquistati a scegliere addirittura tra la conversione al cristianesimo e la morte. In parte per la sua devozione, il re franco si approcciò pacificamente allo Stato Pontificio, offrendo protezione al papa in cambio di una considerevole ricompensa. I Franchi finirono per conquistare l'Italia settentrionale nel 774 d.C., mentre il sud fu lasciato ai propri sviluppi politici.

Con la caduta di Roma, l'Europa occidentale visse secoli di caos; ora, invece, sotto Carlo Magno, la maggior parte dell'ovest europeo era ancora una volta unito. Una delle aree che il re franco non era riuscito a soggiogare era il ducato di Benevento, ad appena 26 chilometri a sud di Montenero. Il duca Arechi II, un Longobardo del sud, mantenne la sede del potere a Benevento, proclamando l'indipendenza del ducato. Arechi era uno dei patroni dei centri religiosi di Monte Cassino e San Vincenzo al Volturno, che erano sotto il papato.

Nel 703 d.C., a San Vincenzo al Volturno, venne fondato un monastero benedettino per volere di un nobiluomo beneventano. Proprio in quelle terre sarebbe sorto, anni dopo, il paese di Montenero. Il monastero si trovava sulla traiettoria espansionistica delle potenze franco-papale e longobarda; proprio a causa di questa posizione strategica, Carlo Magno aspettò il momento opportuno per muoversi contro Arechi a Benevento. Nel 787 d.C., anche Benevento si sottomise ai Franchi, stabilendo dei buoni accordi circa i confini. Questo fatto accrebbe la preoccupazione degli Arabi a sud. L'avvento dell'Islam in Nordafrica si verificò dopo la caduta di Roma, e gli Arabi presero il controllo sull'intera regione. Nel 476 saccheggiarono Roma e razziarono il sud Italia.

Durante il nono secolo, come scrive Kreutz, "l'Italia meridionale era ancora scarsamente popolata in conseguenza di tre secoli di disastri, sia naturali che causati dall'uomo."[6] Nell'intera area la produzione era scarsa, e ci vollero ancora cento anni affinché il territorio diventasse prospero. Per gli Arabi, questo era il momento propizio per delle incursioni. Isernia era stata distrutta nell'800, e una dozzina di anni più tardi gli Arabi avevano attaccato Ischia. La Sicilia era un obiettivo prevedibile, la cui conquista iniziò nell'827, con Palermo eletta capitale araba. Dalla Sicilia, gruppi di Arabi presero ad attaccare regolarmente il meridione della penisola. La stabilità dei ducati del sud cominciava a vacillare.

Il ducato di Napoli fu provincia di Bisanzio nel settimo secolo, per poi divenire stato indipendente per cinque secoli circa. Quando nell'835 d.C. le truppe del ducato di Benevento arrivarono a minacciare di accerchiare Napoli, la città cercò protezione, trovandola nei mercenari arabi di Sicilia. La seconda metà del nono secolo vide numerosi conflitti, con i Longobardi intenti ad attaccare Amalfi e intraprendere una guerra civile con Salerno. I napoletani si persuasero che ingaggiare dei mercenari arabi fosse una buona idea, e allo stesso modo la pensarono a Benevento e Salerno, ma era un po' come raccomandare le pecore al lupo: il lavoro da mercenari consentiva infatti agli Arabi di capire quali fossero le opportunità nella penisola. Con i ducati dissestati e in conflitto, gli Arabi colsero l'occasione per agire in autonomia, razziando indiscriminatamente l'intero sud peninsulare. Nel medioevo si adottò il termine Saraceni per distinguere gli Arabi predoni da tutti gli altri gruppi, facendo riferimento a coloro che provenivano dalle aree desertiche o dalla ex provincia romana di Arabia Petrea. Il termine potrebbe essere di origine semitica, dal verbo che significa *rubare*, *depredare* o dal sostantivo che corrisponde a *ladro*, *saccheggiatore*.

Nell'846, i Saraceni attaccarono Roma per la seconda volta, impiegando undicimila uomini e cinquecento cavalli. Furono molte le basiliche saccheggiate, compresa quella di San Pietro. Le incursioni a sud, sommate ai rapporti già sfilacciati tra ducati, destarono preoccupazione a nord. Vennero spedite forze armate a sud con obiettivi specifici, tra cui il rafforzamento di Roma tramite l'edificazione di mura. Per illustrare la crucialità della situazione meridionale, Luigi II, re dei Franchi occidentali, si recò a Benevento nell'848. Sebbene il principale obiettivo fosse offrire supporto a Salerno e aumentare il potere nella regione occidentale, il re lasciò Benevento a barcamenarci con la parte orientale della regione e la metà più a nord del sud Italia. Come fa notare Kreutz, queste aree occidentali "includevano non solo luoghi ora in mano agli Arabi, ma anche zone spesso reclamate dal papato in ragione della vicinanza con i monasteri di Monte Cassino e San Vincenzo al Volturno. Inoltre, entrambi i monasteri – terreni compresi – erano esentati dalla divisione e godevano della protezione dell'imperatore carolingio."[7] L'abbazia di San Vincenzo al Volturno fu protetta dalla tempesta politica, ma subì i danni causati dal terremoto dell'848.

Gli Arabi stavano usando Benevento come base di partenza per le razzie nel resto della regione, da Isernia alla zona a ovest di Cassino. Nell'849 d.C., i pirati arabi incontrarono una lega italiana nella battaglia navale di Ostia, uscendone sconfitti. L'abbazia di San Vincenzo al Volturno venne salvata da un saccheggio nell'860 d.C., quando il comandante degli Arabi di Bari fu corrotto con una cospicua somma per non assaltare il monastero.

Con l'aiuto di Luigi II, il corso degli eventi stava cambiando a sfavore dei predoni arabi. A Salerno e Benevento non era più consentito avvalersi dei mercenari arabi, e gli Arabi vennero sistematicamente cacciati nel corso dei decenni successivi. Nelle regioni longobarde del sud erano in corso grandi cambiamenti.

Le contese al sud non riguardavano solo gli Arabi, ma anche gli intrighi connessi alle guerre civili tra Stato Pontificio, Napoli, Amalfi, Salerno e Benevento. Le ultime due divennero principati autonomi nell'849 d.C., dopo una decennale guerra civile. Un anno dopo, Luigi II fu incoronato imperatore di Roma. Gli Arabi continuavano a saccheggiare e c'era ancora molto da fare al riguardo. Per paura delle incursioni arabe, gli abbati di Monte Cassino e San Vincenzo al Volturno implorarono l'aiuto dell'imperatore Luigi, che mandò le truppe per attaccare l'emirato arabo a Bari, ma senza ottenere successo. Gli Arabi continuavano a razziare numerose aree del meridione peninsulare.

Nell'860, gli Arabi distrussero Isernia, Telese, Alife, Sepino, Bojano e Venafro; un anno dopo diedero fuoco alla città fortificata di Ascoli, e un anno dopo ancora devastarono l'alta valle del Volturno, comprese le abbazie di Monte Cassino e San Vincenzo. Dall'ultimo monastero, i predoni di Bari portarono via ogni tesoro possibile, in aggiunta a trecento pezzi d'oro come tangente per non mettere a fuoco gli edifici. Questi pochi esempi rendono l'idea della furia che stava imperversando nel sud della penisola. Poiché gli imperatori a Occidente non avevano prestato il loro aiuto, San Vincenzo si rivolse a Costantinopoli, trascinando nuovamente i Bizantini nelle questioni politiche del sud. Nell'869 d.C., al largo della costa di Bari apparvero quattrocento navi. Grazie al loro aiuto, Luigi scacciò gli Arabi da Bari nell'871 d.C.

Intorno all'870, arrivarono in Calabria trentamila Arabi, che invasero numerose città. Salerno visse un assedio lungo un anno, venendo infine messa in salvo da Luigi II e dal suo esercito. Papa Giovanni (872-882) si impegnò per non far finire in sud Italia nell'orbita islamica. Per farlo, svuotò le casse per pagare ogni forma di aiuto ricevuto, per esempio da Amalfi e Napoli, e per corrompere gli Arabi.

I dissapori tra i territori indipendenti a sud della penisola non solo spianarono la strada agli Arabi, ma favorirono anche i Bizantini, che scacciarono i Longobardi da Bari nell'876 e, in un lasso di tempo relativamente breve, invasero i territori precedentemente rivendicati dal popolo germanico, incluso il centro di potere di Benevento. Ad ogni modo, poterono farlo nonostante le bande di Arabi stessero scegliendo cosa prendersi del sud Italia.

Nell'881 ci fu un famoso attacco al monastero di San Vincenzo: il complesso venne quasi totalmente distrutto da un gruppo di Arabi provenienti dalla Sicilia. Sembra che l'abbazia fosse la più grande e ricca del sud Italia, motivo per cui rappresentava un obiettivo appetibile. Va comunque precisato che l'assalto fu commissionato dal duca di Napoli. Napoli aveva già ingaggiato i mercenari arabi per riuscire a mantenere l'equilibrio di poteri tra i domini meridionali, permettendo loro di stabilirsi a sud del territorio. Nell'abbazia di San Vincenzo, la maggior parte dei monaci fu uccisa, alcuni dei quali sull'altare maggiore. Il monastero era uno dei luoghi più ambiti tra tutti quelli situati tra il principato di Benevento e il territorio papale, fino a Spoleto. Kreutz scrive che "gli Arabi diretti a nord da Benevento presero prima Telese, nei pressi della confluenza dei fiumi Calore e Volturno; da lì risalirono il Volturno fino a Isernia – passando per un affluente – e raggiunsero San Vincenzo, presumibilmente trasportando via fiume il bottino fino a valle o forse, fino alla costa."[8]

Agli inizi dell'880, i tentativi di espellere gli Arabi dal sud furono numerosi. Napoli e Salerno unirono le forze per liberare i loro territori dalla presenza musulmana. Purtroppo, il potere del papato era già indebolito. Il pontefice andò in Francia in cerca di supporto, pagò tangenti e scomunicò, ma i suoi sforzi furono vani. La situazione caotica in cui versava il Meridione consentì ai Bizantini di appropriarsi di metà dei possedimenti longobardi a sud, costruendo presidi nei luoghi strategici.

Chronicon Volturnensis
L'insediamento di Montenero viene nominato per la prima volta in questo manoscritto medievale miniato (pagina 180, settima riga dal basso) scritto da un monaco di nome Johannes, nel monastero benedettino di San Vincenzo al Volturno. I materiali utilizzati appartengono ai secoli che vanno dall'VIII al X; il lavoro fu completato nel 1130 circa. L'immagine qui riprodotta è stata concessa dalla Biblioteca Apostolica Vaticana, tutti i diritti riservati.
© 2019 Biblioteca Apostolica Vaticana, BAV Barb. lat. 2724.

a uł uš oɓɓɧ ꞅcillinē ꞅēðaɲ xxuiɪ̄. lɦc
ðɇðɪc adhaɓıcaundu ātur ðeꞅangtū.
hoɪm̄ uēɓuꞅ ðeɓeɓur. et ɪnɪpꞅo coꞅíto ðꞅ al
feðɪc. Sɪmɪlɪa̅ homɪueꞀ cducete facɪcɪ ꝗ
haɓɪcautur et caꞅtellu̅ eðɪꞅ caꞅtēr ɪloɔu uɓɪ ðɪ
cɪcut chuella. Sɪmɪlɪa̅ et ɪlocu̅ q̅ ðɪcɪtur Uardu
ɑtuꞅpedɪnɪ. Sɪmɪlɪa̅ et ɪlocu̅ uɓɪ ðɪcɪtur bonatur. Sɪmɪlɪa̅ et ɪ
locu̅ q̅ ðɪcɪtur Coꞅoł auteuat. Sɪmɪlɪa̅ et ɪlo cu̅ q̅ ðɪcɪtur ad ɪpꞅa
couꞅa. uɓɪ coꞅtɪtu ceꞅtꞅolu̅ e. QuoꞀum̄ ɪɓellɪa hɪc couteuɪc.
ɪɴ uōe ðɪ uꞅī ıhu xpɪ ðɪcɪcum, ɑdeꞅɪmo ꞅɛc̅do ⁊ ɛal ꞅeðeuɪc.
auuo ðoɪm̄ peuðołf gtoꞅɪ pₙcɪpɪꞅ. et uɪɪ auuo pₙcɪpacuꞅ
ðoɪm̄ ɪauðuł ffh ɪteꝗ. ɪɴ ꞅe aug. uɪɪ ɪ ðɪccɪou. ɪ ðq. noꞅ q̅ꞅum̄:
tocco. ffarmꞅɪcau. et auꞅeꞅɪ gemauɪ. ffłɪ Haezouɪ. haɓɪcaauteꞅ
ɪcomarte cau beł uerꞅu. euamꞅeꞅcu̅ facerɪm̅. ꝗa pleƻɪpeu cuueuerɪe
libellarɪa ordɪne ðeðɪc noɓ ꞅɛcdm̅ leże. don̅, peulɪuꞅ uēualɓɪmo
nastɪ S ūɪnč ꞅɪcut ꞅup ɪulaucuꞅ flumɪnɪꞅ fouce. ɪpꞅu̅ unu̅ caꞅtel
lu. et ɑctuꞅ ꝭꝭ uɪumoucɪ ɪlo co al ꞅedeuar. phoꞅ ꞅīɪ̄. ꞅɪue bale. et ꞅɪue
ꞅangto. et ꞅɪue mouac nɪgro. et Quomoðo ɪpꞅaꞅ ꞅaaculaꞅ ɪacɪuer
ɪ ꞅangto. et ał actor ꞅangtu̅ moucɪ ꝗ̅ nocacur gcauuꞅ. ɪðo pleƻɪpeu
cuueueuꞅe ðeðɪc et ɑpeðɪðɪc noɓ libellarɪa ordɪne ɪpꞅe ꝭꝭ donuꞅ
peulɪuꞅ uēualɓɪꞅ a mað et uꞅꞯ. ɪ xx uɪɪɪ au. ꞅeplecaꞅ. ad ateueðu̅
et domɪuauðu̅ la dɪctu̅ caꞅtellu̅ cu̅ ı am dɪctɪꞅ ɑctꞅ. uc ðeɓeamuꞅ noꞅ
et uꞅꞯ hecedeꞅ acɪpete ɪpꞅa ɪacɪute medɪecace dꞅꞅ caꞅtelle. cu̅ ɪpꞅa
ɪacɪute medɪecace de ɪpꞅɪꞅ actꞅ de ɪpꞅɪꞅ hoɪɓ; ꝗ haɓɪcauer ɪꞅꞅ caꞅtelle.

Nell'immaginario collettivo, gli assalti arabi nel sud della penisola erano caratterizzati da incendi, stupri e saccheggi: un quadro davvero raccapricciante. La maggior parte delle loro azioni era comunque volta all'acquisizione di schiavi. I Romani costruirono il loro impero grazie al lavoro forzato; adesso erano i prigionieri cristiani provenienti dalla penisola italica a essere deportati in altre zone, come ad esempio in Egitto. Migliaia di prigionieri vennero venduti, contribuendo allo spopolamento del Meridione.

La presenza crescente dei Bizantini, in aggiunta alle azioni intraprese dagli stati indipendenti, mantenne lo scenario politico in continuo cambiamento. Nell'895, per esempio, Guido da Spoleto scacciò i Bizantini da Benevento. Nel 902, forse in risposta alle recenti perdite, gli Arabi attuarono la loro più grande incursione nel sud Italia. Un'altra importante campagna, della durata di tre mesi, ebbe luogo nel 915, quando Bizantini, Longobardi e altri espulsero gli Arabi dalle loro basi tra Roma e Napoli. I Bizantini erano ora la più potente forza militare del sud Italia, ma non erano ancora forti abbastanza da mantenere la pace. Gli Arabi reagirono, esigendo un tributo da Salerno e Napoli nel 928. Nel 937, gli Ungheresi fecero incursione nei territori del beneventano e del capuano, avvicinandosi a Napoli.

Le zone già devastate non erano degne di essere prese in considerazione per dei nuovi attacchi. Per esempio, alcuni monaci scampati all'assalto dell'881 a san Vincenzo al Volturno tornarono nel 914, scoprendo che l'abbazia era ormai una landa desolata. Ricostruirono un monastero e cercarono di portarvi persone per coltivare e allevare animali; per farlo, nel 916, offrirono in locazione parte dei terreni del monastero. Nel 939, l'enfasi sul ripopolamento rurale e l'espansione dell'attività agricola portò a offrire in locazione i terreni specificatamente a "uomini con famiglia e bestiame al seguito."[9]

Come riuscì l'abbazia ad allettare le persone affinché si stabilissero nelle terre del monastero? Un esempio di tale successo risale al 972, quando un gruppo di circa venti famiglie prese un ampio tratto di terra nella parte centrale del territorio di San Vincenzo. Veniva richiesto loro di "costruire un castello all'interno dei confini, in un punto a loro scelta, ma anche cortili, giardini e case in cui vivere."[10] Come ulteriore incentivo, "per i primi tre, quattro anni non sarebbe stata richiesta alcuna forma di pagamento, consentendo ai locatari di avviare le coltivazioni."[11] La retta non veniva corrisposta in denaro, ma tramite la cessione di prodotti: un anno di affitto equivaleva a circa quattordici chili di grano, "mezzo di orzo e un litro di vino per famiglia, più un maiale ogni undici o dodici persone."[12]

Nel 975, l'abbazia vantava una popolazione di più di settecento abitanti all'interno delle sue terre. Secondo il *Chronicon Volturnensis* – un manoscritto miniato del monastero – uno degli appezzamenti dati in locazione era chiamato in origine *Mons Nigro* (Monte Nero), mentre la valle era detta Malacocchiara. Questo nome fungeva da avvertimento, poiché indicava una zona malarica – malaria significa appunto "cattiva aria". La malaria può essere fatale, poiché distrugge i globuli rossi, e viene trasmessa dalle zanzare portatrici di parassiti. Nel corso dei secoli, la malaria ha colpito diverse zone d'Italia. Nel territorio di San Vincenzo al Volturno, il pantano che si trova appena sotto l'attuale Montenero era il luogo ideale per la proliferazione delle zanzare. Per questo motivo, le aree selezionate per gli insediamenti umani erano quelle situate in alto, sopra i terreni paludosi infestati da insetti. Quanto appena descritto corrisponde alla fase embrionale del paese di Montenero, che consisteva probabilmente di un esiguo numero di famiglie che vivevano in case semplici, coltivavano e allevavano il bestiame.

Monastero di San Vincenzo al Volturno, Molise, Italia. Foto di Bryan ©2007.
https://creativecommons.org/licenses/by/2.0/deed.it

La sezione a pagina 180 del *Chronicon* menziona Montenero e il fiume Zittola:

"Nella località di Alfedena con questi confini: la terra di Baia, la terra di Sangro, la terra di Montenero e come la Zittola entra nel Sangro e, oltre il Sangro, il monte chiamato Grema."

Dettaglio del verso a pagina 331 del *Chronicon Volturnensis*. L'immagine qui riprodotta è stata concessa dalla Biblioteca Apostolica Vaticana, tutti i diritti riservati.
© 2019 Biblioteca Apostolica Vaticana, BAV Barb. lat. 2724.

Si fa anche menzione di Monte Nero e Mala Cocchiara. Queste pagine parlano dell'acquisizione delle terre del monastero da parte dei Borrello e del ritorno finale delle proprietà alla abbazia di Castel San Vincenzo (pagine originali da 331 a 334).

"Le figlie di Borrello già erano insorte contro i figli di Anserio, uno ucciso con l'inganno, gli altri fatti prigionieri per garanzia, portarono via Alfedena, Monte Nero, Buscurri, Mala Cocchiara, Rionero, Cerro con Spina, Acquaviva, Tenzonoso, Licinoso, Colle Stefani e tutte le altre terre."

Dettaglio del verso 334 del *Chronicon Volturnensis*. La terza riga in basso menziona Montenero e Malacocchiara. L'immagine qui riprodotta è stata concessa dalla Biblioteca Apostolica Vaticana, tutti i diritti riservati.
© 2019 Biblioteca Apostolica Vaticana, BAV Barb. lat. 2724.

"Poi con la sua apostolica autorità sottomise i tiranni sacrileghi alla sua potestà e, recuperando castelli, villaggi e diverse proprietà del monastero, li restituì alla giurisdizione di quello stesso monastero, cioè il Castello di Scapoli, Fossa Cieca, i servitori, Colle Sant'Angelo, il Castello di Guado Porcino, il Castello di Fornello. Tutti gli altri possedimenti, cioè Licenoso, Colle Stefano, Tenzonoso, Cerro con Spina, Acquaviva, Rionero, Monte Nero, Mala Cocchiara e Alfedena furono lasciati a loro a condizione che, presentati i giuramenti, e obbligando sé stessi, in qualunque tempo avessero potuto trovare rifugio per loro nella zona di Valeria, li avrebbero restituiti tutti integralmente al monastero."

Durante i decenni di ricostruzione e ripopolazione del monastero di San Vincenzo, nel lontano nord si erano verificati grandi cambiamenti. Così come nella caotica penisola, anche le tribù germaniche erano in conflitto. Il ducato di Sassonia, sotto Otto I, si era fortificato all'indebolirsi della dinastia carolingia. Dopo aver unito le tribù germaniche in un unico regno, Otto I invase l'Italia nel 961, conquistò il nord e poi proseguì facilmente verso Roma. Un anno più tardi fu incoronato Imperatore del Sacro Romano Impero.

A sud della penisola era ancora forte la presenza bizantina. Quando il longobardo Pandolfo, principe di Benevento, acconsentì ad accettare Otto I come sovrano nel 967, guadagnò Spoleto e Camerino come territori feudali. Ciò generò tensioni con l'Impero Bizantino, che reclamava la sovranità su Benevento e altri principati del sud Italia. Otto I morì nel 973, e suo figlio Otto II ereditò il titolo di imperatore.

Sebbene Otto II avesse sposato una principessa bizantina, dovette combattere per tentare di accorpare l'intero Meridione al suo impero. Bizantini e Arabi opponevano infatti una certa resistenza. Otto II conquistò, unificandoli, i principati longobardi del sud che erano sotto il dominio bizantino, ma le sue campagne si interruppero bruscamente nel 982, in seguito a una disastrosa sconfitta subita per mano degli Arabi sulle coste calabresi. Più vicino alle terre Sassoni, una rivolta messa in atto dagli Slavi costrinse Otto II a lasciare l'Italia. Il suo regno cadde in pezzi dopo la sua morte, avvenuta nel 983, a soli ventotto anni. I successori di Otto II desistettero dall'intento di sottomettere il sud Italia.[13] Gli Arabi tornarono alle loro scorribande a sud, mentre a nord delle Alpi la situazione era tranquilla.

I Vichinghi scoprono il potere

Nei non europei, il termine Normanni genera un po' di confusione. Certamente li si colloca nella zona della Francia chiamata Normandia, ma non tutti sanno che il nome significa "uomini del nord". Nel 911, un capotribù esiliato e i suoi compagni lasciarono la Normandia per raggiungere la costa francese, dove fondarono il ducato di Normandia.

Durante l'undicesimo secolo, la Normandia si stava sovrappopolando. L'antico spirito vichingo sembra abbia preso il sopravvento, spingendo i Normanni a sud. Nel 999, quaranta Normanni decisero di fare un pellegrinaggio in Terrasanta. Arrivato in Italia, il gruppo iniziò a dirigersi verso il santuario pugliese di Monte Sant'Angelo per fare tappa nella via verso Gerusalemme, ma i loro programmi vennero rimandati quando il principe longobardo di Salerno chiese loro aiuto nella lotta contro gli Arabi. I Normanni svolsero il loro lavoro così bene che trovarono subito nuove opportunità nel sud Italia, tanto che chi di loro era rimasto in Normandia, venuto a conoscenza dei successi, decise di raggiungerli.

Il gruppo normanno divenne pian piano una compagnia di corsari indipendenti. Il loro capo, Rainulfo Dregnot, accettò di aiutare Napoli nella battaglia con i territori vicini, e nel 1013 ricevette come ricompensa un tratto di terra a nord di Napoli che poi i Normanni utilizzarono come base. Qualche anno più tardi, i Longobardi in Puglia chiesero supporto ai Normanni per ribellarsi ai Bizantini, e in centinaia risposero alla chiamata, stabilendo lì una seconda base. Le basi normanne vennero fornite del necessario ricorrendo a razzie, stupri e incendi. Il potere dei Normanni crebbe gradualmente col presentarsi di nuove opportunità, la prima delle quali fu una vittoria sull'esercito papale. Dopo nove mesi di trattative, giunsero a un accordo con il papa. Di lì a poco, i Normanni crearono un regno nel sud Italia che sarebbe durato per più di settecento anni.

Ciò che diede slancio all'espansione normanna nel sud Italia furono gli incessanti contrasti tra i capi longobardi. "C'erano fratelli contro fratelli, cugini contro cugini, in un ciclo incessante di colpi di stato e lotte per il dominio tra famiglie blasonate connesse da intricate parentele."[14] Nella lotta per la supremazia, i principati longobardi si avvalsero dell'abilità bellica dei Normanni, sopperendo così alle loro grosse carenze in campo militare.

Dalla Normandia stavano arrivando ancora più cavalieri, tra cui otto dei dodici figli di un lord normanno, Tancredi Hauteville, che giunsero in Italia trovando fortuna. Il loro arrivo coincise con la decisione da parte di Bisanzio di conquistare la Sicilia, evento che scatenò gli Arabi e spinse molti gruppi militari del sud Italia ad allontanare la minaccia. In aggiunta ai circa cinquecento cavalieri Normanni, si unirono anche mercenari Scandinavi e Russi. Il Meridione peninsulare divenne fortemente antibizantino, e alla fine i Normanni presero il controllo. In Puglia, ad esempio, un contingente di trecento cavalieri normanni arrivò con seicento soldati. Come fecero i Normanni a uscirne vittoriosi, pur essendo numericamente svantaggiati? Uno di loro colpì il suo cavallo con un pungo, uccidendolo, proprio di fronte al cancello della fortezza bizantina. Questa tattica da guerra psicologica dissuase il popolo nemico, che pensò di ritirarsi.

I Normanni dovettero, per necessità, trasformarsi da corsari in capi politici e strateghi militari. Per controllare e proteggere le terre conquistate, costruirono nuovi insediamenti fortificati. La definitiva unificazione del sud avvenne dopo l'arrivo di Roberto il Guiscardo, nel 1046. Grazie al valore militare e alla carismatica personalità, Roberto divenne capo dei Normanni in Italia. Conquistò il sud con abilità, pezzo dopo pezzo, compresa la Sicilia nel 1091. Suo fratello minore, Ruggero, gli fu di grande aiuto. "In pochi anni i Normanni avevano conquistato le principali città del sud e sconfitto pesantemente tre gruppi che avevano controllato il territorio per secoli: Bizantini, Arabi e Longobardi."[15]

Alla morte del principe longobardo, avvenuta nel 1078, il ducato di Benevento passò in mano al Guiscardo per volere papale. Con particolare riferimento a Montenero, gli insediamenti normanni "sembravano concentrarsi principalmente nelle aree dominate da due grandi monasteri, Monte Cassino e San Vincenzo."[16] Poiché al confine abruzzo-molisano non c'erano centri longobardi particolarmente grandi, il controllo politico sulla regione era in realtà abbastanza debole. Alcuni cavalieri normanni pensarono che questa fosse un'ottima opportunità per rivendicare delle proprietà indipendenti, in accordo con i loro eserciti.

San Vincenzo al Volturno era situato al confine settentrionale del ducato di Benevento, che confina con quello di Spoleto. La zona di confine è sempre stata contesa, diventando teatro di queste lotte, specialmente tra nord e sud. Ugo d'Arles, uno dei sovrani del Sacro Romano Impero, influenzò indirettamente il territorio di San Vincenzo. Sembra avesse un vassallo preferito, Bernardo "il Franco", che riuscì a ottenere il titolo di conte ed entrare in possesso di alcuni feudi nell'Abruzzo meridionale. Bernardo diede inizio a una casata che diventò una forte presenza nel territorio.

Uno dei parenti di Bernardo, Oderisio I, divenne conte di Sulmona. Sposò Ruta, sorella della contessa di Spoleto e cognata di Pandolfo, principe di Benevento. In parte per questioni di strategia politica, in parte per obblighi parentali, nel 1004 Pandolfo donò a Oderisio e Ruta le campagne di Pietrabbondante. Nel 1020, al figlio della coppia, Oderisio II – detto "Borrello" per via della zona d'Abruzzo in cui viveva – venne donato dai principi longobardi di Benevento il feudo di Trivento, importante città della regione e sede episcopale cattolica dal 940. I poteri ecclesiastici vescovili coprivano una vasta area, che includeva anche Alfedena e Montenero. Tali poteri, sia temporali che spirituali, spesso si mescolavano. Le terre di proprietà della famiglia ora nota come Borrello venivano spesso chiamate *terra Burrellensium* (terra dei Borrello).

Oggi a Montenero esiste una chiesa dedicata a Sant'Ilario, forse in onore dell'abate Ilario, che nel 1011 concesse le terre – inclusi Alfedena e Montenero – ai discendenti di un cavaliere, visconte dell'odierna Pietransieri.[17] Nel 1044, i Borrello invasero la zona e si appropriarono delle terre minacciando di morte. Alleati con Landolfo di Capua, conquistarono e saccheggiarono il monastero di San Vincenzo al Volturno. I Borrello si accapararono anche "l'insediamento abbandonato di Malacocchiara, a est di Montenero, e Rionero."[18] Dei documenti attestano che i benedettini cedettero Montenero a una famiglia di nome Filangieri, poi usurpata dei Borrello nel 1064. Quando il potere dei Borrello fu in declino, San Vincenzo tornò in mano ai monaci. Di Montenero o di San Vincenzo non si sa più nulla fino al 1166. Il monastero tornò a prosperare certamente anche grazie ai nuovi coloni, e si iniziarono a produrre persino articoli pregiati come la seta.

Mentre i Borrello stavano lasciando il segno nelle terre che oggi corrispondono al confine tra il sud dell'Abruzzo e il nord del Molise, i Normanni continuavano a terrorizzare il Meridione, con i cavalieri che tentavano di appropriarsi di ricchezze e terre, incluse le aree di montagna. Come afferma Brown, "la maggior parte delle zone interne era montuosa, sia con boschi che fortemente erosa, ma in ogni caso non adatta a un'agricoltura che andasse oltre la sussistenza. Le pianure costiere versavano in uno stato di arretratezza a causa della malaria e dei secoli di razzie arabe, che avevano costretto gran parte della popolazione a fondare delle città nell'entroterra montano."[19] I tempi erano maturi affinché i piccoli villaggi di montagna come Montenero iniziassero il loro percorso di sviluppo.

Nel 1051, il papa esortò i Normanni a cessare le razzie. Drogo, capo consigliere politico dei Normanni, "controllava il comportamento di alcuni dei suoi baroni nominali, che avevano condotto le loro personali guerre in tutta la provincia di Puglia e persino a nord, nelle terre appartenenti allo stato di Benevento e ai gastaldi longobardi [gastaldo, ufficiale al comando di una parte delle terre reali] d'Abruzzo."[20]

Con l'assassinio di Drogo ricominciarono le aggressioni. Alla fine, papa Leone e i suoi alleati persero la grande battaglia di Civitate nel 1053, con la vittoria totale dei Normanni. Le terre dei Normanni vennero fortificate e messe in sicurezza, ma molta parte del regno meridionale era in continuo cambiamento politico a causa delle influenze greche, romane, longobarde, bizantine e arabe, che ne determinavano l'ingrandimento e il rimpicciolimento. Secondo Brown, "i confini non erano determinati, passando continuamente da un dominio all'altro; spesso i governanti avevano poco controllo oltre le zone limitrofe alle città più importanti, e nelle aree montuose esercitavano i loro diritti per lo più con tasse periodiche."[21] Tra il 1000 e il 1400, si formarono le città-stato indipendenti, tra cui le longobarde Benevento, Capua e Salerno, e altre tre sulla costa orientale, Napoli, Amalfi e Gaeta.

Mentre i cavalieri normanni continuavano a ritagliarsi dei possedimenti indipendenti nell'Abruzzo meridionale, qualcuno si mise alla ricerca di aree più ricche come la Sicilia, aiutando gli Arabi a combattere le invasioni bizantine.

Nel 1065 in Sicilia regnava una certa stabilità, mentre in Puglia erano scoppiate le rivolte. Nonostante i piani messi in atto dal papa assieme ad altri governatori del sud Italia per tenere a bada i Normanni, Ruggero II il normanno riuscì a fare di Sicilia e sud Italia un'unica entità politica. Negli Abruzzi, i cavalieri normanni erano in competizione per la conquista delle terre, incluse quelle papali. "Era ormai chiaro che né il papa né Landolfo avessero abbastanza potere o autorità per fermare l'espansione normanna in Abruzzo."[22]

Un problema ancora più grande sorse quando papa Gregorio, temendo che Enrico IV, re dei Germani, potesse invadere Roma, chiese aiuto al condottiero normanno Roberto il Guiscardo. Re Enrico offrì al Guiscardo il titolo di vassallo negli Abruzzi, che però venne rifiutato. "Roberto voleva spingersi oltre, rinforzando ed espandendo il suo dominio attraverso il controllo dell'Abruzzo, e considerò quindi che non gli fossero necessari né il consenso del papa né quello dell'imperatore per continuare la sua progressiva avanzata."[23]

Re Enrico prese Roma, nominò un nuovo papa e divenne imperatore del Sacro Romano Impero. Nonostante papa Gregorio fosse protetto da Roberto il Guiscardo, Roma venne saccheggiata. Quando Roberto morì nel 1085, i baroni degli Abruzzi acquisirono sempre più autonomia. Il potere normanno cadde in mano a Ruggero II, "la cui priorità era ora promuovere la sicurezza e la prosperità delle terre che aveva già conquistato."[24] Proibì tutte le guerre private; i confini stabiliti in questo periodo dai normanni rimasero tali fino al diciannovesimo secolo. Inoltre, "si era radicato un certo eclettismo culturale e burocratico che avrebbe contrassegnato il dominio normanno per secoli."[24] I Normanni contribuirono all'evolversi dell'organizzazione politica in modo lodevole; nel conquistare la Sicilia, ad esempio, adottarono delle misure volte a frenare le razzie e a rispettare sia le persone che le proprietà.

Nel frattempo, la Chiesa stava seguendo un diverso programma politico. Nel 1095, papa Urbano II si rivolse a tutti i cristiani d'Europa affinché partecipassero a una grande campagna militare per liberare la Terra Santa dal dominio musulmano. La prima crociata del 1097 fu organizzata sotto il comando del regno cristiano di Gerusalemme, e ad essa ne seguirono altre sei nel corso di duecento anni. Le conseguenze di tali crociate sono a tutt'oggi palpabili.

Il potere papale continuò a scontrarsi con quello normanno. Un esempio in tal senso, in larga parte come risposta alla minaccia musulmana, è la ricollocazione dell'abbazia di San Vincenzo al Volturno in un luogo più facilmente difendibile. Il papa consacrò il nuovo monastero nel 1115. San Vincenzo al Volturno rimase comunque indebolito in seguito alla conquista normanna dell'Abruzzo, avvenuta nel dodicesimo secolo. Il dominio normanno si estendeva fortemente dall'Abruzzo alla Sicilia.

Nel 1130, il sud peninsulare e la Sicilia venivano considerati un unico regno – quello di Sicilia, sotto Ruggero II, che era divenuto il sovrano incontrastato dei Normanni. "Il governo era tra i più efficienti e tolleranti dell'epoca",[25] propenso al fiorire del sapere e delle scienze. "La ricca cultura cosmopolita che si era sviluppata nel regno [...] si distingueva da quella del resto d'Europa e faceva da ponte tra Oriente e Occidente, tra Settentrione e Meridione."[26]

L'influenza normanna raggiunse anche le aree montuose interne. "Tra il 1139 e il 1156, una serie di accordi con il potere papale diede a Ruggero il controllo della regione abruzzese, stabilendo tanto i confini del regno quanto quelli dello Stato Pontificio, che rimasero invariati per i successivi settecento anni."[27] In questo periodo, Montenero stava lentamente emergendo.

Come evidenziato da Tommaso Astarita:

> *"Durante il dominio normanno, il paesaggio meridionale acquisì delle caratteristiche tuttora evidenti. [...] I villaggi sorsero in cima alle montagne, dove era più facile proteggersi dagli attacchi di pirati o soldati e dalla malaria che appestava le pianure. Questo schema fu ampiamente rinforzato dalle grandi proprietà che comparvero con l'introduzione del sistema feudale."*[28]

Uno dei fattori principali che contribuirono al formarsi della struttura sociale italiana fu l'introduzione del feudalesimo nel sud della penisola da parte dei Normanni. Ma cosa comportava il feudalesimo? In quanto sistema sociale dominante nell'Europa medievale, il feudalesimo si sviluppò attorno al servizio militare. I cavalieri di maggiore successo ricevevano solitamente come ricompensa delle terre o gruppi di villaggi; in aggiunta, venivano loro concessi dei titoli nobiliari. Lo stile di vita nobiliare era supportato anche dai locatari, che affittavano le terre a umili contadini cui veniva delegato tutto il lavoro manuale. La relativa sicurezza dei contadini che vivevano nella terra in cui lavoravano, ricevendo come ricompensa parte dei prodotti, era bilanciata dalla protezione militare offerta dai nobili. Tale gerarchia era tenuta insieme da molti obblighi ereditari.

Il lavoro dei contadini era senza ombra di dubbio estenuante, e rimase sostanzialmente invariato per secoli. Secondo Astarita, "nel tardo dodicesimo secolo molti contadini del sud lasciavano i loro villaggi prima che facesse giorno per raggiungere i campi e rientravano a casa che era buio. Questa routine casa-lavoro divenne la norma durante i primi secoli del regno meridionale."[29] E continua aggiungendo che "anche dopo che la sua funzione militaresca si fu esaurita, il feudalesimo continuò a dominare la società del sud fino alla fine del diciannovesimo secolo, e i suoi effetti devono ancora sparire del tutto dalla vita in meridione."[30]

In Molise esistevano nove importanti contee: Venafro, Larino, Trivento, Isernia, Campomarino, Termoli, Sangro, Pietrabbondante e la più potente di tutte, Bojano. Nel 1095, Bojano era sotto il nobile normanno Ugo I de Molinis, da cui molti credono derivi il nome della regione Molise. Nel 1144, ad Ugo I succedette Ugo II, noto anche come conte del Molise.

Quando durante questo periodo i villaggi e i confini politici iniziarono a prendere forma, alcuni nobili riuscirono a governare bene, mentre altri trovarono difficile mantenere uno stato di pace e ordine. Le proteste potevano diventare violente, specialmente se i contadini subivano soprusi venendo costretti a vivere e lavorare in condizioni estreme. Tra il 1150 e il 1155, ad esempio, Mario Borrello condusse una rivolta contro i Normanni. Fortunatamente, alcuni villaggi prosperavano, come nel caso di Montenero. Nel 1182, papa Lucio III inviò una lettera al vescovo Rainaldo di Isernia, facendo menzione di una chiesa e una parrocchia attive. Quindi, in aggiunta alla presenza religiosa connessa all'abbazia di Castel San Vincenzo, Montenero aveva un suo centro spirituale che soddisfaceva i bisogni dei fedeli.

La seconda metà del dodicesimo secolo vide numerosi cambiamenti. Nel 1176, i Normanni occuparono le terre che per circa sei secoli erano appartenute a Longobardi e Bizantini, eliminando entrambe le potenze dalla penisola. Federico I detto il Barbarossa arrivò in nord Italia dalla Svevia – un grande principato della Germania sud-occidentale – con un obiettivo ben preciso: reprimere i Normanni. Il piano venne posticipato a causa degli impegni al nord Italia, in Germania, Polonia, Ungheria e anche altrove. Le sue sei campagne militari, volte a sottomettere le città a nord, lo condussero poi a Roma, dove venne incoronato Imperatore del Sacro Romano Impero nel 1155. Federico introdusse un sistema tributario non feudale imponendo tasse dirette su redditi e proprietà. Cambiò il tipo di valuta aprendo una zecca e sviluppò un servizio doganale.

Federico Barbarossa morì nel 1190 durante la Terza Crociata, dando prova di essere uno dei più grandi imperatori di epoca medievale. Suo figlio, Enrico VI, portò avanti il sogno del padre di sottomettere il sud Italia. Mentre i Normanni erano presi da disaccordi politici, Enrico marciò verso Palermo, venendo incoronato nel 1190. Ci volle del tempo prima che la Svevia adattasse il suo tipo di governo alle situazioni del sud della penisola e della Sicilia. Il regno di Sicilia versò in uno stato di caos per decenni, vivendo un incremento della violenza, come testimonia il saccheggio di Isernia del 1199 da parte del conte del Molise. I decenni successivi videro dei grandi cambiamenti dopo l'incoronazione del figlio di Enrico, Federico II (su cui c'erano dubbi di legittimità), incoronato re di Sicilia nel 1212. A prescindere dalle questioni di sangue, Federico dimostrò di essere un grande intellettuale e un comandante eccezionale in tutta Europa.

L'influenza di Federico II fu dilagante. Sebbene fosse anche re di Germania, visse per quasi tutta la vita in Italia. Aveva una conoscenza enciclopedica e si impegnò nello sviluppo delle grandi città continentali, specialmente di Napoli. Per esempio, nel 1224 fondò l'Università di Napoli, la più antica università pubblica non religiosa al mondo. Il fine pratico di questo ateneo era di "formare dei legali per rafforzare le leggi e l'amministrazione regie."[31] Per mantenere l'ordine politico, era importante che la burocrazia si evolvesse, sia per la crescente popolazione nelle grandi città sia per riuscire a raggiungere le aree più remote. In questa università insegnarono tanti famosi accademici, tra cui Tommaso d'Aquino.

Federico II fu per molti una delle più grandi personalità del secolo; secondo Astarita, "egli fece del Meridione il centro della vita europea, sebbene il suo regno avesse mantenuto una tendenza che andò a discapito dell'economia del sud. Il dilagare del sistema feudale nelle campagne incrementò la sudditanza e la dipendenza dei contadini, e limitò le innovazioni in campo agricolo."[32] Ancora una volta, il sistema feudale portò a tensioni tra ricchi e poveri; anche gli organi direttivi covavano del malcontento, e così si arrivò alla violenza. Isernia, ad esempio, venne messa a fuoco dai soldati di Federico II nel 1223. Anche la sfera spirituale fu scossa dall'inizio dell'Inquisizione, istituita nel 1230 per reprimere ogni forma di eresia.

Sebbene Federico II avesse dato molto all'Italia, al sud e nel resto d'Europa stavano dilagando tremendi problemi che misero alla prova sia i potenti che la popolazione. La Germania si frammentò al finire del potere svevo, che risultò indebolito anche in Italia. Dopo la morte di Federico, avvenuta nel 1250, altri della famiglia salirono al trono, mantenendo il dominio sia a nord che a sud della penisola. In mezzo c'era lo Stato Pontificio. Il papato si sentì con l'acqua alla gola e rivendicò la proprietà del regno, occorreva solo trovare il modo di rafforzare il decreto.

I papi Urbano IV e Clemente IV parlarono della possibilità di invadere la Sicilia con l'aiuto del conte francese, Carlo d'Angiò; lo portarono quindi dalla loro parte, al contrario di Manfredi (1258-1266), destinato a essere l'ultimo reggente svevo di Sicilia. Manfredi fu battuto da Carlo d'Angiò nella battaglia di Benevento nel 1266. Corrado II, parente di Manfredi e re di Sicilia in Germania, fece un grande sforzo per riprendere il controllo del regno combattendo Carlo a Tagliacozzo, nel 1268. Corrado fallì, e il sud Italia subì un influsso francese, con Carlo pienamente supportato dal papa.

Durante gli anni successivi, il sistema feudale si diffuse, non solo rendendo il sud più povero, ma anche creando una società molto polarizzata da un lato e più rurale dall'altro. La battaglia di Benevento segnò anche un cambiamento politico per Montenero, che si trova a meno di 120 chilometri dal luogo del conflitto. I Borrello, detentori del dominio del villaggio, vennero privati delle terre non appena i Francesi salirono al potere. Nel tardo tredicesimo secolo, Montenero divenne "un possedimento della famiglia Collalto, che poi ne vendette metà ai Carafa e donò la restante parte al monastero Casaluce di Aversa."[33] A prescindere dalla famiglia al potere, la vita contadina nei villaggi rurali dell'alto Molise rimase pressoché la stessa. Il lavoro quotidiano permetteva alle famiglie di vivere ai livelli minimi di sostentamento, con buona parte della percentuale dei guadagni erosa dalle tasse.

Non passò molto tempo prima che il popolo del regno di Sicilia iniziasse a mal tollerare i sovrani francesi. Gli ufficiali francesi traevano vantaggio dalla loro posizione in molti modi, per esempio imponendo pesanti tasse per i servizi militari resi, sostenendo così parte delle spese per le guerre fuori dal regno di Sicilia. Gli operai spagnoli e bizantini misero benzina sul fuoco organizzando una violenta rivolta, passata alla storia come i Vespri Siciliani. I rivoltosi eruppero nel 1282 per opporsi a re Carlo, che perse molto presto

Castel Nuovo fu eretto nel 1279, uno dei gioielli architettonici di Napoli. Fu sede dei re di Napoli, Aragona e Spagna fino al 1815. © Mstyslav Chernov. https://creativecommons.org/licenses/by-sa/3.0

il controllo dell'isola. Ma chi avrebbe preso il posto dei Francesi al governo? L'ipotesi del papato fallì, così i ribelli chiesero aiuto a Pietro III d'Aragona, in Spagna, il cui esercito era necessario per contrastare un eventuale ritorno di Carlo. Respingendo Carlo, Pietro guadagnò terreno e divenne il nuovo re di Sicilia. È così che ebbe inizio il dominio spagnolo in Italia.

La guerra dei Vespri si protrasse fino al 1302, culminando nella scissione in due del regno di Sicilia. Nonostante il supporto del papa e dei re francesi, Carlo d'Angiò non riuscì a riprendersi la Sicilia. Le tensioni si risolsero solo quando Federico, figlio di Pietro III d'Aragona, divenne re di Sicilia nel 1295 e attuò una serie di significative riforme costituzionali. La casa spagnola d'Aragona continuò a dominare in Sicilia come regno indipendente per oltre cento anni. I territori del sud della penisola rimasero in mano ai Francesi sotto Carlo II, e ci si riferisce generalmente ad essi con il nome di regno di Napoli.

I confini del Molise

Se oggigiorno si volesse inviare una lettera a Montenero Val Cocchiara, sarebbe necessario aggiungere che si trova in provincia di Isernia, in Molise. Da quanto detto finora, Isernia fu abitata dai Sanniti e conosciuta dai Romani come Aesernia. Montenero cadde sotto l'amministrazione di Isernia. Quando fece la sua comparsa il nome provinciale Molise? Le teorie al riguardo sono diverse.

Secondo alcuni il nome Molise deriverebbe dal latino *mola*, mulino. Sicuramente la somiglianza fonetica tra le due parole esiste, ma è poco logico appellare una regione relativamente estesa prendendo spunto da un macchinario atto a macinare il grano. Forse il nome deriva da un'antica città sannita,[34] ma una terza teoria sembra la più plausibile.

Ai tempi dei Normanni, alcuni cavalieri stabilirono le loro roccheforti personali nell'area che attualmente chiamiamo Abruzzo e Molise. Uno dei nobili arrivò dal nord della Francia nel 1053. Si trattava di Rodolfo de Moulins, conosciuto in Italia come Rodolfo de Molisio; pretese per sé una parte di territorio e divenne conte del Molise, stabilendo la sua contea a Bojano. Il territorio era diviso in due: la contea del Molise (1055), nell'area più interna, e la contea di Loritello (1061), corrispondente alla zona costiera.

I discendenti di Rodolfo espansero il territorio:

> *I confini della loro contea comprendevano Venafro, Isernia, Trivento e parte di Larino, formando la grande e importante contea di Bojano che, a partire dal 1142 e per volere di re Ruggero II del regno normanno di Sicilia, venne chiamata contea del Molise.*[35]

Nel 1140, l'autorità reale venne consolidata nell'Italia meridionale. La contea del Molise passò nelle mani di Ugo II nel 1144. Secondo le cronache, sei anni più tardi la contea del Molise venne donata al nobile normanno Riccardo di Mandra, conte dal 1170 al 1196. Nel 1166, il figlio di Riccardo, Ruggero di Mandra, seguì le orme del padre, divenendo l'ultimo proprietario della contea del Molise.

Dopo l'invasione, gli Svevi presero il controllo del Molise e ne alterarono leggermente i confini. Con l'arrivo dei Francesi, il dominio degli Svevi ebbe fine. Nel 1270, Carlo d'Angiò mise la contea del Molise sotto il controllo della sovranità imperiale. Dopo un'importante rivolta, il Molise passò sotto l'amministrazione della Terra di Lavoro. Questo nome deriva da un'errata trasposizione del nome di un'antica tribù, i Leborini. Come parte della riorganizzazione, la contea di Loritello – a est del principato di Benevento – fu annessa al distretto di Capitanata, con sede a Foggia.

Nelle pagine precedenti abbiamo visto quanti gruppi siano arrivati in Molise, con l'intento sia di invadere il territorio che di stanziarvisi. L'importanza della zona risiedeva nelle rotte di viaggio attraverso i passi di montagna, specialmente nel Matese.

> *Il Molise può essere considerato una "terra di passaggio", una regione che, nel corso del tempo, è stata ripetutamente coinvolta in eventi storici che l'hanno segnata profondamente; una regione che, proprio per questo motivo, ha sempre mostrato una certa vocazione ad essere "terra di castelli". Torri, mura e manieri hanno sempre una duplice funzione sul territorio: lo controllano e lo assoggettano, ma allo stesso tempo dipendono da esso.*
>
> *La presenza di fortificazioni in Molise è una costante storica: mura di epoca sannita; città e campi fortificati del periodo romano; insediamenti, edifici e opere di difesa costruiti da Longobardi, Normanni, Svevi e Angioini; edifici fortificati attribuiti agli Aragonesi.*[36]

Il sud Italia diventa ancora più meridionale

I confini del Molise non sono stati sempre chiari e costanti nei secoli, ma in linea generale si può dire che non siano mai cambiati molto, tanto da rimanere pressoché uguale fino a oggi. In quanto parte del regno unificato, il Molise visse una rinascita di cui beneficiò la popolazione del tardo tredicesimo secolo. Montenero, situato al confine nord-occidentale del Molise, ebbe un ruolo negli sviluppi storici della regione, riflettendo gli andamenti politici, religiosi e militari di ogni epoca. Con l'avvento del periodo Angioino, si vedrà come il potere francese da Napoli influenzò il futuro di Montenero e dell'Italia tutta.

Il declino dell'autonomia politica e della vitalità economica delle città meridionali rappresentò un cambio significativo nella storia del sud, e presagì i problemi a venire. In molte zone del nord Italia, i secoli dodicesimo e tredicesimo videro l'espansione dell'economia urbana, la crescita delle istituzioni civili e l'aumento del potere degli interessi urbani rispetto a quelli rurali. Allo stesso tempo, la società rurale del sud si stratificò rigidamente; la gente di campagna cominciò a dipendere sempre più dai padroni, e gli interessi feudali prevalsero su quelli urbani, determinando la vita del regno.[37]

Benché la Sicilia fosse diventata un regno indipendente sotto la dinastia spagnola degli Aragona, il regno di Napoli a sud della penisola mutuò lo stile governativo francese. In quanto città capitale, Napoli visse una crescita spettacolare, diventando la più grande città d'Italia, con più di cinquantamila abitanti, e un importante riferimento culturale e intellettuale a livello europeo. Un momento di splendore fu raggiunto con re Roberto d'Angiò – regnante dal 1309 al 1343 – detto il Saggio, probabilmente per il sostegno offerto ad artisti e accademici, come Petrarca. La prosperità di Napoli riverberava in tutto il Meridione.

Dopo la morte di re Roberto, avvenuta nel 1343, seguirono decenni di lotte politiche per il potere tra diverse linee di sangue della casata angioina. Ad esempio, il regno fu preso un paio di volte dal sovrano angioino d'Ungheria. Nel 1383, la regina regnante fu uccisa da un suo stesso cugino che voleva succedere al trono. Alla già tesa situazione politica si aggiunse una pandemia di peste, la cosiddetta peste nera (1347-1350), che colpì l'Europa uccidendo il 40 percento della popolazione. Nel 1346, la pandemia si portò via metà degli abitanti di Montenero, costringendo i sopravvissuti a dare fuoco al villaggio e abbandonarlo. Secondo quanto riportato dalle cronache, Montenero si trovava all'epoca sul monte Calvario e venne poi ricostruito su una collina vicina, quella dove è attualmente collocato il paese. Astarita scrive: "Le perdite inflitte dalla peste nera e da circa un secolo o più di conflitti e disordini sociali e politici avevano danneggiato tutti gli aspetti della vita del sud Italia."[38] Ci sarebbero voluti molti anni per riprendersi dal terribile tributo pagato dall'Europa durante il quattordicesimo secolo.

Dettaglio dell'Arco di Trionfo a Castel Nuovo, Napoli.
Commemorazione dell'arrivo di Alfonso I a Napoli nel 1443.
https://creativecommons.org/licenses/by/3.0/deed.en

CAPITOLO 6

La Spagna trasforma un regno in una colonia

Il regno di Napoli dovette affrontare altri problemi, sia interni che esterni, come le contese tra le famiglie angioine per l'ascesa al trono, una regina senza eredi, morti violente e matrimoni combinati. Al tempo di Giovanna II, regina di Napoli dal 1414 al 1435, gli intrighi politici erano intricati al pari delle sue relazioni promiscue. Di fronte alla rivendicazione del trono da parte di Luigi III d'Angiò, Giovanna II si appellò ad Alfonso, re d'Aragona in Spagna. Alfonso arrivò nel 1421 e venne accolto come liberatore. Il comportamento stravagante della regina suscitò il dissenso di Alfonso, che lasciò Napoli, dove tornò solo nel 1441 per mettere in atto un assedio lungo sei mesi utilizzando l'artiglieria più all'avanguardia dell'epoca. Nel giro di due anni, Alfonso aveva pacificato il regno di Napoli era salito al potere sia di Napoli che della Sicilia.

Alfonso il Magnanimo era un'importante figura del suo tempo. Le sue campagne militari lo portarono attraverso il Mediterraneo, dalla Spagna all'Egitto. In Italia, durante la metà del XV secolo, l'influenza esercitata da questo sovrano era profonda. Oltre ad aver pacificato i regni di Sicilia e Napoli, Alfonso cambiò l'assetto politico-sociale del sud Italia costruendo una nuova infrastruttura e trasformando il governo. I baroni, fino a questo momento connessi alla sfera militare, vennero convertiti in aristocratici proprietari terrieri con autorità civile e penale sui propri vassalli.[1] I feudi venivano assegnati ai baroni tramite diritto ereditario.

Per quel che riguarda gli oneri fiscali dei baroni, Benedetto Croce fa notare che nel 1443 il versamento dei tributi venne trasformato in una tassa per ogni singola unità familiare (tassa sulla terra), "che i baroni si impegnavano a pagare per conto dei loro servi, ma che era, a tutti gli effetti, imposta sui comuni."[2] Molti dei cambiamenti governativi erano pensati per rendere più efficiente il sistema di tassazione. Per necessità, vennero migliorati anche il metodo di archiviazione dei dati e le leggi, atte a orientare e rinforzare il tutto. "Gli incaricati reali venivano mandati nelle province con facoltà di esigere e controllare i tributi delle corti feudali."[3]

Di Montenero è fortunatamente rimasto un censimento riguardante la Valle del fiume Sangro:

Nel marzo del 1443, il re di Napoli Alfonso I d'Aragona ordinò una riforma delle tasse basata su un tributo pro capite chiamato focatio (tassa sulla terra) per la quale era necessario censire tutte le famiglie e i loro membri. Gli unici libri rimasti di tale censimento sembrano essere uno riguardante la Valle di Sangro (più di seicento pagine) e un altro relativo alla Calabria Ulteriore.[4]

La lista di cognomi a seguire è tratta dal censimento dei Faraglia del 1447, relativo a Montenero. Nel documento si attesta che nella città c'erano quarantasei diversi gruppi familiari – *fuochi* – composti di un totale di 228 individui – *anime*.

Censimento di Montenero del 1447

Cognomi in latino

Antonij, Andree

Bucij, Bartholomei, Baronus

Cocci, Cerri, Cicci
Dorisii
Falzi
Ioannis, Jacobelli, Jacobi, Joannucij

Malepecie, Mariani, Marini, Mancini,
Magistri Petri, Pedis, Petrii Andree Nicolai
Rubeus
Scurcuglye
Urbandi
Zacha

Nomi dei delegati

Latino	*Traduzione*
Dei VII eiusdem meij (deputati)	Sette delegati
Domnus amicus Cole Antonij archipresbiter	Dom, amico di Cole Antonio, arciprete
Amicus Antonij Magistri	un amico di Antonio, maestro
Petri Cameraius	Pietro Cameraius
Rainaldus Petrii Andree (massaro)	Rinaldo Petrii Andree (contadino)
Cole Malepecie (massaro)	Cole Malepecie (contadino)
Petrus Mancinus	Pietro Mancini
Angelus Antonij de Acquaviva	Angelo Antonio de Acquaviva

Quanto scritto da Croce fa capire come la gente di un villaggio come Montenero fosse assoggettata alla nobiltà: "Gli abitanti avevano dei doveri nei confronti dei loro padroni ed erano soggetti alla loro crescente autorità giurisdizionale, ma raramente erano obbligati a lavorare, potevano vendere le terre di loro proprietà e decidere di lasciare il villaggio."[5] In teoria, tutti traevano benefici, ma in pratica il metodo aveva delle falle. La gente era povera, e in molti casi lo erano anche i baroni feudali, solitamente  restii ad adempiere appieno ai loro doveri. "I baroni neanche tentarono mai di strutturare una politica, estera o interna, per il bene del regno […] I loro interessi erano di natura esclusivamente materiale ed egoistica."[6]

Tasse e affitti venivano pagati in denaro o in natura. Gli abitanti lavoravano i campi e si occupavano del bestiame per riuscire a sbarcare il lunario. Facendo parte dell'alto Molise, Montenero dipendeva fortemente dall'allevamento. La decisione di Alfonso di istituire un ufficio chiamato Dogana di Foggia, facilitò il lavoro con gli animali, specialmente durante la transumanza stagionale lungo i tratturi: "Questa agenzia reale […] regolava le interazioni tra i proprietari terrieri e gli allevatori, e assicurava il buon funzionamento della principale attività economica del regno, che prevedeva la transumanza di milioni di capi di bestiame dai pascoli invernali a quelli estivi."[7] Tale agenzia rimase in funzione per oltre 350 anni. Nel 1496, ad esempio, le pecore da trasferire – e quindi da tassare – erano 1.700.000; nel 1580 erano arrivate a essere 4,25 milioni.[8]

Durante la seconda metà del quindicesimo secolo, nel sud Italia avvennero importanti cambiamenti. Prima della sua morte, avvenuta nel 1458, re Alfonso divise le sue terre, donando Aragona, Sicilia e Sardegna a suo fratello Giovanni, e il regno di Napoli al figlio illegittimo Ferrante (1423-1494). Questi si trovò presto ad affrontare una guerra contro lo zio, i baroni in rivolta e complotti su più fronti. Dovette governare il regno con un pugno di ferro, mescolando sapientemente provvedimenti militari e politici.

Ferrante dovette gestire una situazione caotica, tanto a Napoli quanto nelle zone rurali; donò Benevento al papa, ma la cosa non alleviò i problemi che stavano affliggendo il feudo o le aree limitrofe.

Vista di Napoli nel 1472. Museo di San Martino, Napoli, Italia.

La criminalità nelle aree rurali era molto difficile da tenere sotto controllo. I banditi aggredivano i viaggiatori, assaltavano castelli e villaggi, ed esigevano denaro dalla popolazione in cambio di protezione. Questi gruppi armati organizzati erano frutto della povertà dilagante e del malcontento della popolazione rurale, e ricevevano talvolta supporto da parte della gente del luogo. Molti nobili intrattenevano anche dei rapporti di convenienza con queste bande, mentre il governo spagnolo tentava in tutti i modi di arginarne l'operato. Il banditismo si espanse ulteriormente con l'aggravarsi della crisi economica, con le carestie o con l'incremento delle tasse. L'enclave papale di Benevento, con i suoi confini facilmente penetrabili, fu spesso ricettacolo di criminali.[9]

Gli abusi da parte dell'aristocrazia spinsero i contadini alla rivolta. Per allentare le pressioni su di essi, Ferrante emanò un decreto nel 1466 al fine di monitorare i soprusi da parte delle alte cariche. A tutti i produttori "fu

consentito di vendere i frutti della terra senza alcun intralcio da parte di prelati, conti e baroni, che erano soliti arrogarsi le vendite stabilendo il prezzo."[10] Nel 1480, per facilitare il commercio nazionale e internazionale, Ferrante dichiarò che l'unico sistema legale di pesi e misure sarebbe stato quello standardizzato a Napoli.

Anche il settore terziario subì dei cambiamenti che lo resero più accessibile ai ceti bassi. Il numero di locande e taverne crebbe dopo il 1483, quando una nuova legge mise fine a un monopilio riservato fino a quel momento ai baroni. Più di metà delle leggi riguardanti i comuni furono pensate e volute da re Ferrante.

La seconda metà del quindicesimo secolo beneficiò anche dell'avvento della stampa a caratteri mobili, grazie alla quale si poté divulgare il pensiero umanista. Tale filosofia enfatizzava l'importanza centrale dell'uomo rispetto al sovrannaturale; i problemi del mondo venivano affrontati tenendo in considerazione la condizione e i bisogni umani, cercando delle soluzioni razionali.

Gli ideali umanisti influenzarono gli intellettuali, ma i cambiamenti a livello sociale non furono così immediati.

Nonostante l'operato di Ferrante, atto a rendere il regno più funzionale, alcuni eventi distruttivi entrarono in campo, diventando schiaccianti. Nel 1484, a Napoli, una rivolta feudale divampò contro la monarchia. Un anno dopo, un'altra rivolta fu innescata con il benestare del papa. Quando Ferrante morì nel 1494, il regno di Napoli era ben lontano dall'essere stabile. La morte del sovrano inaugurò un periodo tumultuoso conosciuto come Guerre d'Italia – appropriata descrizione dei cinque, sei anni che seguirono. La maggior parte delle città-stato della penisola erano in guerra l'una con l'altra, coinvolgendo anche gli imperi europeo occidentale e quello turco ottomano.

L'inizio delle Guerre d'Italia vide come regnante re Carlo VIII di Francia, arrivato a Napoli nel 1495 con un esercito di venticinquemila uomini. Il regno di Napoli era così debole da non opporre quasi resistenza, e Carlo fu quindi incoronato re quello stesso anno. Il nuovo sovrano iniziò a dare più potere rappresentativo al popolo, ma un'insurrezione da parte dei baroni e di una lega di governatori italiani, unitisi sotto la minaccia della rapida avanzata del re, costrinse quest'ultimo a scappare non molto tempo dopo la sua incoronazione. Il nipote di Ferrante, re Ferdinando II, regnò per un solo anno. I decenni che seguirono vengono così descritti da Benedetto Croce:

> *Le guerre tra i pretendenti, i saccheggi, le carneficine e le devastazioni da parte dei mercenari; le razzie dei briganti, le ingiustizie dei baroni, l'instabilità del popolo, i continui passaggi di potere da una fazione all'altra; le grandiose e improvvise catastrofi che coinvolsero singoli individui e intere casate nobili, la povertà, l'inoperosità, lo stagnare di qualsiasi forma artistica, il declino morale a tutti i livelli sociali: tutto ciò caratterizzava il regno, ammesso che ce ne fosse ancora uno, conferendo al sud Italia una pessima nomea, sebbene non abbia mai goduto di una buona reputazione.*[11]

Per i sei anni successivi, Francia e Spagna furono le principali contendenti al trono di Napoli. La Francia alla fine vi rinunciò, così la Spagna poté fare la sua avanzata al potere, prendendo buona parte del sud peninsulare nel 1503. I viceré rimasero al potere per i due secoli successivi. "L'esercito spagnolo dominò la scena militare d'Europa."[12] Una presenza così forte avrebbe lasciato una traccia indelebile nella penisola.

Il sedicesimo secolo visse all'ombra di Carlo I di Spagna, descritto come un megalomane che riuscì a realizzare le sue fantasie diventando re di Spagna, arciduca d'Austria e imperatore del Sacro Romano Impero. Non essendo in buoni rapporti con il papa, Carlo saccheggiò Roma nel 1527. Alla fine assoggettò molti territori europei, dall'Austria alla Spagna e all'Olanda, e poi a sud fino al regno di Napoli e la Sicilia, e oltreoceano in America Latina.

Per quasi duecento anni, il regno di Napoli fu governato da quarantasei viceré, che esercitavano la loro autorità per conto di un re spagnolo. Il regno di Napoli era in realtà una colonia. Un gran numero di governatori "spiccò per inettitudine o per la capacità di arricchirsi alle spalle degli assoggettati; ciononostante, durante il primo secolo, una parte dei governatori si distinse per eccessiva onestà o, più comunemente, per la voglia di stabilire ordine e giustizia, sia in città che nelle regioni meridionali."[13]

I viceré avevano molto di cui occuparsi. Nel 1500, la popolazione di Napoli raggiungeva circa quota centomila, ed era in rapido aumento. Ai soliti problemi connessi agli alloggi urbani, alla criminalità e alla distribuzione del cibo, si aggiungevano ulteriori pericoli. I Turchi rapivano le persone durante le loro incursioni, per poi rivenderle nei mercati di schiavi di Costantinopoli e del Nordafrica. Nel 1529 e 1530 scoppiarono delle epidemie, con l'unico conforto dei santi e delle loro reliquie, come San Gennaro a Napoli. Baroni e contadini manifestavano il loro malcontento, a volte contro l'inquisizione religiosa ma, più spesso, contro la pressione fiscale e il servizio militare.

La Spagna pianificò l'amministrazione del regno di Napoli: nessuna delle nuove normative sarebbe stata efficace senza una migliore organizzazione politica. Nel 1519, Carlo I sviluppò una ristrutturazione inclusiva dei confini geopolitici. "Il regno fu diviso in dodici province, ognuna governata da un funzionario che controllava le forze militari locali e che, se in possesso di un titolo di studio in giurisprudenza, poteva istruire le udienze provinciali o i processi. Il territorio di ogni provincia era diviso in *università*, o comunità, ognuna facente capo a una città o paese. Erano queste le unità base dei sistemi fiscale e giuridico."[14]

Verso la fine del sedicesimo secolo, il regno contava circa quindicimila comunità. In teoria, la struttura amministrativa era pensata per rendere effettivi gli ordini in tutto il regno tramite i viceré. Durante questo periodo, il Molise faceva parte della provincia di Capitanata (Puglia).

Don Pedro Álvarez de Toledo fu il primo effettivo viceré di Spagna. In servizio dal 1532 al 1552, Toledo promosse delle migliorie sociali ed economiche in ambito urbano che portarono benefici in tutto il regno. Era un costruttore di città; sotto di lui, i progetti di edificazione e fortificazione andarono avanti per anni, perché la Spagna era ricca. In larga misura, Napoli prosperò durante il sedicesimo secolo perché la Spagna si arricchì grazie a delle imprese, come ad esempio l'estrazione d'argento dalle miniere nelle colonie americane.

Uno degli obiettivi principali era quello di portare pace e ordine all'interno del regno. Toledo si mostrò inflessibile nei confronti di baroni e contadini ribelli, utilizzando ogni mezzo militare e giuridico in suo potere. I baroni che avevano precedentemente affiancato i francesi si ribellarono occupando le terre prese di mira. Molti nobili napoletani erano potenti e ricchi, si pensa fossero tra i più abbienti d'Europa.[15] Toledo agì in fretta per privarli dei loro poteri. I provvedimenti attuati per assicurare il controllo sociale ed economico vennero applicati tanto nei centri urbani quanto nelle zone rurali. Per necessità burocratiche, si andò formando una nuova élite di avvocati capace di adattare la realtà territoriale al regime spagnolo: impresa titanica, se si considera che Napoli era la città più grande governata dalla Spagna, nonché sede centrale del potere.

Per aumentare gli effettivi al fine di far rispettare le direttive del governo, nel 1563 venne creato un istituto militare locale, per il quale si richiedeva che per ogni cento famiglie, da tutte le località, venissero mantenuti cinque soldati. In questo periodo, il regno di Napoli contava trentuno fortezze, compresa quella dell'Aquila, costruita nel 1528 e attualmente sede museale. Nonostante il fine per cui era stato creato, il sistema di milizia locale si rivelò inefficace.[16]

Il viceré Toledo riuscì a contrastare le attività criminali a Napoli; fuori città, tuttavia, non era possibile rafforzare adeguatamente le politiche reali, principalmente per insufficienza di risorse economiche destinate a finanziare questo enorme progetto.[17] Dopo la rinascita cattolica, scaturita in risposta alla riforma protestate, Toledo introdusse l'Inquisizione spagnola.

"La conformità religiosa – e spesso l'omogeneità etnica – divenne una questione di massima priorità sia per lo stato che per la Chiesa."[18] Sebbene il pensiero umanista si stesse diffondendo a vantaggio di alcuni, si andò sviluppando una certa ostilità verso quei gruppi ancorati ad antiche tradizioni pagane e credenze superstiziose. Nomadi, ebrei, e altre minoranze religiose vennero espulsi dal regno. Delle rivolte armate mitigarono comunque ben presto il fervore zelante del governo. Benedetto Croce definisce questo periodo di sommosse contro gli spagnoli come "l'ultima prova dell'indipendenza e della vitalità politica di Napoli."[19]

Quando Don Pedro Afan de Riviera fu nominato viceré nel 1559, Napoli contava una popolazione di duecentomila abitanti; in tutta Europa, era seconda solo a Parigi. Il sovrappopolamento favoriva problemi legati alla povertà, come la criminalità e la mancanza di igiene, cibo e acqua – il tutto in una situazione di frustrazione e caos crescenti. Il terribile sovraffollamento e l'intensità della vita urbana spingevano molti a stare il più possibile all'aperto, contribuendo alla formazione di quell'indole teatrale che oggigiorno viene associata a Napoli. La città stava anche fronteggiando i problemi connessi alla carestia, alle

Viaggiatori assaliti da briganti. La realtà dei fuorilegge nel Sud Italia rurale, compresi Abruzzo e Molise, trattenne molti dal viaggiare per timore di essere aggrediti. Dipinto di Bartolomeo Pinelli, 1817.

epidemie e ai terremoti. L'aspettativa di vita nel quartiere Mercato di Napoli era di soli venti anni. Nel 1570, vennero emanati degli editti per alleggerire alcune di queste problematiche. Ad esempio, il viceré impose ai napoletani di pulire le strade una volta a settimana. Altri editti provavano a contrastare la prostituzione e il gioco d'azzardo; venne addirittura proibito ai marinai di rapire i bambini e venderli come schiavi. Come scrive Astarita, "un decreto del 1573 provò a mettere fine a un traffico illegale che costringeva i prigionieri del quartiere Vicaria a comprare l'olio per lampade a prezzi inflazionati. Uno dei primi segnali, questo, di attività criminale organizzata."[20]

Fuori Napoli si aggiravano molte bande di fuorilegge dedite alle rapine e ai saccheggi. Re Marcone, uno dei più noti capi di briganti, aveva un personale esercito di millecinquecento persone che inflisse gravi perdite tra i soldati spagnoli, demandati del compito di fermare le sue attività di brigantaggio. C'era poi un famoso brigante d'Abruzzo, Marco Sciarra, che, nel 1585, comandava un esercito di mille uomini. Durante lo stesso anno, a Napoli, l'aumento del costo del pane portò a una violenta sommossa contro il dominio spagnolo. Nello stesso periodo, in Abruzzo, erano attivi dieci gruppi di briganti. Mariano afferma che nel 1682 più del 25 percento dei banditi del regno si trovava nel territorio abruzzese; se sommati a quelli del Molise, il numero dei briganti corrispondeva a quasi un terzo del totale.[21]

In larga misura, il dilagare del brigantaggio era una forma di protesta nei confronti degli abusi della nobiltà, scaturita anche dalla fame e dalle malattie che ridussero la società rurale in miseria. L'epidemia di peste scoppiata nel 1575 si protrasse fino al 1630, in particolare il tifo, che si trasmette tramite acari, zecche e pidocchi. Questa condizione favorì il banditismo, soprattutto nelle zone di montagna. I baroni feudali offrivano sicurezza ai contadini con i loro eserciti privati, difendendoli dalle razzie dei briganti.

Molti dei problemi che i viceré spagnoli si trovarono ad affrontare continuarono o peggiorarono nel tempo. Durante il suo mandato da viceré (1595-1599), il conte Olivares Enrico di Guzmàn "continuò a combattere la criminalità e provò a contenere le richieste dei baroni. Questo viceré riuscì ad attuare diverse riforme e avviò un programma di ricostruzione (strade, uffici doganali, edifici pubblici, depositi di cereali), ma purtroppo entrò in contrasto con gli ecclesiastici e si trovò nel mezzo di una guerra tra Spagna e Francia."[22]

L'aristocrazia di Montenero

Fin dalla sua nascita nelle terre di San Vincenzo al Volturno, la successiva presa del potere dei Borrello e il ritorno del villaggio all'abbazia, sembra che Montenero abbia prosperato pacificamente per oltre un secolo. Montenero si radicò in epoca feudale, quando la società ruotava attorno ai rapporti tra signori, vassalli e feudi. I sovrani erano soliti ricompensare le persone più meritevoli per i servizi resi – specialmente in campo militare – con delle terre (feudi). Un solo nobile poteva avere sotto il proprio dominio una dozzina o più tra villaggi e città. In cambio della protezione militare del loro padrone, i contadini dovevano mostrargli fedeltà, lavorare per lui e offrirgli parte dei raccolti. Gli abitanti di Montenero lavoravano la terra per servire il proprietario terriero, che solitamente possedeva anche altri terreni o feudi. Ciò che sappiamo è che Montenero aveva legami con alcuni villaggi della regione, tra cui Agnone.

Agnone passò sotto il dominio dei Borrello nel 1139, e divenne il più importante centro del Molise. Il paese molisano era un feudo delle famiglie nobili Caracciolo e Carafa; queste due casate erano così potenti da prendere il controllo anche di molti altri territori. I Caracciolo, per esempio, erano in possesso di circa cinquantasei feudi, incluso Montenero; i Carafa ne possedevano invece ottanta, tra cui Montenero. Nonostante i cognomi diversi, le due famiglie derivano dalla stessa linea di sangue.

Giovanni Caracciolo rappresenta probabilmente una delle più antiche famiglie nobili di Napoli e visse nel dodicesimo secolo. I suoi figli diedero origine a quattro diversi rami familiari, apportando delle leggere differenze al cognome: Caracciolo Rossi, Caracciolo Canella, Caracciolo di Capua e Caracciolo Carafa. L'ultimo ramo è associato al figlio Gregorio, che aggiunse il cognome Carafa perché si trovava nell'eccezionale posizione di poter tassare la produzione di vino.[23] Bere una caraffa di vino nella Montenero di oggi dovrebbe sempre far pensare a questa storia.

Andrea Carafa, aristocratico e cavaliere napoletano, acquistò mezza Montenero nel 1365 da Robertina de Collanto. I Caracciolo, famiglia di origini francesi, espropriarono ai Carafa molti feudi. Giovanni Caracciolo (1372-1432, anche noto come Sergianni o Ser Gianni) era il favorito di Giovanna II di Napoli, e diventò talmente potente e ricco che anche la regina gli si mise contro, facendolo accoltellare da quattro cavalieri. Montenero passò poi nelle mani della famiglia Collalto, ma solo per un breve periodo, dopodiché fu la volta dei Cantelmo, che aggiunsero Montenero agli altri diciassette feudi di loro proprietà. Nel 1442, a capo del feudo c'era Giacomo Cantelmo.

Sembra che un amico intimo di Giovanni Caracciolo, Giacomo Caldora (1369–1439), si appropriò di un gran numero di feudi attraverso atti intimidatori. Di lui fu scritto che "era magnanimo e non volle mai essere chiamato principe o duca", sebbene in realtà possedesse abbastanza terre, denaro e potere da poter essere paragonato a un re. Alla fine, fu costretto dalla regina Giovanna di Napoli a cedere circa trentacinque feudi. Giacomo Caldora fu in possesso di Montenero fino a che il re di Aragona Alfonso I detto il guerriero non lo sconfisse nel 1445, mettendo il paese nelle mani di Carlo (1517) e Alfonso Di Sangro.[24] Secondo una fonte storica, Montenero Val Cocchiara fu donato a Ludovico Malvezzi nell'aprile del 1467.[25] Se così fosse, sarebbe poi tornato alla famiglia Di Sangro.

La famiglia Di Sangro fu in possesso del feudo fino al 1536, quando divenne proprietà dei Bucca. La famiglia Bucca possedeva anche i dintorni di Montenero: Cerro al Volturno, Colli al Volturno, Pizzone, e San Vincenzo al Volturno. Uno dei discendenti di questa famiglia, Ludovico Bucca, che partecipò alla battaglia di Lepanto nel 1571, fu ricompensato dal re Filippo II di Spagna con il titolo di marchese di Alfedena.[26] Ludovico fu anche signore di Montenero. Sia Alfedena che Montenero furono infine ereditati da Lucrezia Capece.

Poiché Alfedena e Montenero erano vicini, le dispute in merito ai confini agricoli furono numerose. Un documento del 1588, e riguardante una di queste contese, fa menzione di Ludovico Bucca.[27] Per lungo tempo, i confini tra feudi furono definiti da marcatori in pietra. Nel pantano di Montenero sono tutt'oggi visibili alcune di queste pietre indicanti le proprietà terriere.

Bonaminio et al. fanno notare che "all'inizio del 1591, Montenero divenne un feudo della famiglia Greco di Isernia, a cui dobbiamo l'ampliamento della

chiesa di Santa Maria di Loreto e la realizzazione dell'altare maggiore."[28]
È stato documentato che nel 1596 le famiglie residenti a Montenero erano sessantanove, con circa quattro o cinque figli ciascuna; si può quindi dedurre che la popolazione fosse grossomodo di 310 individui. Cesare Greco entrò in possesso del paese, lasciandolo in eredità al figlio Francesco nel 1615. Francesco era duca di Montenero, ma fece costruire un nuovo refettorio e un nuovo dormitorio per la chiesa di Santa Maria degli Angeli a Isernia.

Subito dopo la sua morte, avvenuta quindici anni più tardi, il feudo passò a suo figlio Carlo. Un documento della biblioteca "Michele Romano" attesta che Carlo controllò Isernia[29] per un breve periodo, vendendola a Diego D'Avalos da Vasto nel 1644 per 28.000 ducati.

La seconda metà del XVII secolo vide il ritorno a Montenero della famiglia Bucca, precisamente con Giovan Battista Bucca. Quando morì, nel 1648, suo figlio Raniero Bucca D'Aragona (1642-1667) divenne duca di Montenero. Poiché Raniero non aveva figli maschi, Montenero andò in eredità al marito della figlia Maria Beatrice, Giacomo Pignatelli. Grazie a questo matrimonio, la zia di Pignatelli, Beatrice Bucca (1631-1688) entrò in possesso del feudo nel 1667 come terza duchessa di Montenero. Beatrice sposò Alfonso Carafa (1626-1668) ed ebbero un figlio, Giovan Battista Carafa (morto nel 1735), che ereditò il feudo, diventando il sesto duca di Montenero (1760-1762). Giovan Battista acquistò Rionero per 17.000 ducati e ne divenne il barone. Alla morte di Alfonso, suo fratello Muzio (1723-1764) divenne il settimo duca di Montenero e barone di Rionero. Nel 1763, Muzio fece applicare delle targhe commemorative in onore del padre e del fratello nella chiesa di San Giorgio, nel comune di Petrella Tifernina, in Molise.[30] Muzio morì senza lasciare eredi.

Nel corso dei secoli, Montenero fu nelle mani di altre famiglie nobili. Agli inizi del XIX secolo, il sistema feudale si stava evolvendo in un sistema politico più moderno. Montenero passò sotto la giurisdizione di centri più grandi. Nel 1799, il paese era sotto Castel di Sangro, e in meno di dieci anni passò sotto Rionero, Forlì, e infine al distretto di Isernia.

Poiché la terra veniva donata a molti nobili che avevano prestato servizio militare, i conflitti con gli ufficiali di governo e altri ex militari erano frequenti. L'assegnazione delle proprietà interferiva spesso con il lavoro dei contadini locali. I feudi cambiavano spesso di padrone quando il proprietario si trasferiva, la famiglia si estingueva o semplicemente la terra veniva presa in seguito a contese tra nobili. La popolazione di Montenero lavorava duramente per la nobiltà e risentiva delle dinamiche politico-economiche. La storia delle famiglie nobili che si alternarono a Montenero offre un buon esempio della complessità del sistema feudale.

Cosa ci dice questa breve panoramica dell'aristocrazia montenerese? Lasciando da parte il complesso sistema sociale connesso al feudalesimo, è comunque chiaro che i ricchi e potenti controllavano le terre, mentre i contadini prestavano i loro servigi lavorando duramente e pagando le tasse. Le famiglie nobili possedevamo terreni, denaro e potere militare, elementi che offrivano loro più possibilità politiche ed economiche. Questi potenti, le cui fortune dipendevano dalle circostanze in continua evoluzione, consolidavano la loro posizione attraverso guerre, compravendite, matrimoni politici e relazioni sociali.

In sostanza, il feudalesimo era una sorta di modello di business, con un numero relativamente ristretto di privilegiati di rango nobile che controllavano varie proprietà, nonché chi vi lavorava. Ad esempio, all'epoca del regno di Napoli, la città capitale era indubbiamente quella più potente. I re, le regine e i viceré erano sempre occupati ad arginare l'atteggiamento minaccioso dei duchi e di altri proprietari terrieri. Tra le figure prominenti, i soldi e il potere facevano da contrappeso alle relazioni politiche e sociali. Proprio come avviene oggi nella gara tra business, i nobili traevano vantaggi economici dai feudi grazie al lavoro dei contadini. Ogni paese era come una fabbrica, i cui lavoratori producevano una quota per il padrone. Un granduca poteva controllare fino a cinquanta feudi-"fabbrica".

Per via della posizione politica, le casate nobili come quella dei Carafa avevano fatto di Montenero il centro dei propri affari. I contadini di Montenero, per esempio, dovevano pagare le tasse a un marchese, che a sua volta doveva una quota a un nobile con sede ad Agnone, obbligato anch'egli a versare una somma al viceré di Napoli e infine al re di Spagna. Durante XVII secolo, Agnone era la più grande città del Molise.[31] Nel corso dei secoli, la gente comune residente in un piccolo centro come Montenero si ritrovò in fondo alla piramide sociale; nella stessa condizione si trovavano i villaggi vicini come Alfedena, Rionero Sannitico o Forlì del Sannio. Più volte questi piccoli paesi furono accorpati ad altri centri della regione, come Isernia, Cerro al Volturno, Vastogirardi, Pescocostanzo e Campobasso. Sembra che Montenero non fu mai un'isola felice rispetto al resto del Meridione d'Italia.

La panoramica delle famiglie nobili di Montenero serve da esempio per illustrare il sistema feudale che caratterizzò l'Italia per molti secoli. Le casate nobili erano molte, ma alcune di esse si distinsero in quanto più potenti e influenti. Se ne ricordano in particolare sei, ognuna associata a uno specifico distretto (seggio) di Napoli: Carafa, Sanseverino, d'Avalos d'Aquino, Pignatelli, Caracciolo, e Orsini, "che controllavano 417 comunità e il 32 percento del numero totale di vassalli."[32]

Gli spagnoli avevano ricompensato gli italiani con terre e cariche per i servizi resi al regno. I feudatari ricevevano le licenze per fondare nuove comunità;[33] come risultato, il numero di città e paesi controllati dai baroni crebbe enormemente. Come politica di governo, gli spagnoli scelsero di non consolidare i vari territori peninsulari in un unico regno, forse perché si resero conto che era un obiettivo impossibile da raggiungere. Scelsero invece di "mantenere l'unità rispettando la diversità, l'autonomia e il sistema legislativo tipico di ogni territorio."[34]

Ovviamente, il potere crescente dei singoli baroni entrò in conflitto con il governo spagnolo con sede a Napoli. "Nel 1531, delle 1563 comunità" di dominio dei baroni, "solo 55 erano città reali sotto il controllo diretto della giurisdizione regia. I monarchi spagnoli aumentarono il numero di *università* (villaggi) fino a 2000, ma solo 50-60 delle più importanti per estensione e posizione strategica erano reali [...] Circa un milione su 4,8 milioni di abitanti viveva nelle comunità reali."[35] Nel 1557, i feudatari controllavano la maggior parte delle terre e della popolazione. Muto presenta queste statistiche:

> *Le casate nobili con titoli feudali sono un corpo sociale costituito da 558 signori, corrispondenti a 1592 proprietà divise tra città, terreni e villaggi, per una popolazione di 329.102 vassalli, rappresentanti il 78 percento della popolazione del regno.*[36]

Alcune delle cosiddette città baronali erano certamente piccole; quelle con meno di mille abitanti – come Montenero, che ne contava appena più di trecento – non rientravano certamente nella definizione di città. Se non si considerano quelle con pochi abitanti, il regno di Napoli aveva circa 144 città in totale, di cui il 40 percento attorno alla capitale Napoli.[37] Nell'area che attualmente corrisponde all'Abruzzo c'erano circa dieci città, mentre in Molise ce n'erano quattro. Il numero di comuni nei secoli precedenti era davvero più alto: nel 1268 erano 2356, mentre nel 1505 erano calati a 1462 – 894 in meno, principalmente a causa delle epidemie e delle guerre.

L'equilibrio tra viceré spagnoli e baroni, che continuavano a rappresentare una minaccia per la stabilità politica, era delicato. Il governo inasprì i controlli sui baroni, che iniziavano ad agire sempre più illegalmente. Una volta "vennero messi in prigione dei baroni per aver utilizzato l'enclave di Benevento come camera di compensazione per l'esportazione illegale di grano."[38] Molti conflitti del genere si verificarono tra chi aveva potere e denaro e chi ne possedeva ancora di più.

Comuni nella Provincia di Isernia, fonte: 01/01/2019 (ISTAT).

	Comune	Residenti	Superficie per km²	Densità di abitanti per km²	Altitudine m s.l.m.
1	Acquaviva d'Isernia	402	13.51	30	730
2	Agnone	4.897	96.85	51	830
3	Bagnoli del Trigno	691	36.80	19	660
4	Belmonte del Sannio	708	20.32	35	864
5	Cantalupo nel Sannio	745	15.64	48	588
6	Capracotta	864	42.55	20	1.421
7	Carovilli	1.312	41.56	32	860
8	Carpinone	1.100	32.43	34	636
9	Castel del Giudice	312	14.81	21	800
10	Castel San Vincenzo	485	21.98	22	749
11	Castelpetroso	1.618	22.71	71	872
12	Castelpizzuto	159	15.39	10	836
13	Castelverrino	102	6.20	16	600
14	Cerro al Volturno	1.240	23.79	52	572
15	Chiauci	213	15.85	13	868
16	Civitanova del Sannio	920	50.47	18	655
17	Colli a Volturno	1.324	25.25	52	408
18	Conca Casale	179	14.43	12	657
19	Filignano	626	30.88	20	460
20	Forlì del Sannio	673	32.56	21	610
21	Fornelli	1.883	23.17	81	530
22	Frosolone	3.084	49.89	62	894
23	ISERNIA	21.749	69.15	315	423
24	Longano	675	27.38	25	700
25	Macchia d'Isernia	1.093	17.71	62	360
26	Macchiagodena	1.799	34.35	52	864
27	Miranda	1.011	22.15	46	860
28	Montaquila	2.332	25.45	92	460
29	Montenero Val Cocchiara	513	22.02	23	950
30	Monteroduni	2.118	37.22	57	468
31	Pesche	1.641	12.96	127	732
32	Pescolanciano	843	34.73	24	819
33	Pescopennataro	253	18.84	13	1.190
34	Pettoranello del Molise	441	15.58	28	737
35	Pietrabbondante	707	27.44	26	1.027
36	Pizzone	305	33.49	9.11	730
37	Poggio Sannita	625	25.74	24	705
38	Pozzilli	2.297	34.66	66	235
39	Rionero Sannitico	1.095	29.22	37	1.051
40	Roccamandolfi	923	53.67	17	850

41	Roccasicura	520	28.61	18	758
42	Rocchetta a Volturno	1.082	23.34	46	540
43	San Pietro Avellana	484	44.95	11	960
44	Sant'Agapito	1.443	15.93	91	547
45	Sant'Angelo del Pesco	359	15.59	23	805
46	Sant'Elena Sannita	298	14.08	21	780
47	Santa Maria del Molise	705	17.20	41	650
48	Scapoli	63	18.94	35	611
49	Sessano del Molise	717	25.32	28	796
50	Sesto Campano	2.254	35.32	64	323
51	Vastogirardi	679	60.71	11	1.200
52	Venafro	11.218	46.45	241	222

Museo delel Arti di Indianapolis. Dipinto di François-Alfred Delobbe.

CAPITOLO 7

Nobili, contadini, ribelli e reliquie

Gli sforzi per controllare i baroni

Gli Spagnoli tentarono di controllare i baroni in diversi modi, ad esempio tramite matrimoni combinati tra famiglie nobili. Così facendo, speravano di rafforzare il senso di lealtà verso il governo. Questa politica si rivelò vincente; secondo Dandelet e Marino, infatti, "il sistema imperiale spagnolo servì a unire famiglie e territori d'Italia in un'alleanza di cui tutti beneficiavano, e che fu più pervasiva, pacifica e duratura di qualsiasi altro sistema politico adottato nella penisola dai tempi dell'Impero Romano."[1] Chi viveva fuori dal controllo diretto del governo reale, come nel caso dei monteneresi, doveva piegarsi al potere individuale dei baroni. Come scrive Musi, "alleanze, strategie matrimoniali, interazioni tra fazioni e la concentrazione degli interessi della comunità nelle mani dei feudatari (mediatori politici per eccellenza) condizionavano il governo locale e le sue relazioni con il governo centrale."[2]

Quando Juan de Zuniga fu viceré di Napoli (1579-1582), preparò il suo successore con qualche cauto consiglio. Il viceré credeva che i punti principali su cui concentrarsi per governare il regno di Napoli fossero cinque: l'approvvigionamento di viveri, l'amministrazione della giustizia, le risorse economiche, gli alloggi militari e il brigantaggio.[3] Il regno funzionava con l'aiuto dell'esercito. Durante i primi anni, per contrastare la costante minaccia di sommosse, il governo dovette stanziare più di tre quarti delle spese statali per l'esercito; verso la fine del sedicesimo secolo, con lo scemare delle insurrezioni, le spese a carico dello stato in ambito militare calarono a un quarto.[4]

Le truppe spagnole dovevano anche contrastare le incursioni dei pirati turchi sulle coste siciliane e del regno di Napoli. Se non ci fossero riusciti, il corso degli eventi in Italia sarebbe stato diverso, dando esito a una cultura completamente diversa nei secoli successivi.

I pirati attaccarono le coste meridionali per centinaia d'anni, attratti dalla possibilità di saccheggiare e rapire gli abitanti. La schiavitù era redditizia, come dimostrano le città barbaresche, dall'Egitto occidentale all'Oceano Atlantico. Nel 1600, c'erano più di trentamila schiavi cristiani, di cui circa il 65 percento proveniva dall'Italia meridionale, ma c'erano anche schiavi musulmani che lavoravano al sud. "Fino al XVIII secolo, gli schiavi musulmani erano comuni nella regione; lavoravano per le famiglie d'élite della capitale e nei castelli feudali dei villaggi più remoti."⁵ Alcuni schiavi provenivano dall'area slava orientale e dall'Africa subsahariana.

Il buon funzionamento dell'esercito e degli altri dipartimenti del governo dipendeva dalla capacità del viceré di ottenere informazioni dettagliate sul territorio e sulle persone sotto la sua giurisdizione. Affinché gli Spagnoli potessero governare adeguatamente, era necessario sapere tutto di ogni città, grande o piccola che fosse. Oltre che per fini governativi, l'attività di documentazione e archiviazione serviva anche per gli adempimenti fiscali che andavano a finanziare, in parte, le attività militari in altri territori. I registri offrivano inoltre al viceré e ai sovrani in Spagna una panoramica della situazione fiscale dei baroni e dei loro possedimenti nel regno di Napoli. Il professor John Marino scrive quanto segue:

Moneta d'oro da due scudi. Carlo V di Spagna (1516-1556).

Le disposizioni includono un libro major (libro principale) in ogni comune per le entrate e le uscite (sia ordinarie che straordinarie), e per le risoluzioni locali, una mappa catastale dei beni individuali e dei possedimenti baronali, due serie di libri (uno per la parrocchia, l'altro per il mastredato della terra) dei battesimi e delle sepolture per evitare le spese e il lavoro connessi alla numerazione dei nuclei familiari, che venivano contati per le tasse dirette e rappresentavano la principale fonte di entrate del regno.⁶

Questi documenti avrebbero potuto fornire dei dettagli riguardanti Montenero, ma sfortunatamente i registri non sono giunti fino a noi. Quando disponibile, tale documentazione permetteva agli ufficiali di governo di avere contezza dell'attività baronale e del valore delle loro terre.

Baroni e contadini

Durante il XVII secolo, nel regno di Napoli "c'erano non meno di 119 principi, 156 duchi, 173 marchesi e centinaia di conti, con titoli che spesso non erano connessi a un feudo, ma solo a terreni e fattorie."⁷ Molti di questi nobili possedevano nient'altro che grandiosi titoli, e la classe rurale disprezzava i baroni per il loro concetto di tirannia dispotica.

Nel tentativo di mantenere o espandere la loro posizione, i baroni finivano sempre sotto le pressioni esercitate dai loro supervisori a Napoli. A un livello diverso, i baroni che agivano in via del tutto egocentrica entravano spesso in contrasto con la classe contadina, che riusciva a malapena a sfamarsi. Quanto riferito da un ambasciatore veneziano alla Spagna nel 1559 offre una chiara visione delle numerose scissioni tra strati sociali, in particolar modo i rapporti tra contadini e nobili: "C'è un antico odio che si propaga per tutto il corpo come un morbo maligno; se le medicine o gli impacchi leniscono una parte infetta, esso colpisce dove meno ci si aspetta."[8]

In generale, il feudalesimo al tempo del regno di Napoli funzionò nonostante qualche attrito a livello sociale, ma non ci volle molto prima che collassasse. Tra le cause che portarono al deterioramento del sistema feudale si possono annoverare le insurrezioni dei baroni o dei contadini (a volte entrambi), i terremoti e la fame. Il governo tentò di prepararsi a tali catastrofi mettendo a punto diversi programmi, come ad esempio quello inaugurato dal viceré nel 1638, che invitava tutti i comuni ad accumulare riserve di grano per le emergenze.

Purtroppo, i successi in alcune zone corrispondevano a fallimenti in altre. Tra il 1570 e il 1620, dei produttori stranieri di lana causarono il collasso del settore all'interno del regno.[9] Ci volle del tempo per adattare i cambiamenti del mercato attraverso metodi che divennero la norma, come la corruzione. Nel mercato della lana, ad esempio, "la vendita delle cariche permise l'ascesa burocratica delle famiglie coinvolte nella transumanza e collegate alla gilda dei proprietari di greggi, la Mesta."[10] Talvolta i banditi assaltavano le dogane preposte alla raccolta dei pedaggi al passaggio delle greggi. Il governo non ammetteva interferenze nel flusso di introiti, così si assicurò che i cittadini corrispondessero allo stato quanto dovuto piazzando dei militari nei luoghi strategici. Come scrive l'ambasciatore veneziano Michele Suriano:

Il regno di Napoli aveva entrate per un milione in oro e spese per un milione e mezzo. La differenza veniva coperta con finanziamenti, accertamenti, sussidi, nuove tasse e aumenti di quelle già esistenti, confische e altri metodi inusuali. Venne usato ogni mezzo immaginabile per estorcere denaro alle persone.[11]

La partecipazione della Spagna alla guerra dei trent'anni (1618-1648) richiese denaro, beni e uomini, un onere insostenibile per la popolazione. Anche molti aristocratici benestanti vennero ridotti in miseria. Non c'è da sorprendersi se la corruzione dilagò a ogni livello sociale. "I disordini urbani, la criminalità rurale e la violenza degli aristocratici resistettero alla repressione, diventando pressoché endemici nella realtà meridionale."[12]

In alcuni territori, qualcuno tentò di sopperire alle mancanze del governo, contribuendo al benessere di Napoli e del regno. Il XVI secolo vide il proliferare degli istituti di assistenza sociale pensati per aiutare la gente comune. Ci sono molti esempi degni di nota. Il primo ospedale permanente fu fondato da Maria Longo; Marie de Ayerbe, duchessa di Termoli (Molise), fondò invece un convento per prostitute redente. Molti ospedali e orfanotrofi furono costruiti e riempiti al massimo della loro capacità. I bambini abbandonati venivano accuditi e si dava loro il cognome Esposito (da *esposto*, messo fuori). Oggi, Esposito è il cognome più diffuso nel capoluogo campano. Nacque anche la Confraternita della Redenzione dei Captivi, che provvedeva a prendersi cura delle persone rese schiave dai pirati. La banca cristiana Monte della Pietà aiutava i poveri in difficoltà offrendo prestiti a basso tasso di interesse o addirittura senza interessi, in cambio di beni dati in pegno.

Dal 1550, la popolazione di Napoli era raddoppiata: nel 1600 aveva raggiunto i trecentomila abitanti, diventando la città più popolosa dell'Europa occidentale. Agli inizi del XVII secolo, la Chiesa aveva iniziato a bruciare i libri che non rispettavano i canoni imposti dalla censura; il viceré di Napoli e i potenti nobili si fecero sostenitori di un pensiero più libero che circolava in un ambiente culturalmente e intellettualmente più elevato. Le meraviglie architettoniche vennero ulteriormente abbellite con splendidi giardini e corti. Fiorirono varie forme di arte e musica, e Napoli divenne rinomata in tutta Europa per lo stile barocco. Per rendere onore ai pittori che vissero nella città campana, vennero realizzate molte statue. "Verso la fin del secolo, Napoli era divenuta di fatto la scuola di pittura italiana; Luca Giordano (1634-1705) prima e Francesco Solimena (1657-1747) poi furono probabilmente i pittori italiani di maggiore successo della loro generazione."[13]

Le opere architettoniche più belle non erano solo quelle commissionate dai nobili: "gli ordini religiosi superarono le famiglie aristocratiche in quanto a mecenatismo edilizio."[14] Così come i politici, anche gli ordini religiosi utilizzavano i loro immobili e le loro terre per ospitare ogni sorta di evento. A Napoli, la stravaganza divenne un tipico tratto caratteriale delle persone, che spesso lasciavano di stucco i visitatori. Sotto il patrocinio religioso, vennero istituite gilde e confraternite per specifiche professioni, come muratori, barbieri, tessitori e persino i produttori di carte da gioco! Queste organizzazioni conferivano a chi ne faceva parte un senso di identità e solidarietà sociale.

Napoli sotto gli Spagnoli fu un fiorire di meraviglie, ma la realtà quotidiana era fatta di miseria tra i contadini e discordie tra i detentori del potere. Ciò portò al famoso cliché per cui la città era "un paradiso abitato da diavoli."[15]

A causa dell'aumento della popolazione, il governo provò a espandere l'offerta abitativa con nuovi progetti, ma non riuscì a trovare i fondi. Agli inizi del XVII secolo, Napoli stava vivendo una depressione economica, costringendo i viceré a imporre tasse sempre più alte. Questa situazione fu la conseguenza della crisi in Spagna, che aveva dominato la scena europea fino al declino, avvenuto nel 1643. La Francia stava guadagnando terreno, con la sua flotta appostata nella baia di Napoli dal 1647 al 1648. Lo stato di instabilità nel regno di Napoli portò a una sempre crescente corruzione. Le rivolte iniziarono a Palermo nel 1647, per poi dilagare fino a Napoli.

Per i ceti basso e medio la situazione era diventata così insostenibile che arrivarono a ribellarsi. La sommossa più celebre fu quella di Masaniello, iniziata nel 1647 e finita

Ritratto di donna, di Francesco Solimena.
Musée des Augustins, Tolosa.
Foto di Daniel Martin.

l'anno successivo per l'intervento degli Spagnoli e dei loro fedeli baroni. I disordini a Napoli fomentarono il resto del regno; Astarita scrive che "l'autorità venne meno in tutto il regno, le aree rurali esplosero in rivolte antifeudali: i contadini saccheggiarono i castelli, attaccarono gli agenti feudali, razziarono le proprietà e uccisero alcuni nobili."[16] L'assenza di una vera e propria alleanza tra i ribelli di Napoli e quelli delle altre province portò all'anarchia. Molti baroni riuscirono a reprimere brutalmente il proposito dei vassalli di opporsi al potere feudale.

Masaniello

Tommaso Aniello (1622-1647), conosciuto con l'abbreviativo Masaniello, era un pescatore messosi a capo delle rivolte scoppiate a Napoli nel 1647, "la crisi più drammatica vissuta dal sud Italia sotto l'egemonia spagnola."[17] Masaniello ispirò centinaia di persone alla rivolta; inizialmente, il suo successo fu riconosciuto dal viceré con grande dignità, ma il tutto si inasprì quando Aniello prese a comportarsi in modo assurdo, forse in seguito a un avvelenamento. Gli estremisti proclamarono una repubblica napoletana che ebbe fine in meno di un anno, quando gli Spagnoli reclamarono la sede di Napoli.

Come avrebbero dovuto trattarlo Masaniello, eroe del popolo, i suoi compagni seguaci? Fu ucciso, in modo apparentemente contraddittorio, per decapitazione. La testa fu portata al viceré, e il corpo seppellito separatamente. Successivamente, guidata dalle emozioni, la gente disseppellì Masaniello per celebrare un glorioso funerale e dargli degna sepoltura. Questo eroe del sud viene ricordato con alcune celebri parole:

Fu onorato dal popolo come un re,
ucciso come un criminale,
e adorato come un santo.

I viceré spagnoli avevano dovuto combattere costantemente con i baroni e i contadini ribelli. Dopo la rivolta di Masaniello, "ci fu una feroce repressione nelle provincie in cui gli eserciti guidati dai baroni feudali saccheggiavano, mettevano a fuoco e uccidevano rivoltosi e contadini."[18] Il conte di Onate, che fu viceré a metà XVII secolo, divenne famoso per il sostegno offerto alla rivolta di Masaniello. Dopo la rivolta, si impegnò ad abbassare le tasse per andare incontro alla popolazione e lavorò per decriminalizzare i baroni. L'inasprimento dei controlli sui baroni e la classe rurale proseguì nei decenni successivi.

Sotto il viceramo del marchese del Carpio (1683-1688), come messo in luce da Croce, "il brigantaggio fu indebolito in tutte le provincie, inclusa la roccaforte d'Abruzzo, e non riapparve se non un secolo più tardi per via dei nuovi fattori politici e sociali."[19] Alcuni pensieri, sentimenti e metodi non vennero comunque manifestati nei scoli successivi. L'esempio offerto dai baroni con i loro eserciti privati gettò "le basi dello stile mafioso, con i suoi meccanismi intimidatori e di protezione."[20]

Nella sovrappopolata Napoli, i viceré spagnoli tentarono di migliorare le condizioni di vita. Come detto in precedenza, l'aspettativa di vita era molto breve. In media, gli adulti di alcuni quartieri non superavano i vent'anni. L'igiene era una priorità, così le strade vennero ampliate, esposte alla luce del sole e spazzate una volta a settimana. Vennero emanate delle leggi nella speranza di instillare un certo senso della morale, vietando ad esempio di fare il bagno nudi in alcune spiagge e proibendo la prostituzione in determinati luoghi. C'era divieto di fare scommesse, sebbene il governo avesse inaugurato una lotteria nel 1672. Molte di quelle abitudini esistono tutt'oggi, ma alcune sono scomparse col tempo, come ad esempio quella dei marinai di rapire i bambini per poi rivenderli come schiavi.

In aggiunta alle leggi, si stava sviluppando una mentalità più aperta con l'avanzare del progresso e della scienza in Europa. Per avere contezza della situazione demografica nel regno, nel 1669 venne fatto un censimento che raccoglieva i dati di ogni realtà territoriale, dalle grandi città ai più piccoli villaggi. Montenero faceva ovviamente parte dello studio e contava 1285 abitanti. Nel 1691 a Napoli venne aperta la prima biblioteca per la crescente sete di conoscenza; le consultazioni riguardavano soprattutto la materia giuridica, considerata necessaria per fini governativi.

Col crescere del settore legale, le nozioni medievali di nobiltà andarono in declino. Un cambiamento era necessario, ma anche temuto. Alcune delle menti più brillanti dell'epoca vennero punite per le loro idee innovatrici. Nel tentativo di aiutare le masse, Carlo Antonio Broggia scrisse di tasse, finanza e igiene pubblica, ma fu bandito perché considerato una minaccia per il regno. Pietro Giannone venne imprigionato per il solo fatto di aver scritto del clero. Verso la fine del diciassettesimo secolo, il regno stagnò sotto un'ideologia offuscata da istinti superficiali e corporei. Gli storiografi dell'epoca erano acritici, fatta eccezione per Antonio Serra, che faticò per trovare delle soluzioni ai problemi sociali, politici ed economici che proliferavano sotto i viceré spagnoli, venendo per questo sbattuto in prigione.

Nello stagnare della situazione del regno di Napoli, la Spagna riuscì a rimanere al potere solamente grazie alle richieste avanzate sulla popolazione. Quasi tutti i problemi, come la criminalità urbana e il banditismo nelle aree montuose, rimasero immutati. Nonostante tutto, sotto il dominio spagnolo Napoli divenne una delle più importanti capitali europee, ma allo stesso tempo si rese artefice della propria caduta. Come città, Napoli poteva vantare alcuni importanti risultati in diversi settori, come nell'arte, nell'architettura e nello sviluppo sociale. I viceré fallirono comunque miserabilmente nella gestione del resto del paese, fuori Napoli, dove risiedeva la maggior parte della gente. In particolare, chi viveva di agricoltura e allevamento si impoverì sotto l'oppressione feudale dei nobili. Le tasse non vennero utilizzate per la riforma agraria. Gli Spagnoli sfruttarono i contadini come fonte di guadagno, in primo luogo per sé stessi.

Il colpo di grazia per il regno di Napoli fu un'orrenda pestilenza iniziata nel 1656. Almeno metà della popolazione di Napoli, stimata a quei tempi per 450.000 persone, morì. Il viceré non fece nulla per migliorare la situazione, anzi, il suo impegno principale era di ricavare dal regno quanto più denaro possibile per aiutare l'impero asburgico-spagnolo. Il crollo dell'economia si verificò durante la seconda metà del diciassettesimo secolo. Il sud della penisola, oltre ad essere una delle zone più sfruttate d'Europa, divenne anche una delle più arretrate.

Il valore di Montenero nel 1685[21]

Dopo la rivolta di Masaniello e la pestilenza del 1656, i villaggi iniziarono ad essere abbandonati. Molti nobili videro i loro feudi perdere valore, e riuscirono a ottenere che venissero stimati, con l'obiettivo di venderli. La valutazione di Montenero fu effettuata da Gennaro Pino nel 1685, e presentata al consigliere reale Scipione de Martino.

La descrizione di Montenero dell'assessore Pino offre un raro scorcio del paese nei secoli passati. Il resoconto dell'esatta posizione di Montenero include la distanza da molte altre località. Pino annota che era possibile entrare in paese da ingressi: Porta della Chiesa (lato sud), Portanuova (a nord), e Portella del Palazzo (a est). I vicoli erano in pietra, alcuni di essi non percorribili a cavallo.

A quel tempo, i confini di Montenero erano chiaramente segnati da pietre scolpite, spesso a forma di croce, che indicavano l'inizio di altri feudi, inclusi Brionna, Scontrone, Alfedena e Pizzone. Ogni collina e valle aveva un nome, ed era nota per il tipo di vegetazione che la caratterizzava, che fossero alberi o erbe.

Pino scrive che S. Maria del Rito era la chiesa maggiore, con al suo interno otto cappelle disposte a destra e a sinistra. Dietro l'altare c'era un coro; vicino alla sacrestia vi erano un fonte battesimale e un pulpito. Gli oggetti rituali erano di un certo valore, e un dipinto era degno di nota perché di ottima fattura. Accanto alla chiesa c'era una torre campanile con quattro campane. Un arciprete assisteva l'ufficio di quattro preti, un diacono e quattro chierici. La chiesa di Montenero era sotto la giurisdizione ecclesiastica della cattedrale di Trivento. In aggiunta alla chiesa maggiore, Pino elenca altre tre cappelle: S. Maria Lamberto, S. Antonio e S. Leonardo.

Il palazzo baronale che dominava Montenero era pressoché in rovina. In molte stanze, il soffitto era crollato. Pino descrive gli abitanti della città come "gente di basso livello", tra cui non c'erano dottori, medici o artisti. L'arciprete riferisce di ottantatré famiglie, per una popolazione totale di circa cinquecento persone. Sebbene la gente vestisse in modo semplice, c'era una diffusa "discreta apparenza"; le persone avevano un buon colorito ed erano longeve. Si produceva del buon pane in abbondanza e dell'ottima acqua sgorgava da numerose fonti. C'era anche abbondanza di animali "con pelliccia e piume" da cacciare. Le donne cucivano, filavano e tessevano; gli uomini si prendevano cura di circa sei bovini, otto cavalli e trecento tra pecore e capre. Il vino, la frutta e altri prodotti venivano venduti ai mercati e alle fiere fuori Montenero. Nonostante tali risorse, le condizioni di vita erano generalmente misere, e solo pochi potevano permettersi di dormire su materassi di lana.

Sotto il sistema feudale, Montenero funzionava. Nominato dal nobile proprietario del paese, un ciambellano gestiva i possedimenti. C'erano due sindaci e un cancelliere, che si occupava delle questioni legali. Le tasse facevano parte dell'amministrazione locale, e venivano calcolate in base alla quantità e alla qualità della produzione annuale.

Per valutare Montenero, Pino prese in considerazione tutti i fattori i cui si è parlato: posizione, numero di abitanti ("qualità del vassallaggio"), qualità della terra, edifici (inclusi quelli religiosi e i palazzi baronali), animali, produzione di grano e fieno, mulini ad acqua, pesca. Gli affitti venivano registrati, così come l'utilizzo dei mulini ad acqua e dei terreni agricoli o da pascolo. Montenero aveva delle terre comuni, mentre alcune parti del territorio erano affittati alla gente del posto, tra cui:

Fulvio Bruno	Giovanni Gabriele
Angelillo de Filippo	Angelo Giolietti
Cosmo de Fiore	Giovanni Iacovazza
Sabastiano de Fiore	Benedict Orlando
Francesco de Marco	Orazio Pede
Livia de Martino	Leonardo Pellino
Pietro Antonio del Forno	Carlo Ricchiuso
Ara delli Mantiarielli	Vincenzo Sabiano
Sebastiano di Fiore	Cosmo Sansone
Vincenzo di Massa	Giovanni Battista Scalzitti
Marc'Antonio di Marco	Agostino Scalzitti
Vincenzo di Nicola	Francesco Valleo
Maiorano di Orlando	Franscesco Velotta

L'assessore Pino calcolò il valore in ducati, la moneta d'oro in uso a quel tempo. Il Palazzo Baronale, per esempio, fu valutato per 500 ducati; il feudo, invece, per 8145 ducati. Il rapporto stilato dall'assessore fornisce una lunga lista di tutti i beni di valore, arrivando a stimare l'intero Montenero per 20.729 ducati d'oro.

Chavarria e Cocozza ci fanno sapere che "Montenero fu venduto nel 1689 su richiesta dell'allora Duchessa di Montenero, Maria Beatrice Bucca d'Aragona, vedova di Giacomo Pignatelli. Così, dopo la valutazione effettuata nel 1685, il feudo di Montenero fu acquistato da Ippolita Maria Muscettola per 18.371 ducati."[22] Per conoscenza, Pizzone fu venduto nel 1663 per 15.897 ducati; Campobasso nel 1688 per 70.316 ducati.

Dispersione delle reliquie

La crisi del Meridione accompagnò i problemi politici, economici e militari della Spagna. Ai disastri causati dall'uomo, si aggiunsero le catastrofi naturali. Solo a Napoli, scoppiarono numerose epidemie, come nel 1624; il Vesuvio eruttò nel 1631, uccidendo più di trecentomila persone. Ancora più tragica fu la peste del 1656, che uccise più del 50 percento della popolazione della città, stimata sui 220.000 abitanti, più altre migliaia fuori dal regno. Nel 1688 fu la volta del terremoto, e poi di nuovo nel 1694. Quale fu la risposta dei politici? Le azioni del "governo furono esitanti e casuali."[23] Chi era al potere era preparato ad affrontare disastri futuri? Dopo il terremoto del 1694, viene notato che la calamità non fece scattare "riforme significanti o cambiamenti politici."[24]

Gli enormi disastri del XVII secolo vennero considerati una punizione divina. In un momento così desolante, la principale fonte di conforto per gli afflitti erano la spiritualità e la fede nei poteri ultraterreni. Le persone invocavano l'intervento divino per ricevere aiuto e protezione tramite "incantesimi, pozioni, amuleti, formule magiche e tanto altro per far sì che le forze soprannaturali intervenissero nella vita di tutti i giorni."[25] Questo aspetto della psiche umana si manifestava in diversi modi, e il culto dei santi divenne una delle sue più profonde manifestazioni. Poiché i santi erano gli intermediari tra il mondo terreno e il regno di Dio, si pensava che le loro reliquie avessero poteri speciali in grado di aiutare i fedeli.

Durante il 1600, il Regno di Napoli vide "aumentare il numero dei santi patroni ufficiali in tutto il sud."[26] Agli inizi del secolo, solo a Napoli era possibile contare più di trenta santi patroni, incluso san Tommaso d'Aquino. Tutto questo fervore religioso è facilmente desumibile se si paragona il numero di diocesi italiane con quello delle altre nazioni: in Spagna ce n'erano cinquantacinque, in Francia poco più di un centinaio; in Italia, invece, se ne contavano 315. Mentre Napoli aveva un intero arsenale di santi protettori, le reliquie continuarono a essere distribuite nelle chiese di ogni diocesi di tutta la penisola fino a metà Ottocento. Durante questo periodo, le reliquie di 410 santi rafforzarono spiritualmente 225 comunità meridionali, incluso Montenero, che vide il trasferimento di San Clemente. "In questo momento storico," scrive Astarita, "le credenze popolari del sud riflettono l'intensa ricerca di protezione e aiuto da parte delle forze divine."[27]

La storia di Giulia De Marco è un esempio del clima religioso del XVII secolo. Nata dall'unione tra una contadina molisana e uno schiavo turco, le vennero attribuiti poteri mistici tali da aiutare le persone quando offriva la sua guida spirituale. Nel 1612, Giulia si recò a Napoli con i suoi doni speciali, scatenando un tale trambusto da finire sotto l'occhio delle autorità, che nel 1615 la inquisirono e torturarono. Alla fine, Giulia confessò le sue teorie eretiche e un comportamento sessuale promiscuo", venendo per questo condannata all'ergastolo.[28] Molti contadini mescolavano sicuramente le antiche pratiche pagane con quelle cristiane, così come aveva fatto Giulia. I giorni bui dei regno causarono un picco del fervore religioso nel corso del 1600, che si affievolì poi nel secolo successivo sotto l'influenza delle scienze razionali.

L'egemonia austriaca (1707-1734)

Re Carlo II di Spagna morì nel 1700 senza lasciare eredi, scatenando quindi molta apprensione su chi avrebbe preso il controllo dei diversi territori spagnoli. La guerra di successione spagnola (1701-1714) si disputò tra Spagna e Francia. Gli eredi più prossimi di re Carlo appartenevano ai Borbone di Francia e agli Asburgo d'Austria (la principale linea di sangue del Sacro Romano Impero); le due casate si contesero il controllo del Regno di Napoli. Nonostante i conflitti e le cospirazioni, gli austriaci arrivarono a controllare il regno sotto le mani dei viceré dal 1707 al 1734. Horner conclude: "Dal 1720 al 1734 a Napoli non accadde niente di eccezionale, a parte terremoti, eruzioni vulcaniche, inondazioni e altre calamità."[29]

Carlo a undici anni – il futuro de di Napoli e Sicilia, e il re di Spagna e delle Indie spagnole. Olio su tela, Jean Ranc (1674-1735). Museo del Prado.

CAPITOLO 8

IL TENTATIVO SPAGNOLO DI RESTAURAZIONE DEL REGNO

La presenza degli Asburgo a Napoli non fu duratura. Nel 1734, l'esercito spagnolo sconfisse gli austriaci, prendendo il controllo sia del Regno di Napoli che della Sicilia. Il comandante dell'esercito austriaco era Giovanni Carafa, cognome che ricordiamo collegato al feudo di Montenero. Negli anni che seguirono, re Filippo V di Spagna mise al trono del Regno di Napoli e di Sicilia (1734-1759) il figlio diciottenne, Carlo VII. Carlo ricevette la benedizione dell'arcivescovo locale, Cardinal Pignatelli – un altro cognome associato al feudo di Montenero. Alfonso Carafa, duca di Montenero, mantenne il titolo di "gentiluomo ciambellano" di re Carlo III. Tra i suoi doveri c'erano "l'aspettare il re quando mangiava in privato, aiutarlo a vestirsi, sorvegliare la sua camera da letto e la toilette, e fargli compagnia."[1] Nel 1743, Alfonso divenne comandante del reggimento militare provinciale del Molise.

Carlo VII fu il primo re residente a Napoli dopo 230 anni; il potere, fino a quel momento detenuto dai viceré, tornava nelle mani del sovrano. Il modo in cui il Regno delle Due Sicilie si sviluppò nel corso del XVIII secolo fu in larga misura conseguenza del governo di Carlo e di suo figlio Ferdinando IV, che regnò dal 1759 al 1816, con due interruzioni – nel 1799 e poi dal 1806 al 1815 – a causa dei francesi. Sotto i Bornone, Napoli subì una metamorfosi che la rese la città più fastosa d'Europa.

Al tempo dell'incoronazione di Carlo, Napoli era la terza città più grande del vecchio continente. Nel 1742, la popolazione era di 315.000 abitanti, che alla fine del secolo aumentarono di quattrocentomila unità. Nessun'altra città del regno raggiunse tali dimensioni, arrivando a contare al massimo meno di ventimila abitanti. Per governare tale realtà, re Carlo ereditò undici diversi codici legislativi,[2] segno evidente di una necessaria omogeneizzazione delle leggi, volta a garantire la loro equa applicazione. Il sovrano continuò a riformare e costruire tenendo conto dei progetti avviati dai viceré austriaci. Allo stesso tempo, "vennero tenuti d'occhio i nobili, riacquistando feudi e cariche."[3]

Un regno non può funzionare bene senza un'adeguata comunicazione con le provincie, compresi i paesi di montagna. Per questo motivo, nel 1741 si cominciò a porre particolare attenzione al sistema stradale, al fine di ampliare "i contatti della capitale con le provincie."⁴ L'interesse per le zone agresti era ovviamente legato all'economia del regno, cosa che ispirò studi accademici in ambiti tanto antichi quanto nuovi. "I giovani pensatori studiavano concretamente la capitale, le provincie e le tendenze economiche."⁵

Quando si pensa all'economia del regno, bisogna tenere in considerazione l'influenza della Chiesa, che per lungo tempo aveva posseduto delle terre esenti da tassazione, privando di fatto la capitale di potenziali introiti. I 112.000 ecclesiastici che vivevano nel regno erano considerati improduttivi. Inoltre, la qualità dei servizi religiosi nelle provincie era lontana dall'essere encomiabile. Le pratiche religiose della popolazione rurale sciaccarono i gesuiti. "Un'indagine condotta nei pressi di Benevento nei primi anni del Settecento rivelò che quattro quinti dei preti locali non erano in grado di celebrare correttamente la messa."⁶

Al pari di Montenero, "molti villaggi erano collocati in luoghi remoti, e il loro isolamento fu di grande ostacolo al divulgarsi di nuovi principi di pietà e devozione. Missionari e vescovi si trovarono di fronte a usanze e modi di sentire che li colpirono in quanto violenti e anticristiani."⁷ Un missionario in visita nelle comunità di pastori scrisse che le persone con cui era venuto a contatto non erano molto "dissimili dalle bestie di cui erano a guardia."⁸

Secondo il professor Astarita, "alcune selvagge usanze rurali erano il tratto distintivo delle religioni del sud agli inizi dell'epoca moderna e anche oltre: il loro carattere spettacolare e drammatico si manifestava tanto durante i funerali di paese quanto in occasione delle processioni e delle feste di città."⁹ Le antiche credenze e pratiche pagane si mescolavano alle espressioni religiose, inclusa una drammatica gestualità, come il battersi il petto, tagliarsi i capelli, lacerarsi le guance e disperarsi dal dolore.

Il professor Astarita vede un legame tra l'espressione religiosa e la cultura meridionale in generale, influenzate dalla passione artistica e dal revival cattolico: "Il fervore teatrale, la fede ardente nel soprannaturale, la ricerca pratica di una potente protezione: questi tratti, sviluppatisi sia in ambito rurale che urbano, contribuirono a un boom artistico che tuttora conferisce a molte città del sud il loro aspetto dominante, e plasmarono altresì la mentalità e gli atteggiamenti meridionali in modo duraturo."¹⁰ L'annosa instabilità politica, le guerre, le pestilenze, la povertà e la divergenza di pensiero foggiarono senza dubbio il carattere e i comportamenti della gente del sud, incluse le loro sconcertanti pratiche religiose.

La visione dei Borbone circa il ruolo temporale della Chiesa si andò modificando, e per tale motivo vennero adottate delle nuove misure. Il principale cambiamento riguardò la tassazione delle proprietà clericali e l'espropriazione di alcune terre. I Borboni volevano rivoluzionare lo status quo vigente, riducendo il potere di nobiltà e Chiesa di interferire sulle decisioni del governo regio. Un conte del Sacro Romano Impero annota durante i suoi viaggi: "La gente del Molise lamenta, così come i vicini abruzzesi, l'abuso che alcuni baroni fanno dei loro privilegi feudali, e non vanta di certo la cultura e la moralità della maggior parte del clero."[11] I Borboni stavano sistematicamente indebolendo i poteri di Chiesa e nobiltà feudale.

La decisione dei Borbone di abolire il feudalesimo arrivò dopo che tutti gli altri regni occidentali avevano già fatto altrettanto. Il punto di svolta per le antiche casate nobiliari fu una legge varata da re Carlo il 4 ottobre 1740, in base alla quale sarebbe stata effettuata "un'indagine fiscale e demografica in tutto il regno. Tutti i cittadini sarebbero stati elencati per famiglia; ogni proprietà, allevamento, investimento e altri beni sarebbe stato denunciato, al fine di stabilire un sistema fiscale più accurato e giusto."[12] Tale registro, chiamato *Catasto onciario* (1741-1754), rese possibile l'attuazione di una riforma fiscale che non teneva conto della vecchia struttura feudale. Un decennio circa di lavoro produsse una documentazione raccolta in più di novemila volumi. Per ogni località presa in esame doveva esserci un registro, con relativo duplicato conservato a Napoli in una speciale biblioteca. Molti registri non sopravvissero al passare dei secoli, per esempio a causa dei bombardamenti durante la seconda guerra mondiale. Fortunatamente, una copia del registro di Montenero è rimasta ben conservata a Napoli.

Nel condurre le ricerche per questo libro, richiesi una copia digitale del registro di Montenero all'archivio di Stato di Napoli. Il costo dell'operazione superava i 700 dollari, che pagai grazie alle gentili donazioni ricevute sulla pagina GoFundMe. Il mio ringraziamento va ad alcune persone di origini monteneresi, tutte residenti negli Stati Uniti o in Canada, per aver reso possibile la messa a disposizione del registro nella biblioteca di Montenero: Fred (Mannarelli) Bove, Elizabeth (Gasbarro) Bucarelli, Amina DiMarco, Gayle (Fabrizio) Davis, Dora (DiMarco) Garcia, Marilyn Fabrizio, John (Bonaminio) Fiorenzo, Vivian Jacobozzi, Lucina (Tornincasa) Gibson, Lisa (Donatucci) Lopez, Nora (Caserta) Olds, Linn (Donatucci) Rater, Susan Presogna, e quattro amici.

Il Catasto onciario di Montenero, documento vergato a mano di 701 pagine, fornisce i dettagli relativi a tutti gli abitanti, il loro lavoro e i loro averi. Vi sono anche dettagli riguardanti funzionari politici e religiosi del paese, come preti e ordini religiosi, e i monteneresi residenti in altre località (Alfedena, Castel di Sangro, Napoli, Pizzone e l'abbazia di San Vincenzo in Volturno) aventi degli obblighi finanziari nel paese d'origine. Il documento è intatto e interamente leggibile, fatta eccezione per una sola pagina in cui l'inchiostro è colato da un lato all'altro del foglio.

Nel registro sono annotate 106 abitazioni (fuochi), per una media di 7,3 persone ciascuna, in cui vivevano anche nonni, zii e altri parenti. Al signor

Catasto Onciario[13]

Registro delle tasse di Montenero Val Cocchiara del 1753
Copertina del Catasto Onciario. Archivio di Stato di Napoli.

Giovanni Di Marco andrebbe data la medaglia per aver avuto sotto il proprio tetto diciannove persone. Il numero totale di individui alloggiati in queste abitazioni era 774, con solo due ottantenni, il più anziano dei quali aveva ottantacinque anni. Molti dei capifamiglia erano quarantenni. Le attività principali erano la produzione del grano (graniale), da cui si otteneva la farina, l'agricoltura e l'allevamento, in particolar modo di bovini e ovini. Quasi ogni abitazione aveva uno o più orti.

Dettaglio di una pagina del Catasto Onciario del 1753 contenente nomi, età e occupazione dei diciannove abitanti di casa di Giovanni Di Marco.
Archivio di Stato di Napoli.

Una volta completato, il registro fu firmato dal sindaco Fabrizio (il nome è illeggibile), dal vicesindaco Antonio Iacobozzi e da altri rappresentanti del paese. Se si guarda ai cognomi dei 106 capifamiglia, il più comune è Scalzitti, con dieci persone, seguito da sette Di Marco, sei Orlando e Baltasarro (grafia incerta), e poi Di Luca, Fabrizio, Richiuto e Ziroli, quattro per ogni cognome.

La seguente lista include i cognomi facilmente leggibili; quelli dalla grafia incerta – come Baltasarro, Ialotta, Monocchio e Di Manon – non sono stati inseriti nell'elenco.

Altobelli	Di Marco	Gonnella	Pede
Bonaminio	Di Martino	Iacobozzi	Presogna
Cacchione	Di Nicola	Mannarelli	Pietrocerro
Calvano	Di Ninno	Martino	Ricchiuto
Caserta	Donatone	Milò	Sansone
Danese	Donatucci	Miraldi	Scalzitti
Del Forno	D'Onofrio	Narducci	Villeo
Di Filippo	Fabrizio	Orlando	Ziroli
Di Fiore	Gasbarro	Pallotto	
Di Luca	Gigliotti	Palmiero	

San Clemente, santo patrono di Montenero

La festa più importante di Montenero è quella che si tiene annualmente in onore del santo patrono, San Clemente. Il giorno della festa è caratterizzato da una processione, dentro e attorno al paese, guidata dal parroco locale e da un gruppo di portatori della statua del santo, seguiti da una fiumana di gente del posto e visitatori di origini monteneresi. Persino in altre nazioni, chi ha dei legami con Montenero celebra il santo, come avviene a Lorain e Chicago (Stati Uniti), Toronto (Canada) e Mulhouse (Francia). Se si chiede qualche informazione su San Clemente, in molti sanno solo che fu un martire il cui corpo venne trasportato da Roma a Montenero. Secondo Vincent Caserta (Erie, Pennsylvania), le storie sul santo sono due. Riporto qui a seguire le versioni da me adattate delle traduzioni da italiano a inglese fornite dal signor Caserta.

Il vero nome di San Clemente, così come le sue date di nascita e morte, sono sconosciuti. Era nato in una ricca famiglia romana, alla fine del primo secolo. Dopo aver studiato per alcuni anni, si unì alla Legione Romana e fu promosso a rango di ufficiale. Si guadagnò subito la stima dei capi militari, che fecero di lui un comandante di legione.

Durante questo periodo, Caligola, imperatore romano dal 37 al 41 d.C., promulgò una legge secondo cui "chiunque fosse stato affiliato alla religione

Acquaforte di San Clemente martire che riposa nella teca. I numeri romani indicano l'anno dell'arrivo della reliquia a Montenero, il 1776.

cristiana sarebbe stato ucciso e dato in pasto ai leoni." Per capire cosa fosse questa nuova religione, Clemente si travestì da popolano per presenziare a un incontro tenuto da un oratore cristiano. L'oratore e altri cristiani si riunivano nelle catacombe romane per sfuggire alla polizia o alle legioni, e per poter celebrare la messa.

Dopo aver partecipato a diversi incontri, Clemente si convertì al cattolicesimo e aiutò i cristiani con donazioni in denaro e consigli su come eludere le autorità. Alla fine, qualcuno lo accusò di essere cristiano e fu condannato a morte dall'imperatore Caligola. Il suo corpo non venne comunque dato in pasto ai leoni, perché era romano.

La famiglia di Clemente reclamò il corpo, lo fece imbalsamare e lo depose in una cripta. Secoli dopo, papa Pio VI (1717-1799) lo proclamò santo e martire, perché la salma era rimasta intatta e per l'aiuto che aveva offerto ai cristiani.

La santificazione ebbe luogo probabilmente nel 1776. Fu papa Pio VI a dargli il nome Clemente.

A metà Settecento, i monteneresi erano fortemente credenti. Un loro grande desiderio era di portare il corpo di un santo al villaggio, poiché si credeva che le reliquie avessero poteri divini in grado di proteggere da ogni sciagura, grande o piccola che fosse. Per ottenere delle reliquie che potessero essere di ispirazione per il paese, venne inviata una richiesta al Vaticano e passarono giorni in attesa di una risposta. Papa Pio VI accolse la richiesta, e così venne predisposto il trasferimento delle spoglie di San Clemente a Montenero.

A questo punto la storia del santo diverge. In una versione, la famiglia di San Clemente aveva pianificato di prendere i resti e seppellirli nella città natale. Adagiarono il corpo su di un carro trainato da un mulo, ma lungo la strada l'animale si fermò e non ne volle più sapere di andare oltre. Credendo che il mulo fosse stanco, si fermarono per la notte. Il giorno seguente, il mulo, benché avesse riposato, si rifiutò di muoversi. La famiglia di Clemente dovette arrendersi al volere del mulo e si accordò con la gente del luogo per lasciare lì il corpo del santo. Il paese in cui avevano trascorso la notte era Montenero.

La versione appena raccontata è una sorta di favola divertente. Di storie che narrano di santi e muli ce ne sono così tante da essere diventato un cliché dei racconti popolari. Un esempio in tal senso ci viene offerto da un'altra storia che ha per protagonista un martire. Santo Stefano fu lapidato a morte nel 36 d.C. Mentre il suo corpo veniva trasportato da Gerusalemme a Roma nel XV secolo, l'asino che trainava il carretto si fermò, rifiutandosi di procedere. Dopo essere stato percosso, l'animale iniziò a parlare: "Perché mi colpisci con la frusta? Stefano dovrebbe essere sepolto in questo luogo."[14] Questa storia è stupendamente rappresentata in un arazzo del 1500 conservato al Musée de Cluny di Parigi.

Qualsiasi reliquia sarebbe stata trasportata con il massimo rispetto e attenzione – e consegnata secondo la rigida prassi stabilita tra il Vaticano e la destinazione finale. I documenti attestano che il corpo di San Clemente fu rimosso dalle catacombe di San Callisto, nei pressi della via Appia. Si trattava delle più grandi e importanti catacombe romane, in quanto cimitero ufficiale della Chiesa di Roma. Le catacombe di San Callisto possono ospitare all'incirca mezzo milione di defunti, compresi i resti di sedici papi e di oltre cinquanta martiri. Alla catacomba venne dato il nome del diacono Callisto (poi divenuto papa Callisto I), che fu nominato amministratore del cimitero da papa Zefirino. A un certo punto, i papi ordinarono la rimozione dei resti dei santi dalle chiese di Roma per questioni di sicurezza, temendo che gli Arabi potessero attaccare la città, profanare le catacombe e rubare le reliquie.

Ciò che è certo è che le spoglie di San Clemente arrivarono a Montenero come stabilito. Nel 1765, G. Mannarelli donò un altare, forse in previsione dell'arrivo della reliquia. Il 6 giugno 1776, il nuovo patrono venne accolto in paese da centinaia di abitanti e dalle autorità civili. A quel tempo, il parroco era l'arciprete Saverio Orlando, che tenne un'importante celebrazione nella chiesa di Santa Maria di Loreto. La chiesa subì una restaurazione nel 1744, ma l'altare di marmo in cui riposano i resti del santo fu completato nel 1777, quasi un anno dopo l'arrivo della reliquia. Da allora, si celebra annualmente la festa di San Clemente martire.

Nel 1976 si festeggiò uno speciale bicentenario, quello dell'arrivo del santo al paese. Don Pasquale Maria Di Filippo (1911-1995), che fu parroco di Montenero Val Cocchiara dal 1942 al 1992, fu il principale organizzatore dell'evento. Il corpo del martire aveva riposato per secoli in uno speciale altare di marmo policromo nella chiesa di Santa Maria di Loreto; fu deciso di trasferirlo in una nuova bara in vetro e metallo.

Come nota finale riguardante San Clemente, va detto che i monteneresi del XVIII e IX secolo provavano sentimenti diversi nei confronti del patrono rispetto a chi ha vissuto e vive i tempi moderni. Come patrono e protettore di Montenero, la presenza di San Clemente offrì supporto psicologico e spirituale alle persone del paese, alleggerendo le difficoltà del vivere quotidiano. La vita era dura; ad esempio, dal 1763 al 1764, una carestia devastò il sud Italia, portando malattie e morte a centinaia di migliaia di persone. I primi cimiteri italiani nacquero a quel tempo. Nel 1783, un devastante terremoto scosse la Calabria. Era come se i meridionali fossero destinati ad affrontare costantemente sciagure, sia naturali che causate dall'uomo. San Clemente rappresentava per i paesani un punto di riferimento, un porto sicuro quando nessun altro poteva offrire aiuto: quando i nobili abusavano dei loro poteri, quando i banditi razziavano il villaggio, quando si verificavano epidemie e terremoti. Nei primi tempi, pregare il martire era una necessità che sgorgava dal più profondo dell'anima.

Fino alla prima metà del XVII secolo, la popolazione di Montenero non aveva superato i cinquecento abitanti. Una significativa crescita demografica si verificò nella seconda metà del XVIII secolo. Nel 1780, quattro anni dopo l'arrivo di San Clemente, il paese contava 1285 abitanti. La prosperità di Montenero era, forse, una grazia ricevuta dal santo patrono. Quello che sappiamo con certezza è che quel periodo fiorente coincise con alcune decisioni amministrative prese a Napoli durante lo stesso periodo, come la costruzione di una strada veicolare più comoda tra Napoli e Isernia, che fu completata nel 1780.

2 giugno 1951, celebrazione del 175esimo anniversario del trasferimento del corpo di San Clemente da Roma a Montenero. Don Pasquale Di Filippo accompagnato da Don Vincenzo Rapa Di Villa da Scontrone.
Foto gentilmente concessa dalla parrocchia di Montenero

Processione di San Clemente nel 1948.
Curiosa l'assenza del parroco. Archivio di Montenero.

Giubileo dei bambini, 2 giugno 1951, ai piedi del Monte Calvario.
Foto gentilmente concessa dalla parrocchia di Montenero.

Comunione di Pasquale di Filippo. Foto gentilmente concessa da Dominic Orlando.
Padre Di Filippo, fu guida spirituale del paese per cinquant'anni. Archivio di Montenero.

Festa annuale per il patrono di Montenero, con processione dalla chiesa di Santa Maria di Loreto che si snoda lungo il paese, fino al castello, giungendo poi al Monumentino Mariano ai piedi del paese. Statue di San Clemente, della Madonna del Monte Carmelo e di Santa Margherita – i tre protettori di Montenero.
Foto di M. Di Marco, 2017.

Foto di M. di Marco, 2017.

Il prosperoso finale dei Borbone di Spagna

Sotto Carlo VII e suo fratello Ferdinando IV, il Regno di Napoli visse un periodo rigoglioso. Uno dei più considerevoli raggiungimenti fu la costruzione della Reggia di Caserta. A posare la prima pietra fu lo stesso re Carlo nel giorno del suo compleanno, il 20 gennaio 1752. In quanto residenza reale dei Borbone, la reggia si trova vicino a Napoli; è uno dei palazzi più lussuosi d'Europa, nonché la residenza reale più grande al mondo. Alla sua costruzione lavorarono quattrocento schiavi.[15] Poiché Caserta è un cognome molto comune a Montenero, è molto probabile che si sia diffuso facendo riferimento al luogo in cui sorge la reggia.

Oltre alla Reggia di Caserta, vennero costruiti anche altri edifici, come la Reggia di Portici (oggi giardino botanico dell'Università di Napoli), il Teatro San Carlo e Palazzo di Capodimonte (attualmente sede di uno dei più grandi musei d'Italia). Una delle più antiche scuole d'arte italiane è l'Accademia di Belle Arti di Napoli, costruita nel 1752. Le creazioni della fabbrica di porcellana di Capodimonte, voluta da re Carlo e dalla sua consorte, sono espressione di un gusto raffinato per le belle arti. A livello puramente pratico, re Carlo accrebbe il lavoro degli artigiani più abili, aiutando così una categoria in crisi a causa delle importazioni. Oltre a quello artistico, vennero sviluppati anche altri importanti settori.

I Borbone guardavano al passato e al futuro. Inaugurarono l'Accademia Ercolanese e iniziarono gli scavi nei siti archeologici di Pompei e Paestum. Il Museo Archeologico Nazionale venne costruito per alloggiare i tesori rinvenuti, come oggetti appartenenti alle civiltà greca e romana, e tanto altro. In molti trovano particolarmente divertente la "camera segreta", un museo privato voluto dai Borbone che ospita una collezione di oggetti erotici. La maggior parte dei reperti è stata ritrovata nei siti di Pompei ed Ercolano.

Quando fu fondata l'accademia navale, supportata dall'apertura di una fabbrica di artiglieria, ci fu un'esplosione degli studi ingegneristici, che aiutarono Napoli a divenire una vera e propria città, riconosciuta come centro vitale del regno. La prima banca nazionale fu fondata a Napoli nel 1794. Fuori dalla città, le provincie beneficiarono dell'abolizione delle leggi su forniture e commercio, stabilita nel 1788, così come del divieto alle imprese private di esigere dei pedaggi.[16] Tali provvedimenti ebbero degli effetti positivi sui piccoli villaggi di tutto il regno.

Anche altre aree di studio subirono un'impennata, come medicina, legge e filosofia. Sicuramente, il pensiero razionale e pratico era necessario alla risoluzione dei problemi che affliggevano il sud della penisola. I Borbone supportarono il sapere e incentivarono lo sviluppo intellettuale. A questo periodo appartiene il noto filosofo, Giambattista Vico (1668-1744), i cui scritti sono a tutt'oggi validi per riuscire a comprendere il Meridione d'Italia. Il suo modo di analizzare la storia è organico e strutturato; con la sua speciale attenzione alle scienze sociali, colse il passaggio dall'età feudale a una visione del mondo più umanistica. Un esempio di questo cambiamento è l'abolizione della tortura nel 1789. A Napoli, i filosofi dell'epoca finirono nell'occhio del ciclone riguardante la mentalità del sud Italia. Le parole di Antonio Genovesi (1712-1769) riassumono perfettamente quanto detto:

> *[La ragione] è davvero sempre bella, ma dove essa è inattiva è perché è acerba; si possono adornare gli uomini, ma non essere loro utili [...] La ragione non è utile fino a quando non diventa reale e pratica, e non può essere tale fino a quando non abbia permeato abitudini e mestieri, tanto da essere presa a regola sovrana, quasi senza rendersene conto [...] [Noi napoletani] amiamo più discutere che agire [...] Una certa vanità intellettuale ci tiene tuttora ancorati alle cose speciose, più che a quelle utili; ci riteniamo ancora superiori quando veniamo ammirati per la nostra incomprensibilità, piuttosto che per l'utilità.[17]*

A Carlo VII va riconosciuto l'aver messo in pratica la filosofia pragmatica. Circa la sua sovranità in Spagna, l'autore americano Stephen Payne scrive che Carlo "fu probabilmente il governatore europeo più di successo della sua generazione, dando prova di una leadership salda, coerente e saggia. Aveva scelto ministri competenti [...] ed era riuscito a farsi ben volere dai sudditi."[18] Il suo talento e la sua saggezza governativa furono profondamente visibili anche nel Regno di Napoli. Aveva creato una "nazione napoletana" edificando una base amministrativa ben organizzata che contribuì alla nascita di un ordine sociale raramente riscontrato con i governi precedenti.

Durante molta parte del decennio che ebbe inizio nel 1740, alcune potenze del nord Europa stavano partecipando alla guerra di successione austriaca. La Spagna aveva combattuto su più fronti, ma la sua presenza nel nord Italia era necessaria alla cacciata degli austriaci. Per timore che gli austriaci sopraffacessero gli spagnoli, muovendosi ancora più a sud, Carlo decise di mandare un'unità militare napoletana per affiancare Spagna e Francia nella lotta all'Austria. Si incontrarono durante la battaglia di Velletri, il 12 agosto 1744, e le forze alleate ne uscirono vittoriose. In parte, il loro successo fu merito della partecipazione di molti cittadini del Regno di Napoli. Un influente intellettuale, Gaetano Filangieri, scrive che in guerra "chi si mostrò più coraggio contro il nemico [...] furono i reggimenti provinciali costituiti da contadini chiamati alle armi solo qualche settimana prima e condotti dai nobili napoletani."[19]

Nel 1758, Carlo VII lasciò Napoli per succedere al fratello come re di Spagna. Carlo rinunciò ai suoi titoli e mise sul trono di Napoli il figlio Ferdinando IV; poiché ancora bambino, venne guidato da un consiglio regio, con Bernardo Tanucci in qualità di ministro. Tanucci provò a piegare il governo alle sue personali ambizioni. Decise deliberatamente di inibire il talento di Ferdinando, incoraggiando il ragazzo a praticare sport e a sprecare il suo tempo, anziché fornirgli una buona istruzione. Ferdinando divenne maggiorenne nel 1767 e prese il controllo del regno, riuscendo a continuare il lavoro di suo padre.

Il Regno di Napoli era minacciato da conflitti al nord che coinvolgevano Francia, Austria, Spagna e altri paesi. Dal 1789 al 1799 ci fu anche la Rivoluzione francese, che rovesciò la monarchia e stabilì un governo repubblicano. I cambiamenti politico-sociali in Francia ispirarono movimenti volti alla dissoluzione delle monarchie assolute in favore di democrazie repubblicane e rappresentative. L'abolizione del feudalesimo in Francia fu una naturale conseguenza di quanto accaduto nel decennio della rivoluzione.

Ferdinando IV su una moneta d'argento (piastra) napoletana, datata 1805.

Ferdinando fu convinto ad andare in guerra contro la Francia per rinstaurare il governo papale a Roma. Così, nel 1798, radunò un esercito napoletano di settantamila uomini per affrontare la potenza d'oltralpe nei pressi di Roma. Il numero di soldati fu rinforzato col reclutamento di contadini e criminali. Il contrattacco fu così potente che Ferdinando e le truppe si ritirarono a Napoli, inseguiti dall'esercito francese. Ferdinando scappò in Sicilia a bordo di una nave inglese. Uno scrittore satirico disse al riguardo "venne, vide, fuggì."[20]

La nave di Ferdinando fu scortata da Francesco Caracciolo, un ufficiale della marina borbonica. Nonostante il caos esploso a Napoli, il principe Francesco Pignatelli riuscì a contenere la città durante le trattative con la Francia. Ettore Carafa, figlio di Margherita Pignatelli, sostenne Pescara a favore della repubblica. I Caracciolo, Pignatelli e Carafa, come ricorderete, erano famiglie napoletane nobili connesse a Montenero. Pignatelli firmò un trattato col quale cedeva il regno alla Francia. Benché il popolo avesse opposto una forte resistenza, la Francia abolì il Regno di Napoli e lo proclamò Repubblica Napoletana nel gennaio del 1799.

Una volta al potere, la Repubblica Napoletana si ritrovò finanziariamente e militarmente troppo debole per poter offrire stabilità governativa a lungo termine. Mentre provavano a riorganizzare la casata, il cardinale Fabrizio Ruffo arrivò dalla Sicilia per sollevare una controrivoluzione – un "esercito della Santa Fede" formato da contadini calabresi. Con l'aiuto dei russi e della flotta turca, le truppe di Ruffo unificarono gran parte del territorio, sottomettendo infine Pescara e Napoli, gli ultimi due baluardi repubblicani. Nel luglio del 1799, re Ferdinando tornò a Napoli per ristabilire il suo regno.

A causa della forte ostilità dimostrata nei confronti dei filorepubblicani, Pignatelli dovette fuggire in Sicilia. In precedenza, Caracciolo si era unito ai sostenitori della Rivoluzione francese, trovando lavoro come comandante della flotta repubblicana. Anche Caracciolo finì nella morsa antirepubblicana e fu condannato a morte per impiccagione dagli ufficiali reali della corte marziale. Anche Ettore Carafa fu giustiziato per aver sostenuto Pescara, una delle ultime roccaforti della repubblica. In seguito, il Regno di Napoli venne soffocato da misure oppressive volte a sopprimere qualsiasi segnale di insubordinazione.

Agli inizi del IX secolo, la Francia era diventata la potenza dominante della penisola italiana. Una coalizione di paesi si era organizzata per impedire l'espandersi della potenza francese in Europa, e Ferdinando si unì al gruppo. Nei mesi successivi, l'esercito francese iniziò a collezionare vittorie su vittorie contro gli avversari. La fama del generale Napoleone Bonaparte andava crescendo grazie alle sue campagne vincenti. All'inizio del 1806, Napoleone invase il regno di Napoli; nel giro di pochi mesi l'esercito napoletano ne uscì sfinito, con re Ferdinando in fuga verso la Sicilia. Poco dopo, il 30 marzo 1806, Napoleone mise sul trono suo fratello Giuseppe Bonaparte.

Controcorrente

Il governo borbonico aveva attuato importanti riforme a livello strutturale e istituzionale. L'ondata illuminista dilagante in Europa aveva raggiunto anche il sud. La Rivoluzione francese del 1789 ebbe un effetto bilaterale. Anziché seguire la corrente progressista, gli ufficiali di corte di Napoli iniziarono a temere le nuove idee e le loro ignote conseguenze. Il lavoro di riforma si interruppe e i problemi rimasero.

Come detto in precedenza, la Repubblica Napoletana era finanziariamente e militarmente debole, motivo per cui ogni azione intrapresa non superò i confini della città di Napoli. Nel 1792, Ferdinando VI istituì un dipartimento per l'amministrazione dei comuni, ma non fu possibile vedere gli effetti auspicati. Il problema principale fu "il non riuscire a connettere gli interessi della capitale con i problemi delle province" in tempo utile per mettere in salvo la repubblica.[21] Il governo non prese mai il controllo delle province, e il decadimento della repubblica arrivò presto dalle ben note classi sociali dei baroni e dei contadini.

Il contrasto tra la vita nella capitale e quella nelle provincie era evidente. Napoli era una delle mete turistiche più visitate d'Europa. Perché? Per l'arte e l'architettura sopraffina, per la baia romantica, e per lo spettacolare teatro dell'opera. Inoltre, Napoli era famosa per uno stile di vita vivace, fatto di disinibita volgarità, gioco d'azzardo e prostituzione. "Napoli dominava l'immaginario degli stranieri; fino alla metà del secolo, quasi nessuno osò

Giambattista Vico.   Antonio Genovesi.   Gaetano Filangieri.

visitare la provincia, caratterizzata dalla presenza di banditi, strade sconnesse e pochissimi alloggi decenti."[22]

I forestieri che si avventuravano fuori Napoli rimanevano stupefatti dalla povertà e dall'arretratezza del popolo. Si diffuse voce che viaggiare nelle zone di campagna fosse pericoloso, perché popolate di selvaggi. I piccoli villaggi di Abruzzo e alto Molise non rientravano di certo negli itinerari turistici. A quei tempi, la maggior parte dei paesini del sud Italia era sprovvista di pavimentazione stradale. Erano principalmente i nobili a rendere nota la loro presenza nelle aree di campagna, ragione sufficiente affinché facessero uno sforzo per migliorarle.

Molti nobili avevano ancora il controllo su terre e persone. "I novanta baroni più benestanti erano ancora feudatari di circa due milioni di vassalli; l'introito feudale in tutto il regno corrispondeva più o meno all'intero reddito reale."[23] Montenero era ancora soggetto alle decisioni dei nobili. Dopo lo scontro tra il conte di Forlì e il marchese di Acquaviva nel 1795, ad esempio, i Carafa di Traetto si appropriarono di Montenero. In tali condizioni, i contadini venivano esclusi dall'istruzione, lasciati in miseria e resi incapaci di dedicarsi ad attività che andassero oltre il lavorare la terra. La loro esistenza contrastava nettamente con quella degli abitanti del nord. "La presenza costante del potere feudale, la quasi assenza di artigianato e commercio, e la terribile povertà di molti contadini del sud contribuirono alla creazione dell'immaginario che il Settentrione ha del sud Italia."[24]

Astarita fa notare che "la crisi dell'autorità feudale aprì la strada alle violente animosità rurali."[25] I contadini, con l'appoggio dei nobili, insorsero contro la repubblica, tramando dei complotti. Persino le razzie dei pirati continuarono in tutto il sud, con conseguenti omicidi o prigionie volte ad accrescere le fila di rematori nelle galere – o a tratte profitto dalla vendita di schiavi a

Costantinopoli o in altre città del Nordafrica. Un testimone del tempo scrisse: "La popolazione è sempre più insolente e indisciplinata, dedita alle rapine e agli omicidi."[26]

La élite repubblicana, impotente di fronte alle problematiche delle provincie, temeva più che altro per la propria incolumità. Quello che faceva paura, al di là delle ribellioni, erano le idee che potevano istigare alle sommosse. Il divario tra contadini e intellettuali era enorme, ed era prevedibile che qualsiasi idea sovversiva sarebbe stata repressa. Il governo si impegnò molto in tal senso, stroncando ogni possibile minaccia alla sopravvivenza della repubblica. Astarita scrive:[27]

> *Migliaia di persone furono imprigionate, inclusi 132 ecclesiastici. In migliaia fuggirono o vennero esiliati; in molti vennero giustiziati sommariamente, di cui centoventi a Napoli e cinquanta nelle provincie. Tra i 120 c'erano 13 nobili, 26 avvocati e giuristi, 10 preti, 1 vescovo e altri 6 ecclesiastici, 16 professori universitari, 17 ufficiali militari, ma solo 7 artigiani e 1 contadino.*

Come dei martiri del 1799, una "generazione di intellettuali fu decimata".[28] Nel contrastare la repubblica, la violenza di chi apparteneva alla controrivoluzione fece fuori coloro che avrebbero potuto costruire la nazione – le persone che Benedetto Croce definì "il fiore intellettuale e spirituale del Paese."[29]

Re di Napoli, conosciuto in Italia come Gioacchino Murat (1767-1815).
Dipinto a olio di François Pascal Simon Gérard, 1812 circa.
Collezione privata.

CAPITOLO 9

Il ritorno francese e il seguito spagnolo

I violenti controrivoluzionari antifrancesi, sostenuti dall'esercito papale e dalla flotta inglese, permisero il ritorno al potere di Ferdinando IV nel 1802. I francesi, ovviamente, accolsero l'evento con una certa agitazione, già desiderosi di vendetta per l'alleanza di Ferdinando con Inghilterra, Russia e Austria ai danni della Francia. Comunque, quando Napoleone vinse la battaglia di Austerlitz nel 1805, Austria e Russia si ritirarono dalla coalizione. Il Regno di Napoli era praticamente indifeso. Ferdinando dichiarò la neutralità per attuare una sorta di doppio gioco con Napoleone, consentendo alle forze di spedizione inglesi e russe di entrare nel suo regno.

Napoleone Bonaparte e il suo esercito avevano già invaso il Nord Italia nel 1796, scacciando gli austriaci da Milano e istituendo un sistema politico moderno. Napoleone aveva costruito il Regno d'Italia a nord della penisola, autoproclamandosi re. Mentre era impegnato nelle campagne d'Egitto e Siria, tramò la vendetta contro Ferdinando. Nel febbraio del 1806, Napoleone mandò quarantamila uomini con suo fratello Giuseppe al comando. Si diressero a sud, attraversando l'Abruzzo passando per L'Aquila, trovando una debole resistenza. Giuseppe arrivò a Napoli e venne accolto come un liberatore. Ferdinando scappò in Sicilia, portando con sé denari e oggetti di valore appartenenti allo Stato e alla banca. Il 30 marzo 1806, Giuseppe venne proclamato re di Napoli. Dopo un paio d'anni, fu nominato re di Spagna e lasciò quindi il Regno di Napoli al cognato, Gioacchino Murat (1808-1815).

Nel frattempo, Napoleone stava provando a consolidare le aree settentrionali annettendo Marche e Toscana al Regno d'Italia nel 1808, e occupando Roma l'anno successivo. Alcuni artefatti di inestimabile valore vennero trasferiti dallo Stato Pontificio al museo del Louvre. Il nord stava comunque vivendo una trasformazione. Formando un'alleanza con Austria, Prussia e Svezia, la Russia sconfisse Napoleone nella battaglia di Leizig. Napoleone venne condannato all'esilio sull'isola d'Elba nel 1814. Il suo Regno d'Italia fu smantellato e dato in parte all'Austria e ad altri stati minori. Ciò fu una vera sfortuna per Murat, la cui posizione dipendeva dal potere francese.

Nel 1805, Isernia fu divisa in due da un devastante terremoto.[1] La città era stata costruita sul crinale di una collina; un lato di essa crollò per le scosse. In un certo senso, l'evento rappresentò simbolicamente la caduta di Ferdinando e l'arrivo di Giuseppe Bonaparte e Gioacchino Murat, nel 1806. L'influenza francese durante il decennio successivo fu sostanziale, principalmente in risposta alle proteste pubbliche, incluse le dimostrazioni in Calabria e Abruzzo, che volevano una costituzione. Tali pressioni portarono alla nascita di nuove istituzioni che conferivano potere partecipativo al popolo grazie a dei rappresentanti. Il Codice napoleonico, un corpo di leggi ottimamente organizzato, rimpiazzò il sistema caotico precedentemente in uso. "Il decennio francese trasformò la struttura dei sistemi amministrativo, giuridico, sociale ed economico del sud."[2] Murat mise in atto numerosi cambiamenti, i cui effetti interessarono tutto il regno.

La più grande novità fu la fine del feudalesimo, dopo una presenza nel Sud Italia lunga settecento anni. Nel 1806, il regno fu riorganizzato in quindici provincie, con il Molise divenuto provincia autonoma. Il professor Astarita evidenzia tale cambiamento: "I vecchi domini feudali, che in molti villaggi erano aperti ad attività quali il pascolo e la raccolta di legna, erano adesso divisi e distribuiti tra gli abitanti," mentre "la nobiltà ereditiera continuava a rappresentare la parte illustre della società e a occupare la maggior parte delle posizioni di rilievo nelle forze armate e nell'amministrazione provinciale."[3]

Gli effetti della riorganizzazione interessarono tutti. Ad esempio, quando venne creato l'esercito nazionale, le milizie urbane e provinciali furono addestrate per fornire assistenza nel mantenimento dell'ordine interno e per essere mobilitate in caso di necessità di difesa nazionale. Per affrontare le spese militari e di altro genere, venne pianificato un sistema di tassazione uniforme sugli immobili che assicurava un flusso costante di introiti. I monopoli reali del sale e dei tabacchi giocarono un ruolo fondamentale nel rimpinguare le casse del governo.

Nel 1807, dopo un'ispezione in Abruzzo, Giuseppe Bonaparte lo descrive come "una terra selvaggia e montagnosa, non adatta all'agricoltura, dove gli inverni sono rigidi e le estati torride. Le genti che la popolano sono tanto selvagge quanto la natura che le circonda."[4] Ovviamente, la situazione doveva cambiare. Ora, i consigli e i sindaci gestivano anche i più piccoli villaggi. Ogni comune aveva una sua scuola elementare, e ogni provincia una scuola superiore, sebbene le scuole primarie ammettessero solitamente solo alunni maschi.

Nel 1809 ci fu un significativo aumento degli studi sostenuti dal governo; la ricerca scientifica fiorì, soprattutto in ambito geografico, facilitando l'attività mineraria. Gli uffici governativi divennero importanti anche per l'archiviazione

Napoleone I che scrive il codice napoleonico mentre viene incoronato dalla personificazione del tempo. In termini giuridici e filosofici, il codice è di importanza internazionale. Dipinto di Jean-Baptiste Mauzaisse (1748–1844). Olio su tela. Museo nazionale di Chateau de Malmaison, Rueil-Malmaison, Francia.

anagrafica – nascite, matrimoni, decessi – oggi utile alle ricerche genealogiche. Riassumendo, i risultati ottenuti in un solo decennio furono tanti, soprattutto con Murat al potere. "Soppresse il feudalesimo, sciolse i conventi troppo potenti, vendette i domini feudali, iniziò a organizzare il sistema di educazione primaria, fondò le università [e] divise il regno in provincie, amministrandole secondo il modello dei dipartimenti francesi."[5]

Il Codice napoleonico trova una sua applicazione a Montenero appena cinque anni dopo la sua messa in atto, nel 1805. In un documento legale datato 12 aprile 1810, il comune di "Montenero Vallecocchiara" volle chiarire il diritto dei cittadini di usufruire di terra e acqua, precedentemente controllate dal duca di Traetto. Perfino l'utilizzo dei terreni dedicati al pascolo e alla raccolta della legna fu oggetto di dibattito. In aggiunta, andavano abolite le tasse annuali corrisposte all'allora barone, a cui venne richiesto il pagamento dell'acqua utilizzata nelle sue terre al fine di abbeverare le sue greggi, "all'inizio del Pantano e Fonte S. Sisto".[6] I possedimenti terrieri del barone furono limitati a quanto da egli acquistato nel 1685.

Secondo le nuove leggi, "il sito noto col nome Vallecocchiara è un dominio feudale, in cui gli abitanti, senza pagare alcuna tassa, si contendono il pieno utilizzo civile per motivi commerciali […] La legge ha dichiarato i pascoli come proprietà dei coloni […] L'acqua che scorre naturalmente è un bene comune."[7] Quanto detto mostra alcune significative novità apportate a Montenero durante il decennio francese. Un importante simbolo del cambiamento sociale e politico è l'acquisto del feudo di Vallecocchiara, il 6 luglio 1830, da parte di tre famiglie locali, Fabrizio, Giolitti e Martino.

La guerra austro-napoletana del 1815

Dopo che Napoleone scappò dall'Elba e ritornò in Francia, Murat dichiarò guerra all'Austria il 15 marzo 1815. Murat stabilì il quartier militare ad Ancona, con circa cinquantamila soldati; la sua speranza, poi disattesa, era che anche altri si sarebbero uniti alla causa. L'esercito austriaco contava 120.000 unità. Murat collezionò qualche successo fino a quando il suo esercito incontrò solo il blocco principale delle forze avversarie, a sud-ovest di Venezia. Gradualmente, incontro dopo incontro, le forze napoletane si ritirarono. Un punto di svolta fu la battaglia di Tolentino, il 2 maggio 1815. A peggiorare la situazione, una flotta inglese stava raggiungendo l'Italia dopo aver dichiarato guerra ai napoletani. L'esercito di Murat crollò, totalmente demoralizzato.

Poiché Napoleone era tornato a Parigi, la maggior parte delle forze austriache era stata dirottata in Francia per un'invasione pianificata. In Italia rimanevano solo trentacinquemila soldati. L'esercito principale di Murat si era ritirato a sud, mentre la quarta divisione, comandata dal generale Pignatelli-Cerchiara, aveva preso un'altra direzione. Il generale Frederick Bianchi, col suo esercito costituito da mille fanti e mille cavalleggeri, inseguì l'unità napoletana di Pignatelli nelle città abruzzesi dell'Aquila, Popoli, Sulmona e Roccaraso. L'esercito napoletano contava 1900 fanti. Il 12 maggio, dopo ore di marcia,

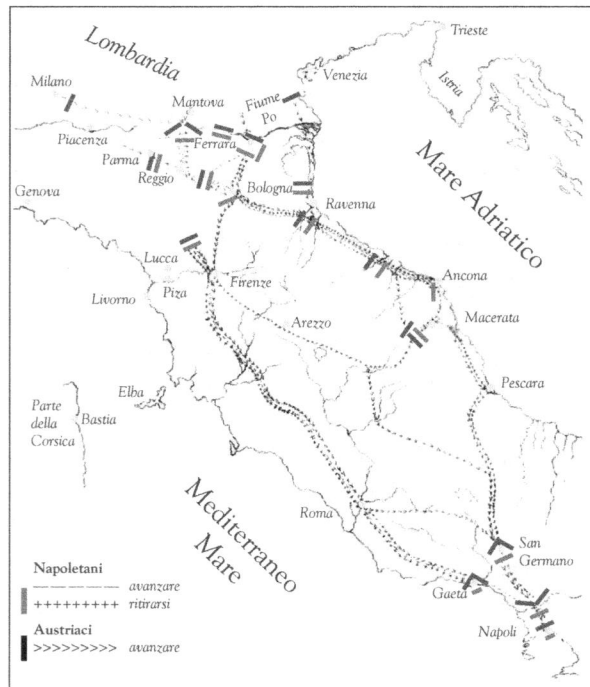

Invasione dell'Italia da parte di Murat, maggio 1815.

Immagine basata su una mappa originale della guerra napoletana tratta da *An Historical Sketch of the Campaign of 1815*, pubblicato nel 1820.

l'esercito di Pignatelli raggiunse finalmente Castel di Sangro e Rionero Sannitico. Il giorno seguente, i due eserciti si incontrarono nei pressi di Castel di Sangro, la città in cui appena pochi mesi prima Murat aveva ordinato che fosse costruito un ospedale civile.[8]

La migliore fonte riguardante questa battaglia è *Castel di Sangro, 13 maggio 1815: una battaglia dimenticata*, di Alessandro Teti (2015), originario della città abruzzese. Dalle sue ricerche emerge che l'esercito napoletano era sotto il comando del generale Michele Caracosca; il comandante in campo degli austriaci era invece Matthias von Gavenda. Le due fazioni si scontrarono nella zona che i locali chiamano "ponte dell'attraversamento pecore" o "casello della ferrovia".[9] Oggi, il luogo corrisponde alla parte nord del raccordo tra le strade statali 17 e 83. Le truppe di Carascosa erano organizzate in cinque gruppi. La sua linea era a nord del ponte sopra il fiume Zittola; un'altra linea si trovava nel punto in cui attualmente sorge il supermercato Orsini. Altre tre linee erano posizionate lungo la strada ferroviaria di Montenero, un'altra vicino al fiume Sangro, e l'ultimo gruppo stazionava nella pianura sottostante il paese di Scontrone.

L'esito della battaglia fu a sfavore dell'esercito napoletano, che venne sopraffatto. Sembra che gli austriaci uccisi o feriti fossero solo quindici, a differenza dei fanti napoletani, quattrocento tra feriti e morti, e duecentosei prigionieri. Il resto dei soldati si disperse a sudovest.

Quando i generali austriaci condussero le loro truppe verso sud, Murat fu costretto a scappare a bordo di una nave danese, approdando infine a Cannes, in Francia. Dopo aver pianificato una strategia per reclamare il suo regno, Murat si spostò in Calabria, arrivando a ottobre. Le truppe borboniche lo presero e giustiziarono con un plotone d'esecuzione, mettendo fine alla guerra austro-napoletana.

Dal 1808 al 1815, Murat trasformò il Regno di Napoli, principalmente applicando il Codice napoleonico. Grazie ad esso, vennero aboliti il feudalesimo e i privilegi di clero e baronato. Murat riuscì anche a far quadrare il bilancio pubblico. In Europa, come negli Stati Uniti, gli ideali socio-politici si stavano evolvendo, diventando più umani ed egualitari. La spinta propulsiva in tal senso venne dall'istruzione, con le scuole aperte a tutti. Quando questi programmi furono estesi alla Sicilia e al resto della penisola, nella popolazione si andò formando una visione comune che ispirò il desiderio di unificazione nazionale.

La restaurazione spagnola dei Borbone

Dopo che gli austriaci estromisero Murat dal Regno di Napoli, si tenne un congresso a Vienna per formulare un piano di pace dopo gli spargimenti di sangue associati alla rivoluzione francese e alle guerre napoleoniche. Per quel che riguarda la nostra area di interesse, Ferdinando IV fu rimesso al potere a Napoli. Il re fu convinto dagli ufficiali austriaci a permettere che il loro esercito entrasse nella capitale per garantire sicurezza e stabilità. Ferdinando ebbe l'opportunità di fondere i regni di Napoli e Sicilia, formando così il Regno delle Due Sicilie, con un ritorno ai confini politici di epoca medievale. I due regni venivano governati da un unico sovrano già dal 1735, e nel 1816 arrivò l'unione ufficiale. Parallelamente alla fusione dei regni, Ferdinando IV di Napoli, conosciuto anche come Ferdinando III di Sicilia, divenne re Ferdinando I, unico sovrano del Regno delle Due Sicilie. Benché Ferdinando abbia regnato dal 1816 al 1825, fu in realtà l'ambasciatore austriaco, figura di rappresentanza della potenza austriaca, a occuparsi dell'amministrazione del regno.

La vita nelle Due Sicilie era molto difficile a causa delle guerre e della corruzione cronica. Chiaramente, il malcontento popolare si tradusse in una serie di rivolte contro il potere borbonico e dell'ingerenza austriaca. Dal 1800 al 1831, delle società segrete si andarono formando in nome ella rivoluzione. Il loro obiettivo principale era l'instaurazione di una monarchia costituzionale o di una repubblica. Una sommossa scoppiata nel 1820 indusse re Ferdinando I ad acconsentire alla stesura di una nuova costituzione e all'istituzione di un parlamento. Sebbene l'unità tra penisola italiana e Sicilia sembrasse possibile, Ferdinando non abbracciò l'idea. In parte, questa sua decisione influì sulla mancata partecipazione del sud alla visione, pianificazione e fondazione della futura unità d'Italia.

I risultati ottenuti durante metà IX secolo sotto i Borbone furono notevoli; ciò fu principalmente merito della lungimiranza di Murat, che molto aveva investito nello sviluppo di accademie formative e scientifiche. Tra le novità si ricordano il primo ponte sospeso in ferro (1832), la prima ferrovia (1893) e il primo cavo telegrafico terrestre. Napoli, la seconda città più grande d'Europa per popolazione, utilizzava lampade a gas per l'illuminazione delle strade principali (1839). Il Regno delle Due Sicilie ospitava anche il più grande mercato delle pulci del Mediterraneo. Un altro encomiabile raggiungimento fu l'assunzione di funzionari amministrativi per merito.

A Ferdinando I successe brevemente suo figlio, Francesco I. nel 1830, il nipote, Ferdinando II, salì al trono. Era destinato a essere l'ultimo re di Napoli, nell'estate del 1830, dei gruppi al nord della penisola insorsero contro gli austriaci. Tra il 1848 e il 1849, delle rivolte in Sicilia contro i Borbone portarono quasi all'indipendenza, ma alla fine l'esercito borbonico ebbe la meglio. L'Europa stava vivendo un periodo di instabilità sociale e politica, con grandi scosse nella penisola italiana e in Sicilia. Periodi simili portano sempre

Riproduzione del treno inaugurale che percorse la prima tratta ferroviaria italiana.

Il re aprì i primi 7 chilometri della linea ferroviaria il 3 ottobre 1839. Alla fine del 1839, i passeggeri erano stati 131.116. Museo di Pietrarsa. Sergioizzo

[CC BY-SA 4.0 (https://creativecommons.org/licenses/by-sa/4.0)]

alla riflessione, e l'Illuminismo del Settecento servì come faro verso gli inizi del secolo successivo. La penisola italiana si preparava a una nuova leadership. Il professor Frederick Artz, esperto di filosofia medioevale e moderna, scrive:

> *Per quasi un ventennio, gli italiani ebbero eccellenti codici legislativi, un sistema fiscale equo, una migliore situazione economica, e una tolleranza religiosa e intellettuale mai vissuta per secoli [...] Ovunque, le vecchie barriere fisiche, economiche e intellettuali erano state abbattute, e gli italiani avevano iniziato a prendere coscienza di una nazionalità comune.*[10]

Creare unità dalla diversità

Prima del XIX secolo, gli abitanti della penisola, della Sicilia e della Sardegna erano abituati alle differenze storiche e culturali che li distinguevano. Le piccole città-stato avevano dei tratti comuni che creavano legami tra i cittadini, innalzando contemporaneamente delle barriere verso tutti gli altri. Ogni singolo statu doveva lottare per la sopravvivenza, talvolta alleandosi con altri stati e potenze straniere. Solitamente, se ce n'era l'occasione, quei legami venivano spezzati per formare alleanze diverse.

Giuseppe Garibaldi visita Alessandro Manzoni il 15 marzo 1862.
Dipinto di Sebastiano de Albertis. Civico Museo del Risorgimento, Milano.

Al sud, durante il Regno delle Due Sicilie, venne articolata una solida base filosofica per affrontare i problemi più seri. Una delle menti brillanti dell'Illuminismo napoletano fu Gaetano Filangieri (1752-1788), conosciuto per il capolavoro *La scienza della legislazione*, pubblicato nel 1780. In quanto critica alla situazione politica e sociale del tempo, il libro venne messo al bando. Col passare dei secoli, i politici napoletani avevano involontariamente velato gli occhi dei meridionali, fornendo loro una realtà sociale incompleta o addirittura distorta. Per spiegare come questa sorta di obnubilamento sia la vera piaga del Sud Italia, Filangieri scrive:

> *L'uomo si abitua a tutto. Un governo ingiusto avvezza lo spirito dei suoi assoggettati all'ingiustizia, inducendoli gradualmente a guardare ad essa senza orrore. Se non abituati all'oppressione, sussulteremmo in presenza del male che ci circonda, della violenza che ci assale da ogni parte, dei pericoli a cui la nostra innocenza è esposta. Proveremmo a mettere fine ai nostri dolori.*[11]

Abbiamo visto i tanti cambiamenti avvenuti nel sud della penisola nel corso dei secoli. Solitamente, l'ascesa al potere è attraverso la forza militare, seguita poi da un tentativo di organizzazione amministrativa volta a stabilire uno stato funzionante. Quando un governo fallisce, un altro prende il suo posto. Qual è la causa che sta alla base dei ripetuti fallimenti? Enrico Cenni (1825-1903) avvertì qualcosa che andava oltre gli alti e bassi dei gruppi politici: "Questa storia spiega tutta la sua portata essenziale al di sotto delle catastrofi politiche visibili agli occhi."[12]

Un'altra figura illuminante in ambito filosofico ed economico fu Antonio Genovesi (1713-1796), che andò alla radice del problema meridionale:

Il mio unico desiderio è di riuscire a lasciare i miei italiani un po' più illuminati [...], un po' più dipendenti dalla virtù, perché solo essa è la vera madre del benessere. È inutile pensare all'arte, al commercio e al governo senza prima occuparsi di una riforma della morale. Fino a quando gli uomini troveranno vantaggioso essere disonesti, c'è poco da aspettarsi dal duro lavoro.[13]

A oggi, sembra che a questo aspetto della vita nel sud della penisola non si sia data la dovuta attenzione. Il risultato è l'immobilità. Come scrive Benedetto Croce: "C'è una storia che non è storia, un processo che non è processo."[14] Il sud produsse alcune delle migliori menti d'Europa, ma troppo spesso i grandi filosofi vennero messi a tacere con la prigionia, l'esilio o privandoli della vita. Le loro parole furono ignorate. "Ma," continua Croce, "va notato il fatto [...] che mentre i primi germi di virtù politica nel nostro tempo [...] spuntarono nella terra di Napoli, il merito è stato sempre trattato come un crimine, e la fama come infamia; e questa ingiustizia è stata più spesso perpetrata dai conterranei che non da nemici stranieri."[15]

Dalle Alpi alla Sicilia e alla Sardegna, c'era urgente bisogno di una soluzione ai continui problemi politici e sociali. L'iniziativa per trovare una soluzione venne presa al nord.

Risorgimento significa sorgere una seconda volta. Nel XIX secolo, iniziò a farsi lentamente strada un'idea: un'Italia unita avrebbe potuto risorgere, tornando allo splendore raggiunto al tempo della magnifica Roma. Questa idea aveva circolato per secoli, ma il momento sembrò propizio quando la penisola italiana e la Sicilia emersero dalla dominazione straniera e ci si poté proiettare nel futuro. L'obiettivo principale era quello di consolidare i vari stati in un'unica entità politica, un singolo Regno d'Italia. Ma come fare? L'unità politica richiede anche armonia a livello sociale.

Alessandro Manzoni
(1785–1873).

Giuseppe Mazzini
(1805–1872).

Benedetto Croce (1866–1952)
nato Pescasseroli, a circa 44
chilometri da Montenero.

Durante il XIX secolo, ad alcuni risultò ovvio che, per sopravvivere, era necessario che i piccoli stati unissero le loro forze. Le città-stato avevano formato delle confederazioni. In altre parti del mondo, le confederazioni si erano fuse in nazioni. La Francia era il massimo esempio di cambiamento sociopolitico, tanto da influenzare tutta Europa. Gli intellettuali italiani prestarono attenzione a ciò che accadeva, creando un movimento letterario che spingeva verso la libertà dal dominio straniero e il raggiungimento dell'unità politica.

Molti dei più importanti intellettuali provarono ad ampliare la consapevolezza e la visione delle masse, incoraggiando a guardare oltre il ristretto orizzonte provinciale per abbracciare la possibilità di una nazione autonoma. La spinta iniziale per un Risorgimento si attribuisce solitamente a re Vittorio Emanuele di Piemonte e Sardegna, e al generale Giuseppe Garibaldi. I due potrebbero riflettere, rispettivamente, i motivi politico e militare dell'unificazione. L'unità doveva arrivare dal potere politico dominante, o forse dalla guida morale del papa, o dalla democrazia? Sebbene in tanti volessero l'unità, c'erano senza dubbio proposte conflittuali da tenere in considerazione.

I promessi sposi, di Alessandro Manzoni, divenne la più famosa opera letteraria a favore del nazionalismo. Altri politici e intellettuali gettarono benzina sul fuoco del Risorgimento, inclusi Carlo Alberto, Camillo Benso (Cavour), Francesco Crispi, Giuseppe Mazzini, Carlo Cattaneo, Nicola Fabrizi, e Benedetto Croce. Si prodigarono molto alla causa, alcuni pubblicando periodici o scrivendo libri. Alcuni facevano parte di società segrete come la Società dei Raggi e la Carboneria; altri vennero condannati all'esilio. Gli sforzi congiunti e coerenti di chi voleva l'unità diedero i loro frutti nel 1861.

Unione

Episodio delle cinque giornate a piazza sant'Alessandro, 1898.
Dipinto di Carlo Stragliati. Museo del Risorgimento, Milano.

CAPITOLO 10

La quasi unificazione, l'instabilità sociale e il fenomeno migratorio

Il Regno d'Italia (1861-1946)

Mentre il Regno delle Due Sicilie lottava per mantenere il controllo, nelle maggiori città settentrionali si stava verificando una serie di tumulti. Nel 1830, la penisola contava otto stati, ognuno dei quali con una storia, un dialetto e tradizioni culturali unici. Nel 1848, gli stati a nord si unirono, accomunati da un sentimenti anti-austriaco – un fattore che per alcuni illustri scrittori, come Alessandro Manzoni, ispirò l'idea di un'Italia unita.

L'Ottocento fu segnato da una serie di sommosse che interessarono gran parte d'Europa, con la rivolta francese del 1848 presa a esempio dalla penisola italiana e dalla Sicilia. Al sud, prima in Sicilia e poi a Napoli, ci fu un cambiamento di tendenza nei confronti dei Borbone. Al nord, la Toscana, Milano e Venezia insorsero contro gli austriaci. Per il Regno di Piemonte e Sardegna era il momento opportuno per unirsi alla causa anti-austriaca.

Nato a Torino, Carlo Alberto fu re di Piemonte e Sardegna dal 1831 al 1849. Aveva unito legalmente tramite una costituzione vari stati del Piemonte, avendo Torino come capitale. Dichiarò guerra all'Austria, iniziando con la prima guerra di indipendenza italiana (1848-1849). Le sue truppe erano supportate da volontari dell'esercito papale e da altri stati del nord. Ferdinando II aveva promesso venticinquemila truppe dal Regno delle Due Sicilie, ma mandò un corpo di sole undicimila unità, che arrivò tardi. Vennero richiamati a Napoli mentre stavano attraversando il Po. Per qualche ignoto motivo, un'unità dell'esercito borbonico si unì alle truppe del Piemonte: era il decimo reggimento noto come "Abruzzo".

L'esercito messo assieme dal re Alberto era formidabile e impavido, ma mancava di qualsiasi organizzazione ideologica o direttiva militare. Le forze austriache erano imponenti e disciplinate. Dopo molte battaglie, gli austriaci ne uscirono vittoriosi. Re Alberto e il suo primo ministro tornarono a pianificare un'altra guerra contro l'Austria. Questa volta trovarono un valido alleato nella Francia. Camillo Benso conte di Cavour, a cui di solito ci si riferisce semplicemente con il nome Cavour, era primo ministro del Regno di Piemonte e Sardegna. Cavour negoziò con Napoleone III, che divenne un fermo sostenitore del movimento indipendentista del Nord Italia. Assieme a un gruppo alleato di stati centrali (ducato di Parma, ducato di Modena, granducato di Toscana e Stato Pontificio), la seconda guerra di indipendenza italiana fu combattuta nel 1859.

La guerra procedeva a favore del Regno di Piemonte e Sardegna, ma purtroppo Francia e Austria si accordarono privatamente, per timore che lo stato tedesco di Prussia potesse intervenire. L'accordo fu firmato nel 1860. A esclusione di Venezia, molta parte dei territori settentrionali precedentemente reclamati dall'Austria andarono infine al Regno di Piemonte e Sardegna in cambio di Nizza e Savoia, che vennero ceduti alla Francia. In aggiunta, gli stati centrali (Parma, Toscana, Modena e Romagna) votarono per unirsi al Regno di Sardegna.

Le acque non si erano ancora calmate. Uno dei generali di queste guerre fu Giuseppe Garibaldi (1807-1882). Questa vivace personalità si guadagnò la fama con le guerre di indipendenza in Sud America ed Europa. Nel 1849, si recò a Roma per supportare lo Stato Pontificio, ma fu scacciato dalle truppe francesi. Garibaldi era animato dalla visione di un'Italia unita. Quando Nizza fu ceduta alla Francia come ricompensa per la partecipazione alla seconda guerra d'indipendenza, la delusione del generale fu immensa, sia perché veniva meno il suo obiettivo di unificazione sia perché Nizza era la sua città natale.

Quale sarebbe stata la prossima missione di Garibaldi? Agli inizi del 1860, ci furono insurrezioni in Sicilia contro i Borbone, tornati al potere con l'aiuto degli austrici. Al Regno delle Due Sicilie serviva che Garibaldi lo immettesse nel processo di unificazione nazionale. Il generale salpò con appena un migliaio di volontari; approdò a Marsala nel mese di maggio, e presto le sue truppe si accrebbero di rivoltosi locali. Dopo aver superato delle sacche di resistenza e aver sottomesso la Sicilia, Garibaldi arrivò a Napoli in settembre e re Francesco II rinunciò al trono.

Il generale Garibaldi venne accolto con entusiasmo a Napoli, ma dovette affrontare l'esercito del Regno delle Due Sicilie in diverse battaglie nei pressi del Volturno, vicino Capua. Le truppe borboniche ottennero una piccola vittoria, ma le forze piemontesi arrivarono per sconfiggerle. Re Francesco II dovette scappare. Garibaldi credette che Vittorio Emanuele potesse essere il re dell'Italia unificata, e così gli donò le terre che aveva conquistato. Garibaldi si ritirò temporaneamente sull'isola di Caprera.

Il 17 marzo del 1861, il nuovo parlamento elesse Vittorio Emanuele primo re d'Italia, con Torino come capitale. Il sistema amministrativo e legale del regno rimpiazzò quelli delle regioni assorbite, portando uniformità. In quanto capitale, Torino divenne il centro del potere nel regno, e il Piemonte la regione più ricca d'Italia. Il Piemonte trasse vantaggio dall'unificazione, mentre Napoli cadde in declino.

L'obiettivo successivo per l'unificazione d'Italia era lo Stato Pontificio, un'entità geopolitica nata nell'ottavo secolo e avente Roma come capitale. L'esercito francese collocato a Roma venne istruito per mantenere l'indipendenza dello Stato Pontificio, evitando che venisse assorbito dal Regno di Sardegna. Il timore da parte di Vittorio Emanuele di possibili ripercussioni conseguenti l'invasione dello Stato Pontificio creò un momento di stallo. L'esitazione del sovrano esasperò Garibaldi, che non ne poteva più di prendersi cura del suo orto su un'isola. Nel 1862, il generale sollevò un gruppo di volontari, ma l'esercito italiano gli impedì di raggiungere Roma, sparandogli su un piede e mettendolo in prigione.

Giuseppe Garibaldi a Napoli, 1861. Biblioteca del Congresso. CC BY 4.0

Non fu prima del 1866, anno dello scoppio della guerra austro-prussiana, che Garibaldi tornò in campo, aiutando il governo italiano nella sua alleanza con la Prussia. L'obiettivo era di prendere Venezia all'Austria con la terza guerra di indipendenza italiana. L'Austria perse il conflitto, e Venezia fu ceduta all'Italia. L'ultimo passo per l'unità d'Italia era Roma.

Nel 1867, Garibaldi tentò nuovamente di conquistare Roma, e questa volta i suoi volontari furono sopraffatti dagli eserciti francese e pontificio. Garibaldi venne colpito nuovamente alla gamba e rinchiuso per qualche tempo in prigione. La presa di Roma avvenne dopo l'inizio della guerra tra Francia e Prussia, nel luglio 1870. La Francia dovette trasferire le truppe da Roma per combattere i prussiani. L'esercito piemontese si era già appropriato di gran parte del territorio dello Stato Pontificio durante la seconda guerra di indipendenza. Sebbene il Regno d'Italia avesse rivendicato Roma come nuova capitale, non aveva ancora il controllo del territorio. A ottobre, l'esercito italiano entrò nella città incontrando poca resistenza, e annesse Roma e il Lazio al regno d'Italia. Roma divenne ufficialmente capitale nel luglio 1871.

Terra incognita: "Qui ci sono i leoni"

Vittorio Emanuele, primo re d'Italia, era nato a Torino, figlio della nobiltà del nord. Sulla carta, il Regno delle Due Sicilie divenne il Regno del Sud Italia. Purtroppo, l'unità politica non corrisponde all'unità sociale. Non ci volle molto prima che la nuova amministrazione realizzasse che voler controllare il sud era come tenere tra le mani un alveare di api furiose.

Negli stati annessi del nord e centro Italia, il brigantaggio era estremamente raro. Al sud non era così, dove le ribellioni contro il governo erano andate avanti per secoli e i briganti erano particolarmente attivi nei boschi e nelle zone montuose. Quando nel 1861 venne proclamato il Regno d'Italia, la situazione economica andò di male in peggio, specialmente al sud. Il nuovo governo permise a pochi benestanti di usufruire delle terre pubbliche e di quelle confiscate alla Chiesa, mentre ai poveri ne venne proibito l'utilizzo, nonostante fosse stato concesso loro per secoli. I poveri non avevano diritto al voto, poiché esso dipendeva dall'età, dal grado di istruzione e dal reddito, motivo per cui solo il due percento della popolazione poteva esprimere le proprie preferenze politiche. Le tasse vennero aumentate per aiutare il governo a pagare i debiti. Inoltre, la leva militare obbligatoria privava i paesi e le famiglie degli uomini più produttivi. La situazione generale contribuì sicuramente al non rispetto delle leggi.

Un centinaio d'anni prima, il generale Pietro Colletta riportava: "Nella sola città di Napoli, si registravano trentamila ladri. Omicidi, assalti da parte di banditi e rapine erano frequenti nelle provincie. I casi di avvelenamento in città erano così tanti che il re istituì una Giunta dei Veleni, per scoprire e punire i delinquenti. Questo tipo di crimine era diffuso prevalentemente tra le donne", poiché facilmente attuabile senza necessitare di una grande forza fisica, "mentre i più nerboruti tendono a commettere atti di aperta violenza."[1] Verso la metà del XIX secolo, il brigantaggio e le proteste politiche raggiunsero nuovi livelli di brutalità.

Le violenze erano commesse da una serie di individui, inclusi comuni ladri, ex soldati e lealisti dei Borboni, nobili animati dal risentimento, e lazzari – i più poveri tra i poveri. Nel mirino della brutalità non finivano solo figure politiche ed élite dell'alta società: gli abitanti delle città e dei piccoli villaggi rurali venivano picchiati, uccisi e derubati. Non c'era alcun rispetto per la legge. A un singolo atto criminale ne seguivano spesso molti altri, tra cui stupri, la devastazione di edifici e coltivazioni tramite incendi, estorsioni e rapimenti. I briganti si aggredivano addirittura tra di loro.

Le autorità del Regno d'Italia decisero di prendere provvedimenti per mettere un freno al brigantaggio cronico presente nelle "provincie infette".

L'immaginario comune che i settentrionali avevano della gente del sud era in linea con le teorie di Cesare Lombroso (1835-1909). Secondo il medico e criminologo italiano, i meridionali erano dei subumani con tratti criminali connaturati. Al ministro Luigi Carlo Farini (1812-1866) fu incaricato di reprimere il banditaggio in Meridione. Al suo ritorno da Campobasso, Farini riferì a Camillo Benso: "Cosa sono queste campagne del Molise? È Africa. I beduini, rispetto a questi villani, sono fiori di virtù civile."[2]

Le opinioni estremamente negative espresse da Lombroso e Farini giocarono un ruolo importantissimo nella conquista brutale del sud. Ad esempio, i "criminali" meridionali venivano spesso messi in prigione; un numero indefinito di loro finì a Forte di Fenestrelle, in Piemonte, oggigiorno considerato da alcuni come una sorta di campo di concentramento.

Le legge Pica del 1863 prevedeva il carcere per chiunque – parenti inclusi – avesse offerto qualsiasi tipo di aiuto ai briganti. Poiché le forze di polizia al sud erano totalmente inadeguate, più di centomila soldati vennero inviati per portare ordine in quel caos. Nessuno è a conoscenza del numero esatto, ma la letteratura riporta di migliaia tra arrestati e uccisi.

> *Tra il 1861 e il 1872, 266.370 persone, compresi alcuni "briganti" e oppositori del regime, morirono, così come 23.013 soldati italiani. Vennero distrutti cinquantuno paesi. Il nuovo Stato italiano impiegò nella lotta al brigantaggio 120.000 soldati (metà dell'intero esercito); 7489 carabinieri; 83.927 soldati della Guardia Nazionale. Un totale di 211.416 uomini contro 135.000 "briganti" divisi in 488 bande. Le cifre sono spaventose.*[3]

Secondo Maffei, viceré di Sicilia e duca di Savoia, era 410 il numero totale dei gruppi di briganti nelle provincie napoletane.[4] Forse Maffei non aveva tenuto conto dei gruppi più piccoli, capaci comunque di grandi danni. Uno degli scontri si verificò nella provincia di Benevento quando, per vendicare tredici briganti giustiziati, la gente del luogo uccise quarantacinque soldati italiani. Anche in Sicilia ci fu lo stesso grado di repressione, ad esempio durante la rivolta di Palermo del 1866, sedata grazie all'intervento di quarantamila soldati italiani.

Alcuni capi briganti, sia uomini che donne, divennero famosi. Uno di essi è Carmine Crocco (1830-1905); aveva combattuto con Garibaldi, ma poi si schierò contro il nuovo governo perché incapace di mantenere le promesse fatte al Meridione. Crocco allestì rapidamente un esercito di duemila volontari e conquistò le terre del sud, promuovendo un ritorno del Regno delle Due Sicilie. Perseguitò o uccise diversi politici e proprietari terrieri, rubando denaro sia a loro che alle casse municipali per distribuirlo ai poveri. Alcune delle sue incursioni interessarono il Molise.

In molti temevano i briganti, e per ottime ragioni. Uno dei capi, Ninco Nanco (1833-1864), era noto per strappare via il cuore ai soldati catturati. Nei suoi quattro anni di attività da brigante, Giuseppe Carusco (1820-1892) uccise 124 persone. In seguito passò dalla parte delle autorità, aiutandole a reprimere il brigantaggio. Michele Carusco (1837-1863), originario del Molise, uccise più di cento persone tra soldati, guardie nazionali e cittadini della sua provincia. Venne infine catturato e ucciso.

I gruppi di briganti erano a volte capeggiati da coppie di fratelli o da coniugi. Marianna Oliviero (1840-1864), che uccise sua sorella con quarantotto colpi d'ascia, era partner in armi di Pietro Monaco. La brigantessa Filomena De Marco (1841-1915, nota come Pennacchio per via del cappello piumato che era solita indossare) uccise suo marito conficcandogli uno spillo d'argento in gola. Filomena fu l'amante di diversi capi briganti, come Giuseppe Caruso, Giuseppe Schiavone e il potentissimo Carmine Crocco. La "leonessa del sud", Michelina De Cesare (1841-1868), si unì a Francesco Guerra. Era nota per l'attitudine al comando e per le tattiche utilizzate contro l'occupazione militare. Quando Michelina fu finalmente catturata, il gruppo di cui faceva parte fu massacrato ai soldati; lei venne interrogata sotto tortura, violentata e infine uccisa, all'età di ventisette anni.

È innegabile che molte ripugnanti atrocità vennero commesse tanto dai soldati del regno quanto dai briganti del sud. Gli episodi più turpi sono i massacri commessi dai soldati italiani nelle città di Pontelandolfo e Casalduni. Circa mille soldati sotto il comando del colonnello Pier Eleonoro Negri (1818-1887) arrivarono nelle due città, uccidendo, razziando e bruciando le case al suolo. Anche altri paesi subirono la stessa sorte. Il colonnello Negri, in servizio sotto il generale Enrico Cialdini, era occupato a giustiziare i briganti di Abruzzo e Molise. nel 1861, c'erano circa cinquantaquattro bande in territorio abruzzo-molisano, per un totale di 216 uomini.

In un giornale si legge che l'esercito italiano saccheggiò e mise a fuoco diverse città molisane, tra cui Guaricia (1322 morti), Campochiaro (979), Casalduni (3032) e Pontelandolfo (3917).

Quando l'esercito provava sistematicamente a eliminare i briganti, persone innocenti finivano spesso vittime dei fuochi incrociati. Come sappiamo, alcuni briganti cercavano rifugio nei "boschi del Molise, dove potevano nascondersi, vanificando gli sforzi dei loro inseguitori."[5] Un capo dei briganti di nome Giorgi fu attivo in Abruzzo-Molise, nei pressi di Montenero. L'esercito lo scovò a Isernia. "I fatti sanguinari di Isernia consistettero in feroci conflitti tra soldati e ceti bassi. Le bande di Giorgi [...] erano formate dai più impavidi rapaci."⁵

I 1794 abitanti che popolavano Montenero nel 1859 non rimasero impassibili di fronte all'attività dei briganti. Le persone del paese vivevano in uno stato di costante vigilanza. Di notte, le case venivano serrate. In molte case sono ancora visibili catenacci, barre e grate in ferro su porte e finestre. Casa De Arcangelis è un esempio superbo di ciò che veniva fatto per la messa in sicurezza delle abitazioni. Uno spesso palo di quercia era stato posizionato di traverso sulla porta d'ingresso per impedire che venisse forzata; guardando la casa da fuori, sopra e a sinistra della porta si nota un piccolo passaggio angolare che conduce all'esterno. Un canale sul muro consente il posizionamento di un fucile per difendersi da eventuali effrazioni. Solo i proprietari terrieri potevano permettersi tali dispositivi; tutti gli altri, invece, ricorrevano a fucili da caccia, forconi, falci o coltelli.

Ritratto di Vittorio Emanuele II, di Giuseppe Ugolini.
Museo del Tricolore.

Il termine brigante è stato usato per descrivere delle persone le cui azioni avevano svariati obiettivi. Va ricordato che in tanti erano animati dal desiderio di un ritorno del Regno delle Due Sicilie; altri, non erano nient'altro che ladri o rapinatori. Proviamo a immaginare cosa provarono gli abitanti di Castel di Sangro quando le truppe piemontesi arrivarono in paese scortando re Vittorio Emanuele II, il 21 ottobre 1860, alle 4 del pomeriggio. Il re era diretto a Isernia e stava attraversando un territorio notoriamente contrario all'unificazione. Solo un mese più tardi, in quella zona, i soldati italiani sedarono una sommossa. Comunque, il re fu benevolmente accolto e trascorse la notte "al palazzo dei fratelli Fiocca, che gestivano il servizio postale tra Pescara e Napoli."⁶

Il giorno dopo, 22 ottobre, il re lasciò Castel di Sangro. Sul ponte del fiume Zittola venne radunato un comitato di arrivederci a cui parteciparono anche abitanti di villaggi distanti un'ora di cammino a cavallo. Ovviamente, erano presenti anche ufficiali, guardie nazionali e famiglie importanti. Un prete di Montenero, don Clemente Orlando, recitò un sonetto a tema politico. Il sovrano trovò il componimento piacevole e ne richiese una copia.

Una pubblicazione francese del 1902 dà notizia di alcuni cittadini di Montenero che fornirono il fieno per il trasporto delle truppe italiane. Nel resoconto, Vito Di Filippo rende noto che dopo "pochi mesi il Piemonte mandò il denaro per l'acquisto del fieno al Comune di Montenero, ma i fornitori non ricevettero una lira."[7]

Mentre re Vittorio Emanuele veniva scortato attraverso il Molise dai militari, ci furono almeno una dozzina di arresti a Montenero, molti dei quali connessi ad attività filoborboniche o contrarie al Regno d'Italia. I capi d'accusa erano cospirazione, omicidio, vandalismo, furto e attentato alla vita. Questi arresti sono presentati nella seguente lista, come tradotto dai documenti originali conservati all'archivio comunale di Montenero. I soggetti vennero accusati di divergenza politica, e i loro casi illustrano le grandi tensioni esistenti tra i monteneresi.

Per ordine del giudice di Forlì a fine ottobre 1860 la forza garibaldina arrestò:[8]

1. Don Erechia Del Forno perché conversava continuamente con i reazionari, dai quali riceveva incarico di essere sempre presente all'arrivo del corriere della posta per impedire che il Sindaco occultasse le disposizioni del Re Borbone, che speravasi dover giungere di giorno in giorno. Sopraggiunti i Borbonici in Isernia diceva che in Montenero dovevano decollarsi almeno 5 persone. Animava i reazionari a far fronte ai Garibaldini se accedessero in Montenero e in Castel di Sangro, mostrando idee contrarie alla causa italiana ardiva chiamar ladro l'invitto Generale Garibaldi.

2. Don Pasquale Danese perché cospiratore con i reazionari. Assente fino al primo giorno della reazione, ritornava dalle Badie, ove era al colmo la reazione e tosto rimette la stella borbonica sullo spaccio privilegiato e con soprapiù un quadro di Francesco II con candele accese, animando devozione e fedeltà al Borbone. Frequentava i reazionari e specialmente i Tornincasa con i quali univasi la mattina proclamando insorgimenti e la uccisione del Sindaco e del Comandante della Guardia Nazionale. Nel giorno 3 ottobre partiva per Castel di Sangro per abboccarsi con i reazionari. Reduce in Montenero annunziava essere pervenuti ordini Borbonici per richiamare in vigore la Guardia Urbana. Di fatti poco dopo ebbe uffizio di chiamata dal supplente di Forlì Sg. Rotelli dandoglisi la qualità di Capo Urbano, e così acquistò maggiore influenza sulla plebe. Formò liste d'individui (sic) attaccati alla causa italiana e le mandava per Germano Clemente ai

Maggiori Liguori e Sardi in Isernia. Sopraggiunti i Garibaldini in Rionero nascose i busti borbonici assicurando però la plebe che Francesco II sarebbe stato sempre il Re.

3. Clemente Cacchione perché dopo essersi armato si rese colpevole di guasti e furti con minacce di vita, commessi specialmente nella casa di Del Forno.

4. Fedele D'Onofrio perché continuo propagatore di notizie allarmanti. Nella notte che si consumarono furti ed altri guasti nelle case dei cittadini istigava i reazionari a tirare colpi di stile a coloro che si fossero negati a consegnare danari. Riceveva in propria casa gli oggetti rubati, e per essere più sicuro li faceva trasportare da persone di sua famiglia in casa di Leonardo D'Onofrio, il quale sebbene uomo onesto non poté negarglisi per timore.

5. Clemente Ricchiuto perché avverso ai principii italiani. Incitava con i reazionari l'arresto del Guardia Nazionale Fiorenzo Di Martino.

6. Nicola De Nicola e

7. Giovanni Di Fiore di Crescenzo perché colpevoli di guasti e furti commessi nella casa Del Forno.

8. Giuseppe Fabrizio perché fu tra i primi a promuovere la reazione. Colpevole del disarmo operaio e di essersi armato e minacciato di vita delle persone, massima il Guardia Nazionale Fiorenzo Di Martino, che arrestò e condusse al Corpo di Guardia. Prese il Sindaco dentro la chiesa, lo disarmò e lo costrinse a radersi la barba.

9. Vincenzo Di Mares perché colpevole di essersi armato e di guasti e furti nella casa di Del Forno.

10. Nicolangelo Mannarelli perché appoggiò potentemente la reazione. Brandì al disarmo, commise furti e più degli altri minacciava di vita le persone. Era tra i primi di quelli che gridavano Viva Francesco II e animava il ristabilimento degli stemmi Borbonici. Entrò armato nella chiesa per ricercare personaggi ispecie Don Beniamino Mannarelli. Aggredì di notte Martiniano Fabrizio, che percosse fortemente ed al quale tolse delle scritture. Fu anche a Gaeta.

11. Pietro Bonaminio perché si armò di notte e girò con gli altri per le case dei proprietari. Minacciò di vita parecchi, fece resistenza alla Guardia Nazionale dando dei [illeggibile] ai Guardia Nazionale Raffaele Mannarelli, Teodoro Di Marco e Ferdinando Mannarelli. Assalì anche di notte armato con uno scardalana nella casa di Nicolangelo Forlì.

12. Sebastiano Tornincasa perché unitosi al padre fu autore principale della reazione, procedé con altri al disarmo dei proprietari e del Corpo di Guardia. Minacciò di vita più persone e bastonò il Guardia Rurale Ascenzo Iacobozzi, che assalì in casa sua e lo disarmò. Nella casa di Don Andrea Del Forno rubò a quanto dicesi un candeliere d'argento. Assistette anche al furto consumato nei magazzini di Ascenzo Mannarelli. Spargitore di notizie sfavorevoli alla causa italiana e a scuotere scompiglio e vendette private. Promosse l'ostilità nei confronti di Vittorio Emanuele II e la Nazione, esaltando Francesco II con lo stemma dei Borbone. Disse: "Mio amato popolo di Montenero. Viva Francesco, re del Regno delle Due Sicilie, abbasso Vittorio Emanuele e la Nazione."

A quel tempo i funerali a Montenero erano frequenti. Le campane della chiesa annunciavano ogni morte. Nel 1863, un nuovo campanile rimpiazzò quello originario del 1570. Inutile chiedersi per chi suonasse la campana. La morte non giungeva solo per chi era coinvolto nelle lotte politiche, ma anche a causa del colera, diffusosi con l'arrivo di un passeggero sbarcato ad Ancona nel 1865 da una nave a vapore. Nel Mediterraneo circolava un'epidemia diffusasi tramite i pellegrini che tornavano dalla Mecca. I morti a Montenero furono trentatré. Alcuni anni dopo, il numero di morti aumentò a causa della fame.

> *Nel 1869 ci fu una carestia e la regione fu colpita da piogge intermittenti per tutto l'anno e abbondanti nevicate nei mesi invernali. Fu un intero anno senza un vero e proprio alternarsi delle stagioni e senza raccolti. Giovani e anziani morivano di fame e molte donne abortivano. Durante quell'anno, le tasse vennero pagate al governo per risanare le casse dello stato. Per la prima volta, il re mandò gratuitamente ai contadini dei semi acquistati in America.[9]*

Gli episodi di brigantaggio non cessarono nemmeno durante la carestia e le epidemie di colera. Uno di questi episodi, che toccò il cuore di Montenero, avvenne a Venafro, l'8 dicembre 1860 dopo la Fiera della Concetta. Poiché Montenero era rinomato per la razza speciale di cavalli Pentro, tre giovani uomini – tutti trentenni – presero alcuni puledri e li vendettero alla fiera. Questi uomini erano Giovanni Felice, il padre di Callisto Gigliotti e un impiegato della famiglia Gigliotti. Dopo la vendita, i tre si rimisero in viaggio verso Montenero al mattino presto. Quello stesso pomeriggio si fermarono a mangiare dal conoscente di un amico; dopo aver mangiato, bevuto e

Il ciclo della vita – 1932, funerale del farmacista montenerese,
Gaetano De Arcangelis. Le persone nella foto sono trentuno.
Al centro, Tommaso Procario con in mano il cappello.
Foto gentilmente concessa da Renata Procario Hunter.

chiacchierato, il padrone di casa li invitò a rimanere per la notte, per partire ben riposati il mattino seguente.

Il giorno dopo, i tre uomini non arrivarono molto lontano: dei briganti erano venuti a conoscenza della vendita dei cavalli, quindi li seguirono per rubare l'incasso. Lungo il cammino, dei colpi di fucile uccisero i tre Montereresi, e i briganti fuggirono con la refurtiva. I briganti ispirati da motivi politici sono forse più onorevoli.

In cima a una montagna remota, a circa 120 chilometri a nord di Montenero, c'è una lastra di pietra calcarea nota come la Tavola dei Briganti. Si trova tra le valli di Orfento e Selvaromana, in Abruzzo, dove molti briganti e pastori trovarono rifugio. Alcuni di loro incisero sulla pietra i loro nomi e i loro pensieri. In un rifugio di montagna, isolato in un'atmosfera esistenziale, un uomo disperato scrive:

> *Nel 1820 nacque Vittorio Emanuele II, re d'Italia.*
> *Prima era il Regno dei Fiori.*
> *Ora è il Regno della Miseria.*

Il brigantaggio andò svanendo, in parte per le misure soppressive prese dall'esercito piemontese, in parte semplicemente perché le condizioni di vita al sud stavano migliorando. Un ulteriore sviluppo fu l'introduzione di un sistema ferroviario al sud. Secondo l'opuscolo "Festa del Ricordo" di Montenero, edizione 2018, "i risultati già prodotti dalle ferrovie confermano ampiamente tutte le visioni nate dall'influenza salutare da essi esercitata sulla condizione materiale e morale della popolazione […] Davanti agli occhi del popolo c'era la prova evidente del potere della civilizzazione."[10]

Il terremoto di Bovino del 1879

Alcuni disastri dipendono da errori umani; altri, invece, sono il risultato della furia della natura, come ad esempio il terremoto del 25 novembre 1879, in cui persero la vita sedici montaneresi. Si erano recati a sud per il periodo invernale (da novembre a marzo), l'annuale transumanza che serviva per nutrire gli animali e vendere i prodotti. Foggia era una delle destinazioni principali, ma i montaneresi si erano fermati nel paese di Bovino (dal latino *bovinus*) a circa tredici chilometri a sudovest di Foggia.

I pastori alloggiavano in una fattoria a due piani; avevano appena finito di cenare, quando si scatenò il terremoto. L'edificio collassò. Nazzaro Fabrizio, di appena dieci anni, era accanto a suo padre Nicola al momento della scossa e raccontò di averlo sentito rantolare prima di morire.

Un documento originale, datato 31 dicembre 1879, è conservato negli archivi parrocchiali di Montenero e documenta la tragedia. Il foglio è stato redatto a mano dal sessantunenne arciprete Pietro Mannarelli; vi sono elencati i nomi e le età delle vittime, nonché i nomi dei loro genitori. Qui di seguito ho riportato alcuni esempi, specificando i punti in cui la grafia è di difficile interpretazione:

1) **Benedetto Scalzitti** (24 anni 8 mesi 3 giorni)
   Figlio di Domenico e Angela Maria Presogna.

2) **Biase Cacchione** (22 anni 9 mesi 28 giorni)
   Figlio di Vincenzo e Anna Laura Di Fiore.

3) **Clement Tetuan** (19 anni 8 mesi 9 giorni)
   figlio di padre sconosciuto e Vincenza Di Nicola.

4) **Domenico Scalzitti** (60 anni 3 mesi 16 giorni)
   figlio di Giuseppe e Barbara Gasbarro;
   vedovo di Angela Maria Presogna.

5) **Desiderio Di Marco** (57 anni 8 mesi 16 giorni) figlio di
   Michele e Maria Bonaminio; marito di Speranza [grafia incerta].

6) **Felice Ped**e (48 anni 8 mesi 23 giorni)
   figlio di Evangelista e Margarita Di Filippo;
   marito di Carmela Miraldi.

7) **Felice [cognome illeggibile]** (24 anni 1 mese 14 giorni)
   figlio di padre sconosciuto e Angela Presogna.

8) **Giovanni Scalzitti** (58 anni 5 mesi 4 giorni)
   figlio di Giuseppe e Barbara Gasbarro;
   marito di Pasqua Palmieri, sua seconda moglie.

9) **Gregorio Bonaminio** (57 anni 1 giorno)
   figlio di Lorenzo e Chiara Fabrizio; marito di
   Giuseppe Di Filippo, sua seconda moglie.

10) **Michele Scalzitti** (21 anni 6 mesi 1 giorno)
    figlio di Giovanni e Margarita D'Onofrio.

11) **Modesto Gasbarro** (20 anni 6 mesi 2 giorni)
    figlio di Giovanni e Angela Maria Riotta.

12) **Nicola Fabrizio** (22 anni 1 mese 2 giorni)
    figlio di Berardino e Angela Scalzitti;
    marito di Rachele Del Forno.

13) **Nicola Scalzitti** (45 anni 3 mesi)
    figlio di Pietro e Pulcheria Iacobozzi;
    marito di Giovanna Fabrizio.

14) **Pietro Palmier**i (45 anni 3 mesi 2 giorni)
    figlio di Valentino e Serafina Di Fiore;
    marito di Clementina Manocchio.

15) **Pietro Pallotto** (36 anni 5 mesi 1 giorno)
    figlio di Antonino e Cristina D'Onofrio;
    marito di Marta Di Marco.

16) **Vincenzo Orlando** (19 anni 7 mesi)
    figlio di Carmine e Donata Donatucci.

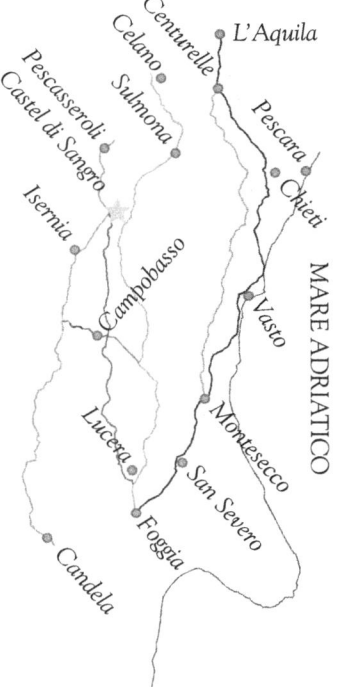

Tratturi Principali

— L'Aquila – Foggia

— Centurelle – Montesecco

— Celano – Foggia

— Pescasseroli – Candela

— Castel di Sangro – Lucera

L'arciprete Pietro Mannarelli annota di aver proposto una santa messa, un corteo e un funerale per i defunti del 10 dicembre 1879. La proposta "fu accettata unanimemente dal clero tutto e bene accolta dai cittadini."

Il Meridione era periodicamente afflitto da terremoti, epidemie e carestie, a cui si aggiunse l'arrivo dell'esercito piemontese. Nel 1884, pochi anni dopo il tragico terremoto di Bovino, un'altra grave epidemia di colera colpì Napoli e si diffuse in Molise. A Montenero ci furono cinquantotto vittime. Tutte queste sventure non erano determinate da una sola causa, ma erano il risultato dell'esplosiva sinergia di più fattori. La soluzione più ragionevole e rapida per allontanarsi dalle avversità era l'emigrazione.

Emigrazione

Dopo l'unificazione, la vita per tanti meridionali divenne insostenibile. Era come trovarsi dentro a una casa in fiamme, l'unica reazione possibile era scappare. Dal 1880 al 1915, circa tredici milioni di italiani decisero di lasciare il Paese, facendo dell'Italia il più grande teatro dell'emigrazione volontaria mai registrata nella storia. Quattro milioni di essi viaggiarono in nave verso gli Stati Uniti. Per alleggerire la pressione economica al sud, il governo italiano incoraggiò l'emigrazione, con l'85 percento dei migranti di origini meridionali. Il 1913 registrò il più alto tasso di emigrazione, con 560.000 meridionali diretti negli Stati Uniti e altri 313.000 verso i paesi del Nord Europa.

I primi migranti spianavano la strada a quelli successivi. Si aiutavano l'un l'altro nella ricerca di un impiego e di un posto in cui vivere, e nell'adattarsi a un ambiente sconosciuto, che fosse il Nord Italia o una nuova nazione. I monteneresi trovarono conforto nelle comunità italiane di tutto il mondo, incluse quelle di Erie, Pennsylvania; Chicago, Illinois; Cleveland e Lorain, Ohio; e New York. Gli italiani si trasferirono in massa anche a Toronto, Canada; Mulhouse e Parigi, Francia; Lörrach, Germania; Buenos Aires, Argentina; Santiago, Cile; Caracas, Venezuela; e Belgio. Decenni più tardi, figli, nipoti e pronipoti si sparsero in altre città e Paesi. Le comunicazioni con Montenero divennero più facili quando nell'agosto del 1905 venne aperto un ufficio telegrafico governativo.

Le storie degli emigrati monteneresi erano affascinanti, ricche di avventure, difficoltà e successi. Per molti decenni ci furono forti legami tra il vecchio e il nuovo continente; in tanti inviavano denaro e beni di ogni tipo ai parenti rimasti in Italia. Quasi la metà di coloro che vivevano all'estero lavorava per mettere da parte dei soldi e poter infine tornare nel paese d'origine. La lontananza dai parenti ingenerava l'attesa del ritorno; chi si era trasferito sognava i tanto amati panorami e i suoni del paese.

Nato a Montenero nel 1883, Marco Tenne poté raccontare ai suoi figli una storia unica. Anche suo figlio Roland (1930-2017) era nato a Montenero, ma si era trasferito a Chicago nel 1935 con la madre Emerinziana e i fratelli Assunta ed Emilio. Roland raccontava la storia di un forestiero del Nord Italia arrivato a

Certificato di cittadinanza di mia nonna, Lucia Caserta Di Marco, datato 1939. Non ha mai saltato una lezione per l'esame di cittadinanza. Poiché non era mai andata a scuola, andava molto fiera dei risultati ottenuti.

Montenero nel 1835. Il motivo per cui era arrivato al paese venne dimenticato – o non svelato. Ciò che si sa è che era un dottore e che mise incinta una ragazza del posto (il cui nome è sconosciuto), che non rivelò a nessuno di essere in attesa di un bambino. Marco spiegava che sarebbe stato facile nascondere la gravidanza, perché i vestiti all'epoca erano ampi e poco aderenti.

Era nato un maschietto. Quella notte, appena dopo la nascita, la giovane donna camminò verso nord fino a raggiungere la cima di una collina che sovrastava il paese. Trovò un posto ideale lungo la strada in cui lasciare il neonato, di modo che il mattino seguente i passanti potessero notarlo. Come previsto, il bambino fu trovato e portato al municipio e registrato col nome Marco Tenne. La strada in cui venne trovato il bimbo è conosciuta da allora come via del Tenne.

Marco Tenne fu il primo monterese ad avere questo cognome. Ventiquattro anni più tardi, Marco ebbe un figlio, Francesco; questo, all'età di ventiquattro anni, diede al suo primogenito il nome Marco. Oggi, i parenti di Marco Tenne

Lapide comemmorativa di Tenne, in uno dei cimiteri di Boise, Idaho, con raffigurato l'emblema di Montenero. Ispirata dalle sue radici, la famiglia di Ronald Tenne conosce i valori quali "l'amore, la lealtà e l'amicizia."
Foto concessa dalla famiglia Tenne.

sono numerosi. Di Tenne di origini monteneresi ce ne sono a Chicago, a Boise e a Seattle. Nonostante le avversità, i Tenne sono un esempio di famiglia che riuscì a prosperare in una nuova nazione, ispirata dalle sue origini italiane.

Battaglie lontane e vicine

Gli effetti della quasi unificazione del malcontento sociale e dell'emigrazione furono tangibili a Montenero. il paese era diventato così tanto disfunzionale che il 16 luglio 1886 il comitato provinciale di Campobasso approvò la decisione di sciogliere la "Congregazione della Carità del comune di Montenero Valcocchiaro, in seguito a numerose irregolarità e abusi riscontrati in seno all'amministrazione; ciò considerato, per tali abusi, sono stati avviati dei procedimenti penali contro alcuni degli amministratori della suddetta congregazione."[11]

Il 5 settembre, il prefetto provinciale selezionò un delegato straordinario per la gestione temporanea di Montenero. Andò tutto liscio? Non proprio.

Vent'anni dopo, la gestione di Montenero non funzionava ancora. Diverse inchieste successivamente vennero eseguite dal luglio 1909 in poi, al fine di individuare i problemi e fornire soluzioni. Il rapporto sarebbe comico, se non si trattasse di veri eventi accaduti in paese. Il rapporto annota

La persistenza di una serie di disordini in tutti i rami della compagnia civile. L'Ufficio municipale, che è anche lasciato da molti mesi privo dell'opera di un segretario, funziona in modo irregolare, sia per la mancanza di tutti i più importanti registri prescritti dalle vigenti disposizioni regolamentari, sia per lo stato di vera confusione in cui si trova l'archivio.

Nell'andamento dei pubblici servizi, specie di quelli attinenti alla polizia urbana, si verificano gravi manchevolezze: così la nettezza dell'abitato è deficientissima, tanto da pregiudicare l'igiene e la salute degli abitanti; la viabilità si presenta in condizioni assai difficili per mancanza di manutenzione e manca del tutto il servizio di illuminazione pubblica.

Il servizio di tesoreria procede senza la osservanza delle norme contabili più elementari e senza alcun controllo per parte dell'Amministrazione, tanto che tutte le gestioni contabili si sono chiuse con rilevanti debiti dei tesorieri, ammontanti complessivamente ad una somma considerevolissima; né il Comune si è finora efficacemente adoperato per ottenerne il pagamento. Parimente non ha curato di esigere altri crediti minori che vanta verso gli stessi suoi impiegati.

Tale deplorevolissima negligenza ha gravemente pregiudicato la situazione finanziaria, alla quale hanno nociuto altresì gli abusi verificatisi nella gestione del dazio consumo, e soprattutto l'incuria dell'Amministrazione per quanto riguarda la tutela del patrimonio comunale. Si è infatti accertato che i boschi di proprietà comunale si trovano in via di deperimento, ed il loro reddito è assai scarso anche per gli abusi a cui ha dato luogo il sistema di vendita della legna dai medesimi ricavata. Scarsissimo appare anche il reddito degli altri beni, e ciò è dovuto alla trascuratezza abituale nella riscossione dei ruoli della fida pascolo e del fieno.

Si aggiunga che la negligenza degli amministratori ha poi rese possibili frequenti usurpazioni di terreni demaniali, facilitate del resto dalla assoluta mancanza dei prescritti inventari dei beni. Per porre rimedio ad uno stato di disordine che pregiudica gravemente gli interessi di quella civica azienda, è conveniente ricorrere allo scioglimento del Consiglio Comunale, giusta quanto anche il Consiglio di Stato ha ritenuto nell'adunanza del 7 marzo corrente.[12]

* * *

All'incrocio tra via Nostra Signora di Lourdes e via Fonte, a Montenero, troviamo questa meraviglia. Il muro in pietra mostra i segni delle riparazioni avvenute nel corso del tempo a causa di agenti atmosferici, terremoti, scontri e guerre. Le riparazioni e una regolare manutenzione sono necessarie per garantire la funzionalità degli edifici. Un altro elemento distruttivo della storia del paese sono gli abusi, la negligenza e la generale disfunzionalità del governo, che necessita, al pari del patrimonio architettonico, di costanti attenzione e rettificazioni. Onore ai dipendenti del comune di Montenero che hanno svolto il loro ruolo con integrità per il benessere del paese, dei suoi abitanti e dei vivitatori.

Foto di M. Di Marco.

In seguito alla proposta del ministero, del segretario di stato degli affari interni e del presidente del Consiglio dei Ministri, il consiglio municipale di Montenero Valcocchiara fu sciolto il 9 marzo 1913. Molto probabilmente per buonsenso, Giovanni Corradi rifiutò la carica di commissario reale. Fu Alceste Marzari a ricoprire la carica da marzo a novembre dello stesso anno. A causa delle estreme disfunzioni del paese, i poteri del commissario reale vennero estesi fino al 5 giugno 1913. La proroga venne richiesta perché c'è un lavoro complesso da fare, per cui il normale periodo di gestione straordinaria non è sufficiente.

> *[...]È infatti necessario portare a termine gli atti per accertare il patrimonio del comune, specialmente i boschi, la creazione di inventari, e la definizione della contabilità, anche attraverso un saldo dei residui attivi e passivi, accertando qualsiasi responsabilità dell'amministrazione uscente.*

> *[...] è anche necessario stabilire le condizioni per l'organizzazione delle finanze e per lo stabilimento duraturo ed efficiente di uffici e servizi pubblici, per promuovere il miglioramento delle condizioni igieniche della città e per l'esecuzione dei lavori pubblici necessari.*[13]

La proposta venne approvata, e il commissario reale Alceste Marzari ottenne tre mesi aggiuntivi per portare un certo grado di funzionalità all'interno dell'ufficio comunale di Montenero. Quale fu la lezione? Come vennero attuate le migliorie? Nella Montenero di oggi, cento anni dopo, sono visibili dei risultati? Quanti altri paesi del Sud Italia subirono il tipo di disfunzionalità qui illustrata? Lo stato dei paesi Italiani dell'epoca divenne un importante indicatore dell'integrità nazionale, determinando l'evoluzione politica, economica e sociale d'Italia.

L'inferno

Michele Di Marco in una fotografia ufficiale prima di partire per il fronte.

CAPITOLO 11

Correnti politiche sotterranee e prima guerra mondiale

I governanti italiani stavano tentando di costruire una nazione su delle fondamenta più fluide che solide. In milioni erano emigrati. Le proteste violente erano all'ordine del giorno. La situazione economica era stagnante. Come nei secoli precedenti, c'era un netto divario tra ricchi e poveri, specialmente al sud. Naturalmente, i rapporti tra proprietari terrieri e contadini si inasprirono sempre più. Nel 1887, le tariffe sul grano incrementarono le vendite al nord, generando un calo del 42 percento della produzione al sud. Nel 1899, la forza lavoro in Meridione si era dimezzata rispetto al cinquantennio precedente; in molto erano senza impiego o lavoravano part-time quando possibile. Per decenni, alcuni intellettuali e politici concentrarono i loro sforzi sulle condizioni socioeconomiche del sud, ma senza grossi risultati.

Le difficoltà del vivere quotidiano saldavano i legami familiari. I membri delle famiglie contadine potevano contar solo sull'aiuto di parenti e amici stretti. Come conseguenza, alcuni gruppi locali idearono dei modi per aggirare il potere del governo centrale, permettendo al sud di condurre dei business di natura poco chiara che vanno avanti tutt'oggi. I paesi dovevano provvedere alla propria amministrazione in materia di lavori pubblici, igiene, finanza e applicazione delle leggi. Agostino Depretis, che fu primo ministro dal 1881 al 1887, attuò delle importanti riforme. Prima, chi non adempiva al pagamento di tasse e debiti poteva finire in prigione e subire la confisca di proprietà e terre. Depretis abolì questa pratica. Inoltre, rese obbligatoria e gratuita l'istruzione elementare, e facoltativa quella religiosa. Certamente tutto ciò portò benefici a Montenero, dove la popolazione raggiunse un picco nel 1901 con 2089 abitanti. Le tasse aumentarono, ma migliorarono leggermente anche gli standard di vita.

Al flusso interno si unirono gli scambi esterni tra le scacchiere politiche e militari internazionali. I poteri imperiali stavano provando a estendere la loro influenza su molti stati, acquistando terre a proprio beneficio. L'abilità di ottenere i risultati desiderati dipendeva largamente dalle alleanze politiche. Quando Francesco Crispi fu primo ministro dal 1880 al 1890, il governo italiano iniziò ad allinearsi alle grandi potenze del tempo, che stavano espandendo la loro influenza fondando colonie in terre straniere. Gran Bretagna, Germania,

Francia, Belgio, Portogallo e Spagna avevano colonie in Africa. L'Italia aveva iniziato ad acquisire delle terre nei Paesi africani di Eritrea ed Etiopia. Il primo ministro Crispi realizzò che era più importante occuparsi della situazione politica con l'Austria, garantendo tranquillità al confine settentrionale d'Italia.

Se si guarda la mappa europea, è evidente che le Alpi formano un confine naturale col Nord Italia. L'Austria aveva controllato le terre da Venezia a Trieste e lungo l'Adriatico. Poiché la Prussia era stata in conflitto con l'Austria per questioni di confini, si alleò con l'Italia per offrire aiuto. Dopo che la Prussia sconfisse l'Austria durante vari conflitti nel 1866, i prussiani consentirono l'annessione di Venezia all'Italia. L'Austria rimase in controllo dell'area tra Trieste e il mare Adriatico. Con la speranza che l'Austria non si spingesse più a sud, l'Italia firmò un accordo segreto con Austria e Germania nel 1882, chiamato Triplice Alleanza. Il patto prevedeva il reciproco supporto e il divieto di espansione nei Balcani senza previa consultazione con le altre parti. L'Austria annesse la Bosnia-Erzegovina nel 1908, senza prima comunicarlo all'Italia. Geograficamente, l'Austria-Ungheria era il secondo paese più grande d'Europa, preceduto solo dall'Impero russo.

L'Impero austro-ungarico comprendeva diverse culture e lingue, religioni e ideologie politiche. L'insoddisfazione generale portò a delle proteste contro gli Asburgo a Vienna, e lo stesso sentimento anti asburgico ribolliva in Italia. L'arciduca Francesco Ferdinando, presunto erede al trono degli Asburgo, si recò con la moglie a Sarajevo, la capitale della Bosnia-Erzegovina, che al tempo faceva parte dell'Impero austro-ungarico. Vennero entrambi assassinati il 28 giugno 1914, in seguito a un complotto organizzato da un gruppo di rivoluzionari serbi che volevano l'indipendenza dalla Bosnia-Erzegovina. Sebbene l'assassinio dell'arciduca non avesse suscitato grande preoccupazione negli austriaci, l'accaduto venne preso a pretesto per dichiarare guerra al regno di Serbia, il 28 luglio 1914. Rispetto ai più importanti problemi che affliggevano l'Europa del tempo, l'assassinio risultò relativamente insignificante, ma ebbe comunque un effetto domino che acuì le tensioni internazionali, poi sfociate nella Grande Guerra nell'agosto del 1914. Sembrava inevitabile che in Europa la Triplice alleanza (Germania, Austria-Ungheria e Italia) si sarebbe scontrata con la Triplice intesa (Gran Bretagna, Francia e Russia).

All'inizio della prima guerra mondiale, l'Italia si dichiarò neutrale. I capi di governo ebbero il tempo di osservare e valutare lo svolgersi del conflitto tra le potenze coinvolte, in particolar modo Germania e Austria. Mentre la guerra in Europa continuava, la Gran Bretagna chiese all'Italia di unirsi alla Triplice intesa. Se l'Italia avesse accettato, avrebbe tenuto occupata parte delle forze tedesche e austriache su un fronte che, diversamente, sarebbe stato usato contro

Gran Bretagna, Francia e Russia. Per la sua partecipazione, all'Italia fu offerto un ampio territorio lungo il mare Adriatico. Il 26 aprile 1915, l'Italia cambiò i piani, siglando segretamente un trattato con la Triplice intesa e unendosi alla guerra contro Germania e Austria.

Lo scoppio della guerra avvenne in un'atmosfera di grande rivalità scaturita dai progressi nel campo delle comunicazioni, dei trasporti e manifatturiero. La voglia di emergere di alcuni Paesi portò allo sfruttamento di altri nell'intento di trovare terre e benessere. I rapporti tra le nazioni coinvolte erano segnati da instabilità e diffidenza. Tutte le parti di questa complessa arena politica erano interconnesse. Le azioni di un Paese si ripercuotevano sulle altre nazioni.

L'Italia alle armi

Perché l'Italia entrò in guerra? I diplomatici italiani non avevano obiettivi specifici, fatta eccezione per il desiderio di prendere le terre italofone a sud dell'Impero austro-ungarico. Con un trattato segreto stipulato con la Triplice intesa, il governo italiano reclamava esplicitamente le terre che andavano dall'attuale provincia di Trento fino al passo del Brennero a nord; a Trieste a est, e lungo la costa adriatica a sud.[1] Lo storico militare britannico John Keegan afferma: "L'avidità territoriale e le macchinazioni strategiche spinsero l'Italia a propendere per la guerra verso marzo-aprile."[2] Il 23 maggio 1915, l'Italia dichiarò guerra all'Austria.

L'Italia era stata relativamente in buoni rapporti con l'Austria quando i due Paesi erano alleati nella Triplice alleanza. Poi l'Italia cambiò fazione e si alleò alla Triplice intesa. "Unica tra i maggiori Alleati, l'Italia dichiarò di non combattere per motivi di difesa. Era un aggressore aperto, intervenuto per questioni di territorio e prestigio."[3]

L'esercito italiano era adesso formato da soldati provenienti dal nord e dal sud. Quelli del nord erano più professionali, con più esperienza e istruzione – e con più motivi per essere patriottici. Quelli del sud si sentivano spesso subordinati in quanto popolo conquistato; prevalentemente di umili origini, erano considerati militarmente scarsi. Keegan afferma che l'esercito italiano "trapiantò i rimasugli degli eserciti papale e borbonico, eserciti-giocattolo privi di lealtà nei confronti dei sovrani o di qualsivoglia proposito militare."[4] Gli ufficiali mobilitarono un milione e duecento uomini da portare contro il fronte austriaco, ma le truppe non erano certamente preparate per l'attacco su larga scala che era stato pianificato; erano inoltre poco addestrati e male equipaggiati.

Nel 1915, il modo di combattere era cambiato enormemente. Il fronte italo-austriaco zigzagava per più di 640 chilometri. Ciò che era iniziato con la speranza di una rapida vittoria si trasformò in anni di guerra, concentrata principalmente nelle trincee lungo le Alpi orientali. Ci furono undici battaglie lungo il fiume Isonzo, seguite dall'offensiva di Asiago, in cui gli austriaci provarono a raggiungere la valle del Po. Gli italiani mantennero la loro posizione, ma seguirono altre battaglie. Durante la battaglia di Caporetto (da ottobre a novembre 1917), la dodicesima battaglia sull'Isonzo, le truppe tedesche accorsero in aiuto agli austriaci. L'uso da parte dei tedeschi del gas velenoso contribuì alla sconfitta italiana, con diecimila morti, trentamila feriti e 265.000 prigionieri.[5]

Dopo la devastante disfatta di Caporetto, l'esercito italiano si ritirò sul Piave e pianificò un altro scontro. Gli austriaci attaccarono solo per subire una grande sconfitta, finendo col morale a terra. Anziché procedere con un secondo scontro per arrivare alla resa definitiva degli austriaci, gli italiani aspettarono i rinforzi. Il 24 ottobre 1918, lanciarono un'offensiva a Vittorio Veneto, facendo scontrare 1,4 milioni di italiani contro 1,8 milioni di austriaci. La battaglia si concluse con 40.378 perdite per gli italiani e 528.000 per gli austriaci, e contribuì alla fine della prima guerra mondiale, avvenuta una settimana più tardi.

La percezione della guerra può spesso essere limitata a uno studio statistico. Questa visione rischia di sminuire il vero significato dei profondi effetti che risuonano tra i sopravvissuti e i loro avi. Piuttosto che sui fatti e le ricostruzioni fisiche, le pagine a seguire si concentrano sulle ferite psicologiche inflitte dalla guerra. I danni emotivi non riguardarono solo chi era direttamente coinvolto nel conflitto, ma anche le loro famiglie e altre persone. Forse, prestando attenzione alle reali esperienze condivise tramite i resoconti, incluse le storie tramandate oralmente, sarebbe più facile provare empatia per i popoli e le nazioni che tentano di riprendersi da qualsiasi guerra.

Vivere l'arte della guerra

Tutte le guerre sono orribili, scontri violenti che portano pena e sofferenza ben oltre i campi di battaglia. Alcuni fronti sono peggio di altri. La rivista "Smithsonian" ha pubblicato un numero speciale sulla prima guerra mondiale. Un articolo parla del fronte italiano. Il titolo è: *La battaglia più pericolosa della prima guerra mondiale ha avuto luogo nelle montagne italiane*.[6] Circa un milione di persone persero la vita sul fronte italiano.

Cosa rese l'area così pericolosa? Fucili, mitragliatrici, mortai, granate, lanciafiamme, artiglieria, carri armati e velivoli erano le comuni armi da guerra del tempo. L'altitudine alpina e gli inverni estremi sono ciò che resero il fronte italiano più pericoloso di qualsiasi altro. Ad esempio, in due giorni, quasi diecimila tra italiani e austriaci vennero travolti dalle valanghe, perdendo la vita. Geloni, malnutrizione e malattie mettevano a repentaglio la vita. Molte ferite e morti erano causate da frammenti di roccia, proiettili secondari derivanti dalle esplosioni. Le forze austriache usarono per la prima volta un mix di gas fosgene il 29 giugno 1916, attaccando la linea italiana sul monte San Michele. I soldati morirono quando polmoni e gola si gonfiarono a tal punto da soffocarli.

Per la maggior parte del tempo, gli austriaci rimasero posizionati sulle montagne. Un numero relativamente piccolo di postazioni con mitragliatrici poteva facilmente fermare migliaia di soldati italiani intenti a scalare i pendii scoscesi. Come documentato dal professor Mark Thompson,[7] un capitano austriaco urlò ai suoi mitraglieri: "Cosa volete, ucciderli tutti? Lasciateli stare." E i mitraglieri gridarono a loro volta ai soldati italiani: "Fermatevi, indietreggiate! Non spareremo più. Volete che muoiano tutti?"

I soldati italiani venivano colpiti, trasportavano l'equipaggiamento; nel tentativo di risalire le montagne, finivano intrappolati nel filo spinato. Inventato da un allevatore americano nel 1870, il filo spinato era un modo economico per contenere le mandrie; adesso veniva utilizzato come deterrente nei confronti degli umani. Molti soldati italiani, una volta bloccati dal filo spinato, diventavano facili bersagli. Correvano avanti e indietro dalle trincee, provando a raggiungere la vetta nonostante il fuoco delle mitragliatrici, passando sopra i corpi dei compagni caduti. La routine poteva andare avanti per mesi, se le forze nemiche erano in stallo. Le trincee erano latrine a cielo aperto, popolate più da ratti che da soldati.

In tali condizioni, caricare equivaleva quasi a suicidarsi. Gli uomini massacrati sarebbero stati migliaia, e alla carica ne sarebbe seguita un'altra, con lo stesso risultato. Ovviamente, ogni soldato sano di mente si sarebbe rifiutato di caricare, ma il generale al comando dell'esercito italiano, Luigi Cadorna, usò la sua posizione per convincere i militari ad avanzare. Cadorna "esercitò la sua autorità con una brutalità mai mostrata da nessun altro generale durante la prima guerra mondiale. Ordinava l'esecuzione degli ufficiali o la ritirata delle unità con crudele inflessibilità."[8] Il 1917 passò alla storia come "l'anno della decimazione".

Un esempio delle misure drastiche adottate per costringere i soldati a combattere è l'incidente che coinvolse la brigata Abruzzi (terzo battaglione della 58esima fanteria), avvenuto sul monte San Gabriele.

Una notte, una pattuglia di cinque uomini si stava aggirando in zona franca nella speranza di catturare dei prigionieri che avrebbero rivelato dei dettagli circa una presunta offensiva austriaca. Quando la pattuglia ritornò a mani vuote, il comandante del battaglione si scagliò contro i cinque soldati: "Quindi pensano di potersi salvare la pelle nascondendosi dentro a un cratere?" Il maggiore ordinò che due di loro venissero uccisi all'istante. C'erano presenti altri uomini, e uno di loro sparò al maggiore. Il comandante della divisione spostò il reggimento di diversi chilometri dietro le linee in cui 14 soldati del terzo battaglione erano stati scelti a sorte e giustiziati.[9]

L'esito della guerra

La prima guerra mondiale finì l'11 novembre 1918. Durante i primi due anni del conflitto, le truppe italiane erano avanzate di soli sedici chilometri in territorio austriaco. Il numero totale di vittime civili e militari su tutti i fronti fu di circa venti milioni di morti e ventuno milioni di feriti. I dati italiani variano a seconda delle fonti. Uno studio basato sui dati del governo ufficiale e pubblicato dalla Yale University Press[10] elenca quanto segue:

Totale vittime militari italiane: 651.000
- Uccisi in azione o feriti mortalmente: 378.000
- Deceduti per malattie: 186.000
- Morti di invalidi dovute a ferite di guerra (1918-1920): 87.000

Totale vittime civili italiane: 1.021.000
- Causate da malnutrizione: 589.000
- Causate dall'influenza spagnola: 432.000
- Morti civili causate da azioni militari: 3400

Anche i prigionieri su entrambi i fronti soffrirono, e molti morirono senza mai essere liberati. Circa centomila prigionieri italiani morirono nei campi di prigionia di Austria e Germania. Dei sopravvissuti, 950.000 furono feriti e 250.000 rimasero invalidi a vita.

Quanto appena detto non descrive pienamente tutti gli orrori che gli italiani dovettero affrontare al fronte. La breve panoramica mostra come i soldati italiani – alcuni dei quali provenienti da Montenero – trascorsero anni sul fronte italiano e forse in prigionia. Poiché si trovavano dalla parte vincitrice della Triplice intesa, il loro sacrificio si trasformò in una ricompensa per il governo italiano corrispondente a parte delle terre richieste prima dell'entrata in guerra. Tali ricompense vennero riconosciute con il Trattato di Versailles.

Poiché agli uomini di sana e robusta costituzione veniva richiesto di lasciare Montenero per servire in guerra, al paese erano rimasti solo donne, bambini e anziani. Senza uomini a lavorare i campi, i generali alimentari di prima necessità iniziarono a scarseggiare. Inoltre, bisogna considerare altri fattori che condizionarono la vita nel villaggio, come il terremoto del 1915 in Abruzzo, che causò circa trentamila morti. Il governo spese più denaro durante la prima guerra mondiale che nei cinquant'anni precedenti. Le tasse erano aumentate per sopperire ai costi della guerra. Le entrate erano diminuite in un periodo di inflazione, raddoppiando il costo della vita. La guerra costò cara sia ai soldati che ai civili italiani, e ancora di più al sud. Quel che è certo è che i monteneresi si portarono dietro cicatrici fisiche e mentali per molti anni.

Per la prima guerra mondiale, i soldati venivano arruolati nella regione in cui vivevano. Dopo l'arruolamento, gli uomini di Montenero venivano solitamente registrati sotto il distretto militare di Campobasso. È logico che molti monteneresi combatterono nella brigata di Campobasso, nei reggimenti 229esimo e 230esimo. In seguito a una serie di perdite italiane sull'Isonzo e a un grande crollo del morale, ci fu finalmente una vittoria. La brigata Campobasso prese Sacro Monte, la "montagna sacra" famosa per il suo monastero medievale risalente agli anni '40 del 1500. "Quando fu sera" le forze italiane "presero il convento."[11] Il monte sovrastava il basso Isonzo, ed era un importante punto d'osservazione per gli austriaci che lì erano trincerati. Durante la nona campagna di ottobre e novembre 1916, l'artiglieria italiana e le incursioni aeree colpirono il sito, uccidendo circa cinquecento soldati.

Nel maggio 1917 era in corso la decima battaglia sull'Isonzo, e Sacro Monte fu uno dei primi obiettivi. In un brillante libro sull'Isonzo, il professor John Schindler scrive quanto segue:

I fratelli Mannarelli, soldati della prima guerra mondiale: Giuseppe, Domenico e Antonio, 1915.

Protetta da uno sbarramento mortale, un muro di acciaio, la decima divisione della brigata Campobasso risalì i versanti scoscesi del Sacro Monte, alto 685 metri. La cima bombardata era difesa da un battaglione del 25esimo regimento ungherese, un reparto croato. Gli sfortunati miliziani vennero polverizzati dal VI corpo di artiglieria; lo sbarramento era così forte che spazzò via letteralmente dalla montagna molti difensori. I reggimenti della brigata Campobasso si avvicinarono a Sacro Monte con cautela, nascondendosi quando possibile tra le sterpaglie del versante ovest, che dà sull'Isonzo. Quando la fanteria caricò la vetta, sorprese i difensori croati, catturando molti di essi. La cima, con il suo monastero in rovina, era in mano agli italiani. Il VI corpo e poi l'intero esercito di Gorizia esultarono di gioia. [...] La lieta notizia venne letta al Parlamento di Roma, scatenando un applauso spontaneo e sfrenato. Sacro Monte, l'obiettivo inespugnabile, era infine caduto.[12]

Nella piazza del comune di Montenero c'è una targa commemorativa in onore ai soldati caduti durante la Grande Guerra:

Animati dal più sacro entusiasmo, con fede perpetua nella vittoria per la conquista dei confini naturali della terra natia, e per la liberazione dei fratelli irredenti, con coraggio italiano combatterono nella guerra conclusiva della redenzione nazionale e degli eroi caduti.

CITTADINI
FIERAMENTE TENUTI A PERPETUA MEMORIA
MONTENERO V. 6 SETTEMBRE 1919

- Marcello Bonaminio
- Isidoro Di Filippo
- Achille Di Nicola
- Giulio Freda
- Giovanni Micigan
- Romeo Procario
- Biase Cacchione
- Alfonso Di Fiore
- Gregorio Di Nicola
- Giulio Gigliotti
- Emidio Orlando
- Erminio Del Sangro
- Cosmo Di Luca
- Alessandro Fioritti
- Nicola Mannarelli
- Giuseppe Procario

Molte delle persone elencate vivevano a Montenero, ma non tutte. Biase Cacchione e Giulio Freda, per esempio, vivevano in America e avevano combattuto con l'esercito statunitense. Julius Tornincasa, residente a Chicago, aveva ottenuto la cittadinanza statunitense arruolandosi volontariamente nell'esercito degli Stati Uniti. Altri originari montaneresi vivevano in altri Paesi e avevano combattuto la prima guerra mondiale.

Giuseppe Bonaminio.
Foto concessa
da R. P. Hunter.

Michele Miraldi
(8 maggio 1915).

Luca Di Fiori.
Foto concessa da
Sandra Di Fiore.

Romeo Procario, morto durante la prima guerra mondiale.
Foto concessa da R. P. Hunter.

Storia orale:
I Monteneresi durante la Prima Guerra Mondiale

Paolo Bonaminio (1892-1974)

Luciano Bonaminio racconta una storia riguardante suo nonno, Paolo Bonaminio, che aveva combattuto sul Carso durante la sesta battaglia sull'Isonzo. Questa zona arida è un altopiano calcareo pressoché arido a sud-est di Gorizia. Qualcuno disse che il Carso è una landa selvaggia di pietre affilate come lame. Un primo obiettivo era Monte San Michele, difeso nell'agosto del 1916 dalle forze ungheresi. L'uso del gas velenoso era essenziale per il conflitto. Con grandi perdite e sforzi, le forze italiane presero il monte combattendo ferocemente corpo a corpo.

Paolo Bonaminio.
Foto ocncessa dall'ufficio
municipale di Montenero.

Luciano racconta la storia di suo nonno, avvenuta in una trincea nel Carso:

Mentre mio nonno era in trincea nel Carso fece un sogno. Gli apparse Sant'Antonio, dicendogli di coprirsi le mani con entrambi gli occhi. Poi il santo chiese: "Paolo, cosa vedi?" Mio nonno ovviamente rispose: "Niente!"

Poi Sant'Antonio gli disse di togliere la mano dall'occhio sinistro, ma di lasciare l'occhio destro coperto. Ripeté la domanda: "Adesso, cosa vedi?" Il nonno rispose: "Adesso vedo un po', ma non del tutto." Sant'Antonio gli disse: "Bene, dovresti essere contento." Finito il sogno, mio nonno si svegliò immediatamente.

Il giorno seguente, in battaglia, un soldato austriaco colpì mio nonno all'occhio destro con una baionetta. Per via del sogno, mio nonno si convinse che Sant'Antonio gli avesse salvato l'altro occhio. Dopo essere tornato a Montenero, mio nonno ebbe un figlio e lo chiamò Antonio (1925-1978) in onore del santo. Costruì anche un piccolo altare con la statua del santo nella sua camera da letto e non dimenticò mai di accendere una candela al giorno.

Paolo Bonaminio era uno dei tanti soldati ritornati dalla guerra con ferite invalidanti. Dopo il conflitto, il governo non erogò delle pensioni, ma offrì dei lavori affinché gli ex combattenti potessero mantenersi. Poiché Paolo era fisicamente in salute, ottenne un posto come guardia all'ufficio comunale. I soldati invalidi avevano anche la possibilità di gestire i negozi monopolio di Stato chiamati "Sale e Tabacchi". Questi negozi vendevano sale, tabacco, tabacco da fiuto, francobolli, cartoline, carta bollata, quaderni e matite. Paolo e la sua famiglia aprirono il secondo negozio del genere a Montenero, il Sali e Tabacchi numero 2. Alla fine ne fecero un alimentari, che serve la gente del luogo da allora. A cento anni dall'apertura, oggi in negozio ci lavora Sergio Bonaminio, nipote di Paolo.

Ernesto Miraldi (1893-1929)

La storia di Ernesto Miraldi è simile a quella di Paolo Bonaminio. Entrambi combatterono sul fronte italiano durante la prima guerra mondiale e persero un occhio in battaglia. Ernesto era un bersagliere nella fanteria. Oltre a perdere un occhio, Ernesto perse anche una gamba a causa delle gravi ferite riportate. Per far sopravvivere lui e la sua famiglia, venne data loro l'autorizzazione per avviare un negozio di sale e tabacchi, il primo a Montenero. Ernesto non era in grado di gestire tutte le incombenze relative al negozio, per via dei dolori e di una scarsa mobilità. Alla fine, si recò a Napoli per curare le infezioni che lo affliggevano. Suo padre, Matia Miraldi, gestì il negozio fino alla fine dei suoi giorni. La moglie di Ernesto, Domenica Tenne, si occupò quindi dell'attività per molti anni.

Ernesto e Domenica ebbero quattro figli, due dei quali morti appena nati o subito dopo. Il figlio Tommaso combatté la seconda guerra mondiale e purtroppo morì di cancro all'età di ventotto anni. La figlia Lucia Elia Miraldi (1913-2003) ereditò l'esercizio commerciale, che gestì fino al 1957. Elia sposò Oreste Caserta (1910-1981), il cui padre, Vincenzo Caserta (1859-1935) andò a Erie nel 1900 per predisporre il trasferimento della famiglia negli Stati Uniti. Al suo arrivo sulla Ellis Island, tutto quello che aveva in tasca erano 12 dollari. Dopo che Elia si trasferì a Erie, fu sua figlia Clara a prendersi carico della gestione del negozio; iniziò a vendere anche generi alimentari, come pasta e cibo in scatola. Nei primi anni '60 anche Clara si trasferì a Erie con il marito Clemente Pede (1928-2017), così il negozio passò alla sorella di Clemente, Eva, e al marito di lei, Getulio Di Nicola, fino a quando non si trasferirono in Canada. La cognata di Eva, Santa Di Nicola, fu l'ultima proprietaria del negozio, che chiuse infine i battenti nel 2015.

Photo di M. Di Marco.

Inizialmente, i due negozi di sale e tabacchi vendevano gli stessi prodotti demaniali. Vincent Caserta (nato nel 1935), figlio di Elia e Oreste, racconta dettagli interessanti circa la gestione del negozio. Quattro dei figli – Vincenzo, Clara, Antonietta ed Ernesto – lavoravano là. Bruno ed Enio erano troppo piccoli per lavorare. Il negozio occupava il primo piano della loro casa al numero 15 di via Giuseppe Mazzini. L'appartamento si trovava al piano superiore, mentre il bestiame stava al piano più basso.

Vincenzo ricorda chiaramente com'era esposta la merce, la bilancia sul bancone per pesare i prodotti, i conti annotati a matita su un registro. Gli orari di apertura e chiusura non erano stabiliti, ma i clienti si alternavano generalmente dal mattino presto fino alle 9 di sera circa. Le scorte per il negozio venivano acquistate in un magazzino statale a Castel di Sangro, che riforniva una vasta area di Abruzzo e Molise. Se la merce da trasportare era molta, Vincenzo andava a prenderla con un carretto trainato da un asino, se invece il carico era leggero percorreva i 20 chilometri in bici. Quando fu attivato il trasporto pubblico, l'autobus divenne il mezzo più usato fino all'avvento delle auto negli anni '60, che facilitarono di gran lunga gli spostamenti.

Il sale e il tabacco venivano venduti su richiesta. Al negozio c'erano sacchi di sale da 50 chili e i clienti potevano comprarne piccole quantità per uso domestico. L'età minima per l'acquisto delle sigarette era diciotto anni; ogni cliente poteva richiedere da una a sei sigarette o del tabacco sfuso per le pipe. Incredibilmente, sembra che molte donne acquistassero tabacco da fiuto, lasciando il negozio con un "non dirlo a nessuno!". Si pensava che il tabacco aiutasse a decongestionare il naso in caso di raffreddore.

Poiché in tanti arrivavano la sera dopo il lavoro per prendere un paio di sigarette, il negozio era anche un luogo di ritrovo. Le conversazioni tenute nella stanza fumosa davano modo a Vince di conoscere la vita di tutti i compaesani. Gli argomenti spaziavano da quelli più seri a quelli più giocosi; spesso si scherzava parlando di amici o ci si prendeva in giro. Si parlava dei raccolti e del bestiame, oppure di politica, del passato e del futuro. Forse si discuteva anche delle difficoltà della vita, delle vacanze o dell'idea di emigrare. Per Vincenzo, tutto questo era interessante e divertente. Quanto è rimasto di quelle conversazioni nella memoria collettiva della Montenero di oggi?

Altri negozi e attività

Dopo la prima guerra mondiale il numero di negozi, cantine e ristoranti si accrebbe. C'erano cinque o sei cantine dove gli avventori giocavano solitamente a carte mentre sorseggiavano vino accompagnato da buon cibo. Giovanni Orlando gestiva una di queste cantine. Matilde Procario serviva da bere e da mangiare nella sua cantina tra corso Vittorio Emanuele III e via Cerreto. Anche su corso Vittorio Emanuele III c'era un negozio di alimentari di proprietà di Pasquale Pede. Dall'altra parte della strada, suo nipote Gianni Pede ha recentemente aperto un ristorante-pizzeria, La Casa Nuova, che gode di ottima fama. La cantina di Terenza "Buccuccio" Scalzitti aveva anche una stanza in affitto in via Roma. Quintino Zuchegna gestiva un negozio di alimentari vicino alla piazza, mentre la cantina-negozio di Chiara si trovava in piazza. Nei pressi della chiesa, Florideo Iacobozzi aveva un negozio chiamato "Pizzicheria", perché molti dei prodotti in vendita erano piccanti. Fu suo figlio Eolo a gestirlo fino a quando non si trasferì in Francia. Rinaldo Freda (1911-1991) gestiva un "dopo lavoro", dove si potevano acquistare generi alimentari o godersi una serata bevendo vino e giocando a carte. Questi e altri servizi si rivelarono utili alla popolazione postbellica, soprattutto agli uomini dediti al lavoro e al... bere.

Michele di Marco (1893-1975)

Mi venne dato il nome di mio nonno, Michele Di Marco, e durante i miei primi anni di vita vivemmo nella stessa casa a Erie, Pennsylvania. Mio nonno e mia nonna, Lucia Caserta, vivevano al primo piano, mentre i miei genitori, mia sorella e io stavamo al secondo. Trascorrevo la maggior parte delle mie giornate assieme ai miei nonni.

A quanto pare, seguivo spesso mio nonno come un cagnolino: in cucina per pranzo, in soggiorno per guardare la TV, nell'orto per

Michele Di Marco.

raccogliere le verdure. Uno dei nostri passatempi era giocare a scacchi, lui sulla sua poltrona preferita, io seduto a terra, e in mezzo uno sgabello. Da quella angolazione, notai una benda elastica avvolta attorno alla sua gamba che compariva appena tra la calza e l'orlo dei pantaloni. Come ho già detto, a quel momento risale il suo racconto dell'esperienza di guerra. Indicò la gamba, poi la coscia, poi l'altra gamba e poi il braccio, così tanti punti che persi il conto. Mi spiegò che era un mitragliere e che il nemico mirava prima ai mitraglieri che ai soldati con fucili a colpo singolo.

Ero troppo giovane per sapere cosa fosse la prima guerra mondiale o per conoscere i posti nominati da mio nonno. Tutto ciò che sapevo era che aveva combattuto nell'Italia nord-orientale. Da qualche parte, su quel fronte, tutto il suo plotone fu ucciso, tranne lui e un altro soldato. Divennero prigionieri di guerra e vennero rinchiusi in una grotta dove l'unica cosa da mangiare era l'erba. Nonno nominò i Carpazi; sembra che fu trasferito lì, probabilmente in un campo per prigionieri di guerra. Fu spostato più volte, ed ebbe modo di imparare qualche parola di tedesco durante il periodo di reclusione. In uno dei campi gli fu confiscato il diario che stava scrivendo. Mi chiedo se sia stato conservato in un museo o se faccia parte di qualche collezione privata di cimeli di guerra.

Considerato che centomila prigionieri italiani trovarono la morte nei campi di prigionia austriaci e tedeschi, come fece mio nonno a sopravvivere? Glielo chiesi, e lui condivise alcuni dettagli circa la sua lunga fuga dal campo di prigionia fino a Montenero.

Secondo un documento dell'ufficio militare di Campobasso, mio nonno fu in servizio dal dicembre 1913 al dicembre 1919. Sei anni nell'esercito. Rimasi sorpreso nello scoprire che nonno era emigrato negli Stati Uniti prima della guerra, nel 1910. Prima che potesse sistemarsi, ricevette una notifica dal Consolato Italiano a Philadelphia, datata 24 agosto 1913: il conflitto era imminente ed era stato chiamato alle armi. Tre mesi dopo il suo rientro in Italia, venne arruolato e addestrato a Perugia. Ci vollero sette anni e mezzo e un conflitto mondiale prima che potesse fare ritorno negli Stati Uniti.

All'età di ventisette anni, nonno lasciò Montenero a bordo di un treno e si imbarcò a Napoli, l'11 agosto 1921. Il 26 agosto dello stesso anno raggiunse la Ellis Island con una nave chiamata S.S. San Giovanni. Suo fratello Pasquale (1891-1985) e sua sorella Elvira (1896-2006) vivevano già negli Stati Uniti. Altri due fratelli, Carmine e Giuseppe, erano emigrati in Argentina. Possiamo solo immaginare quanto fu dura per mio nonno lasciare i suoi genitori, Serafino (1860-1942) e Antonia (1865-1926), e i fratelli Berardino (1910-1995), di dieci anni, e Clemente (1915-1991) di appena cinque, sapendo che non li avrebbe più rivisti. Nonno sposò la giovane Lucia Caserta (1898-1983) il 17 settembre 1925, nella chiesa di San Paolo. Dalla loro unione nacquero tre figli.

Nonno conservò alcuni ricordi di guerra: delle banconote dell'Impero austro-ungarico, ma anche rumene, russe, bulgare e tedesche. L'ultima era uno *pfennig* equivalente a circa cinque centesimi, e non era un'ordinaria cartamoneta. Nel

2016, cento anni dopo che mio nonno ricevette questa banconota, decisi di tradurre la fine scritta che vi si poteva leggere sopra: "Campo di prigionia – Coupon Campo Mezza Luna di Zossen. I voucher, se utilizzati da non prigionieri di guerra per pagamenti o cambio, non sono riconosciuti. Ai prigionieri di guerra è proibito ricevere denaro o banconote tedesche in cambio di questo voucher."

Il Mezza Luna era un campo di prigionia a Wünsdorf (un distretto di Zossen), in Germania, situato a meno di cinquanta chilometri da Berlino. Ospitava quasi cinquemila musulmani, che i tedeschi tentarono di persuadere a intraprendere una *jihad* contro Regno Unito e Francia. Poiché il progetto non andò a buon fine, molti prigionieri vennero trasferiti in Romania per lavorare nelle fattorie. Se mio nonno non andò al campo Mezza Luna, certamente era in Romania e forse ricevette la banconota da qualcuno in quel campo.

Circa cinquant'anni dopo la fine del conflitto mondiale, mio nonno ricevette un pacco dall'Italia contenente tre medaglie e un piccolo assegno come riconoscimento per il suo contributo in guerra:

- **50esimo Anniversario della Vittoria 1916-1966**
  Medaglia commemorativa per il cinquantesimo anniversario della vittoria nella prima guerra mondiale. Oro 18K/Ar750; nastro rosso, verde e bianco.

- **Grande Guerra per la Civiltà 1914-1918:
  Ai Combattenti delle Nazioni Alleate e Associate**
  Medaglia di bronzo con nastro multicolore.

- **Cavaliere dell'Ordine di Vittorio Veneto**
  Medaglia dell'Ordine del Cavalierato
  Metallo nero con nastro multicolore.

Quando nel 2016 mi recai agli archivi nel seminterrato del comune di Montenero, vidi alcune medaglie della prima guerra mondiale sopra una mensola. Quasi nascoste tra pile di documenti, passano facilmente inosservate. Purtroppo, come le medaglie, molti monteneresi che combatterono la guerra sono stati messi da parte: occhio non vede, cuore non duole.

"Trebbiatura in Abruzzo", dipinto a olio di Peder Severin Krøyer. Statens Museum of Art.

CAPITOLO 12

Ritorno al lavoro: gli attrezzi, la terra e la casa

Gli attrezzi del mestiere

Per molti secoli, la vita nei paesi dell'Alto Volturno ruotò attorno all'agricoltura e all'allevamento del bestiame. Le persone producevano quasi tutto il necessario sfruttando la terra a loro disposizione. In queste aree montuose, la produzione sembrava essere insufficiente nonostante il grande impegno profuso. Le attività quotidiane a Montenero si incentravano sul lavoro dei campi, la cura del bestiame, le incombenze casalinghe e altre attività. Uomini, donne e spesso anche i bambini avevano una dura routine lavorativa che si svolgeva dall'alba al tramonto. Sapevano quando era ora di rientrare tenendo due dita all'altezza delle creste dei monti, dove tramonta il sole. Quando il sole arrivava a toccare il primo dito, era segno che c'era abbastanza tempo per tornare a casa prima che fosse buio.

Tutti gli strumenti agricoli utilizzati dai monteneresi sono affascinanti dal punto di vista storico, e acquisiscono maggiore significato quando se ne conoscono la modalità d'impiego, l'energia necessaria al loro utilizzo e gli effetti fisici e mentali dopo ore di duro lavoro e sudore. Vacanze e feste comandate rappresentavano un'agognata pausa dalle fatiche quotidiane.

Gli uomini che fecero ritorno a Montenero dopo la guerra senza riportare danni fisici ripresero l'attività agricola. Si rimisero subito a lavoro, utilizzando metodi rimasti pressoché invariati dal Medioevo. Coltivare la terra richiede degli strumenti speciali. L'aratro era essenziale; in origine veniva trainato da cavalli, asini, mucche o buoi, poi dai trattori. Una varietà di zappe, vanghe e rastrelli servivano a preparare il terreno alla semina o prendersi cura delle piante in fase di crescita.

I contadini raccoglievano ciò che seminavano, e alcuni attrezzi erano progettati specificamente per procedere al raccolto. La lama di una falce misura più di un metro e mezzo e viene utilizzata per tagliare l'erba e raccogliere. I falcetti, invece, servivano sia a raccogliere che a tagliare il foraggio per gli animali. Le pietre per affilare non potevano mai mancare, per fare in modo che gli attrezzi fossero sempre taglienti. A quei tempi, il movimento ritmico delle pietre affilatrici sulle lame produceva un'eco melodiosa che colorava l'aria.

Cavalli e asini trainavano per ore grandi pietre, in un processo di trebbiatura che separava i chicchi di grano dalla paglia. Per dividere ulteriormente il grano dal resto, uomini e donne armati di forcone lanciavano il prodotto in aria, di modo che il vento portasse via la paglia. Venivano usati anche setacci speciali che soffiavano via la paglia e lasciavano cadere i chicchi di grano a terra o in una cesta. La speranza era che il raccolto di grano fosse sufficiente al fabbisogno dell'intero anno.

Dopo le fasi di trebbiatura e setacciatura, si passava alla macina del grano per ricavarne la farina. Il grano è un alimento base della dieta europea. Il pane è il principale prodotto ottenuto dalla farina, ma è possibile preparare anche pasta e dolci. Il pane è stato così essenziale agli italiani da finire al centro dello sviluppo politico ed economico. Molte insurrezioni furono scatenate dall'aumento del prezzo delle ciabatte o delle rosette. Nel 1647, ad esempio, ci fu la famosa rivolta di Masaniello a Napoli, provocata dalla mancanza di pane. Quando nel 1897 il raccolto del grano si rivelò insufficiente, a Milano scoppiò una sommossa che si tramutò in un massacro.

I mulini, di importanza vitale in ogni comunità, rappresentavano un caposaldo dell'economia locale e nazionale. Per la gestione dei mulini era necessaria una licenza, e ai proprietari veniva imposto il pagamento di tasse annuali. Un esempio di quanto detto si trova nella raccolta di leggi e decreti reali del Regno delle Due Sicilie, in cui il comune di Montenero venne avvisato dal governo, in data 18 luglio 1832, affinché Fortunato Ricciuto che assumesse la responsabilità di costruire un mulino funzionante.[1]

Secondo Daniela Ricci – promotrice della restaurazione di un mulino, inaugurato nel 2015 come Molino Museo (MOMU) – a Montenero c'erano sette mulini. Gli altri sei mulini erano in disfacimento, in parte per anni di trascuratezza, in parte per i bombardamenti della seconda guerra mondiale. Il MOMU era originariamente situato accanto a un fiume, la cui forte corrente attivava delle pale orizzontali. Oggi è possibile vedere il funzionamento del mulino in ogni sua parte, inclusa la macina con due pietre originali. Oggigiorno non è più necessario macinare così tanto grano come si faceva in passato, ma una grande cassa di legno è pronta ad accogliere un'enorme quantità di farina, poi conservata in sacchi di iuta.

Il mulino in pietra a due piani con lo spesso pavimento in legno fu costruito probabilmente prima della Grande Guerra, quando l'Italia stava incrementando la sua capacità produttiva. Grazie alla signora Ricci, il mulino ad acqua di Montenero è diventato un centro educativo dove si mostra il funzionamento del mulino e si possono ammirare antichi oggetti di utilizzo quotidiano, attrezzi agricoli, pezzi di artigianato e annesse tecnologie. Il mulino è un luogo ideale per sponsorizzare mostre di arte contemporanea connesse a tematiche naturali, eventi gastronomici e attività culturali.

Talvolta dimentichiamo o siamo inconsapevoli dei pericoli connessi al lavoro nel paese. In un mulino, ad esempio, la polvere di farina che rimane sospesa nell'aria è infiammabile! Per scongiurare esplosioni, è bene non accendere lampade o candele all'interno della stanza durante la macinatura. Anche i tanti attrezzi utilizzati possono causare ferite. In aggiunta, i contadini potevano essere punti da scorpioni, api, veste e calabroni, oppure morsi da serpenti. Quando si utilizzavano macchinari pesanti, gli incidenti erano comuni e a volte fatali. Quasi tutti i lavori agricoli richiedono ore di lavoro ripetitivo, che può causare dolori muscolari e articolari cronici.

Oltre agli attrezzi per seminare, raccogliere e macinare il grano, ce n'erano molti altri utilizzati per svolgere altre attività oppure in casa. Il lavoro dei tagliatori di pietra necessitava di una vasta gamma di ceselli e martelli che trasformavano il duro materiale in pietre miliari o il marmo in pezzi ornamentali per chiese ed edifici. I calzolai riparavano le scarpe con strisce di pelle, bitume, chiodi e resina. I sarti, tra cui mio zio Clemente Di Marco, usavano macchine da cucire, spilli, forbici, gesso, ditali e aghi. Spesso adattavano vestiti dismessi per destinarli ad altre persone. Si dice che in tempo di guerra la gente fosse così povera da dover "spesso indossare gli abiti del matrimonio sul letto di morte."

Fin dai tempi in cui i primi abitanti costruirono i piccoli rifugi lungo il pantano, questa zona paludosa divenne famosa per l'abbondanza faunistica. Le attività di caccia e pesca arricchirono la dieta; per cacciare cinghiali, orsi e cacciagione erano necessari i fucili. Prima che il fiume Zittola diventasse inquinato, era possibile pendere pesci e anguille a mani nude.

I pastori avevano il solo compito di controllare le pecore giorno e notte e per ingannare il tempo intagliavano spesso oggetti in legno. Tosare la lana con le forbici è un lavoro faticoso e sporco, che richiede molto tempo, ma solitamente viene fatto una volta all'anno. Altri grandi animali, come cavalli, mucche e maiali necessitavano di altre cure.

Altri tagliavano i capelli, lavoravano il ferro o fabbricavano utensili. Alcuni mestieri erano part-time. Mia nonna, Lucia Caserta, sedeva sul balcone, sotto il sole che scaldava il pantano, e lavorava all'uncinetto o a maglia. Molti lavori domestici venivano svolti a mano o con più strumenti. Naturalmente, la preparazione dei pasti aveva una grande importanza. In ogni casa non mancavano pestello e mortaio. Il pane veniva solitamente infornato di notte per averlo fresco il giorno seguente. Oltre alle normali pentole, padelle e servizi da tavola, c'erano anche contenitori e strumenti speciali per la preparazione e la conservazione dei cibi.

Quanto illustrato finora è un semplice, breve resoconto di quello che era il lavoro a Montenero, soprattutto prima degli anni '60. Il pantano era una benedizione, in quando forniva grano e terreni adatti al pascolo per cavalli e vacche, mentre il fiume Zittola offriva acqua e pesce. Chiunque sia nato a Montenero nutre profondi sentimenti per il pantano e i suoi bellissimi dintorni. Molte persone care sono nate e morte lì: quando la madre di Giuseppe Calvano (1894-1981) ebbe le doglie, stava lavorando proprio nei campi; Isidoro Caserta morì subito dopo essere stato incornato da un toro. Se si parla del pantano con chi ha radici monteneresi, è inevitabile evocare tutta una serie di pensieri e sentimenti.

La rivolta della torba (1917 - 1918)[2]

Il meraviglioso pantano è attraversato dal fiume Zittola, che con le sue acque nutre la terra in cui scorre. Per secoli, il pantano è stato usato principalmente come pascolo e luogo essenziale alla vita sociale ed economica di Montenero. Il pantano fu una benedizione per il paese – almeno fino a quando non divenne una maledizione appena dopo la prima guerra mondiale. Secondo Guido Martino, impiegato presso la biblioteca comunale di Montenero, un paio di gruppi imprenditoriali erano interessati all'acquisto della terra. Dovevano essere venuti a conoscenza del rapporto stilato da un ingegnere dell'Ufficio del Ministero dell'Agricoltura e del Commercio. Tale rapporto, datato 14 maggio 1896, riporta che il deposito di torba potrebbe essere "spesso alcuni metri, specialmente al centro della valle." Un foglio dattiloscritto conservato alla libreria comunale fornisce ulteriori dettagli:

> *L'ingegnere aggiungeva di non aver potuto percorrere il fondo in tutta la sua estensione, ma di stimarne la lunghezza in 5 chilometri e in 7-800 metri la larghezza media. Per mezzo di calcoli basati su tale stima della superficie e sulla sua presunta profondità, valutava infine il possibile rendimento del fondo in "oltre 250 milioni di tonnellate di torba allo stato naturale"*[3].

A seguito di questa relazione, il Ministero di Agricoltura e Commercio e l'ufficio del Genio Civile di Campobasso, progettarono di prosciugare il pantano per estrarne la torba, ma l'idea non fu realizzata per ostacoli tecnici sottolineati dal Real Corpo delle Miniere.[3]

Dopo la prima guerra mondiale ci fu carenza di carbone, così un'azienda ebbe l'idea di riconvertire il pantano in bacino idroelettrico, mentre un'altra di vendere la torba come combustibile. La gente del posto fu molto scontenta quando scoprì che gli amministratori locali avevano serie intenzioni di vendere il terreno. Come protesta per impedire la vendita della proprietà di stato, il 22 luglio 1917, gli abitanti di Montenero attaccarono i membri del consiglio comunale, causando loro alcune ferite.

Membri del Consiglio Comunale

1) Danese Casto fu Clemente   anni 55
2) Ricchiuti Francesco fu Felice   anni 58
3) Iacobozzi Eliodoro fu Ferdinando anni 58
4) Gonnella Marco di Matteo   anni 39
5) Fabrizio Ferdinando fu Evangelista anni 45
6) Di Nicola Giovanni fu Pietro   anni 69
7) Di Procario Giovanni fu Nicola anni 52

Sebbene fosse stato programmato un processo, il sindaco chiamò la polizia per farlo annullare. Gli arrestati furono rilasciati, fatta eccezione per i seguenti soggetti, che rimasero dietro le sbarre per sei mesi prima di essere assolti e rimessi in libertà:

Pietro Di Marco
Carmelitana D'Onofrio
Clorindo Iacobozzi
Elisa Miraldi
Maria Miraldi
Nicolina Miraldi
Angela Maria Presogna
Francesco Ricchiuti
Filomena Ziroli

Il 17 gennaio 1918, durante la festa di sant'Antonio, si scatenò l'inferno. La rabbia repressa scoppiò in un violento attacco diretto al palazzo del comune, dove i carabinieri erano a guardia con fucili dotati di baionette. Dal passaggio ad arco sopra Portanuova, alcune donne iniziarono a scagliare pietre verso le porte del municipio. I militari spararono nel tentativo di far disperdere la folla. La moglie di Antonio Scalzitti, Francesca Di Marco, di 64 anni, venne trafitta da una baionetta e uccisa.[4]

Il giorno seguente, arrivarono dei soldati da Sulmona e si accamparono nella piazza. Erano stati mandati lì perché, secondo alcuni ufficiali, la rivolta a Montenero aveva dei connotati politici. Poiché la protesta riguardava la torba e il pantano, i soldati rimasero passivi. Le forze dell'ordine tentarono comunque di arrestare le persone coinvolte nella Rivolta della Torba. Purtroppo, un giovane di cognome Scalzitti, che aveva solo undici o dodici anni, venne colpito alla testa e morì[5]. Qualcuno riuscì a scappare. Alla fine, 123 persone furono arrestate, messe a forza su un camion di fronte al Palazzo De Arcangelis e portate alla prigione distrettuale di Forlì del Sannio. Molti di loro rimasero in carcere un mese, altri sei. Nella seguente lista appaiono prima i cognomi, come nel documento originale:

Accusati il 17 gennaio 1918

1. Ricchiuti Francesco, figlio di Felice
2. Milò Berardino, figlio di Teodoro
3. Pede Giuliano, figlio di Michele
4. Gonnella Michele, figlio di Clemente
5. Iacobozzi Clorindo, figlio di Ferdinando
6. Pallotto Isidoro, figlio di Donato
7. Tornincasa Luigi, figlio di Domenico
8. Iacobozzi Eliodoro, figlio di Ferdinando
9. Di Marco Pietro, figlio di Michele
10. Di Fiore Nicola, figlio di Angelo
11. Di Nicola Giulio, figlio di Luca
12. Orlando Giuseppe, figlio di Carlo
13. Calvano Pasquale, figlio di Antonio
14. Di Marco Nicola, figlio di Camillo
15. Di Marco Annibale, figlio di Achille
16. Di Nicola Luca, figlio di Giulio
17. Milò Nicola, figlio di Teodoro
18. Di Marco Raffaele, figlio di Achille
19. Di Marco Serafino, figlio di Filippo
20. Orlando Giuseppe, figlio di Vincenzo
21. Miraldi Maria, figlia di Giovanni
22. Orlando Maria, figlia di Gerardo
23. Pallotto Filomena, figlia di Domenico
24. Miraldi Nicolina, figlia di Francesco
25. Gonnella Palma, figlia di Clemente
26. Ziroli Filomena, figlia di Donato
27. D'Onofrio Carmelitana, figlia di Vincenzo
28. Presogna Angela Maria, figlia di Giovanni
29. Miraldi Elisa, figlia di Francesco
30. Scalzitti Lucia, figlia di Pasquale
31. Fabrizio Innocenza, figlia di Nicola
32. Tornincasa Amalia, figlia di Luigi
33. Tornincasa Cornelia, figlia di Luigi
34. Romagnoli Guglielmo – sergente
35. Passariello Lazzaro – agente di polizia
36. Pettinicchio Michele – agente di polizia
37. Pitone Luigi – agente di polizia
38. Iacobozzi Pio, figlio di Giuseppe
39. Pallotto Nicola, figlio di Donato
40. Danese Casto, figlio di Clemente
41. Di Marco Pietro, figlio di Michele
42. Di Marco Liborio, figlio di Giacomo
43. Di Marco Giacomo, figlio di Liborio
44. Di Marco Emilio, figlio di Giovanni
45. Di Marco Maria Teresa, figlia di Giulio
46. Fabrizio Clemente, figlio di Evangelista
47. Mannarelli Felice, figlio di Pasquale
48. Narcucci Filippo, figlio di Vincenzo
49. Narducci Angelo, figlio di Filippo
50. Di Filippo Domenico, figlio di Angelo
51. Caprorio Giulia, figlia di Ignoti
52. Bonaminio Donato, figlio di Agostino
53. Procario Rodolfo, figlio di Giovanni
54. Domodossola Pasquale, figlio di Domenico
55. Scalzitti Francesco, figlio di Felice
56. Scalzitti Vincenzo, figlio di Francesco
57. Iacobozzi Agnese, figlia di Crescenzo
58. Di Marco Giovanni, figlio di Angelo
59. Orlando Francesco, figlio di Rocco
60. Scalzitti Vincenzo, figlio di Antonio
61. Miraldi Mattia, figlio di Giacinto
62. Di Nicola Giovanni, figlio di Pietro
63. Danese Concetta, figlia di Casto
64. Iacobozzi Filiberto, figlio di Ferdinando
65. Miraldi Domenicangelo, figlio di Giacinto
66. Scalzitti Sabina, figlia di Domenico
67. Iole Maria Carmela, figlia di Tommaso
68. Bonaminio Domenica, figlia di Giuseppe
69. Bonaminio Costantino, figlio di Agostino
70. D'Onofrio Margherita, figlia di Nicola
71. Danese Angelina, figlia di Casto
72. Di Marco Lucia, figlia di Pietro
73. Di Marco Irma, figlia di Pietro

74. Narducci Carmina, figlia di Angelo
75. Scalzitti Pietro, figlio di Vincenzo
76. Domodossola Florina, figlia di Domenico
77. Di Marco Filomena, figlia di Domenico
78. Iacobucci Donato, figlio di Donato
79. D'Onofrio Elisabetta
80. D'Onofrio Palma, figlia di Vincenzo
81. Ziroli Anna, figlia di Giuseppe
82. Ziroli Palma, figlia di Giuseppe
83. Miraldi Emerenziana, figlia di Francesco
84. Tenne Grazia, figlia di Marco
85. Di Filippo Alfonsina, figlia di Domenico
86. Di Filippo Candida, figlia di Domenico
87. Di Nicola Maria, figlia di Nicola
88. Di Nicola Tommasina, figlia di Ignoti
89. Di Marco Quintino, figlio di Angelo
90. Ziroli Romualdo, figlio di Carmine
91. Tornincasa Elisabetta, figlia di Sebastiano
92. Altobelli Anna Teresa, figlia di Domenico
93. Di Marco Antonio, figlio di Giovanni
94. Di Marco Maria, figlia di Concetta
95. Gallo Cherubina, figlia di Filippo
96. Mannarelli Angelantonio, figlio di Francesco
97. Calvano Emilia, figlia di Pasquale
98. Del Sangro Angelo, figlio di Giuseppe
99. Scalzitti Pietro, figlio di Domenico
100. Ricchiuti Angelina, figlia di Domenico
101. Ricchiuti Cecilia, figlia di Luigi
102. Danese Sofia, figlia di Clemente
103. Colonna Amalia, figlia di Giovanni
104. Fabrizio Francesco, figlio di Gennaro
105. Di Fiore Berardino, figlio di Crescenzo
106. Iacobozzi Marco, figlio di Giovanni
107. Ricchiuti Manfredo, figlio di Nicola
108. Donatucci Carlo, figlio di Pietro
109. Di Marco Giuseppe, figlio di Vincenzo
110. Bonaminio, Domenica, figlia di Giuseppe
111. Iacobozzi Ernesta, figlia di Romualdo
112. Pallotto Anna, figlia di Domenico
113. Orlando Clementina, figlia di Benedetto
114. Santucci Emiddio Torinto, figlio di Pietro
115. Santucci Giuseppantonio, figlio di Pietro
116. Pede Callisto, figlio di Michele
117. Pede Stanislao, figlio di Evangelista
118. Pede Angela, figlia di Evangelista
119. Iacobozzi Biase, figlio di Lorenzo
120. Tornincasa Pietro Nicola, figlio di Giacomo
121. Di Marco Domenico, figlio di Innocenzo
122. Di Marco Innocenzo, figlio di Domenico
123. Iacobozzi Berardino, figlio di Tommaso

Quattro di questi 123 uomini (i numeri dal 34 al 37) erano poliziotti, interrogati per ricostruire l'uccisione della donna e del ragazzino, ma i responsabili non vennero individuati. I numeri dall'1 al 33 e dal 38 al 120 sono gli accusati di violenza e minacce contro la polizia reale. I primi trentatré furono arrestati il 18 gennaio 1918 e detenuti a Isernia. I numeri dal 9 al 16 furono accusati di complicità e di aver ferito gli agenti. Circa un mese dopo, 114 detenuti vennero rilasciati. I restanti nove vennero trattenuti per circa sei mesi. Alla fine furono tutti assolti, e tutti i casi vennero chiusi il 7 aprile 1920.

Visitare il Molino Museo è come un tuffo nel passato che permette di toccare con mano la vita quotidiana di Montenero nei secoli passati. Oltre al mulino perfettamente funzionante, è possibile ammirare diversi strumenti relativi al lavoro agricolo e non solo.
Foto gentilmente concesse da D. Ricci e M. Di Marco.

Molino Museo: la macina.

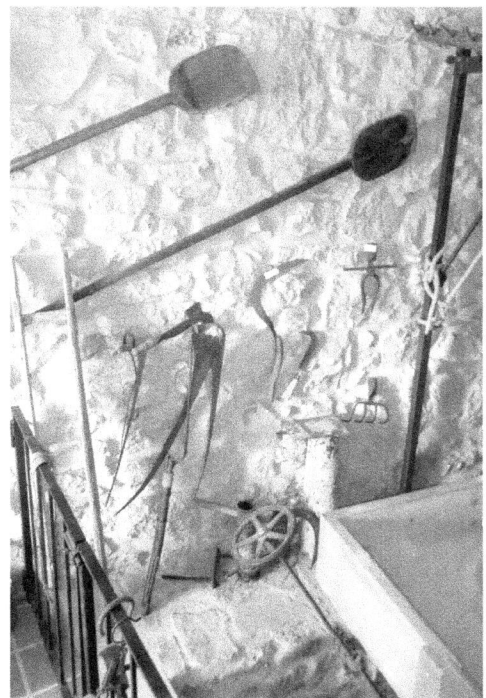

Varietà di strumenti.
Foto di M. Di Marco.

Per secoli, il rituale dell'uccisione del maiale ha rappresentato una ricorrenza annuale, sia a Montenero che un altri paesi d'Italia. I maiali venivano uccisi durante la fredda stagione invernale, quando la luna era in fase calante – simbolo di mancanza. Ci vuole molta esperienza per uccidere un maiale e utilizzarne ogni parte in cucina. John Caserta ci racconta: "Il maiale viene portato fuori, sulla neve, sgozzato e lasciato morire dissanguato. Poi, gli intestini e altre parti dell'animale vengono messi da parte. La carcassa rimane appesa così per due giorni. Del sangue non rimane più neanche una goccia e, poiché fuori fa molto freddo, la carne si gela e si secca."[2] Tale pratica è stata resa illegale, in osservanza delle moderne leggi sanitarie. Per legge, i maiali devono essere mandati in un macello autorizzato. Foto gentilmente concessa da John Caserta.

C'è fermento nell'aria

Gli anni '20 furono caratterizzati da un certo fermento, dovuto in parte alla linea ferroviaria Sulmona-Isernia, entrata in funzione nel 1897. La stazione di Montenero Val Cocchiara era una delle fermate sulla linea; il piccolo edificio a due piani aveva solo i servizi essenziali: una sala d'aspetto e la biglietteria. Il senatore

Giuseppe Andrea Angeloni, nato a Roccaraso, si prodigò molto per promuovere la linea ferroviaria. I turisti potevano finalmente visitare la zona, e il servizio si aggiungeva alla tratta che permetteva lo spostamento dei soldati ai campi militari, nonché dei capi di bestiame, così importanti per l'economia locale. Oggi, chiunque può godersi la versione italiana della Transiberiana per i suoi panorami spettacolari e i villaggi di montagna. La stazione Rivisondoli-Pescocostanzo si trova a 1268 metri sul livello del mare, seconda soltanto alla stazione del Passo del Brennero. Quale sarebbe l'attività ideale nei pressi di una stazione?

Un gruppo di uomini facoltosi di Castel di Sangro e di altri paesi vicini si riunirono per discutere le varie opportunità di business. Una delle opzioni dal maggiore potenziale era un birrificio. Sebbene ce ne fossero già 140 in Italia prima della Grande Guerra, nel 1920 ne erano rimasti solo cinquantotto. Considerando la linea ferroviaria per il trasporto, l'acqua pura del fiume Sangro e la torba del pantano, l'idea di avviare un birrificio sembrò perfetta e così nel 1921 la ditta "Birra d'Abruzzo" aprì i battenti. La sede amministrativa del birrificio era a Milano, ma nei pressi della stazione di Montenero si trovavano lo stabilimento della produzione e il pozzo per l'acqua.[6] Gli impiegati erano un centinaio e provenivano da Castel di Sangro, Montenero, Scontrone e altre località.

La ditta ebbe un successo immediato. La produzione passò da cinquantamila galloni all'anno durante i primi anni a oltre 160.000 galloni nella seconda metà degli anni '20. Le vendite in Abruzzo e Molise erano elevate, ma anche in Campania e nelle Marche, raggiunte a mezzo ferroviario. Oltre a vendere birra, la ditta si occupava della rivendita di orzo caramellato ai contadini della zona che usavano il cereale come mangime per gli animali.

La torba del pantano di Montenero veniva estratta coi badili e utilizzata come combustibile per il birrificio, perché il carbone scarseggiava in quanto impiegato dalle industrie militari. Venne costruita una struttura dedicata alla lavorazione della torba. Dopo essere stata estratta, la torba veniva rifinita in pezzi, più facili da essiccare, e poi trasportata fino alla fabbrica su dei carrelli ferroviari. Gli addetti al lavoro venivano da Castel di Sangro, Villa Scontrone, Scontrone, Montenero e Rionero. Dopo alcuni anni, quando il carbone diventò reperibile in Germania e si rivelò più economico come combustibile, la torba non fu più richiesta.

La distribuzione della Birra d'Abruzzo influì drasticamente sui profitti della Peroni, il più importante birrificio italiano. Nel 1930, la Peroni divenne azionista di maggioranza della Birra d'Abruzzo. Poi, per qualche motivo, Birra d'Abruzzo andò in declino. L'ipotesi più plausibile è che gli azionisti non affiliati alla Peroni fossero stati rilevati. Il consiglio direttivo decise di chiudere il birrificio e il 19 settembre 1936 fu legalmente sciolto e l'edificio e i macchinari vennero venduti.

Colore Magenta

The Red Bull in the Winter Line, dipinto di Donna Neary.
U.S. Government Printing Office. Pritzker Military Museum & Library.

CAPITOLO 13

Le nuove camicie nere che vestono la seconda guerra mondiale

Con la fine della prima guerra mondiale, il Regno d'Italia poteva concentrarsi sulla situazione interna. Fin dalla nascita del regno, l'Italia aveva tentato di foggiare un'identità nazionale, ma la visione d'insieme era un po' sfuocata. In uno stato ideale, quali territori andavano inclusi? Come potevano le varie regioni essere socialmente uguali sotto un unico governo? E quali misure andavano intraprese per fondare un'Italia moderna degna del rispetto delle più importanti nazioni al mondo?

In questo periodo ci fu un fiorire di filosofie atte a offrire schemi teorici per la risoluzione dei problemi italiani. Queste correnti di pensiero coprivano un ampio spettro ideologico e finivano spesso per trovarsi in disaccordo. Un tale caos può solo portare a una situazione stagnante o a un'ulteriore frammentazione fino alla comparsa di un gruppo dominante. In questo caso, nei decenni che seguirono, il duro braccio del fascismo salì alla ribalta.

Al filosofo Giovanni Gentile (1875-1944) si attribuisce la formulazione dell'ideologia fascista in Italia, ma fu poi Benito Mussolini ad applicarla alla realtà nazionale. I due scrissero un saggio dal titolo *La dottrina del fascismo*, pubblicato nel 1932. Quando Mussolini organizzò una dimostrazione di massa a Roma nel 1922, portò il Partito Nazionale Fascista alla guida della politica italiana. Anziché lasciare che Mussolini si facesse strada da solo per arrivare al potere, re Vittorio Emanuele III gli conferì la carica di primo ministro.

Quando Mussolini salì al potere, trovò una situazione economica disastrata che fu poi ulteriormente debilitata dagli scioperi di massa. All'inizio, il regime gestì con rapida competenza qualsiasi problema, che fossero agitazioni operaie, scontri razziali o crimine organizzato. I metodi totalitari erano supportati da una nuova Milizia Volontaria per la Sicurezza Nazionale, meglio nota come "camicie nere". Il gruppo fu ispirato dagli Arditi, un'élite militare di forze speciali, o truppe d'assalto, formatasi durante la prima guerra mondiale. Molti dei componenti erano ex soldati. Sotto Mussolini fu ripristinato l'ordine, e la corruzione venne ridotta. L'economia italiana e la politica estera vennero lasciate in mano a professionisti non in linea con il pensiero fascista.

Una frase spesso citata di John Acton (il cui nonno fu primo ministro di Napoli sotto Ferdinando IV) recita: "Il potere tende a corrompere, il potere assoluto corrompe in modo assoluto." Nel 1925, Mussolini aveva creato una dittatura monopartitica. Sebbene nell'ultimo decennio fossero stati fatti progressi limitando ad esempio gli abusi del sistema fiscale o tagliando le spese del governo, Mussolini spinse per un cambiamento di rotta. Poiché in Italia mancavano molte importanti risorse naturali, bisognava attuare dei nuovi programmi per lo sviluppo della produzione interna, dove possibile, cercando al contempo all'estero le materie strategiche non immediatamente disponibili. Le soluzioni, nel secondo caso, furono accordi commerciali per specifiche materie prime e la colonizzazione. La Russia divenne un importante partner commerciale. Questo sviluppo economico contribuì alla polarizzazione tra pensiero capitalista e marxista in Italia. Per quel che riguarda la colonizzazione, l'Italia invase l'Etiopia nel 1935, aggiungendola alle aree già annesse e conosciute come Africa Orientale Italiana. Mio zio Berardino Di Marco (1910-1995) fu arruolato da Montenero per combattere in Etiopia.

Per spingere il paese alla modernizzazione, i fascisti avevano espanso il commercio, creato colonie e nazionalizzato importanti banche e industrie. Si investì molto in programmi di previdenza sociale e lavori pubblici. Lo storico Hibbert elenca alcuni risultati ottenuti dal fascismo: "Vennero costruiti ponti, canali e strade, come anche ospedali, scuole, stazioni ferroviarie e orfanotrofi; furono bonificate paludi e terre, vennero piantati boschi e finanziate università."[1] Ne derivò un grande progresso, ma il debito pubblico andò aumentando anno dopo anno.

Il movimento fascista influenzò ogni aspetto della vita italiana, sia nel settore industriale che in quello agricolo. Nel 1939, lo stato italiano "controllava più di quattro quinti del trasporto navale e annessa cantieristica, tre quarti della produzione di ghisa e quasi metà di quella dell'acciaio."[2] Questo settore interessò principalmente l'industrializzato nord. Anche al sud il fascismo ebbe un costo: sotto la spinta di una più massiccia produzione di grano, molte colture più adatte vennero abbandonate. "L'enfasi del regime sull'autosufficienza nazionale nella produzione di grano portò il sud a tralasciare produzioni agricole più redditizie, con un conseguente impoverimento del Meridione."[3] Durante gli anni '30, il reddito pro capite al sud era inferiore del 40 percento rispetto a quello del nord. L'Italia meridionale era duramente colpita tanto dalle politiche interne quanto dalla depressione economica mondiale che caratterizzò il decennio.

Mussolini era convinto che l'Italia fosse erede dell'antica Roma, l'impero un tempo a capo del "mondo conosciuto", destinata a diventare ancora una volta una potenza economica e militare. Il fascismo era una filosofia assuefacente che portò tanto i politici quanto la popolazione a oltrepassare pericolosamente i limiti imposti dal regno e dalla morale. Nonostante Benedetto Croce (1866-1952) si fosse distinto tra gli intellettuali italiani, la sua saggia critica al governo fascista fu smorzata da chi credeva nella propaganda mussoliniana. Questa corrente trascinò l'Italia nella seconda guerra mondiale.

Il coinvolgimento nella seconda guerra mondiale

Inizialmente, Mussolini aveva incoraggiato la Germania ad annettere l'Austria, nemica dell'Italia da lungo tempo. Mussolini e Adolf Hitler avevano alcuni tratti in comune, e caratteri e ambizioni simili. La Germania nutriva risentimento per la perdita di alcuni territori durante la prima guerra mondiale – come ad esempio l'Alsazia-Lorena, dove poi emigrarono molti monteneresi. Questo è uno dei motivi per cui la Germania iniziò ad annettere molte aree tedescofone, compresa l'Austria. Un'altra causa della crescente aggressività era la preoccupante situazione economica.

Quando le intenzioni della Germania divennero note, le diverse nazioni iniziarono a intrecciare delle alleanze. La prima fu quella tra Germania e Italia nell'ottobre del 1936; poi il Giappone si unì all'Asse, con tre nazioni a formare un'alleanza militare nel 1940. A controbilanciare, Francia, Polonia e Regno Unito, e i loro stati indipendenti, formarono l'Alleanza, formalizzata dalle Nazioni Unite.

Hitler ordinò l'invasione della Cecoslovacchia nel marzo del 1939; il primo settembre dello stesso anno fu la volta della Polonia. Due giorni dopo, Gran Bretagna e Francia dichiararono guerra alla Germania, ma non intrapresero alcuna azione militare. Nel 1940 ci fu la *blitzkrieg* tedesca – una guerra lampo in cui la Germania invase velocemente Danimarca, Norvegia, Olanda e Belgio. In seguito a questo evento, altri Paesi – Canada, Russia, Stati Uniti e Cina – si allarmarono e decisero di unirsi all'Alleanza. Quando Winston Churchill divenne primo ministro e capo di un governo di coalizione, l'Alleanza fece uno sforzo concreto per fermare l'attacco dell'Asse.

La Francia non poteva mantenere il fronte contro l'esercito tedesco, e alla fine dovette firmare un armistizio. Con la Francia occupata a fronteggiare le forze tedesche, Hitler diede inizio alla battaglia d'Inghilterra, ma gli inglesi riuscirono a scongiurare l'invasione da parte della Germania. Una settimana più tardi, l'11 giugno 1940, l'Italia entrò in guerra, sebbene non fosse affatto preparata. Mussolini intravide comunque un'opportunità espansionistica, con un po' di fortuna e l'aiuto della Germania.

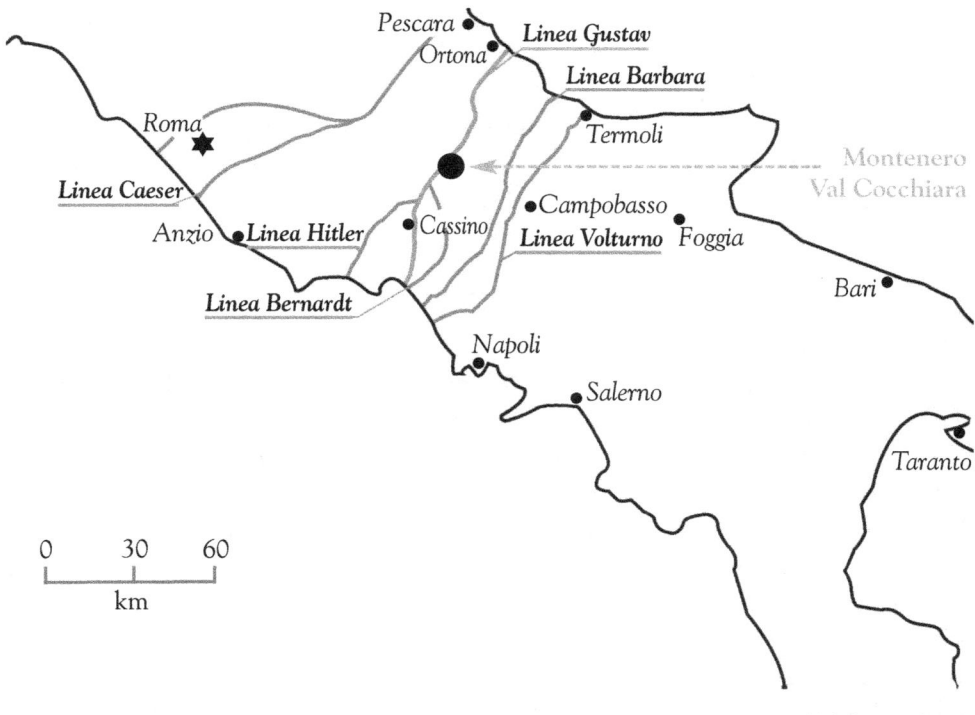

Linee di difesa tedesche

Gli italiani erano stati inviati in Nord Africa dal Regno Unito nel dicembre 1940, ma nonostante ciò agli inizi del 1941 si unirono alla Germania nell'attacco contro Jugoslavia, Grecia e isola di Creta. Mentre le forze dell'Asse erano impegnate sui fronti sud e ovest, il 22 giugno 1941 Hitler mandò un esercito di tre milioni di uomini in Russia. L'evento fu uno shock per i russi, poiché nel 1939 le due nazioni avevano firmato un trattato. Adesso la Germania aveva anche un fronte orientale.

Le potenze alleate affrontarono su tutti i fronti un'azione di contenimento di nazismo e fascismo senza precedenti. La Gran Bretagna tenne duro, nonostante i bombardamenti tedeschi sulle principali città; anche l'esercito russo stava resistendo, in parte perché le truppe tedesche erano sovraccariche e immobilizzate dal rigido clima invernale. Dopo sei mesi di orrendi combattimenti, la battaglia di Stalingrado terminò con la prima grande sconfitta della Germania, nel febbraio del 1943. A maggio, le potenze dell'Asse vennero estromesse dal Nord Africa da Gran Bretagna e Stati Uniti. Inoltre, le forze italiane vennero pesantemente sconfitte sul fronte russo e in Grecia.

Nel luglio 1943, Gran Bretagna, Canada e America invasero la Sicilia via mare e via aria per affrontare le truppe italiane e tedesche. Circa sei settimane dopo, l'isola era in mano agli Alleati. Durante i combattimenti in Sicilia, ci fu un incontro del Gran Consiglio del fascismo, che votò per la rimozione di Mussolini come leader del Partito Fascista. Re Vittorio Emanuele III lo rimpiazzò immediatamente con Pietro Badoglio come primo ministro e lo fece arrestare. Molta parte dei politici e della cittadinanza si era mostrata contraria a Mussolini e alla presenza della Germania sulla penisola.

Il timore era che la Germania potesse provare a rimettere Mussolini al potere, quindi a fine agosto l'ex primo ministro venne trasferito segretamente a Campo Imperatore, nelle selvagge montagne abruzzesi. Durante la prigionia di Benito, il primo ministro Badoglio si attivò per sciogliere i rapporti con la Germania e mise fine al Partito Fascista. Il 3 settembre 1943 ci fu il riconoscimento formale della resa del regno d'Italia agli Alleati. La Germania cambiò totalmente atteggiamento verso l'Italia, diventando molto ostile.

Con la perdita del Nord Africa e della Sicilia, la Germania si preparò all'invasione della penisola italiana. Dove segnare la linea di battaglia? Ovviamente, la Germania voleva tenere le forze Alleate lontane dai propri confini. Simbolicamente, sarebbe stato vantaggioso mantenere il controllo di Roma, la Città Eterna. Hitler indicò tre linee difensive lungo lo stivale, a sud di Roma: la Volturno, la Barbara e la Gustav. Alcune truppe tedesche controllavano ancora più a sud.

Il 3 settembre, l'esercito inglese approdò a Taranto, incontrando poca resistenza. Si spostò quindi verso nord e alla fine catturò degli importanti campi d'aviazione vicino Foggia. Due divisioni di fanteria arrivarono presto come rinforzi. Sempre il 3 settembre, gli eserciti inglese e canadese sbarcarono sulla costa occidentale di Messina. L'esercito tedesco si ritirò, ma rallentò gli Alleati distruggendo le vie di trasporto.

Il 9 settembre 1943, l'Italia ricevette un'importante spinta dagli Alleati: inglesi e americani arrivarono a Salerno per contrastare la pesante resistenza tedesca. Ogni divisione alleata combatté su litorali diversi, guadagnando l'entroterra. Salerno venne presa, ma le forze Alleate rimasero impantanate. Il 12 settembre, gli Alleati persero slancio e andarono sulla difensiva. I contrattacchi della Germania causarono molte vittime. Le forze Alleate marittime e aeree rovesciarono nuovamente le sorti il 14 settembre, e il comandante dell'esercito tedesco, il generale Kesselring, ordinò la ritirata.

A quel tempo, gli alianti a motore portarono silenziosamente le truppe tedesche sul Gran Sasso, in Abruzzo, per recuperare Mussolini. Non venne sparato neanche un colpo – contrariamente a quanto propagandato, e cioè che le forze d'élite lo avevano salvato durante un blitz spericolato. Hitler mise Mussolini a capo della Repubblica Sociale Italiana, un regime fascista fantoccio istituito in nord Italia con qualche sostenitore. Ora in Italia c'erano due governi: Mussolini, a nord, e Pietro Badoglio, sostenuto dagli Alleati, a sud.

Gli Alleati continuavano ad avanzare. Dopo Salerno, l'obiettivo successivo era Napoli. Combattendo per conquistare il nord, l'entrata a Napoli degli Alleati il primo ottobre fu grandemente facilitata da una sommossa popolare contro la Germania. Gli Alleati si spinsero poi verso la Volturno, la prima linea di difesa pensata specificamente dai tedeschi. La linea Volturno si estendeva dalla foce del fiume Volturno a nord di Napoli, attraverso il Molise centrale, fino a Termoli, sulla costa adriatica. Nella zona di Castel San Vincenzo, ad esempio, la maggior parte delle operazioni furono condotte dalle truppe canadesi, osservando i movimenti del nemico e difendendo dai contrattacchi.

Il 6 ottobre, l'ottavo esercito inglese sull'Adriatico forzò le truppe tedesche a ritirarsi dalla Barbara, la successiva linea difensiva sul fiume Trigno. Cinque giorni dopo, il quinto esercito statunitense sfondò la linea Volturno, costringendo le truppe tedesche sulla linea Barbara, a meno 16 chilometri dalla linea Volturno. Date le difficoltà del trasporto dell'attrezzatura militare e delle provviste su un terreno difficoltoso, le divisioni Alleate si presero alcune settimane per riorganizzarsi. I combattenti della resistenza italiana avevano assistito gli alleati, come avevano fatto durante le rivolte a Napoli. Il 13 ottobre 1943, l'Italia dichiarò guerra alla Germania e divenne membro degli Alleati.

Il combattimento iniziò il 3 novembre 1943; infine, il 9 novembre, le prime linee alleate si trovarono faccia a faccia con l'esercito tedesco sulla Gustav. Questa era la più formidabile linea difensiva segnata a sud di Roma, e correva lungo il corso naturale del fiume. Sul versante occidentale della penisola ci sono i fiumi Garigliano e Rapido; questo raggiunge Monte Cassino, sede di una famosa abbazia benedettina fondata nel VI secolo. Poiché Monte Cassino si trovava nella posizione più strategica, rappresentava la principale roccaforte tedesca sulla linea Gustav. Sull'altro lato della penisola, il fiume Sangro segnava la porzione occidentale della linea Gustav, che finiva a circa 22,5 chilometri a nord di Vasto.

Nell'autunno del 1943, sulla linea Gustav stazionavano quindici divisioni tedesche. Lungo la linea c'erano soldati con le loro armi da fuoco portatili, postazioni con mitragliatrici e artiglieria, e bunker. Campi minati e filo spinato servivano a ostacolare le cariche degli Alleati. Se si aggiungono le truppe ritiratesi dalla linea Barbara, il totale delle divisioni tedesche sulla Gustav era arrivato a ventitré unità; il formidabile esercito era quindi formato da 215.000 truppe posizionate nei punti migliori lungo la linea. Contrastavano così l'avanzata degli Alleati, i cui numeri erano tre volte superiori a quelli tedeschi.

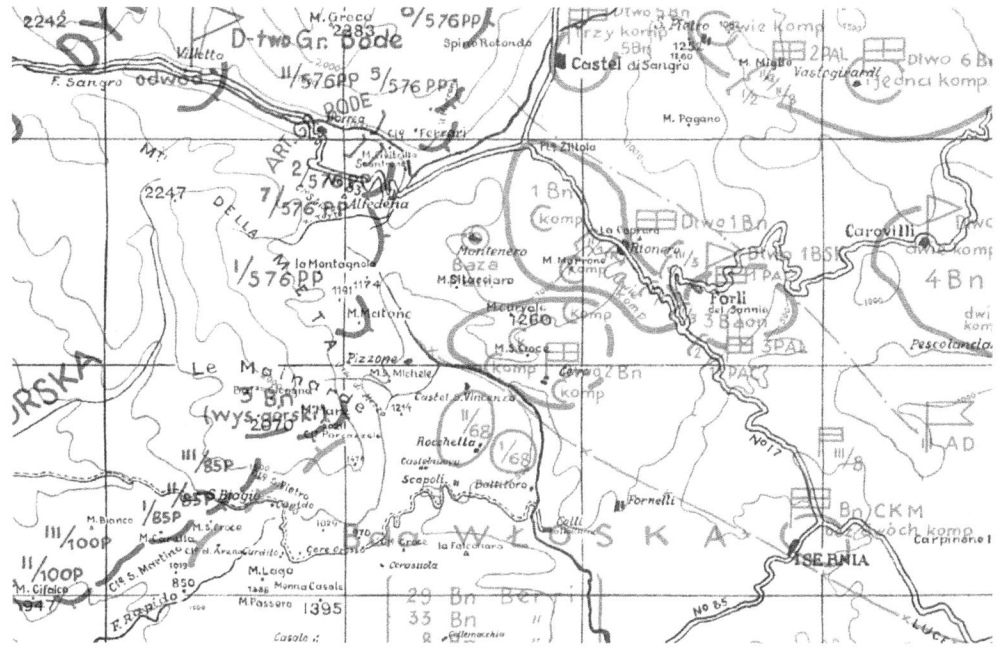

Mappa militare polacca indicante le posizioni degli Alleati e delle divisioni tedesche lungo la Linea Gustav. Foto gentilmente concessa da Miroslaw Kucharski.

Carro armato con mitragliatrice a guardia dell'ingresso di Montenero, 2 marzo 1944. III plotone, III battaglione.
Signal Corps photo #MM-5-44-2044.
Foto gentilmente concessa da Dave Kerr.
Archivi nazionali, foto no. SC-187829.

Montenero

NEL MEZZO DELL'AZIONE MILITARE

Montenero si trovava sulla linea Gustav, tra l'esercito tedesco e gli Alleati. Era sul confine tra Abruzzo e Molise, sugli Appennini, a circa 97 chilometri dalle coste adriatica e tirrenica. Per la sua posizione, si trovava tra il quinto esercito americano e l'ottavo esercito inglese.

Già il 2 novembre, prima che le forze alleate raggiungessero Montenero, la prima London Irish Rifle inglese venne posizionata su un terreno elevato a sud del fiume Sangro, coprendo la strada dal paese. Sulla via c'erano più forze. Il 4 novembre, l'unità di fanteria inglese entrò nella deserta Isernia. Cinque giorni dopo, presero Forlì del Sannio. Il generale Miles Dempsey ordinò alla quinta divisione inglese di avanzare verso Alfedena e Castel d Sangro. Fortemente difesa, Alfedena era un punto strategico lungo la statale 83, e il tragitto per Montenero "era l'unica via possibile verso la linea interna delle difese nemiche" che i tedeschi avessero schierato lì.[4]

L'Inghilterra pianificò un importante attacco lungo la costa orientale. Nella speranza di distrarre i tedeschi e diradare le loro difese nell'area, programmarono un finto attacco contro la zona Alfedena/Castel di Sangro.

> *Il 14 novembre il quartier generale [...] definì il ruolo di comando assegnato alla terza brigata canadese nel piano ingannevole. La quinta divisione, simulando un tentativo di contatto con il quinto esercito americano, voleva tagliare la strada laterale tra Castel di Sangro e Alfedana.*[5]

> *[...] Venne pianificato uno schema elaborato per creare l'impressione che l'assalto sarebbe stato effettuato dai corpi di Dempsey attraverso le montagne, piuttosto che dal quinto corpo lungo la costa. Ciò significava nascondere la concentrazione sulla destra e, prima che fosse lanciato l'attacco principale, presentare una forte minaccia da parte del tredicesimo corpo contro Castel di Sangro e Alfedena – due città nella parte alta del fiume Sangro che comandavano le strade verso nord-ovest di Avezzano.*[6]

Secondo Kemp, il 22 novembre Montenero era ancora nelle mani della Germania, ma i tedeschi scelsero di ritirarsi con l'arrivo degli Alleati. "Nella notte tra il 22 e il 23 novembre piovve incessantemente. Il quartier generale del battaglione si trasferì a Montenero, stabilendo lì il punto ammunizioni, mentre gli ingegneri reali erano impegnati a rimuovere le mine tedesche."[7] Lo stesso giorno, l'ottavo esercito inglese iniziò un'offensiva sul fiume Sangro. La quinta divisione inglese raggiunse Alfedena, a 11 chilometri a nord di Montenero, scoprendo che le truppe tedesche si erano ritirate. Con l'aiuto dell'artiglieria americana, un plotone canadese catturò Castel San Vincenzo, a circa 16 chilometri a sud di Montenero. I primi di dicembre, i canadesi si spostarono da Isernia a Castel di Sangro, passando da Rionero. La loro avventura viene riportata da David Cole, che la visse in prima persona:

Dopo una corsa a bordo di un vecchio autocarro lungo le strade di montagna, fummo scaricati al paesello di Rionero. Da lì in poi, come segnalato da frequenti cartelli e dalla presenza di camion bruciati, il resto della strada era sotto l'osservazione e il fuoco nemici.

Rionero era un posto terrificante, i cui edifici erano stati ampiamente distrutti dalle demolizioni e dai bombardamenti tedeschi. Le strade e i campi erano ricoperti di fango, e i ratti, comprensibilmente delusi per i loro alloggi, si spostavano freneticamente da una rovina all'altra. Una nube bassa stendeva una nebbia umida sopra ogni cosa. Mentre eravamo lì, le granate tedesche esplosero nel fango, lasciando detriti tutto attorno e ricordandoci che non importava più quanti giorni mancassero a Natale.[8]

Chiunque abbia visitato Montenero conosce bene la strada per Castel di Sangro, dove le statali 17 e 83 si incontrano nei pressi del ponte sul fiume Zittola. Arrivando all'incrocio con Rionero, c'è una brusca curva a destra per Castel di Sangro. Come racconta Cole:

Qui, all'incrocio, girammo a destra e, facendo una strage, ci catapultammo giù per una strada dritta e piatta – la SS 17 – che portava sotto lo sguardo dei tedeschi, verso Castel di Sangro. Il fiume, che corre parallelamente alla strada, era così vicino che potevamo sentire il rombo della corrente e intravedere il chiaro di luna scintillare sulle increspature. Sull'altro lato, potevamo vedere la linea ferroviaria serpeggiare attorno ai piedi delle montagne e, oltre quella, i pendii boscosi da cui l'enorme massa di creste si scaglia verso il cielo. Fu una camminata angosciante e piuttosto spaventosa. C'era solo il fiume a separarci dai tedeschi, e le loro pattuglie, come sapevamo, lo attraversavano regolarmente per seminare mine e fare imboscate lungo la strada.[9]

Già a novembre era evidente che, quando i tedeschi si ritiravano da un paese o da una città, distruggevano tutto ciò che poteva servire agli Alleati. Questa tattica includeva gli edifici, e in alcuni casi era una forma di vendetta nei confronti dell'Italia che si era unita agli Alleati. Gli abitanti ricevevano un avviso di evacuazione, dal quale evincevano il giorno in cui le loro case sarebbero state distrutte. "Con la tipica precisione che li contraddistingueva, i tedeschi confiscavano cibo e bestiame, sfrattavano i poveri abitanti e poi incendiavano o radevano al suolo le loro case."[10] Dal diario di uno dei presenti: "Castel del Giudice era visibilmente in fiamme [...] San Pietro era raso al suolo, anch'esso in fiamme, e lo stesso Ateleta e Caprocotta."[11] In molti rimasero senza casa.

Per Montenero, il 6 novembre fu un giorno sventurato. I tedeschi avevano annunciato che avrebbero distrutto il paese e bisognava evacuare. La famiglia di Oreste ed Elia Caserta, assieme ad altri compaesani, andarono a Cupone, vicino Cerro al Volturno, dove stazionavano le truppe americane. Alcuni si spostarono nei paesi vicini, altri si rifugiarono nelle campagne. Il bombardamento non risparmiò quasi nessuna abitazione. Perfino i gioielli di architettura montenerese vennero distrutti o danneggiati, come ad esempio le due bellissime case di Filippo Procario. Si trovavano vicino a dove oggi sorge un piccolo santuario, il Monumentino.

Molti paesi subirono la stessa sorte. Quando la terza brigata di infanteria canadese e il regimento West Nova Scotia arrivarono a Castel di Sangro, constatarono che neanch'esso era stato risparmiato. Un soldato riporta: "La città era in rovina. Eravamo così esposti che qualsiasi movimento fatto senza la copertura di muri o vegetazione avrebbe potuto attrarre immediatamente una grandine di proiettili, bombe a mortaio o mitragliate."[12] Il fuoco mortale proveniva principalmente dal Punto 1009, la ripida collina che domina la città. La Compagnia B del regimento West Nova Scotia lo attaccò il 23 novembre, ma i canadesi furono respinti riportando quattro morti, dieci feriti e sedici prigionieri.

Il giorno seguente, l'artiglieria ridusse in polvere il Punto 1009. Nel giro di trenta minuti, erano stati scaricati cinquemila colpi. Dopo il bombardamento, la Compagnia A caricò la collina, mentre la Compagnia C provvedette al fuoco di copertura. Quando le truppe raggiunsero la vetta, i tedeschi si erano già ritirati. Il 1009 era un eccezionale punto di osservazione sulla valle del fiume Sangro. La maggior parte degli edifici di Castel di Sangro era stata distrutta. "Per puro errore, alcuni edifici erano rimasti intatti."[13] I quartier generali dei battaglioni avanzati confluirono in uno solo. Gli abitanti del posto iniziarono a tornare in città dopo essere rimasti nascosti nelle montagne, ma delle loro case non era rimasto più niente.

Quasi in tutta la zona tra Alfedena e l'Adriatico non c'era traccia delle forze tedesche, che avevano comunque posizionato dei battaglioni della 305esima divisione su un promontorio appena sopra la strada che congiunge Alfedena con Barrea, per difendere i passi montani. Un altro reggimento della stessa divisione si trovava nei pressi di Pizzone. A circa 16 chilometri a nord di Castel di Sangro, a Rocca Cinquemiglia, alla prima divisione dei paracadutisti tedeschi fu assegnato il compito di interrompere le comunicazioni e attaccare gli Alleati. L'artiglieria tedesca fu posizionata sul Monte Arazecca, a ovest di Rocca Cinquemiglia, su un punto panoramico che guarda la strada tra Castel di Sangro e Roccaraso. Durante la settimana seguente, la zona fu relativamente tranquilla.

Quando l'esercito tedesco si ritirò dalla linea Gustav, le forze alleate si avvicinarono per sondare il terreno e definire le posizioni nemiche. In novembre e dicembre, Montenero risentì del freddo, così come ne risentirono gli spostamenti delle truppe lungo la linea. A novembre, le truppe stavano arrivando dentro e attorno a Montenero. Dell'ottavo esercito inglese facevano parte scozzesi, irlandesi, inglesi, belgi e polacchi. Il secondo reggimento di Wiltshire includeva il secondo reggimento di fanteria di linea irlandese e il secondo reggimento cameroniano scozzese. Le truppe belghe e polacche erano sotto l'ottavo esercito inglese. La loro prima mansione era la ricognizione.

L'azione poteva talvolta essere brutale. Alcune truppe vennero mandate in congedo a Campobasso per riprendersi; altre vennero trasferite in altri settori di battaglia. Il colonnello J. Kemp offre un'ottima descrizione delle condizioni del trasferimento di una delle truppe, che serve da esempio per altri trasferimenti futuri:

> *Nel pomeriggio del 26 novembre, il secondo Seaforth arrivò dalla riserva della brigata per rimpiazzare i fucilieri. I bombardamenti da parte dei tedeschi stavano aumentando di intensità, e i camion con i rifornimenti che viaggiavano da Rionero a Montenero erano stati attaccati, causando dispersioni e ritardi. L'operazione di rifornimento fu completata alle 4 del mattino del 27 novembre, e i fucilieri furono riportati indietro a San Angelo con i mezzi di trasporto che avevano portato avanti il Seaforth. Durante questa operazione, il battaglione ebbe 4 perdite, 25 feriti e 11 dispersi.[14]*

Nel raccontare la sua esperienza con il quinto battaglione, il regimento Northamptonshire, Ivor Cutler scrive quanto segue:

> *Le pattuglie di ricognizione sotto l'ufficiale comandante andarono nella zona di Montenero, e nella notte del 10 dicembre [...] demmo il cambio*

al secondo regimento Wiltshire (quinta divisione). Il terreno era molto accidentato e montagnoso, si andava dai 900 ai 1500 metri, ed era necessario utilizzare i muli per trasportare razioni, munizioni e altre scorte alle compagnie che stavano avanti.

Il carro trainato dal mulo era su un sentiero difficile, e ci volle circa un'ora per concludere il viaggio. Due plotoni, 75 muli ciascuno, vennero portati al paese e messi a disposizione del battaglione.[15]

Cutler continua, spiegando le attività del battaglione:

Le nostre pattuglie erano impegnate principalmente a impedire l'infiltrazione delle pattuglie nemiche, a capire le intenzioni del nemico, a non lasciare che interrompessero i contatti, e trovare degli attraversamenti sul fiume. Il nemico stava occupando l'altopiano sull'altro lato del fiume e trovammo le loro pattuglie intraprendenti. Due squadre furono viste con mantelli bianchi per mimetizzarsi con la neve.[16]

I tedeschi bombardarono dei punti strategici dentro e attorno Montenero, e le truppe inglesi distrussero gli obiettivi con colpi di artiglieria e pesanti cannonate 4.2. Ci furono morti e qualche prigioniero. La presenza degli Alleati a Montenero fu rinforzata il 22 dicembre, con l'arrivo di quattro ufficiali dal Sud Africa e, due giorni dopo, di ottantasei soldati che si unirono alla lista.

Le truppe non avrebbero mai dimenticato di celebrare il Natale a Montenero. Si divisero i compiti, festeggiando alcuni il 25 e altri il 27. Come racconta Cutler:

Il giorno seguente, in paese, dopo la comunione ci furono i canti di Natale, e i soldati consumarono un fantastico cenone. [Il battaglione] comprò tacchino, pudding, arance, mandarini, fichi, nocciole e carne trita. [La Marina, l'Esercito e l'Aeronautica] fornirono vino, birra, whiskey, cioccolata, sigarette e maiale, assicurandosi che non mancasse niente. Fu bellissimo.[17]

La compagnia più vicina al nemico poté sentire la canzone *Silent Night* cantata in tedesco,[18] scritta originariamente da un prete cattolico in Austria. Il silenzio in cui rimasero immersi i soldati divenne un ricordo, poiché molti di quelli di base a Montenero e dintorni sarebbero stati presto trasferiti per combattere a Cassino.

Arrivano i commandos

Quello stesso dicembre, prima di Natale, la terza divisione canadese si era spostata da Rionero per incontrare le truppe inglesi a Castel di Sangro. Altre truppe avevano raggiunto subito la zona per offrire supporto. Sotto l'ottavo esercito inglese c'era l'unità speciale di commando numero 10, composta da otto truppe di soldati prevalentemente stranieri. Tre delle unità erano posizionate nell'area di Montenero, compresi i commandos esiliati dal Belgio (truppa numero 4) e dalla Polonia (truppa numero 6).

Carro armato della III divisione Carpathian Rifle che avanza
nei pressi di Montenero nel marzo del 1944.

Ven der Bijl scrive: "Il 13 dicembre si unirono alla 56esima [London Infantry Division] e furono messi sotto il comando del 56esimo regimento di ricognizione, la cui posizione tattica si estendeva da Villa Santa Maria a Castel di Sangro, verso il centro delle difese tedesche conosciute come linea Gustav."[19] È interessante come i popoli nordeuropei, costretti all'esilio dall'invasione tedesca, vennero in Italia per combattere contro la Germania. Le truppe belghe e polacche erano supportate dalla truppa numero 3, un gruppo noto anche come Truppa X, composta per la maggior parte da ebrei tedeschi e austriaci.

La missione primaria della sesta truppa polacca era di pattugliare l'area e attaccare o fermare il nemico, dove possibile. Allo stesso modo, un altro gruppo polacco, la terza divisione indipendente Carpathian Rifle, sotto il maggiore generale B.B. Duch, condusse la ricognizione lungo circa 40 chilometri della linea Gustav. L'obiettivo principale era "la ricognizione del promontorio strategico di Montenero, al fine di negare questo terreno ai tedeschi, che avrebbero poi minacciato il fianco orientale dell'ottavo esercito."[20]

L'attacco alla stazione ferroviaria di Alfedena fu un successo, e riuscirono a indebolire le difese tedesche nella zona a sud di Pizzone. La terza divisione Carpathian Rifle non cedette, offrendo spostamenti sicuri sulle strade che connettevano Alfedana, Castel San Vincenzo e Rionero, inclusa l'intersezione sul fiume Zittola. Le strade erano importanti per mantenere aperto il trasporto delle provviste. I soldati pattugliavano a bordo di veicoli corazzati Montenero e le colline circostanti – il Calvario, Colle Gallina e Monte Sitacciaro – verso Alfedena. Perlustravano inoltre i punti chiave sui rilievi, come Monte Miglio, Monte Pagano, Montagnola, Monte Morrone e Monte Curvale. Il nemico era vicino. In diverse occasioni, le truppe tedesche si erano intrufolate a Montenero venendo respinte dalle truppe polacche.

IV truppa belga, X commando a Montenero. Arrivarono nel dicembre del 1943 per operazioni di pattugliamento e attacco.

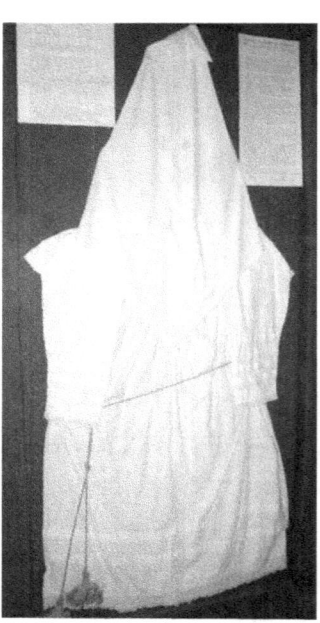

Una delle tuniche utilizzate a Montenero, attualmente conservato al Museo dei Commandos Belgi.

La quarta truppa belga partecipò assieme ai polacchi alle missioni di ricognizione e alla gestione del nemico. Questo gruppo di commando era composto da oltre cento uomini sotto la direzione del capitano George Danloy.

Uno degli ufficiali che aiutarono dall'unità fu il luogotenente Albert Deton. Il 3 gennaio 1944, durante un giro di pattuglia notturno su una collina nei pressi di Montenero, Deton fu sparato e ucciso. Il suo nome è immortalato sulla targa di un monumento nella piazza di San Pietro Avellana, a circa diciassette miglia da Montenero, assieme a quello del corporale Marcel Mairesse. Questo fu ferito mortalmente durante un pattugliamento notturno dietro le linee nemiche vicino questo comune. Per aiutare i commandos belgi a confondersi con il terreno innevato, il parroco di Montenero fornì loro dei camici bianchi. Uno di questi camici è esposto al Museo dei Commandos Belgi, a Flawinne, poco più a sud di Bruxelles.

Come annotato nei diari polacchi, "la direzione più importante per la ricognizione era la zona di Montenero."[21] Per l'operazione del 17 febbraio chiamata "Foxtrot", le truppe passarono da Colle Alto e dal Calvario "verso la stazione ferroviaria di Alfedena, dove avevano preparato un'imboscata e distrutto le difese tedesche, infliggendo importanti perdite al nemico." Azioni simili vennero intraprese il 20 febbraio durante l'operazione Orzel, e il 3 e il 4 marzo nella zona di Colle Gallina.

Le truppe belghe e polacche accolsero il secondo battaglione London Irish Rifles, che arrivò a Montenero alle 19 da Campobasso, dalla statale 17 che passa da Rionero:

> *Il 27 dicembre iniziarono a spostarsi, finendo nuovamente nella linea sulle colline vicino a Montenero. Arrivò la vigilia di Capodanno, e con essa una tempesta di neve che chi l'ha vissuta non dimenticherà mai. La neve cadde tutto il giorno, diventando pian piano sempre più spessa. Alle 16, la Compagnia G si imbatté in una pattuglia tedesca di quaranta persone e ne derivò un violento scontro. La visibilità era così scarsa che ben poco si poteva vedere degli effetti del fuoco o dei nemici morti. Infine si ritirarono e scomparvero nella tormenta. Verso notte, la neve era alta quasi un metro e mezzo, e il giorno seguente venne dato il permesso di ritirare le compagnie anteriori a Montenero.[22]*

Il 30 dicembre, il London Irish Rifles, assieme alla truppa belga, attaccò i tedeschi attorno a Montenero. Tali contrasti con le truppe tedesche accadevano regolarmente. Per fortuna, la sicurezza attorno a Montenero fu rafforzata quando il reggimento Northamptonshire fu esonerato, e al suo posto arrivò il London Irish Rifles, che si insediò nel quartier generale il 31 dicembre. Le truppe vennero organizzate in compagnie e in un battaglione dentro e attorno al paese, con il maggior-generale Keightley come comandante di divisione:

Compagnia/Battaglione	Luogo
Compagnia F: Alto 0447	sopra SS 158 N of MV
Compagnia E: Colle Calvario 0346	sopra SS 158 W of MV
Compagnia G: Il Monte 0342	sopra SS 158 SW of MV
Compagnia H e Battaglione HQs	a Montenero 035829

Il sergente quartiermastro di compagnia, Edmund O'Sullivan, scrisse dell'arrivo del London Irish Rifle a Montenero con cinquecento uomini. Trecento di essi vennero posti sulle colline circostanti, ma circa duecento rimasero al paese. "Ciò significava che molta della popolazione locale era stata dislocata. Lo stesso avvenne in tutta Italia. Uno stato popoloso e sovraffollato aveva due vasti eserciti che avevano occupato quasi tutti i pochi alloggi disponibili, distruggendo allo stesso tempo la maggior parte delle strutture del Paese."[23]

Nei primi mesi del '44, ci furono numerosi scontri tra Germania e forze alleate lungo la linea Gustav nel settore Montenero. All'alba del 19 gennaio, due plotoni della Compagnia E vennero posizionati nei boschi innevati sul Monte Calvario, vicino Alfedena. Ci furono colpi con venti granate, di cui una diretta sul quartier generale del plotone. Solo il comandante rimase illeso. Le truppe saltarono nelle trincee per proteggersi. Subito dopo il primo bombardamento, entrambi i plotoni "vennero attaccati a corto raggio, ognuno da un gruppo di circa venti tedeschi che usarono mitra, fucili, bombe a mano e baionette."[24] I membri di un plotone composto da tredici uomini furono tutti uccisi o catturati. Cinque uomini dell'altro plotone fuggirono.

Vennero chiamate altre truppe della Compagnia E, che contrattaccarono con il supporto dell'artiglieria inglese, facendo ritirare il nemico a Barrea. I tedeschi fecero dei prigionieri, poi salvati in seguito a uno scontro a fuoco. In tutto, le truppe alleate avevano subito sei morti, quattordici feriti e diciannove prigionieri. I tedeschi contavano sei vittime, un solo ferito e un prigioniero; altri si ritirarono, probabilmente feriti.

I tedeschi entrarono davvero a Montenero un paio di volte, ad esempio il 7 marzo, ma vennero subito respinti. Tra il 19 marzo e il 20 aprile, persero Montenero e anche Alfedena contro gli alleati.

Diari di guerra

I diari di guerra del London Irish Rifles, della sesta truppa di Commando polacca e della seconda Cameronians Scottish Rifles forniscono resoconti giornalieri di ciò che accadde a Montenero dal novembre 1943 al giugno 1944. Si legge del flusso costante delle truppe tedesche e alleate che regolavano le rispettive linee di battaglia, e del pattugliamento atto a intercettare qualsiasi cambiamento o a raccogliere informazioni sulle posizioni nemiche, il piazzamento dell'artiglieria e l'uso di mine.

I report giornalieri raccontano di morti o feriti risultanti da piccoli scontri o da bombardamenti aerei. I racconti sono sia da parte degli Alleati che dei tedeschi, in aggiunta alle statistiche sui prigionieri. Case e ponti venivano bombardati giorno e notte. Le attività militari dipendevano molto dalle condizioni metereologiche, motivo per cui venivano rilevati la profondità del fiume e lo spessore della neve. Durante i mesi invernali, le provviste non potevano essere sempre consegnate con i veicoli a motore, tanto che spesso venivano usati i muli. La zona veniva pattugliata anche da sciatori esperti appartenenti alle truppe belghe. Lo stato delle comunicazioni – o delle mancate comunicazioni – veniva monitorato in quanto collegamento essenziale tra le truppe alleate. Si lavorava costantemente per rimanere aggiornati sui cambiamenti al fronte. Gli intensi doveri militari venivano alleviati da periodi di riposo e licenza, solitamente a Campobasso.

I diari di guerra includono anche delle annotazioni riguardanti le attività dei civili, alcuni impiegati come informatori, che provavano ad adattarsi alle condizioni imposte dalla guerra. Le funzioni liturgiche e le parate tenevano alto il morale. Tra tutti i dettagli riportati nei diari, gli aspetti più profondi dell'affrontare la vita a Montenero durante la guerra possono essere rintracciati nelle storie personali di chi è sopravvissuto. Le esperienze vissute in prima persona sono spesso così dolorose che è difficile condividerle.

Racconti personali

"Mano a borsa". Tutti conoscono il gesto – dita e pollice uniti all'insù, con la mano che si muove avanti e indietro verso la bocca – usato per chiedere pressoché ogni cosa. Se la domanda è importante, si usano entrambe le mani. Secondo alcuni, questo gesto risale a quando si mangiava con le mani, senza utensili: il cibo si prendeva con le dita e si portava alla bocca. Ma cosa succede quando non c'è cibo? La mano è vuota, ed è un grande problema, che ha spesso segnato la storia d'Italia. A Montenero, durante la seconda guerra mondiale, i civili andavano spesso a letto digiuni.

La guerra distrusse l'agricoltura e le attività associate alla produzione di viveri. A Montenero, ad esempio, mulini, fienili e case vennero completamente distrutti dai bombardamenti tedeschi. Durante e dopo il conflitto, i bambini andavano spesso in mezzo alle macerie in cerca di cibo o qualsiasi altro oggetto utile, come giocattoli o vestiti.

Prima che l'Italia cambiasse fazione, dichiarando guerra alla Germania, i rapporti tra soldati tedeschi e italiani erano accettabili. Quando i soldati occuparono il paese, i locali nascosero il cibo e persino il bestiame, quando possibile, onde evitare che venissero confiscati. I bambini erano abbastanza coraggiosi da rubare le sigarette dalle tasche dei soldati, senza preoccuparsi delle conseguenze. I civili obbedivano alle regole imposte dagli ufficiali militari. I rapporti tra italiani e tedeschi cambiarono dopo che l'Italia si unì agli Alleati. Per descrivere le azioni commesse dai tedeschi, in Italia si cominciò a usare il termine atrocità.

L'occupazione tedesca di Montenero

Le storie sulle esperienze personali dei monteneresi durante l'occupazione tedesca potrebbero essere migliaia. La drammaticità e l'orrore di certi ricordi spesso impediscono che il passato venga a galla. Sappiamo che la tattica della "terra bruciata" portò alla distruzione di molte case a Montenero. Sembra di sentire i fischi dalle bombe, che davano qualche secondo di tempo per fuggire di casa e raggiungere zone più sicure. I bambini si accucciavano a terra nei campi o nelle strade, con le mani sulla testa. Il paese venne raso al suolo da cima a fondo. Vicino all'intersezione tra via Nostra Signora Lourdes e via Immacolata, Filippo Procario aveva due bellissime case che vennero distrutte. Oggi, dove un tempo c'era una casa nel quartiere Corte nella parte alta di Montenero, c'è uno spazio vuoto. Come detto prima, della casa dei miei nonni, Serafino (1860-1942) e Angela Di Marco (1865-1926), rimangono solo le macerie. La perdita dei beni materiali è solo una parte di ciò che la popolazione dovette subire.

Quando le truppe tedesche arrivarono a Montenero, si appropriarono delle case migliori. Col passare dei mesi, i rapporti si inasprirono, soprattutto dopo che l'Italia si unì agli Alleati. Era tempo di guerra. I tedeschi mantenevano l'ordine intimidendo con l'uso delle armi. Era stato imposto il coprifuoco. Il miglior punto di osservazione sul paese era il campanile della chiesa. Una mitragliatore tedesco che stava lì di vedetta si accorse di un uomo che camminava verso il pantano. Ci fu un colpo di avvertimento, ma l'uomo continuò ad avanzare, così il soldato aprì il fuoco e lo uccise. Quell'uomo era Pietro Iacobozzi, fratello di mia bisnonna Filomena Iacobozzi Caserta. Era un anziano, quasi del tutto sordo. Quel colpo di avvertimento, lui non l'aveva neanche sentito.

Un altro parente, Mariano Di Marco, fu tra quelli allineati davanti a un plotone d'esecuzione nei pressi di Portanova, all'inizio della strada che porta lo stesso nome. Due uomini, Mariano e Alfredo Tornincasa, fuggirono per salvarsi la vita. Mariano fu colpito alle spalle. Morendo, lasciò una moglie e quattro figli. Alfredo Tornincasa venne ferito e guarì. Nella concitazione del momento, gli altri riuscirono a mettersi in salvo.

Quando un soldato è lontano da casa e sa che potrebbe morire in qualsiasi momento, i normali limiti imposti dalla morale possono facilmente venire meno. I civili venivano abusati in modi che spesso è doloroso anche solo descrivere. I soldati tedeschi mutilavano le donne privandole dei seni, oppure le stupravano. A Montenero, la gente si nascondeva in casa, tremando al suono dei passi dei soldati fermi sulla soglia per fumare una sigaretta. Una donna e sua figlia furono entrambe uccise nella loro abitazione per aver opposto resistenza.

Dopo aver vissuto in uno stato di tirannia e aver assistito a orrendi crimini, molti monteneresi lasciarono il paese in cerca di sicurezza. In seguito all'arresto di Mussolini, i soldati italiani non sapevano più quale fazione politica supportare. Il destino era incerto. Amelio Procario, soldato montenerese di servizio a Roma, pensò un modo per non dover decidere: si travestì da donna e partì per la Grecia, con la borsetta sotto braccio. Molti scelsero di trasferirsi in altri paesi o si nascosero nelle montagne. Nei pressi del pantano di Montenero, c'è una grotta in cui molti si nascondevano mentre i soldati tedeschi stazionavano in paese. Di notte, i paesani tornavano di nascosto nelle loro case o in posti sicuri e segreti per recuperare dei viveri. Oggi, l'ingresso della grotta si vede a malapena tra la vegetazione, e la parte interna è crollata. Negli anni '40 la grotta era più spaziosa, e il massimo della comodità era del pagliericcio su cui dormire. In queste condizioni, e con così tanta tensione, non sorprende che una giovane donna incinta abbia perso il proprio bambino mentre si nascondeva nella caverna. Per non venire ucciso dai tedeschi, il coraggioso marito della donna, assieme a un amico, portò nottetempo il corpicino senza vita nella chiesa del cimitero, per lasciarlo sull'altare. Era tutto ciò che potessero fare.

Prima di ritirarsi da Montenero, i tedeschi radunarono chiunque in paese potesse trasportarli ai campi, come quello a Pescocostanzo. Mentre Aristide Di Marco veniva trasferito a bordo di un camion, notò una fitta boscaglia sul ciglio della strada e ci saltò dentro, riuscendo a non farsi notare. Per fortuna, sopravvisse per poter raccontare questa storia e farsi una famiglia. Mentre era prigioniero, aveva pregato la Madonna, promettendo che se fosse riuscito a scappare avrebbe chiamato sua figlia Maria, e così fece.

La madre di Aristide, Rosa Di Nicola, a quei tempi era un'anziana donna minuta. La sua famiglia e quella di Pede stavano progettando il modo per sfuggire ai tedeschi. Rosa mise a rischio la sua vita offrendo del cibo a una guardia e pregandola in ginocchio di lasciar scappare le due famiglie. Pasquale

Pede mandò il giovane figlio Clemente al fienile nella zona di San Sisto al pantano per salvare i loro cavalli. Il ragazzo riuscì a sgattaiolare e rimase nel rifugio per tre giorni, solo e terrorizzato, aspettando che gli altri lo raggiungessero. Arrivarono al fienile, così come fecero altri Monteneresi. Da lì, tutto ciò che potevano vedere era il paese divorato dalle fiamme.

Anche dopo la ritirata dei tedeschi dal paese e l'arrivo delle forze alleate, il pericolo era sempre in agguato. Un giorno, un'esplosione ruppe improvvisamente la calma. Non appena venne udito lo scoppio, mia prozia Ernesta Caserta (Gonella/Mazzocco) corse alla finestra urlando. A quanto pare, capì istintivamente che suo figlio Antonio Mazzocco era stato ucciso. Il ragazzino, assieme ad altri quattro coetanei, stava raccogliendo pezzi di metallo e altri oggetti da rivendere. Trovarono una granata, la lanciarono, e questa scoppiò a piazza Gigliotti, vicino all'attuale Monumentino. Il luogo è anche conosciuto come piazza dei cinque martiri. Lo stesso accadde ad altri bambini in via Roma.

Giocando a calcio, dei bambini notarono un uomo avvicinarsi con in mano una granata appena trovata. Quando calciarono la palla, il giovane Ludovico Di Fiore corse lontano per recuperarla. Nel momento in cui la prese, sentì un'esplosione che uccise i suoi amici, tra cui il cugino Guerino Tornincasa. La vita di quei ragazzini fu stroncata nel fiore degli anni.

Un bambino di sette anni trovò una granata nel giardino accanto casa. Era il piccolo Ernesto Caserta (1937-2010), figlio di Oreste ed Elia Miraldi. La granata gli esplose in mano, facendogli perdere alcune dita. Gli Alleati lo portarono a Rionero, dove venne curato in un'unità medica americana. Per scongiurare qualsiasi complicazione, i dottori decisero di amputargli l'arto. Pochi mesi dopo, il bambino tornò a casa, e con lui c'era anche Apolonia (Zero) Bonaminio, che era stata curata per una ferita alla gamba. Ernesto non avrebbe mai potuto svolgere i lavori associati alla vita di paese, così i suoi genitori lo mandarono a studiare a Napoli all'età di dodici anni. Si diplomò al liceo statale "Antonio Genovesi" nel '57, e continuò a seguire la sua passione per gli studi accademici.

Dopo che la famiglia Caserta fu emigrata a Erie, Pennsylvania, Ernesto continuò con gli studi fino a ricevere un dottorato ad Harvard. Insegnò lingua e letteratura italiana alla Boston University dal 1967 al 1970, e alla Duke University dal 1970 al 2001. Il professor Caserta è stato autore di numerosi libri e articoli pubblicati in Italia e in America, in particolar modo sul filosofo e critico letterario Benedetto Croce e sugli scrittori del XIX secolo, Alessandro Manzoni e Giacomo Leopardi. È stato inoltre di ispirazione in tutto il mondo per lo studio e l'apprezzamento della storia e della cultura italiana. Ernesto ha avuto un ruolo essenziale nella stesura del presente libro, che non sarebbe venuto alla luce senza il suo premuroso incoraggiamento.

Tutti i monteneresi che si trovavano sulla linea Gustav, dai neonati ai più anziani, riportarono cicatrici sia fisiche che mentali. Quanto raccontato poc'anzi offre uno scorcio delle avversità che la popolazione dovette affrontate in quel periodo. I superstiti andarono avanti con le loro vite, qualcuno con più facilità rispetto ad altri. Le immagini e i ricordi degli orrori della guerra sono spesso così prepotenti da devastare l'animo umano. L'esperienza può altresì essere di ispirazione ad altri, insegnando a vivere perseguendo un obiettivo. I sacrifici di chi ci ha preceduto offrono una vita migliore a chi verrà.

Ci sono delle cause pendenti riguardanti le atrocità commesse dai tedeschi in Italia che vanno avanti dalla seconda guerra mondiale. Molti civili rimasero vittime di incidenti quando le truppe tedesche si ritirarono dalla linea Gustav, verso nord. Per quanto riguarda i crimini di guerra dei nazisti, i documenti riportano che quasi 14.000 civili italiani morirono in più di 5300 singoli casi che coinvolsero bambini, donne e anziani. Questi numeri non includono i casi con coinvolti degli ebrei. Uno degli episodi più ignobili ebbe luogo in un paese di montagna in Toscana. "Quando i nazisti si stavano ritirando in Nord Italia nell'agosto del 1944, la sedicesima divisione delle SS uccise 560 civili, inclusi 130 bambini, a Sant'Anna di Stazzema, sulle colline toscane."[25] A meno di 25 chilometri da Montenero, ci fu il massacro di Pietransieri: i soldati nazisti uccisero 128 civili il 21 novembre del 1943. La causa riguardante Pietransieri, spesso associata a Roccaraso, è ancora in corso. "La corte condannò la Germania a pagare 1,6 milioni di euro alla comunità e 5 milioni di euro ai familiari delle 128 persone uccise nel paese abruzzese."[26]

> *La gente del posto narra di un tedesco che era solito tornare ogni anno a Pietransiere nel giorno dell'anniversario del massacro. Se ne stava da solo in mezzo al campo in cui intere famiglie erano state massacrate; poi, dopo un po', se ne tornava da dove era venuto. Nessuno gli parlò mai durante queste visite, e nessuno gli chiese mai perché venisse o cosa avesse fatto. Per gli abitanti del luogo era normale osservarlo da lontano, in silenzio.*[27]

Con i monteneresi è la stessa storia. Stanno distanti. Stanno in silenzio. Cosa cambierebbe se si raccontasse tutto? Se le nuove generazioni sapessero, avrebbero una visione diversa di chi visse l'occupazione tedesca a Montenero? Avrebbero più cura di loro, mostrerebbero più tenerezza? Conoscere le storie avrebbe un effetto sulle vite delle generazioni del dopoguerra? Molti di coloro che sono nati dopo la guerra non sanno cosa accadde negli anni del conflitto. Sebbene quanto raccontato finora rappresenti solo un piccolo capitolo di un libro molto più grande, è comunque una parte essenziale della storia di Montenero.

Soldati di terra, cielo e mare. San Clemente, proteggi i nostri soldati e falli tornare a casa vittoriosi.

Onore ai soldati di Montenero. Foto gentilmente concessa da Riccardo Collella.

La fine del conflitto

Prima della fine dell'aprile 1944, gli Alleati erano riusciti a spingere le unità militari dell'Asse fuori dalla linea Gustav. Montenero e le zone circostanti erano finalmente al sicuro. Sebbene al paese fosse tornata una relativa pace, rimasero le ripercussioni dei mesi precedenti.

In Italia, la situazione militare e politica stava rapidamente cambiando. Il 2 giugno, il generale Kesserling decide di spostare le truppe tedesche da Roma. Gli Alleati arrivarono a Roma il 4 giugno, non appena l'esercito tedesco si ritirò nella successiva linea di difesa, la linea Gotica, dove si impiantarono con l'aiuto di più di quindicimila schiavi-operai. Come nel caso della Gustav, la Gotica era difesa da circa duemila postazioni con mitragliatrici, bunker e artiglieria strategica. La linea andava dal Mar Ligure a ovest di Pisa, passando per Firenze verso Pesaro, sul Mare Adriatico. In sostanza, le difese tedesche seguivano le barriere naturali offerte dagli Appennini. Gli Alleati ci impiegarono due mesi per spostarsi a nord, facendosi strada attraverso Firenze e avvicinandosi alla linea Gotica.

I soldati alleati conquistarono il nord città dopo città, col sostegno dei partigiani italiani. Poiché c'erano ancora due governi in opposizione, la resistenza

Nell'ottobre del 1952, molta parte di Montenero era ancora in macerie dalla seconda guerra mondiale. Foto gentilmente concessa dal comune di Montenero.

Ernesto G. Caserta (1937–2010)
Alcune sue pubblicazioni:
- 2001 Saggi Critici su Croce. Naples: Loffredo Editore.
- 2001 Trent'anni di critica italiana. Recensioni (1971–1995). Florence: Franco Cesati Editore.
- 1988 Studi crociani negli Stati Uniti: bibliografia critica (1964–1984). Naples: Loffredo.
- 1988 Venti'anni di Studi Crociani negli Stati Uniti. Naples: Loffredo Editore.
- 1987 Croce and Marxism: From the Years of Revisionism to the Last Postwar Period. Naples: Morano Editore.
- 1980 L'ultimo Leopardi: Pensiero e Poesia. Rome: Bonacci Editore.
- 1977 Manzoni's Christian Realism. Florence: Leo S. Olschki Casa Editrice.
- 1976 The War of the Mice and the Crabs (North Carolina Studies in the Romance Languages and Literatures), by Giacomo Leopardi (Author), Ernesto G. Caserta (Editor). Chappel Hill, NC: The University of North Carolina Press.
- 1972 Croce Critico Letterario (1881–1921). Naples: Giannini.

italiana venne trascinata in una guerra civile contro il regime fantoccio sostenuto dai nazisti. L'inverno portò un po' di calma, poiché gli spostamenti delle truppe erano praticamente impossibili. Le offensive ripresero ad aprile, con bombardamenti aerei e d'artiglieria. La linea Gotica iniziò a collassare, e le truppe alleate raggiunsero il Po prima della fine del mese. A quel tempo, l'esercito tedesco era esausto e si stava ritirando su tutti i fronti, indietreggiando verso le Alpi. Il 28 aprile, il dittatore fascista Benito Mussolini venne sparato in testa dai partigiani e impiccato a testa in giù a Milano. Ora in Italia c'era un solo governo, e gli Alleati si spostarono nelle città lungo il confine settentrionale. Alla Germania non rimaneva altro che arrendersi. Il generale Heinrich von Vietinghoff firmò un accordo di resa alla reggia di Caserta, il 29 aprile 1945, sancendo la fine della guerra in Italia. La resa della Germania, il 2 di maggio, mise formalmente fine alla seconda guerra mondiale in Europa.

Vittime italiane della seconda guerra mondiale

Popolazione nel 1939	44.394.000
Militari morti	319.207
Militari uccisi	tra i 225.000 e i 320.000
Morti civili	153.147
Morti civili per olocausto	8.000

CAPITOLO 14

Gioie e dolori del dopoguerra

Finita la guerra, l'Italia era una nazione in rovina. L'economia era distrutta, e la popolazione era divisa su tante questioni politiche e sociali. Centinaia di migliaia di persone erano rimaste senza casa e senza lavoro; il cibo veniva razionato.

Con la speranza di riportare presto il Paese a una situazione di normalità, le priorità del governo riguardarono la ricostruzione e le riforme economiche e sociali. Il Regno d'Italia, ormai macchiato dall'adesione al fascismo, costrinse il re a piegarsi al vento del cambiamento tramite le elezioni. Il 2 giugno 1946, si indisse una votazione diretta per scegliere un nuovo tipo di governo. Sulla base delle esperienze storiche, al nord votarono per la repubblica, mentre al sud per la monarchia. Era la prima volta nella storia d'Italia che le donne venivano ammesse al voto. Ne derivò l'abolizione della monarchia, con la conseguente fondazione della Repubblica d'Italia. Dalla moltitudine di partiti emerse una serie di primi ministri; i partiti più importanti erano il Partito Cristiano Democratico, il Partito Socialista Italiano e il Partito Comunista Italiano. Dopo la guerra, il Partito Democratico Italiano fu dominante, con il Partito Comunista all'opposizione.

Con le industrie gravemente danneggiate, la mancanza di risorse naturali, le linee ferroviarie e i porti da ripristinare, il settore agricolo paralizzato e una valuta che raddoppiò il costo della vita, come avrebbe mai potuto riprendersi la Repubblica Italiana? La chiave era il denaro, arrivato in parte nel 1948 con il Programma Statunitense di Recupero Europeo, meglio noto come Piano Marshall. Vennero erogati 13 miliardi di dollari, da distribuire in sedici nazioni europee, inclusa l'Italia. Quella cifra, rapportata all'inflazione attuale, corrisponderebbe a 145 miliardi di dollari. Nonostante l'enorme somma, ci vollero circa cinque anni per vedere gli effetti dei finanziamenti.

I primi decenni della Repubblica Italiana riflettono lo sviluppo della Guerra Fredda tra Stati Uniti e Russia. L'investimento degli Stati Uniti sarebbe dipeso dal perseguimento, da parte dell'Italia, dei valori della democrazia contro quelli del comunismo. Poiché gli Stati Uniti combatterono sul suolo italiano ed erano leader della scena mondiale, la maggior parte degli italiani si mostrò propensa alla democrazia.

Dopo la visita al Dipartimento di Stato a Washington, DC, il primo ministro Alcide De Gasperi tornò alla ribalta con un prestito import-export per 100 milioni di dollari. Arrivarono anche degli aiuti materiali: nei porti italiani approdarono centinaia di navi cariche di viveri e medicinali. "L'intervento americano fu strabiliante per la portata, l'ingegnosità e il palese disprezzo verso qualsivoglia principio di non-interferenza negli affari interni di un'altra nazione."[1] L'Italia fu avvicinata agli Stati Uniti tramite legami economici, politici e militari. Come parte della strategia della Guerra Fredda, il 4 aprile 1949 fu stabilito il Trattato Nord Atlantico (NATO). Anche l'Italia, equipaggiata dagli stati Uniti, si unì a questa alleanza.

L'Italia non si sarebbe di certo ripresa da un giorno all'altro. "Nel 1951, la combinazione tra elettricità, acqua potabile e servizi igienici poteva essere trovata solo nel 7,4 percento delle abitazioni italiane."[2] Le squallide condizioni di vita e le scarse prospettive di lavoro spinsero molte persone a emigrare. Nel 1951, la popolazione del sud era di circa diciassette milioni, di cui circa quattro milioni lasciarono l'Italia tra gli anni '50 e '60. Un'alternativa era quella di trasferirsi in zone più promettenti del paese. Circa nove milioni di italiani optarono per questa soluzione tra il 1955 e il 1971. Verso la fine degli anni '60, "Torino divenne la terza più grande città "meridionale" d'Italia, dopo Napoli e Palermo."[3] Anche le donne trovavano lavoro al nord come operaie di fabbrica o cucitrici; purtroppo, alcune di esse finivano per commettere reati minori o nel giro della prostituzione.

In milioni rimasero in Italia, ansiosi di vedere dei cambiamenti che potessero migliorare le loro condizioni di vita. Con il venir meno della pazienza, negli anni '40 si assistette a un aumento degli scontri e del malcontento sociale. A Torino ci fu un enorme sciopero generale, a cui ne seguirono altri a Roma e in altre città. Le autorità si avvalsero dei Carabinieri e delle unità di pubblica sicurezza per tenere sotto controllo le sommosse. Le forze combinate divennero la più grande forza di polizia in Europa, diventando famigerate per i metodi violenti contro i protestanti, che fossero operai o contadini.

"Il Piano Marshall, con la sua influenza in campo meccanico e le sue competenze tecniche, aveva aperto nuovi orizzonti a molte imprese italiane."[4] Fu come una manna dal cielo per i capitalisti italiani, che diedero il via agli investimenti. Secondo la legge della domanda e dell'offerta, dal 1951 al 1958, i prodotti pratici vennero creati su misura per il mercato italiano. Più tardi, tra il 1958 e il 1963, i business più nuovi guardarono oltre Italia, mostrando un interesse crescente per le esportazioni. In questi anni, la produzione industriale fu più che raddoppiata. Come risultato, ci fu un miglioramento delle condizioni di vita degli italiani.

Le auto Fiat, le macchine da scrivere Olivetti. Il boom dell'industria petrolchimica; tessili meravigliosi e ottimi prodotti alimentari che abbondavano tanto nelle case italiane quanto all'estero. La produzione di massa era a disposizione dei consumatori. Inoltre, l'emittente televisiva nazionale RAI aveva fatto la sua prima messa in onda nel 1954. Nelle sue memorie, Mary Melfi ricorda sua madre: "La televisione cambiò il mondo più di quando non fecero Mussolini o Gesù Cristo [...] Le star della TV sono i nostri santi."[5]

Nel 1958, circa il 12 percento delle famiglie italiane possedeva un televisore; nel 1965 la percentuale salì a 49. Negli stessi anni, la percentuale di chi aveva un frigorifero in casa passò dal 13 al 49 percento; le lavatrici dal 3 al 23 percento. L'uso delle auto private andò da 342.000 nel 1950 a 4,67 milioni nel 1964. Nello stesso periodo, i motocicli passarono da 700.000 a 43 milioni. Nel '62, tutti potevano permettersi di comprare delle scarpe. Queste statistiche – contenute nel libro di Ginsborg, *The History of Contemporary Italy* – fanno capire quanto straordinario sia stato il miglioramento degli standard di vita. Le abitazioni, che un tempo non avevano impianti idraulici o elettrici, erano ora attrezzate di lavatrici e lavastoviglie – l'Italia divenne massima produttrice europea di prodotti di lusso. "In meno di vent'anni, l'Italia, da paese agricolo, si trasformò in una delle nazioni industriali più importanti al mondo."[6] Questo fenomeno passò alla storia come il "miracolo economico" italiano.

Gli aiuti del Piano Marshall e altri fondi furono investiti principalmente al nord per la realizzazione di progetti industriali. Vennero avviati molti business redditizi che attirarono le persone colte dal settore privato. Mentre il nord era sulla strada del benessere, il sud era destinato a prendere tutta un'altra direzione. In aggiunta agli investimenti degli Stati Uniti, il governo italiano istituì la Cassa per il Mezzogiorno, pensata principalmente per la realizzazione di lavori pubblici nelle aree rurali. Al sud mancavano le infrastrutture che agevolassero lo sviluppo industriale, e i bisogni primati erano ancora una priorità su cui porre l'attenzione.

L'agricoltura al sud era vitale, anche se la produzione bastava a malapena per la sussistenza. Nel 1951, il 57 percento della popolazione era impiegata nel settore agricolo, attività principale nei paesi come Montenero. Sebbene fosse il più ampio settore d'impiego, quasi metà della forza lavoro era sottoccupata. La crescente meccanizzazione facilitò il lavoro, ma rese meno necessario il contributo umano. D'ostacolo per l'agricoltura collinare e montana furono anche le restrizioni da parte delle linee di credito. Un vantaggio fu l'introduzione del DDT, che rese abitabili dei territori inclini alla malaria.

I contadini del sud ereditarono un grande problema, la cui origine risaliva ai tempi medievali: l'assenza in loco dei proprietari terrieri. Le terre erano proprietà fondiarie o domini. Bisognò aspettare la Costituzione del 1948 per riformare le vecchie leggi, stabilendo che i grandi possedimenti dovevano essere distribuiti tra i contadini. La legge non sortì effetti fino a quando al sud non scoppiarono delle rivolte, con Abruzzo e Molise particolarmente attivi. Circa settecentomila ettari di terra, sebbene di scarsa qualità, vennero confiscati e ridistribuiti a circa 120.000 famiglie contadine. Le zone collinari e montane del sud continuarono ad avere grandi problemi, perché la terra non era molto fertile. Molti paesi vennero abbandonati perché gli abitanti sceglievano di emigrare. "Tra il 1961 e il 1970, il totale di terra coltivata in Italia scese a 1,5 milioni di ettari."[7] La vita al sud negli anni '60 era migliorata grazie alla ridistribuzione della terra, al minore costo dell'energia, al controllo della malaria e, in larga parte, per l'emigrazione.

Se la vita nelle zone rurali durante il dopoguerra era difficile, nelle città sovraffollate non andava di certo meglio. Nel 1952 la forza lavoro attiva corrispondeva al 37,5 percento della popolazione, dato che continuò a calare: 34,2 percento nel 1961 e 31,2 dieci anni più tardi. Tra il 1951 e il 1961, i negozi al dettaglio aumentarono, principalmente per gli sforzi delle piccole imprese familiari. In quel periodo aprirono i bar e i negozi alimentari che ancora oggi danno dimensione alle strade italiane. Un'altra attività fiorente era... il mercato nero!

La Cassa per il Mezzogiorno fu un investimento enorme dai risultati imbarazzanti. Furono svariati i tentativi di avviare industrie, costruire nuovi alloggi, creare una migliore rete stradale e fornire altri servizi. La "lista dei desideri" che avrebbe dovuto risanare l'economia meridionale era impressionante. Dagli anni '50 in poi, la speculazione edilizia portò a una crescita urbana incontrollata. I progetti andavano avanti velocemente, senza riguardo per l'estetica o per la sicurezza dei futuri abitanti. Le fabbriche costruite – o semicostruite – vengono spesso definite "cattedrali nel deserto". Molte città si espansero senza alcuna regola.

Al nord crebbero l'industria e il benessere, mentre la situazione nel sud agricolo rimase stagnante. Lo squilibrio continuava ad aumentare. In molti individuano la causa dello stallo meridionale nella criminalità organizzata, che sabotava l'economia utilizzando illegittimamente il denaro destinato ad altri scopi. La camorra a Napoli, la mafia in Sicilia e la 'ndrangheta in Calabria espansero sempre più il loro controllo sulle attività governative dei rispettivi territori. L'incompetenza e la corruzione esistevano già prima dell'unificazione del Paese. Quando un'economia si basa sui favoritismi nei confronti di amici e parenti (i tradizionali network economici) piuttosto che sull'esperienza e le capacità, ecco che si genera un'inefficienza cronica.

Gli insuccessi economici del sud non dovrebbero essere attribuiti solamente alle organizzazioni criminali. Il governo stesso ha una storia colorita di controversie interpartitiche e un modo di lavorare notoriamente letargico. Il sistema giuridico ha troppe norme e scappatoie legali. È come un cubo di Rubik interminabile nelle mani di avvocati e ufficiali di governo. L'amministrazione dello stato funziona come meglio può all'interno dei sistemi governativo e legale. Molte posizioni sono state assegnate secondo una logica clientelare – dando e ricevendo posti di lavoro sicuri tramite favori. Per esempio, il numero degli impiegati aumentò enormemente nelle agenzie statali autonome che "amministravano le ferrovie, le società telefoniche, i servizi postali e i monopoli di stato di sale e tabacchi."[8] Il governo e le sue succursali non godono di grande stima, ma vengono piuttosto condannati per le loro caratteristiche disfunzionali.

Va notato che, mentre in molti al nord lavoravano nel settore privato, diventando imprenditori, al sud ci si affidava all'amministrazione pubblica, insediandosi in cariche sparse in tutta Italia. Fu così che il governo iniziò ad abbracciare il tradizionale modo di fare affari grazie ai favoritismi.

Il governo nazionale e le sue agenzie speciali hanno basato il loro potere sui governi eletti a livello locale, la cui inettitudine inibisce spesso le prospettive di crescita economica a livello regionale. Ne deriva un'Italia sofferente per sua stessa mano, "una nazione incapace di proteggere il suo patrimonio naturale e artificiale, e di gestire il suo futuro."[9] I sistemi politico ed economico hanno dei punti deboli che permeano tanto la realtà nazionale quanto quella locale. "C'erano, e ci sono, frequenti passaggi, tradimenti e diserzioni, divisioni all'interno delle fazioni e riallineamenti delle forze. La conflittualità interna è all'ordine del giorno."[10] Le dinamiche interne sono certamente poco chiare, ma non del tutto incomprensibili.

Gli anni '50, caratterizzati da una certa fragilità, portarono a un decennio un po' rischioso, ma che produsse dei risultati positivi. Un nuovo governo, formatosi nel 1962, ottenne dei successi in qualche settore – per esempio facendo dell'energia elettrica un monopolio di stato. Nella località di Montenero, fu ricostruita la tratta ferroviaria che si estendeva da nord a sud, con partenza da Castel di Sangro, migliorando la qualità della vita a chi vi abitava vicino. Il governo rese inoltre obbligatoria la scuola secondaria per i ragazzi fino ai quattordici anni. In questi dieci anni il numero di studenti si duplicò. Solitamente, anche i più piccoli paesi avevano una scuola elementare, ma per frequentare il secondo ciclo di studi i ragazzi dovevano spesso recarsi in centri più grandi. I monteneresi, ad esempio, potevano usufruire delle scuole medie di Castel di Sangro. Finiti gli anni obbligatori, in molti sceglievano di proseguire con la formazione, arrivando agli studi accademici. La popolazione studentesca universitaria si era quasi raddoppiata. Purtroppo, il sistema universitario era tanto disfunzionale quanto quello politico. Molti laureati non riuscivano a trovare un impiego adatto al loro campo di specializzazione. Alla fine degli anni '70, molti giovani avevano un'istruzione tale da essere consapevoli dei problemi sociali e politici della nazione.

Studenti della scuola elementare di Montenero con le maestre e padre don Pasquale Di Filippo. Foto gentilmente concessa dal comune di Montenero.

Fin dagli anni '50, l'attività immobiliare andò avanti senza sosta per i decenni successivi. Solo nel 1968, vennero erogate un milione di concessioni edilizie, dato che indica il fervore generatosi nel settore. Nonostante i profitti, le ditte di costruzioni mancavano di pianificazione, cosa che portò a conseguenze spiacevoli. L'edificazione scriteriata rovinò il paesaggio, offrendo inoltre strutture qualitativamente scarse, spesso pericolose per gli inquilini.

Altri programmi e riforme, come il trasferimento di maggiori poteri ai governi regionali, furono così lenti che finirono per essere inghiottiti dalla burocrazia. Un aggettivo che ben descrive questo tipo di governo è "appesantito". "Dal 1968 in poi, la paralisi dall'alto generò movimenti dal basso: il fermento sociale raggiunse livelli straordinari."[11] Gli studenti protestavano. I lavoratori protestavano. I fanatici esprimevano la loro frustrazione con atti di terrorismo.

Le proteste universitarie scoppiarono a Trento, Milano, Torino e altre città. Nel 1968, le dimostrazioni studentesche dell'università di Roma divennero violente, con feriti sia tra i ragazzi che tra le forze dell'ordine. I movimenti in Italia riflettevano la turbolenza sociale del momento, si vedano ad esempio la guerra in Vietnam e la rivoluzione culturale in Cina.

Le proteste riguardavano il malfunzionamento del governo e le misere condizioni di vita e lavorative. Gli operai iniziarono a far sentire la propria voce per ottenere leggi e salari migliori. Le proteste degli operai ispirarono i lavoratori di altri settori – piccoli negozi o alberghi, ferrovie e ditte di costruzioni. Dai primi anni '60, un numero sempre maggiore di scioperi portò alla perdita di milioni di giorni di lavoro. La situazione lavorativa al nord si complicò ulteriormente a causa del grande influsso del Sud Italia e dei conflitti sociali.

Emersero numerosi gruppi rivoluzionari, il cui più grande difetto fu – al pari del governo italiano – la mancanza di obiettivi chiari e di un programma organizzato e coerente. L'esplosione alla stazione di Milano nel 1969 fu terrificante. Qualcuno pensò che il neofascismo potesse risolvere i problemi che affliggevano l'Italia. Le proteste degli anni '60, non solo arrestarono il progresso politico, ma lo portarono indietro di un decennio.

Anche la famiglia e la Chiesa – da sempre capisaldi della stabilità sociale – finirono sotto attacco in quanto ritenute troppo oppressive. Venne il tempo del controllo delle nascite, della liberalizzazione sessuale, del consumismo. L'influenza della Chiesa era in declino. Nel bene o nel male, i valori stavano cambiando. Le famiglie erano sempre meno numerose e i divorzi in aumento. Le vecchie tradizioni e i dialetti vennero a poco a poco abbandonati. I rivoluzionari stavano forse scartando delle gemme, ritenendole semplici sassi? "Non c'era stata una riforma fisica o burocratica; non era stato introdotto un sistema sanitario nazionale o attuata una riforma dei contrasti agrari della Federconsorzi. Nemmeno il governo regionale era entrato in vigore."[12]

Iniziano gli anni '70, con un governo instabile, una crisi economica e una continua militanza. C'era bisogno di riforme a tutto campo, ma era lo stato ad averne più necessità. Nel 1970, la formazione e successiva elezione dei governi regionali offrì solo nuove situazioni da sfruttare. La carente burocrazia forniva troppe scappatoie che favorivano l'evasione fiscale. Questa inaccettabile situazione politico-economica gettò benzina sul fuoco del malcontento.

I movimenti militanti si intensificarono, di riflesso alla crescente frustrazione nei confronti dell'inefficienza governativa, dell'instabilità economica e della disuguaglianza sociale. L'uso di droghe pesanti come l'eroina dava una momentanea sensazione di calma a qualche disilluso, ma i problemi rimanevano. Per la prima volta, i ragazzi dai diciotto ai ventun anni vennero ammessi al voto. Le loro voci si perdevano nel vento, perché il Partito Comunista e la

Decenni di proteste sono diventate un modo comune per esprimere la frustrazione.
ID 29825978 | © Raluca Tudor, Dreamstime.com

Democrazia Cristiana rimanevano fermi in una posizione di stallo. I rapimenti e gli omicidi divennero la norma a partire dal 1976, ribattezzato "l'anno della pallottola". Aldo Moro, uno dei primi ministri che rimase più incarica nel dopoguerra, fu rapito e ucciso dalle Brigate Rosse nel 1978. Da quel momento in poi, il terrorismo andò aumentando verso la fine del decennio.

Le proteste sociali resero possibili delle riforme che cambiarono la vita dei singoli e delle famiglie. Nel 1975, venne attuata una riforma del diritto di famiglia che allontanò la cultura italiana dai valori tradizionali. Nello stesso anno, il femminismo divenne una questione nazionale che cambiò la mentalità di molti italiani. Il divorzio fu legalizzato nei primi anni '70; l'aborto nel 1978. Vennero anche varate delle leggi per evitare la discriminazione nei confronti dei bambini nati fuori dal matrimonio e per una maggiore umanità nel trattamento della salute mentale. Sempre nel 1978, venne istituito un sistema sanitario nazionale. Questo importante cambiamento era ottimo sulla carta, ma non privo di pecche nella realtà. I pazienti al sud sapevano bene di ricevere meno assistenza rispetto ai connazionali al nord. I posti letto al nord, ad esempio, erano più del doppio ogni mille abitanti rispetto al sud.

Anche il sistema giuridico riuscì a riformulare delle leggi per migliorare il settore abitativo. Tali leggi coprivano aspetti come la progettazione, la costruzione e un'equa applicazione dei canoni d'affitto. Ancora una volta, le novità erano molto belle sulla carta, ma impossibili da attuare nella pratica. In sintesi, il sistema legale fece ben poco per aiutare gli italiani. Negli anni '70 la fragilità dei sistemi legale e politico fu d'ostacolo all'economia, portando alla recessione. La corruzione imperava, determinando le sorti di una società tenuta a malapena assieme da tangenti e prestiti.

Molte nazioni capitaliste sperimentarono una crisi economica nei primi anni '70. La crisi petrolifera del 1974 fu solo un fattore aggiuntivo. La disoccupazione di massa colpì tutte le regioni italiane. L'inflazione aveva raggiunto livelli più alti che in qualsiasi altro Paese occidentale. Molte industrie dovettero chiudere. Fu il momento più buio della storia italiana dalla seconda guerra mondiale.

Molti dei grandi investimenti fatti al sud furono disastrosi. Per esempio, le aree rurali della Calabria vennero distrutte per lasciare il posto a mega acciaierie mai costruite a causa del collasso del mercato dell'acciaio. Un altro settore in cui vennero fatti pesanti investimenti al sud fu la petrolchimica. Anche qui i risultati furono scarsi. Le utenze essenziali, come l'acqua, non c'erano ancora. Poco più della metà dei residenti a Napoli, ad esempio, aveva a disposizione un bagno o una doccia. Circa il diciotto percento dei residenti non disponeva ancora del gabinetto all'interno delle abitazioni.

Alcuni settori andavano alla grande, come dimostrato dall'aumento dell'utilizzo di elettrodomestici tra il 1965 e il 1975. I televisori passarono dal 49 al 92 percento, i frigoriferi dal 55 al 94 percento, e le lavatrici dal 23 al 76 percento. Ginsborg riscontra un grande squilibrio tra le vendite di questi prodotti e la fondazione della nazione: "Si stava andando incontro alle necessità – se non di tutti, dappertutto – ma le istituzioni e le strutture non erano state modernizzate né si era provveduto al contenimento degli eccessi dello sviluppo incontrollato."[13]

A Montenero, TV, frigoriferi e lavatrici divennero la normalità. Molte donne continuavano però a lavare i panni a mano vicino alla fontana costruita nel 1821. Gli anni '70 furono splendidi. Ci volle un po' per adattarsi alle nuove comodità, compresi i salari più alti, che però generarono debito pubblico. Le pensioni aiutarono certamente i più anziani e, nel 1977, i governi regionali si assunsero la piena responsabilità della sanità e della pianificazione ambientale."[14]

I piccoli paesi si stavano via via allontanando dallo stile di vita agricolo e iniziarono così a svilupparsi altri tipi di impiego. La teoria della domanda e dell'offerta offrì la possibilità ad alcuni di avviare delle attività che soddisfacessero i nuovi bisogni. "La società si andò sempre più stratificando: la popolazione non era più divisa in piccole élite di proprietari terrieri e massa rurale. Cresceva il numero di commercianti, ufficiali pubblici e professionisti. Le rigide gerarchie familiari si sgretolarono; il codice di comportamento collettivo fu rimpiazzato da diversi schemi comportamentali."[15]

Alla fine degli anni '70, la famiglia era ancora una solida unità sociale; tuttavia, i valori stavano cambiando. In una società abbagliata dalla crescente varietà di beni di consumo, le famiglie iniziavano a essere giudicate in base a ciò che possedevano. Anche nei piccoli paesi, le persone iniziavano a concentrarsi di più su sé stesse, puntando alla realizzazione individuale e familiare, e allo status economico. La coscienza collettiva che aveva unito gli individui per secoli si stava indebolendo, e gli effetti si sarebbero visti nel decennio successivo. Certamente ci fu un miglioramento degli standard di vita ma, come fa notare Ginsborg, "il modello di sviluppo italiano [...] mancava della dimensione della responsabilità collettiva. Lo stato aveva giocato un ruolo importante nello stimolare un rapido sviluppo economico, senza poi riuscire a gestirne le conseguenze sociali."[16]

Alla fine degli anni '70, il terrorismo andò scemando, come se gli italiani avessero realizzato che la violenza non avrebbe innescato i cambiamenti desiderati. Ma ci furono delle eccezioni. Nell'agosto del 1980, alla stazione centrale di Bologna ci fu un'esplosione; gli ideatori dell'attentato appartenevano alla corrente neofascista. Due anni dopo, a Palermo, la mafia uccise il generale Carlo Alberto Dalla Chiesa – in quegli anni impegnato nella lotta al terrorismo – e sua moglie. Nel 1984, la mafia siciliana fece saltare in aria il treno espresso sulla tratta Bologna-Firenze. Anche senza ricorrere alla violenza, la mafia e i fanatici politici continuarono a causare problemi al governo e alle forze dell'ordine. La mafia non solo sopravvisse, ma raggiunse più alti livelli di influenza.

La connessione tra mafia, politica e affari non è niente di nuovo. Sebbene nel 1980 l'inflazione avesse raggiunto il tasso annuale più alto, verso la metà del decennio l'economia si mostrava in crescita; l'Italia aveva sfiorato nuove soglie di ricchezza e un alto standard di vita in molte aree del Paese. Gli italiani non si trasferivano più all'estero in cerca di lavoro. Le grandi imprese come la Fiat prosperavano. I designer italiani erano richiestissimi. Abbigliamento e calzature made in Italy erano considerati beni di lusso. Persino i prodotti delle piccole aziende avevano successo. Verso la fine degli anni '80, l'Italia divenne la quinta nazione industriale al mondo. L'economia era fiorente, ma il sud si trovava ancora ad essere la parte più trascurata del Paese e con le maggiori mancanze.

Montenero è un esempio di come i meridionali lottassero per stare al passo coi tempi. I paesi di montagna dovettero affrontare lo spopolamento, in parte per il calo di nascite, che nel Mezzogiorno passarono da 1.032.000 nel 1964 a sole 552.000 nel 1987. Un timore crescente era che "le famiglie fossero ormai sempre più concentrate sul proprio benessere e meno sui problemi collettivi della società nel suo insieme. Questo è stato senza dubbio il trend dominante durante gli anni '80."[17] Nelle piccole realtà montane e nelle cittadine, i rapporti sociali al di fuori della cerchia familiare stavano diminuendo. Gli antichi legami dell'identità territoriale si stavano sgretolando sotto diverse pressioni, inclusa l'età media, il declino della produzione agricola e la mancanza di innovazione e orientamento al futuro.

Negli anni '90, i nomi dei politici scesi in campo cambiarono, ma l'atteggiamento partecipativo rimase invariato rispetto a quello delle generazioni precedenti. Nel 1990 ci furono le elezioni regionali, e nel '93, per la prima volta, le elezioni dirette dei sindaci cittadini. Il nuovo partito Lega Nord, fondato nel 1991, aveva come obiettivo una maggiore autonomia regionale, mentre alcuni dei suoi membri erano a favore della secessione dalla nazione. Questo movimento implicava un conflitto tra nord e sud.

Una serie ininterrotta di scandali, sommata ai disordini nazionali e internazionali, portò il Paese a una riforma elettorale. Alla fine del 1991, l'Unione Sovietica si stava sfaldando, con alcune regioni sulla via dell'indipendenza. Per l'Italia non era un buon modello a cui ispirarsi. L'anno successivo, iniziò a essere rivelata una storia di corruzione ad alti livelli. Tangentopoli svelò i meccanismi della politica italiana. La magistratura avviò delle indagini per fare un po' di pulizia. Migliaia di figure pubbliche furono passate al vaglio; alcuni politici e industriali si tolsero la vita dopo che i loro nomi e reati vennero resi pubblici. L'operazione venne chiamata "mani pulite". In pochi anni, i quattro maggiori partiti politici vennero sciolti, compresa la Democrazia Cristiana e il Partito Comunista.

Agli inizi del 1992, due magistrati, noti per la loro linea dura nella lotta alla mafia, vennero assassinati. Giovanni Falcone era al tempo il maggior persecutore dei crimini mafiosi. Lui, sua moglie e le sue guardie del corpo vennero uccisi a mezzo di un'autobomba. Subito dopo questo tragico evento, l'ex primo ministro Giulio Andreotti venne posto sotto indagine per rapporti con la mafia. Mentre i mafiosi in Sicilia pianificavano attentati alle città di Roma, Firenze e Milano, l'ex primo ministro Bettino Craxi, leader del Partito Socialista nel 1994, pensò bene di scappare in Tunisia per evitare il processo.

Il collasso della politica generò la più grossa crisi finanziaria dai tempi della seconda guerra mondiale. Per tutti gli anni '90, gli italiani inclini all'imprenditoria preferirono abbandonate il settore industriale per quello dei servizi. "Questo è il motivo per cui i servizi industriali sono la parte dell'economia più ristretta, conservativa e spesso arretrata, dove la competizione è la più debole."[18] Ancora una volta, vediamo che gli impiegati nel settore dei servizi vengono spesso assunti in base a relazioni personali, piuttosto che per capacità e merito.

Corruzione, processi, il collasso dei partiti politici: tutto sembrava presagire una crisi nazionale senza punto di ritorno. Chi avrebbe potuto tirare fuori il Paese da questo caos? Qualcuno senza esperienza in politica? Forse un multimilionario magnate dei media che aveva pianificato la sua scalata al potere grazie a "mani pulite"? Se pensate che il primo ministro eletto nel 1994 fu Donald Trump, ci siete andati vicini. Ad essere eletto fu Silvio Berlusconi, supportato da una coalizione di gruppi politici pronti ad accogliere la sfida.

Le misure di austerità introdotte nel 1995 indicano come l'italiano comune sia rimasto vittima della politica. Ma la situazione finanziaria non è l'unico indicatore della qualità della vita. Servivano ancora molte riforme affinché gli italiani si vedessero riconosciuti i diritti umani basilari. Ad esempio, lo stupro venne considerato reato vero e proprio solo nel 1996. Come affrontare una situazione così catastrofica? Sembra che l'unica via di scampo l'abbia offerta l'attore e regista Roberto Benigni, con il suo *La vita è bella*, vincitore del premio Oscar nel 1997. Nel film, l'unica arma a disposizione del protagonista, Guido Orefice, per preservare l'innocenza del figlioletto dagli orrori dell'Olocausto è la fantasia. Guido finge che quello che stanno vivendo sia tutto un gioco durante il quale bisogna rimanere fiduciosi della vittoria, della sopravvivenza. Nella vita reale, Benigni è stato altamente criticato da Berlusconi. Un modo per evitare di affrontare i problemi politici italiani è ignorarli, annegando nei piaceri del cibo e dell'alta moda, guardando film, assistendo ai concerti, e acquistando nuove auto, moto, scarpe o occhiali Ray-Ban.

Sul finire degli anni '90, sembrava che la risorsa più promettente per aiutare gli italiani non si trovasse nel Paese stesso, ma fuori: era l'Eurozona. L'Italia si unì agli stati membri, condividendo una moneta comune, l'euro, e supportando la formalizzazione delle norme politiche. Altre otto nazioni si sarebbero aggiunte nel mese successivo. Ciò diede agli italiani un senso di speranza per il decennio a venire.

Ci sarebbero voluti alcuni anni per vedere gli effetti dell'Eurozona sulla vita degli italiani. Il tasso di risparmio per famiglia era del 6,0 percento nel 2001; quindici anni dopo era del 17,9 percento. Nel 2002 l'euro iniziò a circolare come valuta ufficiale in tutta Italia, ma non sembrò fare alcuna differenza. La situazione politica ed economica rimase più o meno identica a quella del decennio precedente.

Nonostante una lunga lista di accuse e processi, Berlusconi fu eletto per il suo secondo mandato come primo ministro nel 2001. Fu al centro di numerosi processi che lo vedevano coinvolto in estorsione, abusi sessuali su minori, falsa testimonianza, collusione mafiosa, evasione fiscale e corruzione. Berlusconi stava agendo come di norma per la cultura italiana. Ovviamente non fu il solo ad agire fuori dalla legge, come dimostrato dalla frode multimiliardaria del 2003 che coinvolse la Parmalat, gigante del settore alimentare. Il verdetto di colpevolezza portò l'azienda al collasso.

Le forze del bene continuarono a combattere e, contro ogni previsione, arrivarono dei risultati. L'uomo più ricercato d'Italia, Bernardo Provenzano, fu catturato dalla polizia nel 2006. Era il presunto capo della mafia siciliana. Nello stesso anno, Roberto Saviano pubblica *Gomorra* – un libro-denuncia che racconta nel dettaglio le dinamiche della camorra, l'organizzazione mafiosa del napoletano.

Dopo aver ottenuto il suo terzo mandato nel 2008, Berlusconi si trovò a dover gestire una recessione che stava mettendo in ginocchio l'economia. Il debito pubblico italiano sarebbe stato presto il secondo per importanza tra le nazioni europee. Per contrastare le perdite finanziarie, vennero varate una serie di misure d'austerità. In qualche modo, nonostante le difficoltà politiche ed economiche, nel 2009, l'Italia riuscì a piazzarsi al quinto posto tra i più importanti Paesi manifatturieri al mondo.

Alcuni disastri naturali sono prevedibili. Le montagne del Molise, nell'area che va da Isernia a Bojano, sono "una delle zone sismiche più attive d'Italia [...], descritte come tali negli ultimi otto secoli da ricche fonti storiche."[19] In questa zona, sono stati registrati centinaia di terremoti negli ultimi duecento anni. Il sisma del 1456, con epicentro a Bojano, "è il più intenso evento sismico mai registrato nella penisola italiana."[20] Interi paesi vennero distrutti e ci furono centinaia di morti. Un altro terremoto si verificò nel 1805, con simili risultati. A Isernia, per esempio, morì un quinto della popolazione, e solo un decimo delle case rimase in piedi.

Nel 1984, Montenero fu colpito da due terremoti, che fortunatamente danneggiarono solo gli edifici, senza mietere vittime. Il 7 maggio 1984, ci fu il sisma magnitudo 5.2 con epicentro vicino a San Donato Val di Comino, a circa 65 chilometri da Montenero. Quattro mesi più tardi, il 6 settembre, ce ne fu un altro, magnitudo 5.0, tra Castel di Sangro e Isernia. Un altro terremoto meno potente, del 4.0 e con epicentro a Castel di Sangro, si verificò il 20 gennaio 1994. Montenero fu l'epicentro – assieme ad Alfedena, Barrea, Pizzone e Rionero – di una scossa del 5.0, il 5 maggio 1996.

Più recente è il terremoto dell'aprile 2009 con epicentro all'Aquila, a meno di 97 chilometri da Montenero, che uccise 308 persone e ne lasciò altre 65.000 senza tetto. I danni strutturali inclusero molti edifici di epoca medievale, come il castello che ospitava il Museo Nazionale d'Abruzzo, risalente al XVI secolo. Per dare un'idea di come spesso le voci mettano alla prova i nervi dei monteneresi, ci riferiamo a un articolo che titola: "Più di 50 terremoti scuotono il Molise in cinque giorni."[21] Tutti questi sismi erano da 2.0 a 4.3 della scala Richter.

Dopo i danni del terremoto a Montenero, lo stato offrì assistenza ai cittadini. L'aiuto si rivelò provvidenziale per le famiglie in difficoltà, e non solo a causa del disastro. "I paesi delle regione interne del sud ricevettero un flusso costante di denaro: pensioni per invalidi, aiuti alle famiglie, pensioni per proprietari contadini, sussidi per gli artigiani, assistenza regionale, ecc."[22] Come il denaro venga usato o abusato è sempre oggetto di discussione, ma c'è un chiaro tentativo da parte del governo di includere il sud nei suoi programmi di costruzione della nazione.

Le succursali dell'Unione Europea, così attente alla situazione italiana, stavano facendo la differenza. Come parte dei progetti di finanziamento dell'Unione, il Fondo Europeo per lo Sviluppo Regionale "puntava a rafforzare la coesione economica e sociale nell'Europa Unita, riducendo gli squilibri tra regioni."[23] Ad esempio, negli anni tra il 2007 e il 2013, alla regione Molise vennero destinati 194 milioni di euro, derivanti dalla somma del Fondo Europeo per lo Sviluppo Regionale, il Fondo Sociale Europeo e il Fondo Europeo Agricolo per lo Sviluppo Rurale. "La somma rappresentava una media di 605 euro per abitante nell'arco di sette anni."[24]

Dal 2014 al 2020, l'Italia ha ricevuto 32,2 miliardi di euro come parte del Fondo di Coesione, erogati per creare nuovi business e quindi lavoro, completare i progetti per le acque reflue, migliorare la copertura di rete e i servizi ferroviari, e offrire inoltre aiuto in caso di disastri naturali come i terremoti. Il Molise ha beneficiato di un Programma Operativo Regionale da 76,6 milioni di euro e di 153 milioni di euro per l'input finanziario combinato tra Fondo Sociale Europeo e finanziamento nazionale. "Il programma pone un'enfasi speciale sulla lotta alla disoccupazione, sull'inclusione sociale e sulla competitività dell'economia regionale attraverso il supporto finanziario dei business locali. Promuovere la ricerca e l'innovazione, e offrire un migliore accesso alle tecnologie e ai servizi digitali sono altre priorità del programma."[25] Un recente piano prevede l'erogazione di 10 milioni di euro per la sicurezza stradale in Molise e 267.868 euro destinati ai progetti energetici a Montenero.[26]

I programmi governativi devono funzionare attraverso le reti di parentela, particolarmente forti al sud. "Queste sono ancora [...] delle reti senza progetti collettivi, prive di una consapevolezza che trascenda gli interessi familiari. Né dalla società civile né dallo stato è mai scaturita una formulazione nuova e meno distruttiva del rapporto tra famiglia e collettività."[27] Come risultato, di tutti i potenziali benefici che potrebbero derivare dagli sforzi del governo, solo parte di essi venne realizzata. Le alleanze politiche, filtrate dai rapporti di parentela, sono "divise dal sospetto, dalla rivalità personale, dall'eterno competere per la posizione. Ciò rende ogni piano strategico impossibile, fa perdere una straordinaria quantità di tempo ed energia, e porta inesorabilmente all'indebolimento del governo, piuttosto che al suo rafforzamento."[28]

Nei primi anni del secolo, l'Italia ha continuato a combattere contro il suo apparato politico disfunzionale e un'economia in evoluzione. Di soldi ne sono stati fatti, ma con la corruzione, e raramente hanno raggiunto le persone o i luoghi che più ne avevano bisogno. I siti storici più importanti sono stati trascurati, come è accaduto nel 2010 con il crollo della Casa del Gladiatore a Pompeii. Gli edifici sono meno importanti della vita delle persone, ma in Sud Italia mancano ancora i servizi primari, compresi i trasporti, la sanità e un'istruzione di qualità. Le zone come l'alto Molise continuano a essere trascurate. "Negli ultimi quindici anni, le aree montane e collinari hanno mostrato ulteriori segni di declino. L'esodo dalle zone rurali è stato così massiccio, e le proprietà sono rimaste così indivise, che l'agricoltura ha subìto un ulteriore abbandono, con un aumento di ciò che è stato definito *disintegrazione delle strutture produttive*."[29]

Se si escludono dalla conta gli immigrati, la popolazione italiana è in calo, soprattutto nelle zone come l'alto Molise. Nel 2010, l'Italia ha registrato la media più bassa di neonati per donna al mondo. Allo stesso tempo, i pensionati costituiscono quasi un quinto della popolazione. I giovani spendono molto tempo a intrattenersi con musica, televisione, cinema, mentre le ore dedicate alla lettura sono sempre meno. I nuovi passatempo rubano anche spazio alle attività sportive. La vitalità dei ragazzi è indirizzata ai piaceri e al divertimento. "I giovani italiani incontrano i loro amici ogni giorno, spesso di sera, nelle piazze cittadine, facendo la spola tra bar, cinema, pizzerie e discoteche [...] La tranquilla pausa pranzo sta scomparendo. Bar e trattorie, economici e veloci, offrono cene informali."[30]

Verso la fine del 2011, il parlamento non aveva altre risorse se non quella di approvare dei pacchetti di austerità, uno a settembre per 54 miliardi di euro, e pochi mesi più tardi un altro da 33 miliardi. Le tasse aumentarono e finalmente si poneva attenzione sull'evasione fiscale. Parte della colpa per l'abissale debito pubblico fu imputata a Silvio Berlusconi; se non fosse abbastanza, fu accusato di abuso di potere e scandali sessuali. Nel novembre 2011, si dimise. Due anni dopo verrà finalmente condannato per frode fiscale.

Nel 2013, l'Italia era di nuovo in subbuglio. Il governo e l'economia stavano fallendo. L'alto tasso di disoccupazione portò alla deriva sociale, specialmente i giovani. Come per gettare benzina sul fuoco, un'altra crisi arrivò sulle coste italiane, sotto forma di ondata migratoria. Nell'ottobre 2013, 360 migranti partiti dalla Libia morirono in mare mentre tentavano di raggiungere l'Italia a bordo di una nave. Il governatore della Sicilia dichiarò lo stato di emergenza. Negli anni precedenti, la gente era arrivata in Italia con ogni mezzo, legale e illegale.

Nel 2008, ad esempio, furono in 30.140 a fare richiesta di asilo politico. Nel 2017, le richieste furono altre 128.850, da parte di gente proveniente da Nigeria, Pakistan, Bangladesh, Siria, Afghanistan e Iraq. Oggi, gli ingressi illegali in Italia e Unione Europea sono i più bassi dal 2015. I risultati di un decennio di crisi migratoria devono ancora palesarsi. Senza dubbio, il crimine è aumentato a causa dell'immigrazione. Considerato l'alto tasso di disoccupazione in Italia, era abbastanza prevedibile che molti migranti si sarebbero guadagnati da vivere ricorrendo a metodi illegali, come il traffico di droga e la prostituzione. Sebbene il numero di migranti sia diminuito, il decennio italiano dal 2010 al 2019 sarà associato alla comparsa simultanea di diverse crisi.

Nel 2013, durante il suo mandato da presidente della Repubblica Italiana, Giorgio Napolitano affermò: "È un momento, questo, in cui l'Italia ha bisogno, e deve, dirsi la verità e affrontare ciò che va fatto."[31] come risolvere la crisi migratoria? Come modernizzare i servizi statali? I leader industriali e politici erano famosi per essere maestri di corruzione. Avrebbe mai potuto il loro modus operandi divenire trasparente ed etico, o se non altro meno subdolo? Ciò implica che l'amministrazione fiscale sia più onesta ed equa, anche nelle dimenticate regioni del sud. Quanto detto sembra dipendere unicamente dalla capacità di applicare le leggi. Seguendo il consiglio del presidente Napolitano, forse gli italiani troveranno delle soluzioni a tutti i problemi del Paese. Napolitano si è dimesso nel 2015.

Quando Matteo Renzi fu eletto nel 2014, l'Italia fu pervasa da un'ondata di ottimismo. A trentanove anni, Renzi è stato il più giovane politico mai eletto nella storia della Repubblica per la carica di primo ministro. La sua giovinezza, l'entusiasmo e gli obiettivi encomiabili – così diversi rispetto a quelli perseguiti da Berlusconi – portarono progresso. Poi, però, iniziarono a palesarsi i muri della resistenza, e i progressi fatti da Renzi arrivarono a un punto morto. Tutto rallentò, e la popolazione gli si rivoltò contro. Si dice che in tre anni di presidenza Renzi sia invecchiato di trent'anni. In foto comunque si mostra sempre sorridente, e non per i suoi traguardi politici, ma per la somiglianza strabiliante con Mr. Bean, impersonato dall'attore britannico Rowan Atkinson.

Quando Paolo Gentiloni divenne primo ministro nel 2016, si trovò a dover affrontare la crisi migratoria. Introdusse regole e criteri più severi per gestire il fenomeno, e migliorò il controllo dell'integrazione. In generale, rese più ostico lo stabilirsi in Italia e facilitò l'espulsione, ad esempio negando l'accesso alle navi nei porti e snellendo le pratiche per lo sfratto degli occupanti abusivi. Sotto Gentiloni, ci furono dei progressi anche nel settore sanitario. Nel giugno del 2018, pur senza esperienza in politica, Giuseppe Conte successe Gentiloni come nuovo primo ministro. La sua coalizione di appartenenza divenne nota come "governo del cambiamento". Conte promette di occuparsi dei problemi più ovvi quali l'immigrazione illegale, il contrabbando e la corruzione politica. Conte ha inoltre spinto per delle nuove leggi e i tagli alle tasse.

Molti dettagli del curriculum ufficiale di Conte riguardanti la sua formazione si sono rivelati falsi. La stessa cosa è accaduta con altri politici disonesti. Come ci si può fidare di loro per il futuro dell'Italia? Conte è cattolico e devoto a Padre Pio di Pietralcina. Serve forse un intervento divino per rimettere in sesto il governo italiano? Esiste un altro modo per rendere giusti e funzionali la politica e gli affari italiani? Il futuro della nazione e dei paesi come Montenero dipende dalla risposta a queste domande. Dopo aver analizzato il passato del Sud Italia e aver riflettuto sulle conclusioni tratte da politici e filosofi, alcune risposte sembrano ovvie.

Al sud, le potenze straniere – Normanni, Longobardi, Svevi, Spagnoli e Francesi – si alternarono una dopo l'altra. In molti ritengono che anche il nord Italia sia stata una potenza conquistatrice. Sembra che la storia del Meridione sia nata da violenti scontri, "nell'antichità tra Romani e Cartaginesi, e nel medioevo tra Islamici, Bizantini e Sacro Romano Impero."[32] Quali furono le conseguenze psicologiche sulla massa contadina durante questo arco di tempo? Potremmo paragonare il Meridione italiano a un bambino che viene ripetutamente abusato fin dalla nascita. Non ci aspetteremmo mai che quel bambino diventi un adulto normale; allo stesso modo, non possiamo aspettarci che il Sud Italia funzioni normalmente. Al sud, c'è diffidenza nei confronti degli stranieri. Chiaramente, paura e insicurezza derivano da una fragilità politica ed economica di vecchia data. È logico che la società faccia affidamento sulla famiglia e la ristretta cerchia di contatti. Purtroppo, la mentalità meridionale è sempre stata un po' limitata, non riesce a vedere lontano. Questo è il risultato di secoli di immobilismo.

Già nel XVI secolo, Niccolò Machiavelli (1469-1527) aveva notato che al sud mancava una base su cui poter edificare un governo. Machiavelli scrive che nelle provincie di Napoli "non c'era mai stato alcun sistema repubblicano o politico."[33] Già a quei tempi c'era poca fiducia nel progresso politico e sociale del Meridione.

Nel corso dei secoli, i tentativi di rendere efficiente la burocrazia, formulare e applicare le leggi, limitare la corruzione e far prosperare il sud sono stati innumerevoli. Benedetto Croce scrive: "Le forze motrici della vera storia di un popolo sono le cosiddette classi dominanti, con i loro politici e statisti."[34] Il sud è stato governato per secoli da stranieri proni ad abusare dei loro assoggettati a beneficio proprio o di qualche altro Paese. I baroni medievali combattevano per le loro proprietà, ignari del concetto di nazione. La concessione di 160 feudi da parte di Carlo I d'Angiò (1226-1285) indica come lo sfruttamento del sud sia iniziato già in epoca remota. Anche nei secoli successivi il sud fu lasciato in balia degli eventi. "I baroni non tentarono neanche di sviluppare una politica, estera o interna, per il bene del regno [...] Le loro preoccupazioni erano prettamente materiali o addirittura puri capricci dettati dall'interesse personale."[35] E oggi vediamo che, benché sotto la guida di leader supportati da miliardi di euro, i risultati finali non sono sicuramente buoni come potrebbero essere.

Senza tanti giri di parole, Croce afferma che la vita morale "è stato il filo conduttore della storia."[36] In molti credono che ci sia qualcosa nella morale umana responsabile del raggiungimento di un alto grado di armonia sociale e politica. Soprattutto, c'è una chiave nella collaborazione sociale che è essenziale per il prosperare di ogni società, burocrazia o attività. Si tratta di sviluppare la consapevolezza di vivere e agire da individui in seno a una comunità più ampia. Questo vale per chiunque e in qualunque società, grande o piccola che sia, anche il più piccolo dei villaggi. Il sociologo Edward Banfield scrive che, in parte, il malfunzionamento di una società potrebbe essere spiegato "dall'incapacità degli individui di agire assieme per il bene comune o per qualsiasi altro fine che trascenda l'interesse immediato e materiale del nucleo familiare."[37] Nel libro *The New History of the Italian South: The Mezzogiorno Revisited*, gli autori concordano, affermando che "c'è un'incapacità endemica di agire per il bene comune – chiamata generalmente mancanza di senso civico."[38] Anche il professor Astarita conclude: "I sociologi hanno criticato la cultura contadina del sud come retrograda, priva di morale e incapace di attuare dei miglioramenti o agire per il bene comune."[39]

Malgrado tutto, ci sono molte storie italiane di successo, come dimostrato da numerosi business che producono prodotti di qualità. Il boom economico degli anni '50 e '60 fu frutto di un disperato bisogno di sopravvivenza e ripresa, che "enfatizzò i percorsi individuali e familiari verso la prosperità, ignorando le risposte collettive e pubbliche ai bisogni quotidiani. In quanto tale, il "miracolo" economico servì ancora una volta a sottolineare l'importanza dell'unità familiare individuale all'interno della società civile italiana."[40]

In Italia, per quanto successo possano avere i grandi business, non sono altro che parti di un sistema che soffoca un grande potenziale dormiente. Come disse un mio parente di Montenero: "Metti questi italiani in un'altra nazione e li vedrai fiorire." Ci sono molti italiani ambiziosi, capaci e intelligenti. Sono come semi ibernati in attesa di poter sbocciare, se solo le condizioni fossero più favorevoli.

La crescita economica del dopoguerra migliorò lo standard di vita in Italia, ma sul versante sociale fa la sua comparsa una falla: "I settori cruciali delle classi più agiate diedero le spalle alla strategia del progresso e a una più equa collaborazione con le classi inferiori."[41] In tanti oggi amano interpretare la parte del "nobile" tra i "contadini" per il puro piacere di soddisfare il proprio ego.

Gli handicap che ostacolano il progresso economico e sociale in Italia sono ben noti, come il potere mafioso, la rete di favoritismi e le disuguaglianze tra nord e sud. Come sottolineato da Barnfield, Astarita, Ginsborg e altri, queste non sono nient'altro che manifestazioni di un problema più profondo, derivante da pecche caratteriali che portano gli individui ad avere atteggiamenti scorretti pur di perseguire dei fini egoistici, ignorando il bene comune. Il peso di queste problematiche può indebolire l'animo umano. Benedetto Croce – filosofo, storico e politico nato a Pescasseroli, a circa 44 chilometri da Montenero – scrive: "Esistono popoli e individui che hanno trovato la forza di rinnovamento partendo dal totale disgusto per sé stessi, e cioè per il loro passato."[42] Oggi, l'Italia tutta – da nord a sud – è chiamata a trovare quella forza interiore che renda possibile i cambiamenti necessari alla nascita di una società più armoniosa, ricca e felice.

Un cavallo al galoppo nel pantano di Montenero simbolo di libertà. Foto di M. Di Marco.

CAPITOLO 15

Il futuro del Molise e il destino di Montenero

In aggiunta ai nuovi problemi emersi dalla seconda guerra mondiale, l'Italia è ancora alle prese con questioni che risalgono a molto tempo prima. Negli ultimi anni, il governo ha lavorato per migliorare le condizioni di vita in Molise. Molti servizi, tra cui l'internet, sono stati incrementati. Nel 2001, le regioni italiane acquisirono poteri legislativi in merito alla produzione di energia. Il Molise ha stabilito delle leggi che regolamentano l'installazione di centrali elettriche solari ed eoliche. In accordo con gli obiettivi geoturistici, l'installazione delle centrali viene pianificata tenendo conto dell'estetica paesaggistica; ciò implica la determinazione di zone di rispetto e l'individuazione di aree precluse all'edificazione.

Adesso i progetti edili vengono sviluppati con maggior riguardo per l'estetica e la sicurezza. Case, hotel, ospedali ed edifici commerciali sono progettati in base all'attività sismica territoriale. Sebbene l'assistenza sanitaria al sud non sia ancora ai livelli di quella del nord, c'è stato un aumento delle nuove strutture e un miglioramento di quelle già esistenti, rendendole antisismiche e pronte a gestire le emergenze. Poiché più del 20 percento dei residenti in Molise sono over 65, c'è particolarmente bisogno di offrire cure adeguate a una popolazione così anziana.

Al passo con l'enfasi moderna sui diritti umani, un nuovo modello di giustizia sta cambiando i metodi e le pratiche nei confronti dei criminali. Ciò rappresenta una "sfida cruciale ai tradizionali modi di risolvere i conflitti e prevenire il crimine."[1] Applicare la giustizia implica qualcosa in più della semplice inflizione delle pene. Implica le fasi di riconciliazione e riabilitazione. I corsi di formazione per mediatori criminali sono stati pensati per rendere più umano l'approccio al sistema giudiziario, con l'obiettivo di reintegrare nella società i trasgressori della legge.

Il più importante cambiamento avvenuto al sud negli ultimi decenni è stato senza dubbio l'allontanamento dallo stile di vita profondamento agricolo in favore di un nuovo modo di vivere. Sotto la guida di un governo in stato confusionale, la società frammentata lotta per adattarsi alla realtà presente. Il

Molise, in particolare l'alto Molise, sembra essere più suscettibile al vento del cambiamento. Il rischio è che molti dei paesi più piccoli della regione possano infine andare incontro al totale abbandono – un fenomeno dilagante in tutta Italia. La questione della popolazione è critica nel determinare la longevità di qualsiasi paese.

Il Molise ha vissuto una forte migrazione, perdendo metà della sua popolazione tra il 1861 e il 2001. Da 407.000 abitanti nel 1951 si è passati a 308.493 nel 2017, di cui 85.237 a Isernia e la restante parte nella provincia di Campobasso. Negli ultimi anni, il numero di donne ha superato quello degli uomini. Del totale della popolazione, circa tredicimila sono stranieri, con un quarto di essi nella provincia di Isernia. Nonostante tutto, la densità di popolazione nella provincia di Isernia è di soli 8,81 abitanti per chilometro quadrato, rispetto ai 29,74 su scala nazionale. Se comparato alle altre regioni, il Molise ha attratto il minor numero di immigrati. Il 48,8 percento di essi è impiegato nel settore dei servizi, il 31,4 percento nelle industrie, e il 15,9 percento nell'agricoltura; del 3,9 percento non si ha notizia.[2]

Un'importante conseguenza del calo demografico è il disperdersi delle nuove generazioni che si sono laureate o possiedono esperienza professionale. Come affermato chiaramente dal professor Rossano Pazzagli, la perdita di questo segmento di popolazione molisana "determina una coltura poco imprenditoriale e poca propensione all'innovazione."[3] Rispetto alle altre regioni meridionali, la percentuale di venticinquenni laureati è più alta del 24 percento, "ma essere in possesso di un titolo è sempre meno garanzia di sicurezza lavorativa."[4] In un territorio con una così alta disoccupazione e privo di opportunità lavorative, i giovani sono essenziali per rivitalizzare la regione. Ma per questi ragazzi è più semplice fare la valigia, partire e trovare lavoro altrove. La loro assenza "causa un indebolimento del tessuto sociale, rendendo difficile lo sviluppo di qualsiasi misura organizzativa e operativa per il rilancio della regione."[5]

Parallelamente ai cambiamenti demografici si è verificato un calo del lavoro agricolo. In aggiunta, la meccanicizzazione ha reso meno necessaria la presenza umana. Il settore terziario si è accresciuto nelle città più popolose, ma quali altri tipi di impiego potrebbe offrire la regione? Il costo delle utenze è alto, e inoltre l'infrastruttura ha un disperato bisogno di essere aggiustata e migliorata per portarla agli standard attuali. Come già detto, i tentativi sono stati ostacolati dal peso delle politiche disfunzionali, dal crimine organizzato, dalla pressione fiscale e dalle restrizioni bancarie.

È possibile che il Molise venga sottoposto a un adeguamento della produzione agricola, per renderla più redditizia. Sono stati condotti degli studi per trovare dei settori di investimento, come la coltivazione dei pomodori e del tartufo. Grazie alla vegetazione unica del Molise, l'allevamento di capre per la produzione del latte potrebbe essere un'altra ottima area di lavoro. Oltre all'aspetto economico, c'è un certo interesse nel mantenere certi animali da fattoria "nei territori d'origine e con alle spalle una certa tradizione […] per conservare la peculiarità produttiva di popolazioni a rischio di estinzione" e per dare validità ad aree marginali scarsamente produttive.[6] Gli scienziati credono sia importante da preservare piante e animali per salvaguardare il loro futuro genetico.

Occorrono altri studi per vedere se i prodotti tradizionali possano rappresentare un business redditizio per le piccole imprese specializzate. Piante e animali rari dell'alto Molise, ad esempio, potrebbero offrire gli ingredienti bioattivi per l'etnomedicina. Uno studio fornisce "dati per 70 taxa appartenenti a 39 famiglie; 64 utilizzati in terapia umana."[7] Queste antiche misture sono state utilizzate come repellenti per gli insetti, unguenti per scottature e ferite, conservanti alimentari, tonici per regolarizzare il ciclo mestruale, ingredienti per medicinali veterinari e anche in… rituali magici.

A proposito della produzione alimentare del Molise, dovremmo pensare all'encomiabile movimento slow food, iniziato in Italia nel 1986 e cresciuto fino a diventare un fenomeno mondiale. Come antitesi del fast food, l'obiettivo del movimento slow food è studiare e preservare le cucine regionali, utilizzando ingredienti locali. Il movimento è ben organizzato, con una filosofia chiaramente articolata. Questa area di specializzazione potrebbe essere adattata alla caratteristica tradizione culinaria del Molise.

Le più grandi difficoltà riguardanti l'agricoltura molisana sono state discusse. Il primo ostacolo è la generale incapacità degli individui di collaborare per essere competitivi su scala nazionale e internazionale. In Molise c'è "mancanza di collaborazione tra i produttori, da cui deriva una fornitura di basso livello; piani verticali di distribuzione limitati, che sono necessari per assicurare i feedback sugli investimenti ai produttori agricoli; un sistema di marketing sfavorevole ai produttori, e poca diffusione di conoscenza e informazioni."[8]

Un'altra possibile area di sviluppo economico è l'artigianato. Esistono alcuni famosi prodotti regionali, come la Marinelli ad Agnone, produttrice di campane, e una piccola azienda a conduzione familiare produttrice di forbici e coltelli a Frosolone. Sebbene siano rinomate per i loro prodotti di alta qualità, queste piccole attività hanno metodi produttivi limitati e una conseguente scarsa presenza sul mercato. Fatta eccezione per un piccolo stabilimento Fiat vicini a Termoli, in Molise la grande industria non si è mai sviluppata.

Rodeo Pentro

Rodeo Pentro, estate 1975.
Foto gentilmente concessa
dal comune di Montenero.

Pagina segue
Rodeo Pentro, 13 agosto 20
© Lucio Musacchio, CC by

Come ampiamente trattato da Christian Pesaresi in *The "Numbers" of Molise Mountain Municipalities: New Data, Old Problems, Development Opportunities* (2014), qualsiasi progetto di sviluppo nel campo del lavoro nei settori agricolo, manifatturiero o industriale incontrerebbe molti ostacoli. Dopo aver scandagliato le risorse umane e naturali della regione, Pesaresi valuta le condizioni economiche e ambientali per identificare le attività che meglio si presterebbero all'investimento di denaro e tempo. La conclusione logica espressa nel libro è che il Molise dovrebbe concentrarsi sul turismo, in quanto industria più adatta alla regione. C'è molto lavoro da fare per far diventare il Molise una destinazione turistica, poiché al momento è la regione meno visitata d'Italia.

Molti esperti di politica ed economia condividono l'ottimismo di Pesaresi. Si crede fortemente che il turismo "possa portare entusiasmo, soprattutto se organizzato creativamente, in modo partecipativo e collaborativo, al fine di trasformare le diverse forme di turismo spontaneo o costituito dagli emigrati in visita ai luoghi natii in un'attività coordinata, in un prodotto di qualità, attraverso la promozione di un turismo duraturo e adatto a tutti."[9] Di vitale importanza è ravvivare il turismo tramite la storia e la cultura nativa della regione. "Il passato non va messo da parte, ma piuttosto conosciuto (e usato in modo appropriato)."[10] Tutto ciò potrebbe rendere il turismo in Molise un'esperienza unica per tutti i visitatori. La gente del luogo e gli amministratori devono collaborare per discutere gli elementi regionali che potrebbero attirare i turisti. Si spera che parlandone si possa promuovere una "consapevolezza del passato e del presente che riesca a rompere l'incantesimo che ammalia chi crede che si possa sopravvivere" solamente con il reddito personale.[11]

Il turismo in Molise è aumentato lentamente negli ultimi decenni, ma se non si faranno importanti investimenti esso continuerà sempre ad annaspare. Se comparato alle altre regioni italiane, il Molise è l'ultimo in classifica per numero di visitatori all'anno – sebbene ci sia stata una crescita. Il numero totale di arrivi nel 1998 è stato 163.895, con un soggiorno medio di 3,38 giorni. Cinque anni dopo, nel 2003, il numero totale di arrivi è salito a 178.845, e la media di notti è salita a 3,89. Nel 2010, la regione ha accolto 209.051 visitatori, di cui circa il 90 percento italiani e il 10 percento stranieri. La media di notti è scesa a 2,1 nel 2011.[12]

Tra le due provincie del Molise, quella che ha avuto più visitatori è Campobasso, specialmente nell'area costiera di Termoli. Mentre l'82,9 percento ha scelto il litorale, solo il 17,1 percento ha preferito la montagna. I turisti nei comuni montani sono stati 14.340 nel 2000, aumentando a 25.854 nel 2011.[13] L'alta stagione è nei mesi di luglio e agosto, mentre a gennaio si registra la minore affluenza. Il turismo segue il ciclo delle stagioni, così nei mesi più caldi sono preferibili le spiagge e in quelli invernali i pendii innevati che soddisfano gli sciatori. Ogni attività necessita delle giuste condizioni climatiche.

I turisti in Molise optano sempre più per i pernottamenti in hotel. L'aumento della richiesta ha portato a un incremento nell'offerta. Per garantire una crescita del turismo e invogliare i visitatori a soggiorni più lunghi, sono necessari dei programmi di marketing. I centri di informazione turistica devono essere in grado di offrire prontamente il materiale informativo, come libri, brochure, mappe e calendari. Ma la vera domanda è: cosa rende unico il Molise, tanto da attrarre i turisti? La risposta può essere riassunta dalla parola geoturismo, concetto divenuto in uso nel 2010.

Il geoturismo è più della semplice combinazione tra geografia e turismo, ma è pur vero che la base di partenza è di tipo geografico. Uno studio molto dettagliato mostra come il territorio molisano derivi da un processo "di formazione di strutture interne ai rilievi montuosi, piegati da scorrimenti, pieghe e faglie negli strati esterni ed elevati, nonché da piegamenti plastici, metamorfismo e plutonismo negli strati interni e più profondi."[14] La topografia del Molise è stata ben documentata, e illustra come il territorio si sia evoluto per millenni risultando nel paesaggio che vediamo oggi.

Dalla montagna al mare, il territorio regionale è il palcoscenico su cui si è inscenata la storia del Molise. Esso include l'evoluzione tanto della geodiversità quanto della biodiversità, nonché le attività umane svolte nel corso dei secoli. Al pari delle pagine di un manoscritto, i diversi paesaggi possiedono una storia dal valore immenso per le nostre esplorazioni. Sono stati già pianificati degli itinerari turistici incentrati su vari aspetti del geoturismo.

Agli antichi tratturi che attraversano il Molise è stata rivolta un'attenzione particolare. Si organizzano tour annuali, con itinerari che forniscono dettagli come il numero dei partecipanti, le distanze e le località visitate. Minotti et al. (2018) hanno parlato del tratturo che va da Castel di Sangro a Lecera come di un possibile sentiero turistico. Occorre effettuare ulteriori ricerche e pianificazioni per veder sviluppati altri itinerari, come quello che passa per il massiccio del Matese, un'attrazione turistica naturale.

I tipi di turismo che potrebbero essere sviluppati nella campagna molisana sono molteplici, inclusi "l'agriturismo, il turismo agriculturale e rurale, il turismo ecologico, quello responsabile e infine il turismo alternativo."[15] Molta parte dell'economia regionale potrebbe risiedere in questo settore; il territorio offre tante opportunità grazie alla varietà che lo caratterizza. Gli imprenditori creativi saranno sicuramente capaci di avviare delle attività e valorizzare le destinazioni in modo tale da attrarre turisti in base ai diversi interessi. Per esempio, si potrebbe pensare a: corsi di cucina, arte o lingua; attività all'aperto come la caccia, la pesca, cavalcate, arrampicate, sci o agricoltura; visite ai musei, siti archeologici e monumenti famosi; programmi intensivi per nutrire mente, corpo e spirito.

Il lavoro archeologico sta portando l'attenzione su molte località che vale la pena visitare. Oltre ai siti già famosi – come il sito paleolitico di Isernia-La Pineta, il tempio e teatro sannita di Pietrabbondante e le rovine romane di Saepium – il patrimonio storico si arricchisce di nuove scoperte, alcune del tutto casuali. Nel 2003, ad esempio, l'esondazione del fiume Fortore rese visibile il ponte romano di Tufara. La scoperta indica che "il ponte Tufara e la rete stradale di epoca romana e medievale sono parte di una dinamica ambientale piuttosto complessa."[16]

Un altro importante sito si trova a Campochiaro, dove sono stati rinvenuti più di trecento resti scheletrici di guerrieri Avari, provenienti dall'attuale Bulgaria per combattere probabilmente gli eserciti bizantini. Molti indumenti decorativi, armi e ornamenti per cavalli sono ben conservati. Le sepolture delle

Foto di Vincenzo Corona.

donne sono ricche di oggetti, inclusi pettini, orecchini e collane. Il ponte di Tufara e i guerrieri Avari sono esempi della ricchezza storica del Molise. I siti già noti e quelli ancora da scoprire sono connessi ad altri aspetti del turismo, e aggiungono un tocco speciale a ogni area della regione per chi ama i tempi passati.

Il turismo in Molise aumenterà quando ci sarà più consapevolezza delle attrazioni presenti sul territorio e dell'ospitalità e accoglienza delle strutture ricettive. In larga parte, ciò che serve per lo sviluppo del turismo coincide con le necessità della popolazione residente.

La possibilità che il Molise possa fallire nel creare opportunità di lavoro, con una conseguente perdita della popolazione, genera molta preoccupazione.

Si prevede che molti dei piccoli paesi verranno abbandonati. Che ne sarà di Montenero in questo scenario ipotetico? Secondo uno studio, entro il 2093 Montenero sarà un paese fantasma. Per confutare questa previsione, i politici e gli imprenditori locali dovrebbero realisticamente valutare i punti forti e le debolezze del paese, programmando il futuro.

Il destino di Montenero

La vita media umana è di circa settantanove anni. Quella di un cavallo è trentacinque. Un coniglio? Solo dieci. Persino il sole ha una durata limitata di cinque miliardi di anni circa. Allo stesso modo, anche i paesi hanno il loro destino. Molto è accaduto dai tempi della nascita di Montenero nelle terre dell'abbazia di San Vincenzo al Volturno. Costruito su una collina per la sua

Foto di Antonio Greco.

posizione strategica, ed evolutosi durante il medioevo per oltre mille anni, Montenero è adesso un relitto che respira affannosamente. Quando un ciclo è completo, un altro è pronto a iniziare. È come il mito della fenice, che sorge dalle ceneri dei suoi predecessori. La storia di Montenero dovrebbe ispirare una trasformazione. Il destino del paese – se mai sperimenterà una rinascita – dipenderà dalla volontà e dalla collaborazione delle persone che sapranno dargli un valore.

In molti pensano che il destino di Montenero e di altri paesi dell'alto Molise sia segnato. Non c'è niente lì! La frase "il Molise non esiste" è diventata famosa perché sta a indicare l'insignificanza della regione. Si può forse dare valore all'insignificanza, alla vuotezza? Un bicchiere è utile perché il suo spazio vuoto può essere riempito di vino. Una stanza è funzionale per la sua spaziosità. Un vaso ha valore perché il suo essere vuoto lo rende utile. Il fatto che il Molise non abbia grandi industrie è un vantaggio! Con la popolazione mondiale che sfiora gli otto miliardi, l'isolamento e la tranquillità sono di enorme valore. Il Molise offre questo. E l'alto Molise, che sembrerebbe offrire davvero poco, potrebbe in realtà regalare molto.

I paesi molisani sull'orlo dell'abbandono sono dozzine. Quali di essi riusciranno a sopravvivere, reinventandosi? Considerato il potenziale del geoturismo, Montenero non possiede le migliori attrazioni culturali della regione. La sua piazza non è di straordinaria bellezza. Le sue chiese non attraggono i pellegrini. I turisti non raggiungono il paese per assistere a un concerto, ammirare un'opera d'arte o assaporare la cucina sopraffina. Montenero ha una storia unica e una splendida ambientazione geografica apprezzata a livello nazionale, specialmente per la sua valle – il pantano, con la razza di cavalli Pentro e una grande varietà di fiori, uccelli e altre piante e animali. Il pantano e il fiume Zittola sono "tra i biotopi Corine, i siti più importanti per la salvaguardia della natura tra i paesi UE."[17] Sembra chiaro che tutto ciò è quel che rende Montenero unico, la chiave per il suo futuro.

Secondo l'Agenzia Regionale per la Protezione Ambientale del Molise e l'Agenzia di Servizi Tecnici per la Protezione Ambientale, il pantano di Montenero...

> *... possiede numerosi siti archeologici e un eccezionale patrimonio floristico e faunistico, così come un paesaggio unico; ci sono pascoli sconfinati con mandrie di bovini e cavalli allo stato brado [...] L'ampia piana alluvionale che si trova a sud-est di Montenero Val Cocchiara è uno dei pantani appenninici più estesi d'Italia [...] La piana è circondata da colline che, per la loro collocazione, la rendono un anfiteatro naturale [...] La regione presenta svariati habitat: pascoli, palude, torbiera, bosco con aree carsiche e torrenti, tutte caratteristiche di un territorio dalle notevoli bellezze naturali. Gli habitat acquatici favoriscono la presenza e l'insediamento di specie ornitologiche ad alto rischio di estinzione, ma anche di rari esemplari di piante e animali d'importanza cruciale per la conservazione della biodiversità. La vastità di questo territorio e la sua importanza paesaggistica e ambientale fanno del pantano un habitat di particolare rarità e perfezione.*[18]

Il primo rodeo, organizzato nel 1974, rese famoso il paese. Molti turisti italiani e stranieri partecipavano all'evento che si teneva ogni estate nel pantano. I cavalli al galoppo elettrizzavano la folla. Gli spettatori percepivano il pericolo a cui andavano incontro i cowboy quando provavano a cavalcare gli animali selvatici, mostrando la loro euforia se il tentativo andava a buon fine. Il rodeo era anche un'occasione per socializzare, tra un panino e una bibita fredda, che aiutava a sopportare la calura. I giorni del rodeo tenevano tutti impegnati con svariate attività. Per logica, questo appuntamento annuale sarebbe dovuto durare per sempre, ma la trentaduesima edizione, quella del 2006, fu anche l'ultima. Dopo una pausa di tredici anni, nel 2019, ci fu un tentativo di riorganizzare la manifestazione, ma invano.

I cavalli Pentro sono stati allevati nella stessa zona per 2500 anni e utilizzati per il trasporto e l'alimentazione. Questi animali hanno anche un valore nostalgico, e c'è chi dall'esistenza di questa razza trae beneficio. Nel 2000, c'erano solo 150 Pentro registrati. Uno studio di Cicia et al. Mostra che per garantire la prosecuzione della specie servono almeno altri mille esemplari.[19] Se si riuscisse nell'intento, sarebbe possibile mettere sul mercato centinaia di puledri all'anno e far così sopravvivere la mandria. A causa dello scarso interesse da parte dei locali, tutto ciò potrebbe non accadere mai.

La magia del pantano è la chiave per il futuro di Montenero, ma è stata tristemente ignorata. Il destino del paese resta nelle mani di chi sembra poco propenso a collaborare. Il Sud Italia, il Molise, la provincia di Isernia e Montenero sono paralizzati da un atteggiamento negativo. Non importa quanto siano fantastiche le idee per migliorare la vita in Molise, niente funzionerà mai se non si cambia mentalità.

Foto di M. DiMarco.

Una speranza esiste. Come scrive Pesaresi: "Possiamo dire che i processi che portano alla staticità, all'esitazione e all'isolamento, spesso tipici dei comuni del Molise, non sono reversibili, e che per invertirli occorre destare dall'intorpidimento che conduce alla rovina. La cultura e l'agricoltura, l'ambiente e il turismo possono contribuire allo sviluppo, alla creazione di un'immagine fresca e vitale, all'unione tra passato e presente. Conservazione e miglioramento devono procedere di pari passo, in un processo sinergetico che punta al progresso."[20]

Molti studiosi del potenziale del Sud Italia hanno evidenziato dei problemi comuni che vanno superati per attuare un progresso sostanziale. Pianificazione, investimenti finanziari, nuove leggi e ordinanze non sono sufficienti. "Infine, per un vero cambiamento, le comunità locali non devono solo essere in grado di lasciarsi alle spalle i retaggi negativi delle scelte passate, ripensando logicamente la rete di relazioni sociali, economiche e istituzionali (sia formali che informali) al fine di essere più inclusivi rispetto a quanto è stato fatto finora, ma è inoltre necessario superare la resistenza al cambiamento – spesso dovuta al desiderio di mantenere gli equilibri di potere vigenti – delle classi dirigenti a vari livelli (nazionale, regionale e locale)."[21]

A livello locale, c'è "una cultura in cui ognuno cerca di trarre guadagno a spese altrui" e "a danno della comunità nel suo insieme."[22] Possiamo aspettarci che degli individui abituati a una cultura fatta di schemi mentali radicati possano cambiare? Sarebbe da ingenui; comunque, forse il "compito ispira un nuovo obiettivo comune, uniforme, simile al sentimento scaturito nel dopoguerra e dato dalla necessità di ricostruire la nazione dopo la caduta di Mussolini e la devastazione del conflitto."[23]

In *Good Italy, Bad Italy*, l'autore conclude che "percepire la crisi aiuta enormemente"[24] quando c'è bisogno di importanti cambiamenti sociali. Affrontare il cambiamento fa sempre paura, ma quando si sceglie la strada da seguire sopraggiungono l'entusiasmo e l'ottimismo. Se i leader e la popolazione avranno la pazienza di rivedere i dati riguardanti il potenziale del Molise e i piani pratici per attuare lo sviluppo regionale, "nascerà una consapevolezza del passato e del presente" che sarà di ispirazione allo spirito collaborativo e al pensiero rivolto al futuro.[25]

Come per Montenero, c'è l'opportunità di "riscoprire gli antichi valori e relazioni sociali […], recuperare e restaurare le vecchie case e gli edifici per riportarli alla piena funzionalità, attribuendo al contempo un maggiore valore economico e rivelando l'anima di strutture e luoghi ormai abbandonati o dimenticati decenni or sono."[26] La ricca storia di Montenero, scritta tra le bellezze geografiche di un paesaggio unico, è una benedizione. Chi vive in paese o ha lì le sue radici dovrebbe sentirsi orgoglioso di questa terra, delle sue risorse e del patrimonio offerto dalle generazioni passate.

Natura interiore

CAPITOLO 16

Un possibile itinerario di viaggio di tre giorni a Montenero

GIORNO 1

Mattino presto. Appena fuori dall'aeroporto internazionale "Leonardo da Vinci" di Roma saliamo a bordo di un minivan a noleggio e siamo già in superstrada. Tre ore dopo, raggiungiamo la stazione degli autobus di Castel di Sangro. Qui, i toni di verde delle montagne e l'azzurro del cielo sono più vibranti che in qualsiasi altro luogo, sicuramente per l'aria pura che svela ai nostri occhi i colori veri. Mentre aspettiamo il minibus che ci porterà a Montenero, non possiamo fare a meno di notare il grande edificio a due piani che si trova accanto al parcheggio della stazione. I muri a strisce alternate di intonaco rosa e pietra bianca lo rendono simile a una torta a strati... una torta semicoperta di muffa nera. Si dice che la costruzione abbia subìto un arresto quando, anni addietro, l'imprenditore edile incaricato del progetto non riuscì a soddisfare le richieste di denaro dei boss mafiosi per l'apertura di un nuovo business. Il minibus finalmente arriva, e saliamo a bordo per percorrere i 9,5 chilometri che ci separano dal paese.

La statale 17 parte da Castel di Sangro e arriva all'incrocio con la statale 83, appena dopo il supermercato Orsini. Se si guarda indietro verso Castel di Sangro, lo sguardo viene subito attratto dalla magnifica facciata della basilica di Santa Maria Assunta, che domina la città. Appena dietro di essa, si trova il punto 1009, dove il reggimento West Nova Scotia respinse le truppe tedesche in una feroce battaglia durante la seconda guerra mondiale. Gli Alleati e le truppe tedesche viaggiarono su questo tratto di strada. Prima di visitare i principali siti di Montenero, vediamo diversi punti di interesse lungo la via che ha contribuito alla storia del paese.

Al bivio tra le statali 17 e 83, immaginiamo l'incontro tra truppe austriache e napoletane nella battaglia di Castel di Sangro del 1815. E se andiamo ancora indietro nel tempo, possiamo sentire l'odore delle greggi che passavano per questo tratto qui fin dall'epoca sannita. Qui, c'è l'intersezione tra i tratturi Castel di Sangro-Lecera e Pescasseroli-Candela, dove i mandriani potevano riposare alla taverna della Zittola. Sedici pastori di Montenero viaggiarono verso sud, senza mai fare ritorno: morirono durante il terremoto di Bovino nel 1879.

All'intersezione, svoltiamo verso la strada serpeggiante che porta a Montenero. Sulla destra, vediamo immediatamente la vecchia stazione ormai dismessa e il fatiscente birrificio della Birra d'Abruzzo. Il pensiero di una birra fredda durante un'afosa giornata estiva sfiora la mente, come le immagini della rivolta della torba del 1917, per cui vennero arrestati cento monteneresi.

Cappella di Sant'Ilario.

Non lontano dal birrificio, un segnale stradale ci indica che abbiamo lasciato l'Abruzzo e siamo entrati in Molise. La prossima stradina a destra conduce alla cappella dedicata a Sant'Ilario e risalente al XVIII secolo. La cappella è circondata da un fitto bosco; di fronte ad essa c'è una lunga vasca in pietra in cui scorre costantemente fresca acqua di fonte. Al suo interno troviamo un tabernacolo, l'altare e la statua del santo. Ogni anno, il primo martedì dopo Pentecoste, si tiene una celebrazione con picnic all'aperto a cui partecipano gli abitanti di Montenero. In passato, "le donne si sciacquavano i seni con l'acqua di Sant'Ilario nella speranza di produrre più latte."[1] Sulla stessa strada, non molto lontano, si trova una cappella molto più piccola dedicata a Sant'Antonio.

Le cappelle attorno a Montenero sono come guardie sacre che proteggono gli abitanti del paese. Proteggono forse anche chi ha lasciato la vita terrena? Proseguendo lungo la strada in cui sorge la cappella di Sant'Antonio, si arriva al principale cimitero di Montenero. È cinto da mura in pietra e vi si accede da un cancello affiancato da due piccoli edifici. In passato, i resti dei defunti potevano essere dissotterrati dopo anni e collocati nell'ossario, un'area comune situata sotto la cappella cimiteriale. In molti ormai riposano fuori terra, alcuni nelle cappelle di famiglia, altri in tombe individuali. I nomi incisi nelle lapidi appartengono solitamente agli antichi monteneresi che abitarono il paese negli ultimi duecento anni, se non più.

Entrata del cimitero e vista dell'interno. Fotografie di M. Di Marco

Il nuovo camposanto di Montenero, con diverse tombe e mausolei.

Foto di M. Di Marco.

C'è una piccola statua in pietra che passa spesso inosservata. Logorata dal tempo, raffigura una giovane donna con in braccio un bambino, ma nessuna targa o incisione spiega perché quella statua si trovi là. Si dice che quella statua sia stata realizzata in memoria di una donna del paese che veniva brutalmente picchiata dal marito, diventato particolarmente violento dopo la nascita della figlia. Lui voleva un maschio. Circa un anno dopo la nascita della primogenita, l'uomo percosse la moglie così malamente da lasciarla apparentemente senza vita. Il corpo della povera donna venne portato nella cappella del cimitero per la notte. Il mattino seguente, quando i becchini andarono a seppellirla, trovarono un neonato tra le braccia della poveretta. Era un maschietto. Probabilmente, poco prima di morire, la donna aveva trovato la forza di partorire. Si crede che suo padre abbia realizzato la statua affinché la tragedia rimanesse impressa nella memoria collettiva, come monito su cui riflettere.

Prima di arrivare al cimitero, è possibile notare sulla sinistra la vasta distesa del pan-

Statua di donna anonima con il suo bambino.

Foto di Sandra Di Fiore.

tano, dove centinaia di cavalli e bovini pascolano circondati da uccelli rari che volano tra i fiori delle sponde della Zittola. In alcune zone della valle è stato tagliato il fieno, lasciato a seccare sotto i caldi raggi del sole. Fa la sua comparsa anche un gruppo di persone a cavallo, preceduto da una guida del Ranch Brionna. I più esperti possono individuare tra i cavalli selvaggi quelli appartenenti all'antica razza Pentro.

Il pantano – o palude, acquitrino – è spesso soggetto a inondazioni dovute alla pioggia o allo straripamento dello Zittola. Quest'area rende famoso Montenero, specialmente per la fauna e la flora. Nell'antichità, al pantano fu attribuito il nome Mala Cocchiara, a causa della presenza di zanzare responsabili della diffusione della malaria. I primi abitanti della zona decisero saggiamente di costruire il villaggio lontano dalla palude, in una posizione più elevata.

Monumento ai caduti.
Foto di M. Di Marco.

All'angolo del cimitero c'è una biforcazione: una delle due strade porta direttamente alla parte alta di Montenero, mentre l'altra conduce alle pendici del paese. Percorrendo la seconda strada, nel punto in cui curva sulla sinistra, si incontra la cappella di San Sebastiano, che segna il tradizionale ingresso al paese. In quel punto si trova una croce di ferro di media grandezza con base in cemento, risalente a prima della seconda guerra mondiale: è infatti possibile vederla in una foto datata 2 marzo 1944, con accanto un carro armato degli Alleati a guardia dell'ingresso a Montenero.

La cappella confina con un piccolo parco che si affaccia sulla valle. Il luogo offre l'ombra dei grandi alberi e una fantastica vista verso il pantano e le montagne circostanti. C'è anche una piccola area giochi per i più piccoli. In molti visitano il parco per vedere il monumento ai caduti, dove è possibile leggere i nomi delle vittime delle due guerre mondiali.

Passiamo davanti ad alcune abitazioni in via Nostra Signora di Lourdes e poi, sulla destra, vediamo l'ufficio postale all'angolo con via Maria Regina, accanto all'asilo Maria Immacolata e San Clemente Martire. L'edificio successivo è la scuola primaria "F. Iovine". Entrambe le scuole hanno chiuso nel 2019 per mancanza di iscrizioni, un cattivo segnale per il paese. Dall'altro lato della strada c'è il Monumentino Mariano, costruito nel 1950 da Marcuccio Di Filippo e Arduino Narducci. Il monumentino rappresenta un punto di aggregazione durante le vacanze e le festività.

Scuola elementare in via Nostra Signora di Lourdes. Foto di M. Di Marco.

Attraversata via Roma, all'angolo della strada vediamo una fermata dell'autobus in mattoncini. L'area è adornata con piante fiorite, cespugli e un albero in posizione semicentrale che offre la sua ombra. La gente del posto sa quando gli autobus arrivano e partono, ma c'è la possibilità che alla fermata non ci sia un cartello con gli orari. Alcune panchine e la tipica pensilina rendono più confortevole l'attesa ai passeggeri oppure offrono un rilassante punto d'osservazione a chiunque voglia ammirare il panorama o guardare i passanti.

Appena scesi dal minibus, ci apprestiamo a prendere le valigie e incontriamo Michele Fabrizio, proprietario del bed and breakfast "Il Corniolo", situato a pochi passi dalla fermata. Di fronte al B&B c'è quel che rimane di un edificio bombardato durante la seconda guerra mondiale, i cui muri in pietra raccontano molto del lavoro manuale necessario alla realizzazione delle abitazioni di Montenero.

Una volta sistemati nelle camere, ci rinfreschiamo e decidiamo di visitare il MoMu – Molino Museo – in via Fonte, a due minuti a piedi dalla struttura ricettiva. Il museo si trova in un bellissimo mulino ad acqua restaurato. Questa visita ci consente non solo di osservare il mulino in funzione, ma anche di toccare con mano una varietà di attrezzi contadini, per vedere che qualità di lavoro all'interno della struttura e le aree comuni, e chiedere informazioni riguardanti gli oggetti esposti. Il MoMu è una finestra sulla realtà lavorativa di Montenero dei secoli passati.

Ansiosi di raggiungere piazza Risorgimento, camminiamo per via Fonte fino a via Roma, che ci condurrà direttamente a destinazione. La piazza prende nome dal famoso movimento ideologico italiano; è un invito a "sorgere una seconda volta"

Chiesa di San Nicola di Bari. Foto a sinistra di M. Di Marco; foto a destra di Lina Del Sangro.

con una nuova consapevolezza di unità nazionale. Quasi a metà tragitto verso la piazza, al numero 5 di via Roma, c'è l'unico negozio di generi alimentari di tutta Montenero. Grazie a questo emporio piccolo ma ben fornito, gestito da Sergio Bonaminio e da sua moglie Sandra, non c'è bisogno di recarsi a Castel di Sangro per fare la spesa.

Mentre proseguiamo dall'intersezione tra via Roma e via San Nicola, incontriamo la chiesa di San Nicola di Bari, costruita dove un tempo si svolgeva il mercato. Prima del 1535, essa era la parrocchia del paese. Secondo un documento dell'archivio della diocesi di Trivento, la chiesa fu fondata da un uomo di nome Fausto, sposato a una certa Trophina. La chiesa è in stile romanico e in cima alla semplice facciata presenta tre archi, il centrale dei quali contenente una campana. Sopra il portone vi è collocato un rosone. Nel 1501 la chiesa subì ingenti danni a causa di un incendio, e nel 1688 lo spazio interno fu ridotto secondo le direttive di monsignor Tortorelli. All'interno della piccola chiesa troviamo un altare con quattro colonne di fattura piuttosto semplice, donato da G. Mannarelli nel 1765. Attualmente, gli interni sono raramente visitabili poiché la chiesa è quasi sempre chiusa.

Oggi, la facciata della chiesa è di importanza storica. L'intonaco l'ha coperta per quasi duecento anni, ma con i lavori di restauro effettuati nel 2009 lo strato più superficiale è stato rimosso, e il bellissimo muro in pietra è rivenuto alla luce. Il risultato è dovuto in larga parte all'impegno dell'attuale parroco di Montenero, don Elio Fiore. Sulla parte superiore della facciata, vicino alla campana, c'è un pannello in pietra su cui sono raffigurati una lucertola e un leone, simboli medievali si forza e rinascita. Di maggiore rilevanza è la scritta in latino incisa su una colonna in pietra posta a destra dello stipite del portone. La scritta è una dedica di Fausto e Trophina al figlio defunto, Faustino. In mancanza di eredi, la coppia decise di lasciare ogni bene alla chiesa. Vicino all'epitaffio c'è una "semplice ma tenera incisione raffigurante un uomo con accanto due buoi, un chiaro riferimento all'attività di famiglia."[2] Il momento migliore per visitare la chiesa è durante l'annuale celebrazione di San Nicola, il 6 dicembre. I devoti consumano poi un tradizionale piatto di fettuccine condite con aglio e olio.

Benvenuti al Roxy Bar!
Foto concessa da M. Di Fiore.

Ci spostiamo dalla chiesa e proseguiamo su via San Nicola, arrivando a delle scalette piuttosto ripide che portano alla piazza. Arrivati in cima, vediamo subito l'edificio del comune. La grande sala, a cui si accede dalla porta sulla sinistra, viene usata per funzioni e incontri importanti. Sul lato destro dell'edificio c'è il Roxy Bar, il cuore pulsante di Montenero. È lì che le persone si fermano a mangiare, bere, socializzare e godere della magnifica vista sul pantano e sulle montagne circostanti. La proprietaria, Marylise Di Fiori, è una ragazza dinamica, il cui amore per il paese e i suoi abitanti traspare in tutto ciò che fa. Dopo aver ordinato delle bibite rinfrescanti e qualche snack, Marylise risponde ad alcune domande sul suo lavoro:

> *È una gioia gestire il bar-pizzeria, dove gli abitanti vengono a trovarci e a trascorrere il tempo libero. Apriamo alle 7 del mattino, quindi iniziamo la giornata con le colazioni. Offriamo una ricca varietà di caffè, cioccolate calde e altre bevande, ma anche cornetti e la deliziosa pasticceria Cupiello – la numero uno in Italia.*
> *Quando vivevo in Francia sentivo il bisogno di tornare al più semplice stile di vita di questo bellissimo paese. Assieme ai miei genitori, abbiamo*

Marylise Di Fiore con Saverio Busicchio.
A destra, Sandra Di Fiore Caserta.
Foro gentilmente concessa da M. Di Fiore e S. Di Fiore.

deciso di lasciare la Francia, venire a Montenero e avviare il Roxy Bar per offrire un servizio al luogo, ai suoi abitanti e ai turisti. Ogni estate sono molti gli emigrati che fanno ritorno a Montenero da Francia, Canada, Belgio e altre nazioni. In tanti vengono in vacanza da Roma e Napoli. Il nostro obiettivo è di ampliare il Roxy per andare incontro alle esigenze di tutti i clienti.

Montenero è un piccolo paese e non ci aspettiamo certamente di diventare ricchi, ma il lavoro mi rende felice e appagata. Ciò che trovo fantastico è che ci conoscono tutti e, viceversa, noi conosciamo i nostri clienti molto bene. Con loro abbiamo rapporti umani e parliamo di qualsiasi argomento. È un bel modo di venire a conoscenza delle storie del paese, della gente, e di com'era la vita a Montenero in passato. Durante la stagione estiva il lavoro è molto stancante, perché la popolazione del paese raddoppia. Essere proprietari di un bar significa stare lì tutto il giorno, è un impegno sia mentale che fisico.

Sento che il mio lavoro è importante per Montenero, perché dà energia al paese, riunisce le persone e stimola le relazioni e le attività sociali. Quando il bar è aperto, la piazza è più movimentata. Il Roxy Bar è un punto di riferimento, in cui è possibile sapere cosa accade in paese e conoscere la vita di parenti e amici. È un luogo di aggregazione per tutte le età.

Sedere nel patio con una birra fredda o un soft drink è il classico modo in cui i clienti trascorrono il pomeriggio. Il panorama è bellissimo, e di sera l'atmosfera è davvero rilassante. Gli avventori consumano pizze di diversi gusti e bevande, soprattutto quando c'è della buona musica.

Credo che ogni momento vissuto assieme rimanga indelebile nella memoria. Potere offrire ai miei clienti un momento di relax, risate e serenità è per me un dono. Su una delle preti del bar ci sono centinaia di foto di

compaesani – la gente che frequenta il Roxy Bar è sempre nel nostro cuore. I clienti creano abitudini e tradizioni che influenzeranno le generazioni future.
Venendo qui dalla Francia, temevo che non sarei stata accettata, anche se sono di origini monteneresi. È una gran soddisfazione aver conosciuto così tanta gente, aver scoperto il passato di questo paese, essere stata capace di offrire un servizio ed essere riuscita a vivere e lavorare a Montenero.
In un posto con molti anziani, il Roxy Bar rappresenta un'oasi di fresca giovinezza, ma rispetta al contempo la semplicità e la tranquillità del paese, nonché il suo patrimonio unico.

Dopo aver mangiato e bevuto, godendo dell'ospitalità dei padroni di casa, decidiamo di continuare la nostra passeggiata ripartendo da in fondo alle scalette di via San Nicola. Proprio all'angolo, di fronte al palazzo del comune, c'è un'area verde con un prato e qualche arbusto; qui, il musicista e compositore, Nicola Martino, organizzò delle produzioni teatrali appena prima della seconda guerra mondiale. Gli spettacoli erano un mix di canti, balli e parti recitate. Sembra che, dopo l'avvento della televisione, l'attività del teatro iniziò a scemare. Adesso, tutto quel che rimane del teatro è uno spazio vuoto.

Sullo stesso livello del palazzo comunale si trova piazza Risorgimento. Nei primi anni '70, per ingrandirla, furono abbattute diverse case. La piazza funge solitamente da parcheggio, specialmente per i turisti che da lì possono partire alla scoperta delle attrazioni principali. In certe occasioni, viene utilizzata come luogo di aggregazione per concerti ed eventi grazie ai quali gli abitanti possono mostrare il loro talento. Piazza Risorgimento è stata per lungo tempo teatro delle feste paesane, come quella di San Andun'.

La festa di San Andun' (Sant'Antonio Abate)

San Andun' (251-356 d.C.) fu un monaco cristiano che visse ottanta dei suoi centocinque anni come eremita. Era spesso tormentato da visite e tentazioni demoniache. Poiché in grado di sconfiggere i mali che provocavano un bruciore paragonabile a quello delle fiamme infernali, San Andun' viene invocato per prevenire o curare qualsiasi tipo di malattia contagiosa, soprattutto della pelle. Per questo, in passato, alcuni morbi dolorosi venivano comunemente chiamati "fuoco di Sant'Antonio".

Si dice che i seguaci di San Andun' avessero al monastero dei maiali domestici con collare e campanello. Simbolicamente, il maiale selvatico rappresenta il male, che i seguaci controllano con il "collare" delle buone azioni. Il santo viene onorato come protettore degli animali, degli allevatori e dei macellai. Montenero – da sempre legato all'allevamento del bestiame per la produzione di carne, latte, uova e altri prodotti – celebra il santo il 17 gennaio con la festa di San Andun'. Sandra Di Fiore, sorella di Marylise del Roxy Bar, ci racconta di questa tradizione, che continua ancora oggi:

> *In passato, a Montenero, per onorare il santo veniva scelto un maialino. Gli si legava attorno al collo un nastro rosso con una campanella e gli si disegnava una croce sulla groppa. Ùr purch de San Andun', il maiale per Sant'Antonio, che veniva nutrito dalla comunità durante tutto l'anno. Alla vigilia della festa, i bambini camminavano per le strade di Montenero suonando le campane e cantando:*

Andun', Andun', Andun'	*Antonio, Antonio, Antonio*
E ppr legna a San Andun'	*Preparate la legna per Sant'Antonio*
E chi n' g vo dà	*E chi non la vuole offrire*
Che c' possen' schatta	*Che possa morire.*

> *Sentendo i canti e le campane, tutti i monteneresi uscivano dalle loro case per offrire un ciocco di legno. I ragazzini legavano poi due o tre ciocchi assieme e li trascinavano fino alla piazza, dove gli adulti impilavano la legna per formare un'enorme pira che veniva sorvegliata da un bambino. In quello stesso giorno, gli abitanti preparavano un piccolo pane piatto e cotto a legna chiamato cacchiarelle, che veniva benedetto. Durante la festa, il pane veniva distribuito ai poveri, che si recavano a Montenero anche dalle località vicine.*
> *Nella notte tra il 16 e il 17 gennaio, veniva acceso un piccolo fuoco, chiamato ur fucarigl'. I più giovani davano prova di abilità saltando sul fuoco. Il giorno seguente, utilizzando il fucarig', veniva acceso un falò durante la celebrazione della messa.*
> *Dopo la funzione, la statua del santo veniva portata ai fuochi su di una piattaforma, e il parroco procedeva alla benedizione. Poi era la volta della processione per la benedizione degli animali – vacche, pecore, cavalli, maiali, cani.*
> *Celebrata la messa pomeridiana, i ragazzi si riunivano per mascherarsi e poi sfilavano rumorosamente per le vie del paese. Quando la gente li sentiva avvicinarsi, offriva pane e vino per continuare i festeggiamenti fino a sera. Tra i più giovani – come da tradizione, cosa che avviene anche oggi – c'è sempre una persona travestita da diavolo che passa davanti al falò, segui-*

ta da un gruppo che finge di assalire i presenti. In un'atmosfera euforica accentuata dal bere, si tiene una lotteria, il cui premio è un maiale ben nutrito. Chiunque sia il vincitore, dovrà fornire un maialino per la riffa dell'anno successivo.

Questa tradizione viene tuttora portata avanti, con le stesse modalità, dall'attuale parroco del paese. La statua di San Andun' viene portata al falò, dove il prete recita una preghiera. Il santo viene invocato affinché protegga le bestie da ogni male, poi si procede alla benedizione del fuoco, delle persone e degli animali domestici. La benedizione viene estesa anche alle bestie che popolano il pantano.

Nel 2014, i fratelli Caserta hanno interpretato i ruoli del diavolo (Gino) e del parroco (Normeo). E di sera, tutti attorno al calore del fuoco per cuocere le salsicce (chiutc e fasciul), cantando e ballando in compagnia del buon vino.

San Andun' Ce magn' e ce vev'!

Nel giorno di sant'Antonio si mangia e si beve!

Finale della festa di Sant'Antonio.
Cortesia di Emma Iacobucci.

Cos'altro c'è da vedere nella piazza? Di siti interessanti ce ne sono a ogni angolo, ma decidiamo di raggiungere quello più vicino, un'area residenziale nota per la sua bellissima architettura. Passando vicino al campo ormai vuoto in cui un tempo sorgeva il teatro di Martino, scorgiamo a sinistra un doppio arco che collega dei grandi edifici in stile rinascimentale, risalenti al 1751. La struttura principale apparteneva alla facoltosa famiglia Mannarelli, proprietaria di una fiorente attività per il trasporto di pecore da Montenero a Foggia. L'edificio veniva anche utilizzato come ospedale.

Il secondo piano presenta un passaggio a tre archi che è possibile attraversare per raggiungere gli stabili. Purtroppo, nel 1984, un terremoto danneggiò sia il doppio arco che gli edifici. Tuttora, è facile individuare il punto in cui è stata effettuata la riparazione. Se ci si affaccia a una qualsiasi delle case a destra, il panorama che si presenta davanti agli occhi è meraviglioso: sono le vette del monte Meta, particolarmente spettacolari quando innevate. Sotto le finestre c'è via Roma, dove, come qualcuno ricorda, morirono dei ragazzini in seguito ai bombardamenti tedeschi.

Casa Mannarelli.
Foto di M. Di Marco.

La prossima attrazione è la chiesa della Beata Vergine del Carmelo. Consacrata il 28 ottobre 1701, la chiesa fu fondata dall'arciprete Angelo Mannarelli per prendersi cura degli abitanti, sia nel corpo che nello spirito. Un magnifico mosaico dorato, collocato nella parte alta della facciata, domina l'intera piazza. Il mosaico fu realizzato

Chiesa della Beata Vergine del Carmelo. Foto gentilmente concessa da Federico de Vincenzi.

Piazza Risorgimento nel giorno di San Clemente, 2005.
Foto gentilmente concessa da Vincenzo Caserta.

nel 1962 e raffigura la Madonna dell'Assunzione. Una targa commemorativa spiega che padre Pasquale Di Filippo dedicò questa bellissima opera alla Vergine Maria, l'8 settembre 1968, in occasione del venticinquesimo anniversario del sacerdozio.

Entrando dal portone principale scorgiamo subito un vestibolo ligneo, che originariamente apparteneva alla chiesa di Santa Maria di Loreto. La navata centrale è solitamente chiusa, ma si può accedere all'edificio passando dalle navate laterali. La chiesa è piccola ma accogliente, con le pareti dai colori caldi e il soffitto basso. Le tre navate sono contrassegnate da massicci archi. La luce naturale proveniente dalle finestre laterali infonde calma e crea un'atmosfera pacifica. Anche gli altari barocchi si trovavano originariamente nella chiesa di Santa Maria di Loreto.

Benito dello Siesto descrive abilmente l'interno della chiesa:[3]

> *Nella volta della navata centrale c'è un grande medaglione ovale raffigurante la Madonna seduta sul trono, tra un cherubino e i santi carmelitani Simone Stock e Teresa, che ricevono la scapolare dell'ordine dalla Vergine e dal Bambin Gesù. L'alto cono dell'altare maggiore, in marmo policromo, ospita la statua della Madonna.*

Nella navata destra si trova l'altare di San Rocco, realizzato in marmo intagliato, che decora anche le scanalature delle semicolonne che su cui poggia la trabeazione decorata con cherubini. L'altra navata accoglie invece un altare di semplice fattura dedicato a Sant'Antonio Abate. Il santo è molto venerato negli ambienti pastorali.
Lungo le navate laterali ci sono le statue di sant'Ennio, protettore dai terremoti, di santa Maria del Carmine e del Sacro Cuore di Maria.

Appena svoltato l'angolo della chiesa, su via Pio XII, c'è una casa costruita nel 1853 e appartenente alla famiglia Evangelista Mannarelli, i cui muri in pietra naturale, i canali di scolo e la terrazza coperta sono esempi della tipica architettura del villaggio. Il tetto in legno fu danneggiato durante la seconda guerra mondiale, ma fu poi restaurato. In corrispondenza dei due ingressi ci sono delle immagini finemente intagliate: una raffigura un bue con l'aratro, l'altra due buoi. Secondo qualcuno, le due scene sono il risultato di una gara d'abilità tra intagliatori. Qualcun altro crede invece che il proprietario abbia scelto deliberatamente di assegnare un ingresso a ognuno dei figli.

Vicino casa Mannarelli c'è un muretto che separa il terreno da via Pio XII, sul quale è stata incisa una croce nel cemento. La leggenda narra di un uomo così orribile che molti montoneresi pensarono di riunirsi per decidere come difendersi da quel losco figuro, e conclusero che l'unica soluzione fosse ucciderlo. Lanciarono il corpo al di là di quel muretto; quando la polizia interrogò gli abitanti circa l'omicidio, tutti risposero di non saperne nulla.

Ci spostiamo verso la pittoresca piazza del municipio. La stradina che collega piazza Risorgimento con la piazza del municipio ne ha viste tante nel corso dei secoli: processioni, battesimi, funerali, matrimoni e rivolte. Guardando la strada, ad attirare l'attenzione è subito la chiesa di Santa Maria di Loreto. Ancor prima di raggiungere i sei gradini che portano al sagrato, i visitatori vengono travolti dalla bellezza del luogo: archi, cancelli, campane, l'orologio del campanile, fiori, un tiglio centenario, vetrate colorate, e lavorazioni in legno e pietra. Sopraffatti da tanta bellezza, decidiamo di goderci tutto un poco alla volta.

I musicisti della banda vicino alla chiesa di Santa Maria di Loreto nel giorno della festa di San Clemente. I sedili in pietra si trovano su entrambi i lati del cortile.

Gli ex uffici comunali (in giallo tenue), ora sede della biblioteca e dell'ambulatorio medico. Abitanti che si rilassano e chiacchierano nella piazza del municipio.
Foto di M. Di Marco.

Facciamo qualche passo per raggiungere piazza del municipio, dove sorge l'ex edificio del comune. In questo punto scoppiò la Rivolta della Torba, quando i monteneresi assaltarono i membri del consiglio comunale, nel 1917. Un nuovo palazzo del comune fu costruito ai piedi di Montenero, non lontano dal bed and breakfast. Oggi, il vecchio municipio ospita una biblioteca e una farmacia. Delle due porte ad arco, quella a sinistra dà accesso alla biblioteca, gestita da Guido Martino. La grande collezione incontra gli interessi di tutti, e offre anche testi riguardanti la storia del paese. Il prezioso Guido Martino può fare da guida tra le speciali collezioni conservate negli scaffali. Suo nonno, Nicola, gestiva il teatro adiacente alla piazza. Il talento artistico è di famiglia. Nel 2018, diciassette dipinti a olio realizzati da Guido sono stati esposti a Palazzo de Petra, nella galleria civica di arte moderna di Castel di Sangro. Gli studi in biologia hanno sicuramente aiutato Guido nella riproduzione di soggetti naturali, volti e figure.

La farmacia di Montenero – i cui responsabili sono il dottor Ubaldo Manzelli e la dottoressa Vittoria Milò – offre tanti servizi e prodotti, sia per la salute che di bellezza, come cosmetici adatti a tutti i tipi di pelle, e farmaci fitoterapici e omeopatici. La farmacia è inoltre provvista di un moderno ambulatorio per le piccole esigenze sanitarie dei clienti.

La piazza del municipio si trovava probabilmente fuori dalla cinta muraria che delimitava la parte più alta e antica di Montenero. In epoca medievale, molti paesi venivano costruiti sui promontori per sfruttare la posizione strategica. Le mura in pietra e gli edifici fungevano da fortificazioni ed erano dotati di ingressi speciali, che in caso di necessità potevano essere serrati. Sotto il dominio dell'abbazia di San Vincenzo al Volturno, Montenero dovette costruire una città fortificata. Qui vediamo Portanuova, che dà su via Portanuova e verso la parte alta conosciuta come Corte – o trabucco, in dialetto monterenese. Fu nei pressi di questa porta che il plotone d'esecuzione tedesco tentò di uccidere un gruppo di monteneresi durante la seconda guerra mondiale.

Procedendo verso Portanuova, sulla destra, incontriamo un passaggio a volta che conduce in un vicoletto che costeggia la chiesa. Il vicolo, chiamato connuottolo, è una scorciatoia che porta alla parte orientale del villaggio. Spostandoci di qualche passo, ci troviamo nuovamente di fronte al cortile della chiesa di Santa Maria di Loreto. Il sedile in pietra, che si fonde con i muri circostanti, è un punto d'osservazione ideale del viavai domenicale. Solitamente, la chiesa è più frequentata da donne che da uomini. L'abbigliamento delle ragazze di oggi non sarebbe stato ammesso una ventina d'anni fa: le parti del corpo scoperte e i jeans attillati lasciano ben poco all'immaginazione. Dal cortile, i turisti imboccano solitamente il passaggio ad arco sulla destra per accedere alla loggia in stile rinascimentale, risalente all'originale struttura secentesca della chiesa. Il panorama, che dal paese si estende fino al pantano e alle montagne circostanti, è spettacolare.

Sulla collina in alto sorge la maggior parte delle abitazioni del paese; i diciassette archi e la torre campanaria costituiscono gli elementi architettonici più importanti di Montenero. Questi edifici creano una cornice visiva che racchiude il paese e il suo territorio. Dello Siesto scrive che i diciassette archi furono disposti secondo il simbolismo numerico religioso.[4]

Archi della chiesa
di Santa Maria di Loreto.

Cortile della chiesa visto dagli archi.
Foto di M. Di Marco.

Portanuova. Foto gentilmente concessa
da Lisa Freda.

La torre campanaria

Sentiamo improvvisamente il risuonare delle campane in bronzo, e torniamo al cortile della chiesa per ammirarle mentre oscillano nella torre campanaria. Secondo un documento della diocesi di Trivento, datato 1706, "la torre campanaria ha quattro campane, chiamate l'orologio, del rosario, del crisma e della comunione."[5] Siesto aggiunge che una delle campane, decorata con una cicogna e una lucertola, fu realizzata dalla famosa Fonderia Pontificia Marinelli di Agnone.

Un altro gruppo di campane si trova in cima alla grande torre dell'orologio, appena oltre Portanuova. Prima dell'avvento degli orologi da polso e dei cellulari, il campanile scandiva le ore della giornata e annunciava le diverse funzioni religiose. Io preferisco controllare l'orario sul mio iPhone – il cacofonico scampanio mi dà ai nervi.

Sulla torre campanaria c'è una pietra rettangolare su cui sono visibili ormai solo una data, 1570, e lo stemma italo-savoiardo. La torre è stata più volte restaurata. Ciò che vediamo oggi è il risultato dei lavori effettuati nel 1863, inclusa la piramide ottagonale. Un'iscrizione attesta che Luigi Ziroli, mastro scalpellino, fu il direttore dei lavori, e che Giulio Gigliotti era l'allora sindaco. Un'altra iscrizione riporta la dedica commemorativa:

Foto di M. Di Marco.

Questa torre
redimita di sacri bronzi
più solida ed elegante
su le rovine di vecchia e rozza mole
il Municipio edificava quando
sui rottami di troni infranti
innalzava imperiture
la sua libertà, unità ed indipendenza
la gran Patria italiana.
MDCCCLXIII

Parte del cortile di fronte alla torre campanaria. Foto di M. Di Marco.

Durante i vespri di sabato 1 gennaio 1946, un fulmine colpì e danneggiò la cima della torre campanaria. Alcune foto documentano i lavori di restauro; una di esse ritrae Nicola Scalzitti, marito di Rovenza Calvano e padre di Michele, mentre sistema le pietre da una posizione un po' pericolosa. Sostando in questo cortile – ma in generale in ogni angolo di Montenero – è possibile immaginare gli scalpellini, con le mani callose e il sudore che ne imperla le fronti impolverate. È quasi impossibile, invece, calcolare le ore di estenuante lavoro necessarie alla costruzione e restaurazione degli edifici e delle strade del paese.

Chiesa di Santa Maria di Loreto

Dove attualmente sorge la chiesa di Santa Maria di Loreto, costruita nel 1530 e inaugurata nel 153, c'era un tempo un edificio religioso di dimensioni più piccole. La chiesa fu poi ingrandita quando Montenero finì nelle mani del nobile Cesare Greco, nel 1591. Perché Greco decise di ampliare la chiesa? Fu per l'aumento della popolazione o per avvicinarsi al regno di Dio, considerata la sua non più giovane età? Greco morì nel 1615. Stando all'epigrafe sull'altare del crocifisso, nel 1620 ci furono ulteriori modifiche, apparentemente sotto la guida di Francesco, figlio di Cesare. Dopo questa serie di importanti lavori, la chiesa presentava tre navate – di cui quella centrale misura 33 x 8 metri ed è alta 8, e quelle laterali sono 20 x 4 metri e alte 4 – che le conferiscono la tipica struttura a croce latina. Nel 1880, le volte furono arricchite con travi in ferro come parte di alcuni lavori di restauro.

Dedicata alla Madonna di Loreto – protettrice dei viaggiatori, inclusi i pastori in transumanza – la chiesa è la più frequentata del paese, e viene comunemente chiamata chiesa madre. La cornice in pietra grigia che attornia l'ingresso, datata 1780, rappresenta un piacevole dettaglio in stile barocco che contrasta con il semplice portone in legno e i muri in pietra. Appena sopra al portone c'è una moderna vetrata raffigurante il Sacro Cuore di Gesù, che risalta maggiormente nel suo splendore se ammirata di notte dall'esterno. Ancora più in alto, tra questa vetrata e il tetto, c'è una finestrella di forma ovale allungata.

Appena entrati, ci troviamo in un ingresso moderno. In molti accedono dal doppio portone centrale, affiancato su entrambi i lati da una porta singola. L'originale portone a tre ante in legno intagliato si trova adesso nella chiesa della Madonna del Carmine. La chiesa di Santa Maria di Loreto fu probabilmente danneggiata dal terremoto del 1805; quel che è certo è che a fine '800 fu installato un nuovo soffitto in legno. In un resoconto del 1706, redatto dall'allora parroco di Montenero per il vescovo di Trivento, don Angelo Mannarelli, si legge: "Il bianco pavimento in pietra risale al 1530, così come le architravi, e fu consacrato l'8 settembre 1559 dal vescovo Matteo Grifonius."[6] Il pavimento fu comunque sostituito non molto tempo fa con un marmo bianco dalle venature color ruggine. Nel corso dei secoli ci furono altri interventi di ristrutturazione, come ad esempio l'ingrandimento del 1774.

ALTARI

Percorrendo la navata centrale, lo sguardo viene immediatamente catturato dall'altare principale e dai due altari laterali. I motivi in marmo policromo del XVIII

Altare principale dietro la balaustra in marmo. Foto di M. Di Marco.

secolo sono in stile barocco. Gli altari, con i loro superbi intarsi, sono di immenso valore artistico ed economico. Probabilmente, gli artisti che realizzarono queste opere provenivano da Napoli, ma potrebbe anche esserci stato il contributo della scuola di Pescocostanzo.

- **Altare di San Domenico Soriano, XVII secolo**: San Domenico (1170-1221), vegetariano e ascetico, fondò l'ordine domenicano ed è santo patrono degli astronomi. Lo vediamo raffigurato con in mano un giglio e il libro con le regole dell'ordine. In una pala d'altare possiamo ammirare la Beata Vergine con indosso una tiara preziosa; sono esposti anche due dipinti con Santa Maria Maddalena e Santa Caterina d'Alessandria.
- **Altare di Nostra Signora del Rosario, XVI secolo**: dedicato alla Vergine Maria, è l'altare più antico della chiesa. È un reliquiario relativamente semplice ricavato dalla pietra. I pochi elementi decorativi, che non ne intaccano la semplicità, indicano la probabile origine locale dell'artista. L'altare è corredato da una croce greca e da una statua del Cristo.
- **Altare del Crocifisso, 1620**: anche questo altare è frutto di una raffinata abilità artistica, ravvisabile nell'uso dei marmi colorati e negli intarsi in madreperla. Dietro l'altare c'è il coro risalente al XVI secolo.
- **Altare maggiore, 1754**: è considerato da molti l'altare di maggior pregio di tutto il Molise. Gli intarsi con motivi floreali, vegetali e simboli sacri sembrano

prendere vita, vibranti di colore. Gli angeli guardano il tabernacolo decorato che custodisce il sacro calice. Le porte dorate del tabernacolo sono opera di un artista di nome Scipione, il cui laboratorio aveva sede a Napoli.

- **Altare di San Clemente, 1777**: questo altare di marmo policromo ospita una teca in metallo e vetro contenente le spoglie di San Clemente martire. Il santo patrono di Montenero si trova in questo luogo dal 6 giugno 1776. Piante e simboli sacri decorano le ringhiere e i supporti in marmo. Qui si trova anche una statua del santo, che viene portata in processione in speciali occasioni, come ad esempio l'annuale festa di San Clemente che si svolge ad agosto.
- **Altare dell'Immacolata, 1680**: presenta una statua dell'Immacolata del XVIII secolo e una rappresentazione di Santa Margherita di Antiochia contenuta in una piccola teca.
- **Altare di Nostra Signora dei Dolori, 1758**: sebbene danneggiato, è l'unico altare della chiesa ad avere una pala datata (1758). L'altare ha una tettoia in legno di noce ed è supportato da colonne intarsiate. Ai lati della tettoia vi sono le immagini di San Giovanni Evangelista e il meno noto San Francesco Caracciolo.
- **Altare di San Nicola, 1664**: risalente al XVII secolo. Il tavolo di marmo ospita i busti del missionario San Vincenzo Ferrer (con ali d'angelo) e San Rocco (protettore dalla peste).
- **Altare della Madonna delle Grazie**: la Madonna offre il suo latte, fonte di nutrimento spirituale e fisico. Accanto alla Vergine, San Giuseppe, Giovanni Battista e San Domenico.
- **Altare della Madonna di Loreto**: altare realizzato duecento anni fa circa da un artista locale. Include le immagini dei santi Giuseppe, Bernardino da Siena, Carlo e Camillo.

Nella sacrestia – la stanza in cui vengono preparate le funzioni e conservati i paramenti e altri oggetti – c'è il busto ligneo patinato in argento di Santa Margherita, patrona del paese. L'opera è stata realizzata nel XVIII secolo da un argentiere napoletano. La sacrestia contiene anche altri pezzi antichi, come dei formulari, chiamati carteglorie, disposti su tre tavoli. Su un lato della porta della sacrestia troviamo una fine acquasantiera supportata da una scultura raffigurante il palmo di una mano.

Opere d'arte

La chiesa madre è ricca di dipinti, sia contemporanei che dei secoli passati. Dalla navata centrale si possono subito ammirare sei grandi opere, tre sulla sinistra e tre sulla destra. Questi dipinti a olio, commissionati dal parroco di Montenero, don

Messa in onore di San Clemente. Foto di M. Di Marco.

Pasquale Di Filippo, furono realizzati da un rinomato artista molisano, Giovanni Leo Paglione (1917-2004). Nato a Capracotta, svolse la sua attività principalmente a Campobasso. I suoi dipinti a tematica religiosa e gli affreschi si trovano in molti conventi, cappelle e chiese della regione. Anche l'opera La pecorella smarrita, del 1967, si trova in questa chiesa. I sei grandi dipinti olio su tela – tutti 250 x 350 – sono i seguenti:

1. Proclamazione dell'Immacolata al patrono di Montenero Val Cocchiara, 8 dicembre 1955.
2. La Madonna tra Papa Giovanni XIII e Paolo VI. Donato da Nicola Ricchiuto in onore ai genitori Domenico e Giuseppina Narducci.
3. Maria riceve l'Annunciazione dall'Arcangelo Gabriele. Donato da Teresa Di Fiore in onore al marito.
4. Proclamazione del dogma dell'Immacolata Concezione, 8 dicembre 1854.

5. Consacrazione di Montenero al Sacro Cuore di Maria, 8 settembre 1967. Commemorazione del venticinquesimo anno di sacerdozio di don Pasquale Di Filippo.
6. Proclamazione del dogma della Madonna, 1 novembre 1950. Donato da Carmelina Fabrizio, figlia di Biase.

Nella chiesa ci sono anche altri dipinti. Nei quattro angoli che supportano la cupola, per esempio, troviamo gli Evangelisti e i santi Gregorio e Ambrogio. Ma c'è di più. Un gioiello della chiesa madre è l'opera del XVIII secolo intitolata La cena. Sebbene anonimo, lo stile ricorda la scuola napoletana, e più precisamente il pittore Francesco De Mura.

Un altro dipinto del XVII secolo raffigura una scena dettagliata della passione di Cristo. Davanti a Gesù crocifisso vediamo Maria, San Giovanni e una donna sconosciuta. I raffinati particolari ritraggono alcuni oggetti che associamo all'evento, come la lancia, la scala, aceto e spugna, i chiodi, e persino la sacca contenente i trenta denari.

Nella chiesa di Santa Maria di Loreto c'è una croce processionale in argento di grande importanza artistica, realizzata dal maestro orafo Giovanni di Onofrio da Sulmona nel 1414. La croce porta la sua firma, a dimostrazione dell'influenza che gli artisti abruzzesi ebbero in Molise. Nella chiesa c'è molto altro da vedere. Vale la pena camminare lungo la navata centrale e nelle parti laterali per studiare le statue, il fonte battesimale, le stazioni della via crucis, le volte e altro ancora. Prima di uscire, ammiriamo i dettagli del coro.

Partendo dal basso, osserviamo la parte frontale della ringhiera del coro, che mette meravigliosamente in risalto la galleria per cantanti e musicisti, fornendo al tempo stesso una protezione da eventuali cadute. Gli intagli blu e dorati che abbelliscono la parte frontale spiccano grazie ai toni caldi del legno color noce e all'ingraticciatura. L'altissimo armonium, decorato e colorato, è come un armadio contenente le canne. L'organo ha nove registri e arresti, regolabili in base al suono che si desidera riprodurre. Lo strumento presenta un'iscrizione che indica chiaramente il produttore dello strumento e la data: "Giuseppe de Marino e la di Sua Maestà Reale Cappella di Napoli realizzarono questo strumento nel 1721."

È stata una lunga giornata, e ci sentiamo carichi dell'energia infusaci dai meravigliosi siti di Montenero. Sono le sei del pomeriggio, e non realizziamo quanto siamo stanchi fino a quando non facciamo rientro al Corniolo. Per rinvigorirci, una rinfrescata e un buon riposo sono quello che ci vuole. Alle 19 e 30 ci rechiamo a piedi al ristorante "Casa Nuova", gestito da Gianni Pede, dove abbiamo prenotato un tavolo per cena. Gianni è fratello di Pasquale, la prima persona incontrata quarant'anni fa mentre facevo autostop per raggiungere il paese. Pasquale era

Vista dell'interno della chiesa verso il coro. Foto gentilmente concessa da Lisa Freda.

laureto in scienze politiche all'università "La Sapienza" di Roma, e aveva lavorato in Spagna, Etiopia, Lussemburgo e Svizzera come impiegato per gli affari esteri italiani. Era stato anche console in Argentina dal 2011 al 2016, anno della sua morte. Era conosciuto per la sua competenza in ambito diplomatico internazionale, tanto da essere stato leader e poi segretario della Direzione Generale per gli italiani all'estero e le politiche migratorie.

È una piacevole passeggiata serale lungo via Nostra Signora di Lourdes; passiamo davanti alla scuola e poi svoltiamo l'angolo, prendendo via Maria Regina, dove si trova l'ufficio postale. Raggiungiamo subito corso Vittorio Emanuele III, la strada intitolata all'uomo che fu re d'Italia dal 1900 al 1946, anno della sua abdicazione. I vecchi edifici residenziali, con muri e cornici di porte e finestre in pietra, sono

Ingresso del ristorante "Casa Nuova". Foto di M. Di Marco.

tipicamente medievali. L'immaginazione viaggia indietro nel tempo. La Casa Nuova, un tempo edificio rustico, spicca per il suo nuovo stile accogliente. Un bellissimo arco in pietra ci invita a entrare in una calda atmosfera, che invoglia a mangiare, bere e conversare. Il vario menu include sia pizze che diverse pietanze. Gianni ha lavorato nel settore della ristorazione a New York, ma c'è da scommettere che i suoi piatti eccezionali si ispirano principalmente alle ricette di sua madre. Montenero è fortunato ad avere la Casa Nova, un ristorante di alta qualità che ci si aspetterebbe in una grande città. Gianni ha però voluto costruirlo qui, nel paese che è stato la casa dei Pede per secoli. Pede – Pedis in latino – è uno dei quarantasei cognomi elencati nel censimento di Faraglia nel 1447.

Dopo una meravigliosa serata in compagnia di amici e monteneresi incontrati al ristorante, torniamo al Corniolo. Dormiamo così bene che è difficile capire se le pecore le abbiamo sognate o se le abbiamo viste per davvero.

GIORNO 2

Palazzo De Arcangelis del Forno

Al sorgere del sole sentiamo il canto di un gallo e l'odore di caffè appena macinato che profuma l'aria. La tavola è apparecchiata per la colazione. Ci sediamo per consumare il primo pasto della giornata e discutiamo l'itinerario del giorno. Il percorso ci permette di attraversare una buona parte del paese e di vedere molte delle abitazioni, sia vecchie che nuove. La prima della lista è una delle dimore nobiliari conosciuta come Palazzo De Arcangelis del Forno, sito in via Alessandro Marracino, vicino alla chiesa di Santa Maria di Loreto. Sappiamo già come raggiungere piazza Risorgimento, quindi non ci mettiamo molto ad arrivare.

Entrata del Palazzo. Foto gentilmente concessa da Davide De Arcangelis.

Non appena scorgiamo Palazzo De Arcangeli, ci immobilizziamo, sopraffatti dal disegno e dalle dimensioni dell'edificio. Il palazzo ha sicuramente subìto diverse modifiche nel corso dei secoli passati, ma sappiamo che gli avi delle famiglie nobili De Arcangelis e Del Forno lo fecero costruire nel 1691. Le due famiglie si erano trasferite a Montenero da un altro paese di montagna, Opi. Lo stabile è attualmente abitato da Andrea De Arcangelis e da sua moglie Teresa Satelli, che vivono al secondo piano. Suoniamo al campanello e veniamo gentilmente invitati a entrare per fare due chiacchiere e godere del panorama dalle finestre del piano superiore.

Andrea ci racconta come i destini delle due famiglie si siano incrociati. Sette componenti della famiglia Del Forno arrivarono a Montenero. Cinque di essi erano cappellani, uno era prete e un altro fisico. I simboli dei mestieri sono inclusi nello stemma familiare. Durante questo periodo, un Del Forno sposò una donna della famiglia De Arcangelis. Poiché non poteva avere figli, la coppia decise di adottare un bambino dei De Arcangeli. Da allora, i due cognomi si fusero in uno, diventando De Arcangelis Del Forno.

Il palazzo è stato per tanto tempo sede di una farmacia. Gaetano De Arcangelis fu l'ultimo a occuparsi dell'attività, ereditata dal padre Eusebio. Anche in questo caso, il mestiere fu incluso nello stemma di famiglia. Verso la fine della seconda guerra mondiale, la farmacia fu data alle fiamme dai tedeschi; con essa andò distrutto anche un raro giardino botanico di piante medicinali.

Vista del Palazzo dalle finestre della biblioteca comunale. Foto gentilmente concessa da Lina Del Sangro Stea.

Ingresso del Palazzo. Foto gentilmente concessa da Davide De Arcangelis.

Esternamente, l'edificio presenta ancora le sue caratteristiche medievali. Il palazzo è un tesoro d'architettura settecentesca, nato a scopo difensivo. Fu costruito in legno e pietra, con pesanti porte sprangate e un portale con postazione per sparare. Il pavimento dell'elegante ingresso è decorato con ciottoli bianchi e neri che riproducono motivi circolari. Dei pilastri delicati conferiscono un aspetto sofisticato all'entrata. I diversi ambienti sono stati modernizzati e risentono appena dell'età del palazzo. Il cugino di Andrea, suo omonimo, e la moglie Isa Di Marco vivono al primo piano, Clara Di Marco al secondo, e Nicolina De Arcangelis, con i figli Silvio e Guido Tavolieri, in un'altra porzione dello stabile.

Uno stretto corridoio a piano terra collega il palazzo a un edificio più piccolo. Qualcuno dice che in passato questo passaggio servisse per sfuggire ai banditi o ad altre minacce. In paese, di passaggi come questo ce ne sono altri... ma non tutti sanno dove si trovano. Sicuramente sono delle scorciatoie per muoversi nascostamente. A piano terra possiamo vedere anche un arco largo e molto alto, un tempo ingresso alla stalla in cui potevano essere depositate le carrozze. Di stalle simili è possibile vederne altre in paese. Solitamente presentano dei pilastri di pietra su entrambi i lati che proteggevano lo stipite della porta dagli assi del carro.

Vista di piazza Risorgimento da Palazzo De Arcangelis. Foto di M. Di Marco.

Andrea De Arcangelis è un vero gentiluomo. È un piacere dirigersi in sua compagnia verso un altro punto di interesse, Casa Mannarelli, che un tempo fu anche un piccolo pastificio. Nel 1753, secondo il registro del catasto onciario, l'edificio apparteneva a Vincenzo Mannarelli, "fabbricante e sarto". Vincenzo era certamente anche un abile scalpellino, come dimostrano i bassorilievi che pubblicizzano la sua attività sulla facciata dello stabile. Questi lavori su pietra includono iscrizioni che illustrano i suoi successi, disegni decorativi, simboli religiosi, ed espressioni del suo genio d'artista. Per riferirsi al suo mestiere, Vincenzo scolpì su un lato dell'entrata un paio di forbici da sarto. Molti interpretano diversamente questa incisione, ritenendo che sia un simbolo fallico atto a divertire i passanti. Forse l'umorismo di Mannarelli è un esempio del tipico carattere montenerese?

Casa Mannarelli.

Vista dal cortile dell'ex municipio verso la torre dell'orologio.
Foto di Lina del Sangro Stea.

Stemma di una casa nel quartiere La Corte, datata 1613.
Foto di M. Di Marco.

Piazza Risorgimento è a pochi passi. Attraversiamo Portanuova, svoltiamo a destra su Vicolo Corte e saliamo alcuni scalini che ci portano alla parte alta di Montenero. Passiamo sotto la torre dell'orologio e vediamo un mix di antiche rovine inglobate da edifici più nuovi. In un'area è visibile una struttura circolare, i resti di un'antica torre. Continuiamo a salire fino a raggiungere una parte di terreno pianeggiante. "Nella parte più alta del paese – lontana dalla nebbia del pantano, perfetta per controllare la valle – sorge il nucleo abitativo più antico [...] Il gruppo di case rispetta una pianta vagamente ellissoidale, con intricate stradine risalenti al vecchio insediamento medievale. La posizione è sicura e permette di controllare la valle sottostante."[7]

Vicino alla cima, guardando a sud verso il pantano, vediamo alcuni muri in pietra che indicano il centro del villaggio. La vista dalle poche case quassù è meravigliosa. Una della abitazioni ha "un largo arco con uno stemma del 1613, un delizioso balcone con due archi che affaccia sulla valle e uno stretto passaggio "segreto": una piccola fessura nascosta che attraversa l'edificio in tutta la sua lunghezza e finisce in un piccolo giardino terrazzato."[8] In questa zona abita Alan Frenkiel. Nato in Francia da madre polacca e padre lituano, Frenkiel ha vissuto in molte città, incluse New York, Londra e Milano. Ha scelto di trasferirsi a Montenero, ha condotto studi approfonditi sul paese e talvolta viene chiamato per fare da guida ai turisti in

Case in via Corte. L'edificio più alto è il Palazzo Ducale.
Foto di M. Di Marco.

visita al villaggio. Come altri stranieri che adesso vivono a Montenero, il signor Frenkiel arricchisce con la sua prospettiva cosmopolita questo borgo un po' chiuso in sé stesso.

Siamo quasi arrivati alla parte più alta del paese. Franco Valente scrive che "la parte alta di Montenero Val Cocchiara sembra sapere come resistere alla violenza urbana che caratterizza molti dei villaggi circostanti. Si ha infatti l'impressione che molti degli abitanti, inclusi quelli stranieri, abbiano deciso di fare di Montenero un rifugio tranquillo, conservando e migliorando le sue caratteristiche ambientali."[9] Le bellissime case, alcune abbellite da zone di verde, offrono tanti begli scorci. Ma il modo in cui il paese si è trasformato, incluse le fortificazioni, non è stato continuo nel tempo. Dello Siesto conclude saggiamente che non è possibile affermare con certezza come si sia evoluto il villaggio "a causa dei continui collassi, ricostruzioni, demolizioni e

Passaggio tra edifici alla Corte.
Foto di M. Di Marco.

Palazzo Ducale subì i danni dei terremoti e della seconda guerra mondiale.
Foto di Sandra di Fiore.

trasformazioni."[10] Durante la seconda guerra mondiale i danni furono enormi, così come quelli del terremoto del 1984. Senza un approfondito studio archeologico, si può solo provare ipotizzare come fosse questa parte del villaggio in tempi remoti.

Continuando a salire per via Corte, ci fermiamo in uno spazio aperto a 1250 metri sul livello del mare – il punto più alto di Montenero. Siamo appena emersi da un gruppo di case ricostruite dopo la guerra e il sisma dell'84. Lo spazio vuoto in cui prima sorgeva una casa è adesso occupato da erbacce. Ma di fronte a noi c'è un'imponente edificio a tre piani: il piano terra presenta alcune porte in quattro stili diversi; al secondo piano sono visibili finestre e balconi di diverse forme e dimensioni. È il Palazzo Ducale, una delle più antiche dimore del paese. La discordanza stilistica dell'edificio mostra i chiari segni delle diverse modifiche, dovute probabilmente a divisioni ereditarie. Sulla pietra vi è incisa la data 4 novembre 1743. Due edifici vicini al Palazzo Ducale, datati 1566 e 1590, sono tra i più antichi di Montenero.

È chiaro che la nobiltà vivesse in questa zona del pase. Le pietre utilizzate per la costruzione di questo palazzo sono di qualità superiore rispetto a quelle del resto del villaggio. Il palazzo fu costruito originariamente sotto i d'Angiò, quando controllavano il Sud Italia. Nel XV secolo, dopo l'invasione e la presa del potere

La cappella dell'Incoronata.

Andrea De Arcangelis con l'autore (a destra) all'interno della cappella.

degli Aragona, il palazzo cadde sotto la loro amministrazione. Le famiglie nobili Carafa, Sangro e Caracciolo vissero lì fino al XVIII secolo. Sebbene il palazzo abbia subìto diverse modifiche architettoniche, alcuni dettagli di epoca medievale sono rimasti invariati, come la piccola loggia e gli archi. L'area in cui sorge il palazzo viene chiamata la Corte, nome che può riferirsi a un cortile o semplicemente al fatto che lì vivevano i potenti.

La nostra prossima destinazione è la cappella dell'Incoronata, documentata dall'arcidiocesi di Trivento partire dal 1685. Si tratta di un'altra cappella rurale sita nella parte settentrionale di Montenero, all'inizio di via Belvedere. Questa bellissima cappella è in ottime condizioni, grazie soprattutto alla

Una delle stazioni della via crucis, sul sentiero che porta alla cappella del Calvario. Foto di M. Di Marco.

famiglia De Arcangelis che se ne prende cura. La base in pietra naturale contrasta graziosamente con i muri di un giallo tenue. In cima al tetto, un arco in pietra contiene una piccola campana di bronzo. Andrea De Arcangelis ha portato con sé la chiave per aprire il portone in legno della cappella, e ci invita a entrare. L'altare che ci troviamo subito di fronte è sormontato da una statua della Madonna seduta su un albero, con accanto dei rami e sopra due angeli che tengono una tripla corona. L'ambiente è luminoso, grazie alla luce del giorno e ai colori chiari dell'arredamento.

Usciamo dalla cappella e ne raggiungiamo subito un'altra, la cappella del Calvario. Il nome calvario, solitamente associato al monte in cui fu crocifisso Gesù, in latino significa "luogo del cranio". In questa zona di Montenero ci sono le quattordici stazioni della via crucis. Questa strada porta al cimitero che servì Montenero fino al XX secolo. A ogni stazione corrisponde un'opera in bronzo realizzata da Ettore Marinelli (1963) e prodotta presso la famosa Fonderia Pontificia Marinelli.

Una targa in bronzo riporta quanto segue:

> *In memoria di Pasquale Maria Di Filippo (1911-1995), pastore di Montenero Val Cocchiara (1942-1992), e della via crucis, con 14 stazioni in bronzo realizzate da Ettore Marinelli di Agnone (1963), inaugurata dal vescovo Monsignor Achille Palmerini (1906-2000) durante la cerimonia dell'8 settembre 1973, in occasione del trentesimo anniversario della consacrazione all'Immacolata Concezione di Maria.*

L'ultima stazione della via crucis di fronte alla cappella del Calvario. A destra, una delle piccole lapidi sparse a terra, molte delle quali risalenti a prima del '900. Foto di M. Di Marco.

La cappella è situata in cima alla collina. Prima di raggiungerla, scorgiamo delle piccole lapidi, un po' nascoste alla vista dall'erba e dagli aghi di pino caduti tutto attorno. Molte di queste tombe furono create per le vittime delle epidemie di colera; quella del 1854, ad esempio, si portò via settantadue anime. Nel 1911, cento abitanti morirono di malattia. Questo cimitero raggiunse la massima capacità prima del previsto. Il 6 giugno 1895, il consiglio municipale aveva già scelto una zona in cui sarebbe sorto il nuovo cimitero.[11] Dopo la seconda guerra mondiale, la cappella aveva urgente bisogno di restauro, e i lavori vennero completati nel 1946. L'8 settembre 1947 ci fu la cerimonia inaugurale e poi il 2 novembre la commemorazione. La cappella è a pianta quadrata e presenta un tetto a punta. L'ingresso ha un cancello in ferro che porta in un'anticamera ed è sormontato da un grande arco. Solitamente, la porta è chiusa, ma dalla finestra è possibile dare un'occhiata all'interno.

In passato, la celebrazione annuale avveniva durante la settimana santa, che coincideva con l'ascensione di Gesù nel giorno di Pasqua. I monteneresi camminavano in processione lungo la via crucis fino alla cappella del Calvario, e poi aspettavano l'alba. Questa tradizione è scomparsa negli anni '70, ma la collina in cui sorge la cappella del Calvario è a tutt'oggi un luogo unico e piacevole da visitare.

Sentiamo avvicinarsi un SUV, e alla guida vediamo Eugenio Simioli. È il proprietario del Valcocchiara Retreat, descritto come una "country house e base di partenza per escursioni". Presto saremo lì, ma prima saliamo a bordo del veicolo e facciamo alcune fermate lungo via Belvedere.

La prima sosta è alla panetteria di Nadia Capotosto, l'unico forno del paese. L'attività fu avviata anni fa da Pino Ziroli e sua moglie, Nadia. Il profumo proveniente dal forno a legna fa venire l'acquolina in bocca. Eugenio prende qualche pagnotta per cena. Da qui, ci spostiamo su corso Vittorio Emanuele III per recarci al negozio di formaggi del paese, di proprietà di Albino Scalzitti. Il suo caciocavallo o la scamorza, abbinati al pane di Pino, sono un'accoppiata paradisiaca. Mentre osserviamo i formaggi appesi ad asciugare, Eugenio ritira il suo ordine e siamo pronti a ripartire.

A pochi passi dal negozio di Albino c'è il Bar Madison, un locale moderno che offre una varietà di drink e una TV per seguire gli eventi sportivi. Ai tavoli del bar è spesso possibile trovare dei giocatori di carte che si sfidano amichevolmente a scopa. Guido De Arcangeis Del Forno, il proprietario, non manca mai di organizzare eventi, come le serate di musica dal vivo. Prendiamo una bibita fresca per ristorarci. La cena è prevista al Valcocchiara Retreat, alle 20, ma vogliamo arrivare un po' prima per fare un giretto all'esterno.

Valcocchiara Retreat

Dal Bar Madison torniamo indietro alla cappella dell'Incoronata e imbocchiamo una strada bianca. Dopo pochi minuti ci troviamo al cancello del Retreat. Un branco di cani da pastore abruzzesi, conosciuti come maremmani, ci viene incontro per salutarci. Questa razza è rinomata per essere molto amichevole con gli umani, ma anche particolarmente indicata per la guardia.

Edificio principale del Retreat. Foto gentilmente concessa dal Valcocchiara Retreat.

La struttura che ci troviamo davanti è molto più di una casa di campagna restaurata: ogni dettaglio – le porte, i cartelli, le luci, i lavabi, il camino – ha un tocco artistico che crea un'atmosfera naturale e rilassata che coccola i clienti. Quello in cui ci troviamo adesso è il corpo principale della struttura, che comprende cucina, sala da pranzo, salotto, bagno, una dispensa tradizionale, una grande vasca idromassaggio e la sauna. Il secondo piano e la soffitta, invece, sono locali destinati ai dipendenti.

All'esterno ci sono due orti biologici e un pollaio che forniscono parte degli alimenti utilizzati in cucina. Una grande pedana di legno sul lato orientale della casa è perfetto per rilassarsi o fare esercizio fisico. Il prato sul lato sud è un angolo che si presta al relax, alla conversazione o alla contemplazione del panorama che si estende fino alle Mainarde. La vista da qui è un'esperienza spirituale, anche per i non religiosi.

Da quassù ci spostiamo un po' più in basso e raggiungiamo un'area coperta in cui è possibile pranzare attorno a un grande tavolo. Altre scale ci conducono a una piscina esterna: l'acqua e il cielo sono dello stesso azzurro. Tutto attorno alla vasca c'è una piattaforma in legno con delle sdraio, dove è possibile rilassarsi col sole che fa compagnia fino a sera.

Scendendo ancora, vediamo un edificio che si fonde con il paesaggio. Ha un appartamento per gli ospiti e una grande stanza usata solitamente per fare yoga, di fronte alla quale c'è un patio in pietra. Da una scala interna si accede a una sala hobby che si trova al piano inferiore. Vi sono giochi, un tavolo da biliardo, un bar, attrezzi da palestra e altro. Ancora più in basso c'è un grande parcheggio costruito all'interno della collina da cui si può raggiungere Vicolo Secondo Incoronata e il paese. Da qui, passeggiando comodamente, ci vogliono dai 15 ai 20 minuti per raggiungere la piazza principale.

Il Valcocchiara Retreat è un posto fantastico! Torniamo in cima alla collina e scopriamo che c'è di più. Prendiamo un altro sentiero che ci porta ad altri due edifici ancora più belli, sempre destinati agli ospiti. Lo stile è uguale a quello del resto della struttura. Camminando per un bel tratto su questo sentiero si può raggiungere via Papa Pio XII, che porta direttamente alla piazza centrale.

La struttura, il panorama, i pasti, gli alloggi per gli ospiti: è tutto eccezionale. Cosa fanno solitamente i padroni di casa? Eugenio e sua moglie Chiara lavorano con diversi gruppi, ma ciò che più amano sono le escursioni nelle montagne circostanti e nei boschi. Le attività vengono strutturate in base alle abilità degli ospiti: nuotate in piscina, passeggiate al paese, lezioni di tai chi, yoga o qigong; bici, cavalcate fino al pantano. D'inverno è anche possibile sciare. In alternativa è possibile visitare Montenero e altri paesi e città o, più semplicemente, rilassarsi.

Il Valcocchiara Retreat è immerso nella natura, pur non distando molto dal centro del paese. Mentre assaporiamo la cena fatta in casa, parliamo del futuro della struttura e di Montenero. Come può una nuova attività come questa, avviata nel 2017, prosperare in armonia con l'antico villaggio medievale? Molti degli ospiti della struttura sono attratti non solo da una semplice visita al paese. Certamente, il Valcocchiara Retreat può soddisfare le più diverse aspettative di turisti sia italiani che stranieri.

È tardi, ed è anche la nostra ultima notte a Montenero. Eugenio ci riporta al Corniolo. L'indomani mattina ci aspetta una passeggiata a cavallo. Auguriamo a tutti una buona notte e in pochi minuti è già silenzio. Sicuramente, stiamo tutti rivivendo la giornata appena trascorsa, immaginando quella a venire.

Piscina del Retreat. Foto gentilmente concessa dal Valcocchiara Retreat.

Denis Buongiorno del Ranch Brionna guida un gruppo di persone lungo il pantano. Foto gentilmente concessa dal Ranch Brionna.

GIORNO 3

Ranch Brionna

Dopo la colazione, siamo pronti per la cavalcata al pantano organizzata da Eugenio. Per molti di noi è la prima volta. Arriva Eugenio col suo SUV, accosta e apre gli sportelli. Saliamo a bordo e dopo venticinque minuti siamo al Ranch Brionna, nel parco nazionale d'Abruzzo, Lazio e Molise. A farci da guida è Denis Buongiorno, un esperto conoscitore di cavalli. Il ranch offre attività e itinerari per tutti, dai principianti ai più esperti. Denis ci aiuta a scegliere il cavallo più adatto, saliamo in sella e via verso il pantano!

Mi trovo su un cavallo tutto muscoli che pesa mezza tonnellata. Cavalcare è un modo eccitante e pratico per godere del ricco habitat della famosa valle a forma di cucchiaio, che si estende per oltre 400 ettari. Attraversiamo con calma il fiume Zittola, incontrando cavalli selvaggi e mucche al pascolo. Vedere puledri e vitelli che stanno vicino alle madri mentre attraversano il campo è una scena che ispira tenerezza. In lontananza, vediamo le vette più alte spiccare da dietro le montagne più vicine. Lungo il fiume, alcuni uccelli rari si abbeverano, mentre le farfalle danzano attorno a fiori coloratissimi. La traversata del pantano dura un'ora e ci regala molto.

Ci fermiamo a un'area picnic. Denis Buongiorno raduna i cavalli e lo ringraziamo per la fantastica esperienza. Vediamo il signor Simioli praticare tai chi mentre ci aspetta accanto al suo veicolo.

La Val Cocchiara – la valle a forma di cucchiaio – è la piana in cui i cavalli Pentro vagano liberi. Montenero si affaccia sul pantano. Sembra che il paese sia l'unico luogo abitato in questa conca circondata da montagne, colline e cielo. Il resto del mondo è nascosto alla vista, e l'anima ne esce incontaminata. Anche senza cappello da cowboy e speroni, attraversare il pantano a cavallo è un'esperienza indimenticabile.

La strada a una corsia che dalla valle porta al paese è via Immacolata. Passiamo davanti ad alcuni campi verdi e piccoli orti, fino a un'intersezione in cui ci sono due campi da tennis e uno da calcio. Vicino all'area sportiva sorgono alcuni appartamenti a due e tre piani dotati di parabola satellitare. Raggiungiamo un bivio, sulla cui sinistra c'è il Caffè Lunik. Dopo la cavalcata, siamo pronti per una Peroni ghiacciata. Il locale si trova vicino al Monumentino, ai piedi del paese. Rilassandoci nel patio, godiamo della vista di Montenero e della vita di paese che ci scorre davanti.

Ci rimangono ancora alcune ore prima della partenza, e così decidiamo di visitare la fontana costruita nel 1821 che fornisce acqua fresca di sorgente al paese. Per arrivarci, passiamo per via Fonte e percorriamo la strada fino alla fine. L'antica fontana è in rovina. Il nuovo sistema idrico è costituito da quadrati di cemento, molto poco estetici. Alcuni cavalli bevono da una vasca in pietra lì vicino. Le donne non lavano più i panni in questa fontana ormai da decenni.

Cappella della Madonna dell'Assunzione.

A due minuti di macchina dalla fontana, nella parte meridionale del paese, troviamo un'altra cappella rurale dedicata alla Madonna dell'Assunzione. La cappella è un edificio in pietra, ben custodito, di forma rettangolare, che misura appena 9,5 x 5 metri. Un recinto in legno la separa dal giardino frontale, dove da alcune panchine è possibile godere del piacevole panorama circostante. La porta d'ingresso è affiancata da due finestrelle rettangolari, mentre il suo architrave è sormontato da un'apertura ovale. All'interno vi sono ventitré sedie di legno posizionate lungo le pareti, che lasciano però libera la zona con l'altare. C'è anche un'ampia parte vuota che lascia vedere il pavimento in cotto, che si abbina perfettamente alle pareti bianche e al marrone scuro delle travi del soffitto.

L'altare è molto semplice. Sulla parte frontale, in basso, vi è riprodotta l'Ultima Cena; una nicchia posizionata un po' più in alto contiene una statua della Madonna col Bambino. Al centro, in alto, c'è un tabernacolo in marmo con porte dorate. Sia la statua che il tabernacolo sono affiancati da angeli. L'eleganza dell'interno della cappella e il paesaggio circostante offrono un'atmosfera che favorisce la meditazione e le piccole funzioni religiose.

È quasi mezzogiorno e raggiungiamo il comune, situato nei pressi del nostro bed and breakfast. Ad attenderci sulla porta c'è Tonino Longo, impiegato nelle forze dell'ordine. Tra le sue responsabilità, ci sono tutti gli aspetti riguardanti la vita di Montenero e dei paesi vicini – incluse le attività di caccia, pesca e l'uso di foreste e pascoli. Tonino ama suonare la chitarra e ascoltare musica blues.

Visitiamo gli uffici del sindaco, Filippo Zuchegna, e della vicesindaco, Carmen Marotta, che ci fa da guida. Filippo è stato eletto il 31 maggio 2015, a soli ventiquattro anni. Nonostante la giovane età, il ragazzo non era del tutto inesperto, poiché anche suo padre, il dottor Alessio Zuchegna, era stato sindaco dieci anni prima.

I moderni uffici sono stati progettati per soddisfare le esigenze dell'amministrazione: spazi individuali, una grande sala riunioni, fotocopiatrice, computer. Il seminterrato ospita gli archivi, dove la vicesindaco mi aiuta a trovare i documenti che utilizzerò per le mie ricerche su Montenero. Nell'edificio incontriamo anche altre persone:

- L'assessore Elisabetta Fabrizio
- I membri del consiglio Lorenzo Caiazza, Normeo Caserta, Mauro Centracchio, Alessandro Corsi, William Di Giovanni, Andrea Esposito, Elisabetta Fabrizio, Marco Gonnella, Carmen Marotta, Liberato Pezzetta, Francesca Sanzo
- Il segretario Mario Barone
- L'amministratrice finanziaria Anna Maria Pragliola
- La direttrice tecnica, Ing. Irene Barilone
- La segretaria Maria Rosaria Caserta
- Al protocollo, Silvio Tavolieri

Negli uffici del comune sono tutti indaffarati a gestire le incombenze quotidiane e altre piccole e grandi emergenze. Ringraziamo tutti per il tempo concessoci e per la visita. Non appena andiamo via, tornano tutti nei loro uffici. Il tempo a nostra disposizione a Montenero sta per scadere. Un minibus ci porterà presto a Castel di Sangro, da dove alcuni membri del gruppo proseguiranno verso altre destinazioni italiane.

Ci prendiamo alcuni minuti per visitare l'ultima delle cappelle rurali, quella dedicata a Santa Teresa. Sita nei pressi del comune, la piccola e modesta cappella è attaccata a una casa. Fu restaurata nel 1991 da Michele Miraldi e può contenere una dozzina di persone. All'interno troviamo quattro sedie per lato, rivolte verso l'altare, e una grande finestra sulla sinistra. Tra due piccole finestre che affiancano l'altare c'è una statua di Santa Teresa. Le pareti color crema e la luce naturale che entra dalle finestre rendono l'ambiente luminoso ed esaltano il soffitto in legno marrone-dorato. Offriamo una preghiera di ringraziamento per l'appagante soggiorno a Montenero.

Torniamo al Corniolo. La vista da Santa Teresa offre una speciale prospettiva verso il centro del villaggio. Da qui, riconosciamo facilmente la chiesa di San Nicola di Bari, la torre campanaria e l'agglomerato di case che circonda il centro. La nostra mente viene inondata dalla storia e delle persone di Montenero. Prima di rendercene conto, le valigie sono pronte e il minibus arriva a prenderci. Saliamo a bordo e ripercorriamo dei luoghi familiari, chiedendoci se vi faremo mai ritorno.

Il volto di Montenero

Quando si parla di Montenero, si menzionano solitamente la bellezza della sua terra, i cavalli Pentro e alcuni gioielli architettonici di rilevanza storica. È un peccato che non si parli quasi mai dei suoi abitanti, poiché considerati di poco interesse. Ma i monteneresi hanno lavorato la terra, allevato i cavalli e costruito gli edifici per generazioni. Senza i suoi abitanti, Montenero non esisterebbe.

POSTFAZIONE

La grande relazione di Montenero

Credete che questo libro che parla di un antico paese di montagna di cinquecento abitanti valga la pena di essere letto? Chi è nato a Montenero potrebbe considerarlo speciale, come anche chi ha dei legami con altri paesini d'Abruzzo e Molise. Ma non è necessario avere origini italiane per apprezzare la storia dell'alto Molise. Chiunque vorrà conoscere la storia di Montenero ne trarrà beneficio, poiché quanto detto su di esso potrebbe valere per qualsiasi altro paese italiano. Il libro parla dei tempi antichi, in cui tutti possono collocare una dimora ancestrale. La storia del paese è la storia dell'essere umano, ma in una collocazione specifica. In circostanze simili, come si comporterebbero altri?

Molti di coloro che hanno lasciato Montenero lo descrivono come il più bel posto al mondo. Il loro caldo sentimentalismo è sicuramente nutrito da massicce dosi di nostalgia. Ma le cose non sono sempre come sembrano. Ci sono valide ragioni se milioni di meridionali hanno lasciato le loro terre e se la popolazione di Montenero si è ridotta a un quarto rispetto a quella del 1900. Una dura verità richiede di essere duramente modificata, se vogliamo continuare a essere ottimisti. La storia è testimone della dura realtà di Montenero, del Molise e del Sud Italia.

La vita al sud è sempre stata estremamente difficile. Sembra che essa abbia indurito la gente, specialmente quella che viveva nelle zone interne, rendendola diffidente verso gli estranei. I meridionali hanno fama di essere persone altamente impulsive e spesso poco collaborative. Importanti studiosi e politici hanno descritto in modo cristallino la mentalità del Sud Italia. Leggere le loro alquanto profetiche valutazioni aiuta a farsi un'idea, ma vivere in prima persona la realtà del sud aggiunge qualcosa in più.

Quando iniziai le ricerche per questo libro, mi misi in contatto con centinaia di monteneresi per raccogliere foto e storie personali che potessero contribuire alla stesura. La vicesindaco Carmen Marotta fu molto cortese nel mandarmi copie di antichi documenti e fotografie degli archivi comunale ed ecclesiastico. Assieme, ordinammo e preservammo molta parte della documentazione che potrebbe essere utile a chiunque sia connesso a Montenero. Mi offrii di scansionare gratuitamente le loro foto, migliorandole con Photoshop, per poi restituire l'originale, le nuove stampe e i file digitali. Nessuno accettò di collaborare. Probabilmente le loro foto si ridurranno in polvere. Nessuno ha voluto condividere le proprie storie. Probabilmente i loro ricordi finiranno nell'oblio.

Contattai anche alcuni studiosi in Italia, esperti di storia e cultura del Molise, come anche bibliotecari molisani e abruzzesi. Avrebbero potuto arricchire e facilitare enormemente il mio progetto, fornendo anche solo un riferimento bibliografico circa uno specifico argomento. Non hanno mai condiviso nulla che provenisse dai loro cumuli di libri, articoli e fotografie.

Una piacevole sorpresa fu il dottor Sergio Raimondo, impiegato della biblioteca di storia moderna e contemporanea di Roma, che si offrì di portarmi in macchina fino a Montenero per aiutarmi nelle ricerche. Il professore mostrò interesse e abilità nell'individuare le informazioni pertinenti al mio progetto. Sergio mi trattò da collega e amico.

Mi rivolsi anche a studiosi in Belgio, Scozia, Inghilterra, Germania e Polonia, e tutti risposero cortesemente, fornendo documenti, riferimenti bibliografici, mappe e fotografie, nonché i loro preziosi consigli. Furono tutti collaborativi, cortesi e amichevoli.

Anche chi vive fuori Italia ma ha radici monteneresi ha mostrato interesse per questo progetto. Rachel Bonaminio ha condiviso centinaia di foto e gentili consigli. Vivian Jacobozzi ha inviato le storie di famiglia e pubblicato alcune foto sulla pagina Facebook dedicata a Montenero Val Cocchiara. Questi sono i monteneresi liberi dalle catene invisibili che bloccano la cultura del Sud Italia. Hanno tutti dato prova di essere molto più aperti e collaborativi.

In più occasioni, durante le mie visite a Montenero nel 2014 e 2017, ho assistito a discussioni tra individui e gruppi. Se, per esempio, qualcuno rubava la legna da ardere, saliva la rabbia, gli animi si scaldavano e volavano accuse. La cosa più interessante è che, in simili situazioni, chi incolpa gli altri lo fa prima ancora di sapere realmente cosa sia successo. Saltano alle conclusioni in preda all'impazienza e all'ira. I sentimenti incontrollati impediscono di analizzare i problemi, peggiorando le cose tra le persone coinvolte e lasciando che la negatività intacchi i rapporti. È successo anche a me di dovermi spiegare per un accaduto, e la persona che mi aveva accusato ha poi finito per scusarsi. Di situazioni simili se ne verificano di continuo, indebolendo i già fragili legami interpersonali. Molti problemi rimangono irrisolti. Alcuni filosofi italiani e non solo individuano l'origine di tutto questo nella mancanza di raziocinio e di virtù, pecche caratteriali particolarmente evidenti tra gli italiani del sud.

Se già gli abitanti di un piccolo paese trovano difficoltà a convivere pacificamente, non possiamo certo aspettarci che intere regioni o nazioni riescano a mantenere rapporti amichevoli. In passato, era la religione a legare le persone e a guidare i rapporti umani, offrendo stabilità sociale. Per mantenere l'armonia vennero creati i sistemi legali, ma né la minaccia di anni di prigionia né quella delle eterne pene infernali furono mai garanzia di comportamenti etici o società pacifiche.

Gli attuali problemi di Montenero, così come di altri luoghi, non derivano forse dalla stessa causa? I moderni mass media sembrano spingere verso un sempre più esasperato individualismo, verso l'autorealizzazione e i piaceri a tutti i costi, anche a spese altrui. Per agire così occorre desensibilizzarsi e considerare gli altri degli esseri inferiori. Troppo spesso veniamo attratti dalla patina luccicante delle cose, siano esse macchine, case o abiti costosi – per poi fare i capricci quando i nostri desideri non vengono soddisfatti. L'essere miopi impedisce di vedere un più ampio quadro d'insieme, e alla lunga ciò genera sofferenza. I monteneresi più anziani sapevano bene, grazie all'esperienza, cosa conta nella vita: la famiglia, gli amici, il lavoro e la collaborazione, tutti elementi che permettevano di mettere il cibo sulla tavola e vivere in pace con il prossimo. In luoghi ed epoche diverse nel corso della storia ciò è stato possibile.

Come spiega il due volte Premio Pulitzer e "padre della sociologia", Edwin O. Wilson: "Il successo di una comunità dipende dalla capacità di collaborazione dei membri, a prescindere dal giudizio sui singoli componenti."[1] I buoni rapporti tra persone o Paesi richiedono la paziente coltivazione di empatia, compassione e interesse. Tali qualità creano forti legami tra gli individui, costruendo un senso di comunità. È naturale essere rancorosi e poco aperti quando chi ci sta attorno è animato da cattivi sentimenti. Questo atteggiamento nutre le già esistenti tensioni sociali. Sono rare le persone che riescono a mantenere un carattere amichevole e ottimista, pur mostrandosi premurose verso gli altri. Lo spirito di queste persone dalla spiccata integrità morale è frutto di un lavoro personale. Tale processo risulta più facile in un ambiente sociale favorevole.

Sono stato fortunato a trascorrere la mia giovinezza così vicino ai miei nonni, sempre circondato da molte persone perbene. Decenni più tardi, mi fu chiaro che quell'ambiente era nient'altro che il frutto della scelta dei miei nonni di frequentare solo brava gente. Ma c'erano anche parenti e conoscenti descritti dai miei nonni come pazzi o cattivi, tenuti sempre a debita distanza – e per ottime ragioni.

In qualsiasi luogo – che sia Erie, Montenero o altrove – c'è sempre un miscuglio di personalità. In parole semplici, ogni situazione che coinvolga degli esseri umani è caratterizzata dalla presenza del bene e del male; poi, in base alla preponderanza dell'uno o dell'altro, si hanno risultati diversi. È un po' come mescolare due tipi di pittura: la tonalità varia al variare della quantità dei singoli colori.

Ovviamente, la miscela di persone e caratteri si verifica in ambienti culturalmente dinamici. La cultura è come un vaso prezioso e molto fragile.

Da essa dipendono il progresso o la deriva sociale. Cos'è che determina davvero la gradevolezza e il funzionamento di un ambiente? Ogni nazione, città e famiglia ha a che fare con gli stessi fattori culturali. Ciò che influenza fortemente la cultura sono i valori e gli atteggiamenti dei singoli. Facciamo spesso scelte determinate più da desideri improvvisi che dalla logica, spinti da esigenze personali che non tengono conto degli altri. I risultati sono spesso poco piacevoli, un po' come abbinare il vino rosso a una pietanza di pesce.

Fin dal Paleolitico, come abbiamo visto a Isernia, l'uomo ha imparato a collaborare in piccoli gruppi per assicurarsi la sussistenza attraverso la caccia e la raccolta di vegetali, spinto da un innato istinto di sopravvivenza. I piccoli gruppi erano soliti scontrarsi violentemente tra di loro. Con la nascita delle prime comunità rurali, diventò indispensabile instaurare dei sistemi sociali più complessi e collaborare con altri gruppi. I Sanniti, ad esempio, si organizzarono in una grande confederazione. In epoche più recenti, fu necessario costituire alleanze più ampie. Durante la seconda guerra mondiale, ad esempio, molti Paesi formarono alleanze per affrontare le importanti problematiche del tempo.

Col crescere della popolazione, delle città e delle nazioni, i metodi organizzativi dovettero evolversi per stare al passo con i cambiamenti sociali. In ogni fase dello sviluppo sociopolitico – dal Paleolitico a oggi – l'uomo ha imparato che la sopravvivenza è strettamente connessa alla convivenza. Non era una scelta più o meno ponderata, ma una necessità. E, ancora oggi, continuiamo a imparare come convivere e adattarci al mondo in continua evoluzione. Dobbiamo farlo, perché è l'unico modo per risolvere i grandi problemi che affliggono l'umanità, come l'inquinamento, la violenza e la rivalità internazionale.

Molti monteneresi dovrebbero essere tenuti in grande considerazione per aver saputo adattarsi e superare le limitazioni connesse alla vita di paese. Hanno lavorato sodo per uscire dalla povertà. In tanti sono riusciti a laurearsi quando, non molto tempo addietro, chi aveva la licenza elementare era da considerarsi fortunato. Alcuni monteneresi sono diventati avvocati, medici, politici e studiosi; altri, sono stati ambasciatori o ufficiali miliari. In tanti si sono guadagnati il rispetto per il duro lavoro agricolo, che richiede tanta esperienza. E soprattutto, chi ha coltivato i più bei valori umani è riuscito a darne prova attraverso un atteggiamento benevolo e un agire altruistico.

Montenero è stato un villaggio medievale agricolo per più di mille anni. Oggi, il paese sta attraversando una fase di ridefinizione. Come nel caso di un nuovo spettacolo, è impossibile inscenare una buona performance senza prima sapere di cosa parla l'opera. Al pari di attori vissuti, gli abitanti di Montenero stanno adesso leggendo il copione, preparandosi ad affrontare attivamente il futuro.

A Montenero, nuove case sono state costruite e i meravigliosi edifici medievali restaurati. I più lungimiranti hanno avviato nuove attività. Persone provenienti da Roma, ma anche da altre nazioni, come India, Stati Uniti e Belgio, hanno scelto di vivere a Montenero e diventare cittadini italiani. La loro presenza infonde fresca energia e punti di vista stimolanti. Il loro influsso non è niente di nuovo: millenni di migrazioni hanno determinato il DNA degli italiani, riflettendo secoli di storia. Il mio stesso corredo genetico è abruzzo-molisano, ma anche in parte greco e francese. Altri Monteneresi potrebbero avere sangue spagnolo, arabo, tedesco e nordico. I nuovi nati in paese impareranno a camminare su sentieri un tempo percorsi solo dai contadini con i loro asini.

L'etica esemplare delle vecchie generazioni si riflette oggi su chi lavora come allevatore o nel settore caseario. La gente del luogo è abituata a consumare giornalmente latte, formaggi e pane di alta qualità, prodotti da mani attente. Non mancano neanche le attività sociali, in bar e ristoranti. Dietro le quinte, alcuni artisti talentuosi hanno realizzato opere squisite, soprattutto nei campi della pittura e della scultura.

Ciò che rende Montenero un grande posto in cui vivere e lavorare è nelle mani dell'amministrazione comunale, responsabile delle finanze, della conservazione, dei servizi e dell'applicazione delle leggi, ma anche di aspetti più mondani come l'organizzazione di eventi e spettacoli. Anche le strutture sportive sono importanti per i giovani, affinché rimangano sani e attivi. La squadra di calcio di Montenero è un fiore all'occhiello della comunità, poiché in testa alle rivali della stessa categoria.

Come gli uccelli durante la stagione migratoria, i monteneresi che vivono all'estero tornano ogni estate al paese. Molti mantengono le case di famiglia, per poter soggiornare per uno e due mesi. La loro presenza raddoppia la popolazione, portando una ventata di internazionalità al villaggio. Nel corso dei decenni, queste persone hanno migliorato e supportato il paese in svariati modi, economicamente, culturalmente e umanamente. Profondamente connessa al paese natio, questa gente ha trasferito tanta parte della cultura di Montenero in diversi luoghi del mondo.

Chi conosce intimamente la storia del paese è spesso ispirato dalla vita degli antenati. Sapere quante difficoltà dovettero affrontare è fonte di energia e di etica sul lavoro, e invoglia a non perdere tempo in inutili distrazioni. Oltre a lavorare duramente la terra, i nostri avi sperimentarono gli orrori della guerra, la povertà, la fame e le catastrofi naturali. Non dovremmo forse mostrare gratitudine per le sofferenze e i sacrifici da loro compiuti, vivendo ogni giorno al meglio? I più giovani, inconsapevoli delle loro radici, non hanno una visione chiara del futuro. Se familiari e amici parlassero di più dei loro antenati e dei tempi passati, i ragazzi potrebbero meglio comprendere il presente e trarre ispirazione per l'avvenire.

Mi auguro che questo libro, con i suoi tanti spunti di riflessione, possa invogliare a un dibattito che ci permetta di apprezzare il lascito dei nostri antenati. Parlare del passato nutre e arricchisce gli animi, rendendoci esseri umani migliori e parte vitale della famiglia e della comunità.

NOTE

CAPITOLO 3
[1] Britannica, 30 ottobre 2013

CAPITOLO 4
[1] Salmon, 2010: 59
[2] Salmon, 2010: 67
[3] www.vieverdi.org
[4] Salmon, 2010: 140
[5] Salmon, 2010: 180 nota 2
[6] Salamon, 2010: 133
[7] Salmon, 2010: 216
[8] Dench, 2002: 210
[9] Salmon, 2010: 331
[10] Salmon, 2010: 360

CAPITOLO 5
[1] Astarita, 2006: 20
[2] Astarita, 2006: 17
[3] Bury, 1913: 198
[4] Bury, 1913: 201
[5] Gattei, et al., 1980: 8
[6] Kreutz, 1996: 14
[7] Kreutz, 1996: 33-34
[8] Kreutz, 1996: 203, nota 2
[9] Kreutz, 1996: 112
[10] Wickham, 1985: 165
[11] Wickham, 1985: 166
[12] Wickham, 1985: 166
[13] Kreutz, 1996: loc 2708
[14] Brown, 2003: loc 295
[15] Astarita, 2006: 25
[16] Kreutz, 1991: loc 3031; Wickham, 1985
[17] Rivera, 1926: 31
[18] Bonaminio et al., 2017: 4
[19] Brown, 2003: 5⁹
[20] Brown, 2003: 6⁷
[21] Brown, 2003: 10
[22] Brown, 2003: loc 2007
[23] Brown, 2003: 160
[24] Brown, 2003: 191
[25] Brown, 2003: loc 2790
[26] Brown, 2003: 198
[27] Astarita, 2006: 31
[28] Astarita, 2006: 36
[29] Astarita, 2006: 36
[30] Astarita, 2006: 39
[31] Astarita, 2006: 48
[32] Astarita, 2006: 49
[33] Bonaminio, et al., 2107: 4
[34] Giannone, 1729: 736
[35] Molise2000 Blog, 2013
[36] Pierce, J., n.d.
[37] Astarita, 2006: 53
[38] Astarita, 2006: 84

CAPITOLO 6
[1] Astarita, 2006: 70
[2] Croce, 1970: 62
[3] Astarita, 2006: 71
[4] Faraglia, 1898: 208-45
[5] Astarita, 2006: 70
[6] Croce, 1970: 67
[7] Astarita, 2006: 71
[8] Black, 2001: 53
[9] Astarita, 2006: 93
[10] Croce, 1970: 79
[11] Croce, 1970: 73
[12] Astarita, 2006: 84
[13] Taylor, 2003: 1
[14] Astarita, 2006: 95
[15] Croce, 1970: 166 nota 46
[16] Astarita, 2006: 100
[17] Astarita, 2006: 102
[18] Astarita, 2006: 127
[19] Croce, 1970: 113
[20] Astarita, 2006: 164
[21] Mariano, 2006: 420
[22] Taylor, 2003
[23] Neapolitan Nobles, 2001
[24] Bonaminio et al., 2017: 5-6
[25] Senatore e Storti, 2011: 112-113
[26] Bonaminio, et al., 2017: 6
[27] Bonaminio, et al., 2017: 5
[28] Bonaminio, et al., 2017: 5
[29] Biblioteca Michel Eromano
[30] Valente, 2015
[31] Black, 2001: 109
[32] Muto, 2006: 280
[33] Muto, 2006: 266
[34] Musi, 2006: 74
[35] Black, 2001: 50-51
[36] Muto, 2006: 280
[37] Muto, 2006: 263
[38] Marino, 2006: 417

CAPITOLO 7
[1] Deelet e Marino, 2007: 7
[2] Musi, 2006: 96
[3] Marino, 2007: 405-429
[4] Deelet e Marino, 2007: 14
[5] Astarita, 2006: 98
[6] Marino, 2006: 409-410
[7] Croce, 1970: 119
[8] Deelet e Marino, 2007: 5
[9] Malanima, 2006: 389
[10] Musi, 2006: 95
[11] Marino, 2006: 414
[12] Astarita, 2006: 107

[13] Astarita, 2006: 175
[14] Astarita, 2006: 177
[15] Astarita, 2006: 188
[16] Astarita, 2006: 115
[17] Astarita, 2006: 117
[18] Astarita, 2006: 117
[19] Croce, 1970: 137
[20] Mariano, 2006: 417
[21] Chavarria e Cocozza, 2015: 202-211
[22] Chavarria e Cocozza: 53
[23] Astarita, 2006: 190
[24] Astarita, 2006: 190
[25] Astarita, 2006: 141
[26] Astarita, 2006: 141
[27] Astarita, 2006: 140
[28] Astarita, 2006: 139
[29] Colletta, 1858: 16

CAPITOLO 8
[1] Bonaminio, et al., 2017: 5
[2] Colletta, 1858: 21
[3] Astarita, 2006: 205
[4] Astarita, 2006: 206
[5] Astarita, 2006: 209
[6] Astarita, 2006: 134
[7] Astarita, 2006: 155
[8] Astarita, 2006: 133
[9] Astarita, 2006: 157
[10] Astarita, 2006: 157
[11] von Salis-Marschlins, 1795: 429-430
[12] Astarita, 2006: 206
[13] Catasto Onciario
[14] Wiegert, 2004: 183
[15] Astarita, 2006: 99
[16] Astarita, 2006: 214
[17] Astarita, 2006: 210
[18] Payne, 1973: 371
[19] Filangieri, in Croce, 1970: 186
[20] Astarita, 2006: 250
[21] Astarita, 206: 253
[22] Astarita, 2006: 245
[23] Astarita, 2006: 218
[24] Astarita, 2006: 218
[25] Astarita, 2006: 253
[26] Astarita, 2006: 256
[27] Astarita, 2006: 255
[28] Astride, 2006: 254
[29] Croce, 1970: 205

CAPITOLO 9
[1] Colletta, 1858: 441
[2] Astarita, 2006: 257
[3] Astarita, 2006: 259
[4] Ross, 1977: 127
[5] Ross, 1977: 127
[6] Di Fiori, et al., 2018: 138
[7] Di Fiori, et al., 2018: 138
[8] Teti, 2015: 71
[9] Teti, 2015: 62
[10] Artz, 1934
[11] Astarita, 2006: 216
[12] Croce, 1970: 30
[13] quoted in Croce, 1970: 162
[14] Croce, 1970: 233
[15] Colletta, 1858: 126

CAPITOLO 10
[1] Colletta, 1858: 52-53
[2] Astarita, 2006: 286
[3] www.lamontagnadelcilento.it
[4] Maffei, 1865: 308
[5] Maffei, 1865: 35
[6] Di Fiore, et al., 2018: 13
[7] Di Fiore, et al., 2018: 13
[8] Traduzione libera da una relazione originale nell'Ufficio Municipale di Montenero
[9] Di Fiore, et al., 2018: 15
[10] Maffei, 1865: 186
[11] Di Fiori et al., 2018: 47
[12] Di Fiori et al., 2018: 47
[13] Di Fiori et al., 2018: 47

CAPITOLO 11
[1] Baravelli, 2015
[2] Keegan, 2000: 226
[3] Thompson, 2010: 5
[4] Keegan, 2000: 344
[5] Tucker e Roberts, 2005: 431
[6] Mockenhaupt, giugno 2016
[7] Thompson, 2010: 2
[8] Keegan, 2000: 227
[9] Thompson, 2010: 267
[10] Mougel, 2011: 9
[11] New York Times, 1917: 146-147
[12] Schindler, 2001: 206

CAPITOLO 12
[1] Stamperia Reale, 1832: 42
[2] Biblioteca Comunale, s.d., s.l., 6
[3] Caserta e Steen, 2007
[4] Archivio Statale di Isernia
[5] Archivio Parrocchiale, Registro Dei Decessi
[6] Santucci, 2014: 12

CAPITOLO 13
[1] Hibbert, 2008: 52
[2] Blinkhorn, 2006: 4
[3] Astarita, 2006: 304
[4] Kemp, 1963
[5] Nicholson, 1956: 278
[6] Nicholson, 1956: 276
[7] Kemp, 1963
[8] Cole, 1983: 122
[9] Cole, 1983: 122-123
[10] Nicholson, 1958: 281
[11] Nicholson, 1958: 281
[12] Cole, 1983: 123

[13] Cole, 1983: 123
[14] Kemp, 1963
[15] Cutler, 2015
[16] Cutler, 2015
[17] Cutler, 2015
[18] Cutler, 2015
[19] Van der Bijl, 2006: 15
[20] Williams, 2017: 151
[21] Bielatowicza, 1966: 154
[22] O'Sullivan, Febbraio 2, 2017
[23] O'Sullivan, 2017
[24] O'Sullivan, 2017
[25] Kirby, 2015
[26] Mattern, 2017
[27] Paolicelli, 2004

CAPITOLO 14
[1] Ginsborg, 2003: 115
[2] Ginsborg, 2003: 210
[3] Ginsborg, 2003: 220
[4] Ginsborg, 2003: 213
[5] Melfi, 2009: 145
[6] Ginsborg, 2003: 212
[7] Ginsborg, 2003: 232
[8] Ginsborg, 2003: 146
[9] Ginsborg, 2003: 246
[10] Ginsborg, 2003: 181
[11] Ginsborg, 2003: 298
[12] Ginsborg, 2003: 281
[13] Ginsborg, 2003: 343
[14] Ginsborg, 2003: 388; Bond, 2003
[15] Ginsborg, 2003: 337-338
[16] Ginsborg, 2003: 240
[17] Ginsborg, 2003: 413
[18] Emmott, 2013: 100
[19] Galli e Galadini, 2003: 70-1
[20] Diaferia, 2018
[21] The Local, 18 gennaio 2016
[22] Ginsborg, 2003: 417
[23] European Commission Press release, 14 luglio 2015
[24] europa.eu, 2009
[25] European Commission Press release, 14 luglio 2015
[26] Regione Molise, archivio, luglio 2013
[27] Ginsborg, 2003: 418
[28] Ginsborg, 2003: 419
[29] Ginsborg, 2003: 417
[30] Murray, 2014: 62
[31] Emmott, 2013: 279
[32] Croce: 1970: 29
[33] Croce, 1970: 60
[34] Croce, 1970: 33
[35] Croce, 1970: 64
[36] Croce, 1970: xvi
[37] Lumley e Morris, 1997: 107
[38] Astarita, 2006: 310
[39] Ginsborg, 2003: 216
[40] Ginsborg, 2003: 265
[41] Croce, 1970: 55

CAPITOLO 15
[1] Tramontano, 2010: 81
[2] Pasquale, 2015
[3] Pesaresi, 2014: 406
[4] Crisci, 2015: 21
[5] Pesaresi, 2014b: 406
[6] Cassamamassi, et al., 2009: 173
[7] Guarrera, et al., 2008: 1
[8] Fanelli, 2001: 108
[9] Petrocelli, 2011: 316-317
[10] Massullo, 2012: 48
[11] Petrocelli, 2011: 317
[12] Di Matteo, 218; Iarocci, 2015
[13] Pesaresi, 2014a: 142-143
[14] Scorocca e Tozzi, 1999
[15] Mastronardi, et al., 2017: 247
[16] Rosskopf, 2006: 146
[17] Cicia, et al., 2001: 9-10
[18] APAT, ARPA Molise, 2005: 15-16
[19] Cicia, et al., 2001: 15
[20] Pesaresi, 2014a: 162
[21] Storti, 2016: 5
[22] Ciesluk, 2003: 22
[23] Emmott, 2012: 262
[24] Emmott, 2012: 261
[25] Petrocelli, 2011: 317
[26] Pesaresi, 2014a: 98

CAPITOLO 16
[1] Bonaminio, et al., 2017: 52
[2] Visco, 2010
[3] dello Siesto, n.d.: 86
[4] dello Siesto, n.d.: 76
[5] dello Siesto, n.d.: 80
[6] dello Siesto, n.d.: 71 nota 75
[7] dello Siesto, n.d.: 40
[8] dello Siesto, n.d.: 45
[9] Valente, 14 settembre 2007
[10] dello Siesto, n.d.: 42
[11] Archivio di Stato di Campobasso

POSTFAZIONE
[1] Wilson, 2013: 53

APPENDICI

Elenco dei Sindaci / Podestà dal 1809 al 2015

Pallotta, Vincenzo	1809
Del Forno, Gaetano	1810
Mannarelli, Matteo	1811
Mannarelli, Vincenzo	1812–1814
Mannarelli, Remigio	1815–1816
Iacobozzi, Mariano	1817
Ricchiuto, Cipriano	1818
Gigliotti, Giambattista	1819–1824
Scalzitti, Felice	1825–1827
Pallotta, Felice	1828–1830
Gigliotti, Pio	1831–1833
Scalzitti, Nicola	1834–1837
Gigliotti, Romualdo	1838
Orleo, Vincenzo	1839
Iacobozzi, Donato	1840–1841
Gigliotti, Pio	1842–1845
Di Fiore, Marino	1846–1848
Del Forno, Erea	1849–1850
Iacobozzi, Ferdineo	1851–1854
Gonnella, Basilio	1855–1857
Gigliotti, Pio	1858–1860
Gigliotti, Giulio	1860–1872
Mannarelli, Francesco Saverio	1873–1877
Di Fiore, Angelo (sindaco)	1877–1878
Danese, Guglielmo	1879
Milò, Felice	1880–1882
De Archangelis, Eusebio	1883–1885
Di Fiore, Angelo	1886–1887
Alati, Tommaso	1887
Scalzitti, Nicola	1887–1888

Mannarelli, Giacomo	1888–1890
Di Fiore, Angelo	1890–1895
Gigliotti, Alessero	1895–1899
De Archangelis, Erea	1899–1903
De Archangelis, Erea	1903–1907
De Archangelis, Erea	1907–1911
Mannarelli, Clemente	1912–1913
Gigliotti, Alessero	? 1914–1917
Orleo, Giovanni	1918
Mannarelli, Domenico	1921–1926
Scalzitti, Adriano	1926
De Archangelis, Erea	1927–1932
Gigliotti, Pio (podestà)	1932–1936
Milò, Felice (podestà)	1936–1937
Bonaminio, Pio (podestà)	? 1937–1939
Gigliotti, Pio (podestà)	1939–1943
Di Marco, Giacomo	1943
Mannarelli, Domenico	1944
Ricchiuto, Giovanni	? 1946
Pallotto, Clemente	? 1947
Calabrese, Mario	1948
(Commissario Speciale di Prefettura)	
Gigliotti, Pio	1949
Scalzitti, Eliseo	1950
Tornincasa, Albino	1951
Procario, Enzo	1953
Gigliotti, Teresa	1957
Procario, Enzo	1961
Orleo, Emilio	1964
Orleo, Emilio	1970
Mannarelli, Giovanni	1975
Santucci, Alberino	1980
Zuchegna, Alessio	1985
Di Fiore, Domenico	1990
Di Nicola, Carlo	1995–1999
Tornincasa, Giuseppe	2000–2005
Zuchegna, Alessio	2005–2010
Orleo, Roberta	2010–2015
Zuchegna, Filippo	2015–?

NOTA: In alcuni periodi l'intervento del governo era necessario per ristabilire la funzionalità degli uffici civici in cui veniva nominato un commissario reale:

- Marzari Alceste nel 1913
- Pietro Micarelli nel 1918
- Michele Capo, in servizio fino al 1921.

Elenco di Arcipreti dal 1600 al 2018

Moricone, Vincenzo	1600–1629
Quaglia, Angelo	1630–1644
De Bellis, Vincenzo	1645–1648
De Marco, Nunzio	1648–1676
Del Forno, Scipione	1677–1690
Mannarelli, Angelo	1691–1712
Donatelli, Nicola	1713–1717
Mannarelli, Giovanni	1718–1758
Mannarelli, Benedetto	1759–1785 / 1785–1787
Mannarelli, Florenzo	1788–1797
Mannarelli, Felice	1798–1808
Danese, Guglielmo	1809–1836 / 1837–1838
De Lugo, Giuseppe	1839–1840
Bonanotte, Agostino	1841–1847
Mannarelli, Pietro	1847–1894 / 1895
Santucci, Federico	1896–1928
Colicchio, Alfredo	1928–1939
Fioritto, Antonio	1940–1942

Popolazione

1447	46	famiglie (*fuochi*)
1532	80	famiglie
1545	62	famiglie
1561	69	famiglie
1595	93	famiglie
1648	93	famiglie
1669	83	famiglie
1753	106	famiglie
1780	1,285	abitanti
1795	1,523	abitanti
1805	1,413	abitanti
1835	1,535	abitanti
1861	1,379	abitanti
1871	1,784	abitanti
1881	1,769	abitanti
1901	2,089	(picco popolazione)

1911	2,008	abitanti
1921	1,891	abitanti
1931	1,519	abitanti
1936	1,485	abitanti
1951	1,244	abitanti
1961	988	abitanti
1971	814	abitanti
1981	767	abitanti
1991	683	abitanti
2001	608	abitanti
2002	596	abitanti
2003	594	abitanti
2004	585	abitanti
2005	572	abitanti
2006	557	abitanti
2007	558	abitanti
2008	572	abitanti
2009	573	abitanti
2010	575	abitanti
2011	558	abitanti
2012	556	abitanti
2013	554	abitanti
2014	556	abitanti
2015	538	abitanti
2016	524	abitanti
2017	514	abitanti
2018	513	abitanti

BIBLIOGRAFIA

Agostini, S. (2010). *Le pietre da construzione e decorative dell'Abruzzo e del Molise* [Construction and decorative stones from Abruzzo e Molise]. In M. Somma (Ed.), Cantieri e maestranze nell'Italia medievale, (pp. 265–278). Spoleto: Centro Italiano di Studi sull'Alto Medioevo.

Amato, V., Aucelli, P., Bracone, V., Cesarano, M., e Rosskopf, C. (2017). *Long-term Landscape Evolution of the Molise Sector of the Central-southern Apennines, Italy*. Geologica Carpathica, 68, 29–43. DOI: 10.1515/geoca-2017-0003.

Angeli, F. (22 May 2018). "Devoto di Padre Pio, secchione e di sinistra. Il 'Financial Times' lo stronca: Un novellino" [Devotee of Padre Pio, nerd and of the left. The 'Financial Times' beats him: A newbie]. Il Giornale [Online]. Available: www.ilgiornale.it

Aprile, P. (2011). *Terroni: All That Has Been Done to Ensure That the Italians of the South Became "southerners."* NY: Bordighera Press.

APTA-ARPA (2005). Molise. ARPA [Online]. Available: http://www.arpamolise.it

Artz, F. (1934). *Reaction and Revolution: 1814–1832*. NY: Harper Brothers.

Ascione, A., Cinque, A., Miccadei, E., Villani, F., and Berti, C. (2008). "The Plio-Quaternary Uplift of the Apennine Chain: New Data From the Analysis of Topography and River Valleys in Central Italy." Geomorphology, 102(1): 105–118. DOI: 10.1016/j.geomorph.2007.07.022

Ascione, A., Miccadei, E., Villani, F., e Berti, C. (2007). "Morphostructural Setting of the Sangro and Volturno Rivers Divide Area (Central-southern Apennines, Italy)." Geografia Fisica e Dinamica Quaternaria, 30: 13–32.

Astarita, T. (2006). *Between Salt Water and Holy Water: A History of Southern Italy.* NY: W.W. Norton & Co.

Aucelli, P., Izzo, M., Mazzarella, A., and Rosskopf, C. (2007). "La classifiazione climatica della regione Molise" [The climatic classification of the Molise region].

Bollettino della Società Geografica Italiano, Roma, Serie XI, Vol. XII, pp. 615–617.

Badagliacca, P., Gentile, L., Marruchella, G., Latini, R., Di Pirro, V., Carosi, E., Ruberto, A., Scioli, E., and Di Provvido A. (2014). "Mass Mortality by Lightning in

Apennine Chamois (Rupicapra pyrenaica ornata): A Case Report from the Abruzzo Lazio and Molise National Park, Italy." Conference paper. Chamois International Congress, Maiella National Park, Lama dei Peligni, Abruzzo, Central Italy, 17th–20th June 2014.

Baravelli, A. (07 July 2015). War Aims and War Aims Discussions (Italy). 1914–1918: International Encyclopedia of the First World War [Online]. Available: https://encyclopedia.1914-1918-online.net

Barone, P., and Ferrara, C. (2015). "Geophysics Applied to Landscape Archaeology: Understeing Samnite and Roman Relationships in Molise (Italy) Using Geoarchaeological Research Methods." International Journal of Archaeology, 3(1-1): 26–36.

Ben-Ghiat, R. and Hom, S. (2016). "Italian Mobilities. London: Routledge."

Bieganski, S. (Ed.) (1963). Działania 2 korpusu we włoszech, Tom I [Activities of the 2nd corps in Italy. Vol. 1]. London: Historical Commission of the 2nd Corps. CAPITOLO: "Defense Over the Sangro River."

Bielatowicza, J. (1966). "Ułani Karpaccy. Zarys historii pułku" [Uple Carpathian: Outline of the History of the Regiment]. Londyn: Zwiazek Ułanów Karpackich.

Biondi, M., G. Osella, G., e Zuppa, A. (1994). "Studi zoologici sulla palude della Zittola (Abruzzo-Molise). III. Il popolamento a Coleoptera Chryso-melidae" [Zoological studies on the Zittola marsh (Abruzzo-Molise). III. The population of Coleoptera Chryso-melidae.]. Rivista di Idrobiologia, 31(1/2/3): 51–93.

Black, C. (2001). *Early Modern Italy: A Social History*. London: Routledge.

Blasi, C., Fortini, P., Grossi, G., e Presti, G. (2005). "Faggete e cerrete mesofile nell'Alto Molise" [Beechwood e mesophilous Quercus cerris woodles in the High Molise]. Fitosociologia, 42(2): 67–81.

Blasi, C. et al. (2010). "Le aree importanti per le piante nelle regioni d'Italia: Il presente e il futuro della conservazione del nostro patrimonio botanico" [Important areas for plants in the regions of Italy: The present and the future of conservation of our botanical heritage]. Roma: Progetto Artiser.

Blinkhorn, M. (2006). *Mussolini and Fascist Italy*. London: Taylor & Francis.

Bonaminio, L., Di Fiore, D., Felice, M., Mannarelli, G., Milò, G., e Milò, L. (2017). "Montenero Val Cocchiara festa del ricordo: Opuscolo 2017" [Montenero Val Cocchiara memorial celebration: Booklet 2017]. Montenero Val Cocchiara. n.p.

Bond, A. (2003). "Crisis, Reform, and Achieving Financial Stability in the Italian Pension System." Conference Paper 2. Contradictions and challenges in 21st century

Italy. Lehigh University.

Brown, G. (2003). *The Northern Conquest of Southern Italy and Sicily*. London: McFarle and Co.

Bury, J. (Ed.) (1936/2012). *The Cambridge Medieval History*, Vol. 3: Germany and the western empire. (Classic Reprint). Original published by Cambridge University Press.

Capula, M. (2010). "Il progetto atlante degli anfibi e rettili del Molise" [The atlas project of the amphibians e reptiles of Molise.]. Conference paper. Proceedings VIII National Congress Societas Herpetologica Italica, Chieti, 22-26 September 2010.

Caserta, J. and Steen, A. (March 2007). "Pig slaughter, Montenero Val Cocchiara, Italy." Meatpaper Zero [Online]. Available: http://meatpaper.com/articles/2007/0528_caserta.html

Cassamamassi, D., et al. (2009). "Produzione e qualita del latte in capre autoctone allevate estensivamente nella regione Molise" [Milk yield and quality in autochthonous goats extensively reared in Molise region]. Large Animal Review, 15: 165–174.

Chavarria, E. and Cocozza, V. (2015). *Montenero 1685, In Comunità e territorio: Per una storia del Molise moderno attraverso gli apprezzi feudali (1593–1744)* [Community e territory: For a history of modern Molise through fief appraisals (1593–1744)]. Campobasso: Palladino Editore, pp. 202–211.

Choate, M. (2008). *Emigrant Nation: The Making of Italy Abroad*. Cambridge, MA: Harvard University Press.

Cialdea, D., and Mastronardi, L. (2014). "Renewable Energy Resources and Their Impact on Rural Landscape." WSEAS Transactions on Environment and Development, Volume 10, pp. 423–433.

Cialdea, D., and Maccarone, A. (2014). "The Energy Networks Landscapes. Impacts on Rural Lands in the Molise Region." TeMa Journal of Land Use Mobility and Environment INPUT. Eighth International Conference IMPUY, Naples.

Cicia, G., D'Ercole, E., and Marino, C. (2001). "Valuing Farm Animal Genetic Resources by Means of Contingent Valuation and a Bio-economic Model: The Case of the Pentro Horse." Research paper. Milan: The Foundazione Eni Enrico Mattei.

Ciesluk, C. (2003). "The Southern Question. Contradictions and Challenges in the 21st Century." Conference paper 4. Lehigh University, Perspectives on Business and Economics. Available: http://preserve.lehigh.edu /perspectives-v21/4

Cocozza, V. (2017). *Trivento e gli Austrias: Carriere episcopali, spazi sacri e territorio in una diocesi di Regio Patronato* [Trivento and the Austrias: Episcopal careers, sacred spaces and territory in a diocese of royal patronage]. Palermo: Quaderni Mediterranea.

Cirese, E. (2000). *Molisan Poems*. Bonaffini, Luigi Trans. Toronto: Guernica.

Cole, D. *(1983). Rough Road to Rome: A Foot-soldier in Sicily and Italy, 1943–44.* London: William Kimber e Co.

Colletta, P. (1858). *History of the Kingdom of Naples, 1734–1825*. (Horner, S., Trans). Edinburgh: T. Constable and Co.

Costanzo, S., et al. (2018). "Alcohol Consumption and Hospitalization Burden in an Adult Italian Population: Prospective Results from the Molisani Study." Society for the Study of Addiction, pp. 1–15. DOI: 10.1111/add.14490

Crisci, M. (2015). *Mobilità temporanea per lavoro: Introduzione* [Temporary mobility for work: Introduction]. Isernia: Cosmo Iannone.

Croce, B. (1970). *History of the Kingdom of Naples*. Chicago: The University of Chicago Press.

Cutler, I. (9 November 2015). "Recollections: Ivor Cutler, 5th Battalion, The Northamptonshire Regiment." Monte Cassino Society [Online]. Available: www.montecassinosociety.co.uk

D'Acunto, S. (1969). "Il Molise attraverso i secoli" [Molise through the centuries]. Roma: La Tribuna del Molise.

Deelet, T. and Marino, J., (Eds.) (2006). *Spain in Italy: Politics, Society, and Religion 1500–1700*. Leiden: Brill.

Davies, M. (19 January 1944). "Il Calvario: Report by OC, 'E' Company on German Raid at Calvario on 19th January 1944." Irish Brigade [Online]. Available: www.irishbrigade.co.uk

Del Sangro, E., e Mannarelli, G. (1996). *Come parlavamo, come parliamo, dove stiamo andando* [How we talked, how we talk, where we're going]. Isernia: N.P.

Dello Siesto, B. (2014). "Un antico paese: Montenero Val Cocchiara e il suo pantano" [An ancient village: Montenero Val Cocchiara and its marshle]. Comunità Montana del Volturno. Isernia: Cicchetti Industrie Grafiche.

Di Bucci, D. e Scrocca, D. (1997). "Assetto tettonico dell'Alto Molise (Appennino centrale): Considerazioni stratigrafiche e strutturali sull'unita di Montenero Val Cocchiara" [Tectonic asset of Upper Molise (Central Apennines): Stratigraphic and structural considerations on the Montenero Val Cocchiara unit]. Bollettino della Società Geologica Italiana, 116, 221–236.

Di Fiori, Felice, M., Mannarelli, G., Milò, L. (2019). "Montenero Val Cocchiara festa del ricordo: Opuscolo 2019" [Montenero Val Cocchiara memorial celebration: Booklet 2019]. Montenero Val Cocchiara. N.P.

Di Fiori, Felice, M., Mannarelli, G., Milò, L. (2018). "Montenero Val Cocchiara festa del ricordo: Opuscolo 2018" [Montenero Val Cocchiara memorial celebration: Booklet 2018]. Montenero Val Cocchiara. N.P.

Di Iorio, E. (2014). *Suoli e Paleosuoli tardo Pleistocenici-Olocenici in sequenze fluvio-lacustri della regione Molise* [Late Pleistocene-Holocene soils in fluvio-lacustrine sequences in the Molise region]. Campobasso: Università degli Studi del Molise.

Di Matteo, A. (13 August 2018). "Turismo, ancora un record negativo per il Molise: nel 2017 è all'ultimo posto tra le regioni italiane" [Tourism, still a negative record for Molise: In 2017 it ranks last among the Italian regions]. Il Giornale [Online]. Available: IlGiornaledelMolise.it.

di Pietro, S. et al. (2000). "Pomodori pelati, le cultivar per il Molise" [Peeled tomatoes, the cultivars for Molise]. Terra e Vita, (16): 91–94.

Diaferia, G. (2018). "The 14 August 2018 M=4.6 Southern Italy Quake: Why Prevention is Fundamental in Areas of Moderate Seismic Risk." Posted on August 15, 2018. Temblot [Online]. Available: http://temblor.net

Elliott, L. (5 December 2016). "How Italy Became this Century's 'Sick Man of Europe.'" The Guardian [Online]. Available: www.theguardian.com

Emmott, B. (2013). *Good Italy, bad Italy: Why Italy Must Conquer its Demons to Face the Future.* New Haven: Yale University Press.

European Commission Press (14 July 2015). "Investing in Growth and Jobs: Italy to Benefit from €2.17 billion of EU Cohesion Policy Funds." European Commission Press [Online]. Available: http://europa.eu/rapid/press-release_IP-15-5369_en.htm

European Commission Press (13 May 2009). "On a Visit to the Molise Region of Italy, Danuta Hübner (Commissioner) Points out that Cohesion Policy Provides a Steady Flow of Investment During a Period of Recession." European Commission Press [Online]. Available: http://europa.eu/rapid/ press-release_IP-09-755_en.htm

Fanelli, R. (2018). "Rural Small and Medium Enterprises Development in Molise (Italy)." European Countryside, 10(4): 566-589. DOI: 10.2478/euco-2018-0032

Faraglia, N.F. (1898). "Numerazione dei fuochi nelle terre della Valle del Sangro fatta nel 1447" [Numbering of the hearths in the land of the Valle del Sangro made in 1447], Rassegna Abruzzese di Storia ed Arte, 2: 208–45.

Faralli, G. (1997). Molise. In L. Bonaffini (Ed.), *Dialect Poetry of Southern Italy: Texts and Criticism.* Brooklyn, NY: Legas Publishing.

Filocamo, F., et al. (2015). "The Integrated Exploitation of the Geological Heritage: A proposal of Geotourist Itineraries in the Alto Molise Area (Italy)." Rendiconti Online Società Geologica Italiana, Vol. 33: 44–47. DOI: 10.3301/ROL.2015.11

Filocamo, F., et al. (2010). "Itinerari geoarcheologici in Molise: Una risorsa turistica da valorizzare" [Geoarchaeological itineraries in Molise: A tourism resource to be exploited]. Geologia e Turismo: Atti del quarto Congresso Nazionale, Bologna, Ottobre 21, 22, 23. Associazione Italiana di Geologia e Turismo.

Forte, G., et al. (2013). "Seismic Permanent Ground Deformations: Earthquake-Triggered Landslides in Molise Apennines." Conference paper. Rendiconti Online Società Geologica Italiana, Vol. 24: 134–136.

Fortini, P. and Di Marzio, P. (2014). "Preliminary Study of the Plants used in the Folk medicine in the Molise Sector of the Abruzzo, Lazio and Molise National Park. Italy." Conference paper. 109th Congresso della Società Botanica Italina International Plant Science Conference. Florence, 2–5 September.

Frate, L., Imbriaco, M., e Petrocelli, A. (3 aprile 2018). "Comuni a rischio scomparsa nell'isernino" [Municipalities at risk of disappearance in the Isernia area]. Rome: Agenzia Nazionale Stampa Associata. Available: www.ansa.it

Galli, P. e Naso, J. (2009). "Unmasking the 1349 Earthquake Source (Southern Italy). Paleoseismological and Archaeoseismological Indications from the Aquae Iuliae Fault." Journal of Structural Geology, 31: 128–149. DOI:10.1016/j.jsg.208.09.007

Gattei, S., La Regina, A., Mainardi, R., Pace, V., e Pirovano, S. (1980). Molise. Milan: Electa International.

Germano, G., Meini, M., e Ruggieri, A. (2014). "Tourists Walking Along, Territories Moving on. The Experience of a Small Italian Region to Sustain Community-based Tourism. In The European Pilgrimage Routes for Promoting Sustainable and Quality Tourism in Rural Areas", Proceedings of the International Conference, Firenze, Italy, 4–6 December 2014; Bambi, G., Barbari, M., (Eds.); Firenze University Press: Firenze, Italy; pp. 675–687.

Giannone, P. (Ogilvile, J., Trans.) (1729). *The Civil History of the Kingdom of Naples*, Vol. 1. London: Self-published.

Ginsborg, P. (2003). *A History of Contemporary Italy: Society and Politics 1943-1988*. NY: Palgrave McMillian.

Grignoli, D., e Boriati, D. (2018). "Immigrants and Labor Market: A Comparative Perspective." European Sociological Association regional research network on "southern European societies," Mid-Term Conference, Catania, 4–6 October. pp. 42–43.

Guarrera, P., Lucchese, F., e Medori, S. (2008). "Ethnophytotherapeutical Research in the High Molise Region (central-southern Italy)." Journal of Ethnobiology and Ethnomedicine, 4:7. DOI: 10.1186/1746-4269-4-7

Hay, M. (2013). "Genetic History of the Italians. Brussels: Eupedia Genetics Haplogroups", pp. 1–7. Eupedia [Online]. Available: www.eupedia.com

Hibbert, C. (2008). *Mussolini: The Rise and Fall of Il Duce*. NY: Palgrave MacMillan.

Iarocci, G. (2005). "Statistiche del turismo nel Molise, anni 1998–2003." Conference paper. Università degli Studi del Molise.

"Irish Brigade War Diaries, 1942 to 1945." Irish Brigade [Online]. Available www.irishbrigade.co.uk

Jamison, E. (Oct., 1929). "The administration of the county of Molise in the twelfth e thirteenth centuries." The English Historical Review, 44(176): 529–559.

Keegan, (2000). *The First World War*. NY: Vintage Books.

Kemp, J. (1963). *The history of the Royal Scots Fusiliers 1919–1959*. Glasgow: Robert MacLehose e Co.

Kingdom of Naples, (1743). "Montenero Val Cocchiara Catasto Onciario 1743." Naples: State Archive.

Kirby, P. (16 July 2015). *My SS family: German meets survivors of Italy WW2 massacre BBC News*. British Broadcasting Company [Online]. Available: www.bbc.com.

Kreutz, B. (1996). *Before the Normans: Southern Italy in the 9th e 10th centuries*. Philadelphia: University of Pennsylvania Press.

Lamanna, G., e Loprevite, V. (2010). "Il contesto demografico del Molise" [The demographic context of Molise]. In Assistenza socio-sanitaria in Molise. Rapporto 2009 bisogni, strutture, servizi a cura di Americo Cicchetti e Angelo Palmieri. Milano: Franco Angeli, s.r.l. pp. 13–19.

Levoli, C., Basile, R., e Belliggiano, A. (2017). "The spatial patterns of dairy farming in Molise." European Countrysides, 9(4): 729–745.

Linklater, E. (1951). *The Campaign in Italy*. London: H.M. Stationery Office.

Lovari, S., Ferretti, F., Corazza, M., Minder, I., Troiani, N., Ferrari, C., e Saddi, A. (2014). "Unexpected consequences of reintroductions: Competition between reintroduced red deer and Apennine chamois." Animal Conservation, 17(4): 287–398. DOI: 10.1111/acv.12103

Lumley, R., e Morris, R. (Eds.). (1997). *The New History of the Italian South: The Mezzogiorno Revisited*. Exeter, UK: University of Exeter Press.

Maffei, A. (1865). *Brige life in Italy: A history of Bourbonist reaction*. London: Hurst an Blackett.

Malanima, P. (2006). "A declining economy: Central and northern Italy in the sixteenth and seventeenth centuries." In T. Deelet e J. Marino (Eds.), Spain in

Italy: Politics, society, and religion, 1500–1700 (pp. 383–403). Leiden, Brill.

Marazzi, F. (2012). "San Vincenzo al Volturno l'abbazia e il suo territorium fra VIII e XII secolo" [San Vincenzo al Volturno the abbey and its territories between the 8th and 12th century]. Monte Cassino: Pubblicazioni Cassinesi.

Marchetti, M., De Toni, A., e Sallustio, L. (2017). "Caratterizzazione dei cambiamenti d'uso del suolo in Molise ed impatti sui servizi ecosistemici" [Characterization of changes in land use in Molise and impacts on ecosystem service]. In: Consumo di suolo, dinamiche territoriali e servizi ecosistemici. Roma: Istituto Superiore per la Protezione e la Ricerca Ambientale, pp. 180–181.

Marino, J. (2006). The rural world in Italy under Spanish rule. In T. Deelet and J. Marino (Eds.), Spain in Italy: Politics, society, and religion, 1500–1700 (pp. 405–429). Leiden, Brill.

Mastronardi, L. (2014). *Renewable Energy Resources and Their Impact on Rural Landscape*. WSEAS Transactions on Environment and Development, Vol. 10.

Mastronardi, L., Giaccio, V., Giannelli, A., e Stanisci, A. (2017). "Methodological proposal about the role of lescape in the tourism development process in rural areas: The case of Molise region (Italy)." European Countrysides, 2, pp. 245–262.; DOI: 10.1515/euco-2017-0015

Mattern, J. (6 November 2017). *Pole: Renewed Reparation Claims. Telepolis.* Heise Medien GmbH & Co., Hannover, Germany. Available: www.heise.de/tp/

McGinniss, J. (1999). *The Miracle of Castel di Sangro.* Boston: Little, Brown and Co.

Meini, G., Di Felice, G. e Petrella M. (2018). "Geotourism perspectives for transhumance routs: Analysis, requalification and virtual tools for the geoconservation management of the drove roads in southern Italy." Geosciences, 8, 368; DOI: 10.3390/geosciences8100368

Menale, B., Amato, G., Di Prisco, C., e Muoio, R. (2006). "Traditional uses of plants in north-western Molise (central Italy)." Delpinoa, 48: 29–36.

Microzonazione Sismica (2009). Carta della indagini, regione Molise, comune di Montenero Val Cocchiara centro [Survey maps, Molise region, municipality of Montenero Val Cocchiara center]. Campobasso: Universita degli Studi del Molise.

Microzonazione Sismica (2009). Carta della microzone omogenee in prospettiva sismica, regione Molise, comune di Montenero Val Cocchiara centro [Map of the homogeneous micro-zone in a seismic perspective, Molise region, municipality of Montenero Val Cocchiara center]. Campobasso: Universita degli Studi del Molise.

Milanese, G. e Ricci, D. (2010). "Piano D'Assestamento Forestale per il periodo 2009–2023" [Forest settlement plan for the period 2009–2023]. Agnone: Forest

Office Municipality of Pietrabbondante.

Minotti, M., Giancola, C., Di Marzio, P. e Di Martino, P. (2018). "Land use dynamics of drove roads: The case of tratturo Castel dei Sangro-Lucera (Molise, Italy)." Geosciences, 7(3): 368. DOI: 10. 3390/le7010003.

Mockenhaupt, B. (June 2016). *The Most Treacherous Battle of World War I Took Place in the Italian Mountains*. Washington, D.C.: Smithsonian Magazine [Online]. Available: www.smithsonianmag .com

Molise2000 Blog (23 luglio, 2013). "Il Molise medievale: Un 'contado' o una 'contea' "[Medieval Molise: A "contado" or a "contea"]? Molise2000 [Online]. Available: https://molise2000.wordpress.com/2013/07/23/contadodi-molise-o-contea-di-molise/

Monticelli, G. (Summer, 1967). "Italian emigration: Basic characteristic and trends with special reference to the last twenty years." In The International Migration Review, 1(3), Special Issue: The Italian Experience in Emigration, pp. 10–24. Sage Publications, Inc.

Mougel, N. (2011). "World War I casualties. Reperes." Partenariat Educatif Grundtvig 2009–2011. CVCE, Gratz, Julie, (Trans.). Available: www.centre-robert-schuman.org.

Murray, L. (Ed.). (2014). *The Britannica Guide to Countries of the European Union: Italy*. NY: Britannica Educational Publishing.

Muscarà, L., e Sarno, E. (2011). "Il paesaggio telofonico del Molise. Le utenze fisse come indicatore demografico" [The telephone landscape of Molise. Fixed utilities as a demographic indicator]. In Atti del Quarto Seminario di studi storico-cartografici dalla mappa al GIS (Roma, 21–22 aprile 2009), by M. Maggioli e C. Masetti (Eds.) (pp. 1–27). Genoa: Brigati.

Muscarà, L. (2008). "Capitolo 2: Geo demografia storica del Molise" [CAPITOLO 2: Geo historical demography of Molise]. In G. Cannata et al. (Eds.), Relazione sullo Stato dell'Ambiente della Regione Molise. Campobasso: Università degli studi del Molise, pp. 34–65.

Musi, A. (2006). "The Kingdom of Naples in the Spanish imperial system." In T. Deelet e J. Marino (Eds.), Spain in Italy: Politics, society, and religion, 1500–1700 (pp. 72–97). Leiden: Brill.

Muto, G. (2006). "Noble presence and stratification in the territories of Spanish Italy." In T. Deelet and J. Marino (Eds.), Spain in Italy: Politics, society, and religion, 1500–1700 (pp. 251–297). Leiden: Brill.

Neapolitan Nobles. (2001). Carafa della Spina. Neapolitan Nobles [Online]. Available: www.nobili-napoletani.it/Carafa_Spina.htm

New York Times, (October–December 1917). "Italian army's spring offensive: Official narrative of the operations of General Cadorna's forces from March to June, 1917. The European War, 13." NY: The New York Times Co.

Nicholson, G. (1956). "Official history of the Canadian army in the Second World War," Volume II: The Canadians in Italy 1943–1945. Ottawa: Minister of National Defence.

Nuti, C., et al.(2004). "Seismic assessment of the Molise hospitals and upgrading strategies." 13th World Conference on Earthquake Engineering, Vancouver, B.C. Canada, August 1–4. pp. 1–14. Paper number 2773.

Opfell, S. (2001). *Royalty Who Wait: The 21 Heads of Formerly Regnant Houses of Europe*. London: McFarle & Co.

O'Sullivan, E. (March 26, 2017). "E Company at Montenero: Report of enemy raid on 2 LIR positions on Calvario, 19 January 1944. Irish Brigade (War Diaries)" [Online]. Available: www.irishbrigade .co.uk

O'Sullivan, E. (Feb. 8, 2017). "2 LIR–December 1943. Irish Brigade (War Diaries)" [Online]. Available: www.irishbrigade.co.uk

Paolanti, M., Paura, B., Chirici, G., e Rivieccio, R. (2014). Carta della potenzialità tartuficola in scala 1:100.000 della provincia di Campobasso (Molise) [Map of the potentiality of truffle in scale 1: 100,000 of the province of Campobasso (Molise)]. Technical Report. Campobasso: Università del Molise, Dipartimento di Scienze e Tecnologie per l'Ambiente e il Territorio.

Paolicelli, P. (16 January, 2004). "Paul Paolicelli on WWII massacre of Italian civilians by former German ally."The ANNOTICO Report [Online]. Available: http://italiausa. com/ra/ 1323.htm

Paratore, E. (1970). *Abruzzo Molise*. Milian: Touring Club Italiano.

Pasquale, G. (February 2015). "Immigration in Molise and some paths towards integration." Conference paper. 7th World Conference on Educational Sciences (WCES-2015), 05–07, Novotel Athens Convention Center, Athens, Greece. Also: Procedia: Social and Behavioral Sciences 197 (2015): 1179–1182.

Peretto, C., et al. (2016). "The prehistoric settlement of Molise in the light of the latest research." Incontri Annuali di Preistoria e Protostoria, 1: 24–26.

Perry, A. (22 January 2018). "Blood and justice: The women who brought down a Mafia clan."The New Yorker, pp. 36–47.

Pesaresi, C. (2014a). *The "Numbers" of Molise Mountain Municipalities*. Rome: Edizione Nuova Cultura.

Pesaresi, C. (2014b). "La caduta demografica del Molise dal 1861 al 2011 con uno squardo sul futuro" [The demographic fall of Molise from 1861 to 2011, with a look at the future]. Bollettino della Società Geografica Italiana, Serie XIII, Vol. VII, pp. 391–412.

Petrocelli, E. (2011). "I luoghi e i valori universali della società operaie Molisane" [The places and the universal values of Molisan workers' societies.] Volturnia Ed. Quoted in: Pesaresi, C. (2014a), The "Numbers" of Molise mountain municipalities. Rome: Edizione Nuova Cultura, pp. 74–75.

Pierce, J. (n.d.). "Molise in the Norman period: The historical development of fortification architecture. Morrone del Sannio" [Online]. Available: www.morronedelsannio.com/molise/eng_molise/historical_development.htm

Regione Molise, archive (2013/Luglio). "Edifici pubblici a risparmio energetico, via alla rivoluzione verde." [Energy-saving public buildings, way to the green revolution]. Region Molise [Online]. Available: www3.regione.molise.it/flex/cm/pages/Serve BLOB.php/L/IT/IDPagina/8989

Rivera, C. (1929). Valva e' i suoi conti. [Valva e its counts.] Bullettino della r. Deputazione Abruzzese di storia patria, pp. 1–90. J. de May, (Trans.) (2006). L'Aquila: Regia Deputazione.

Rizzo, S. e Stella, G. (22 settembre 2010). "Ponteleolfo: Il rogo delle case e 400 morti che nessuno vuole ricordare" [Ponteleolfo: The burning of houses and 400 deaths that nobody wants to remember]. Corriere della Sera [Online]. Available: www.corriere.it

Ross, M. (1977). *The Reluctant King: Joseph Bonaparte King of the Two Sicilies and Spain*. NY: Mason Charter Publishers.

Rossi, G., et al. (2013). *Natura protetta. Pescasseroli: Parco Nazionale d'Abruzzo Lazio e Molise*, pp. 2–24.

Rosskopf, C. and Scorpio, V. (2013). Geomorphologic map of the Biferno River valley floor system (Molise, Southern Italy). Journal of Maps, 9(1): 1–9. DOI: 10.1080/ 17530350.2012.755385

Rosskopf, C., et al. (January 2015). "The integrated exploitation of the geological heritage: A proposal of geotourist itineraries in the alto Molise area." Rendiconti Online Società Geologica Italiana. DOI: 10:3301/ROI.2015.11

Rosskopf, C., De Benedettis, G., e Mauriello, P. (2006). "Indagini geo-archeologiche integrate nel Molise centrale (Italia meridionale): Il ponte Romano di Turara" [Geo-archaeological surveys integrated in central Molise (southern Italy): The Roman bridge of Turara]. Il Quaternario Italian Journal of Quatemary Science, 19(2): 239–250.

Rosskopf, C., Filocamo, F., Amato, V., e Cesarano, M. (2016). "The promotion of geotourism in protected areas: A proposal of itinerary Through the Matese Massif

(Campania e Molise Regions, Italy)." Geophysical Research Abstracts, Vol. 18, EGU2016-6126.

Rubini, M. (2017). "Gli Avari in Molise: LaNecropoli di Campochiaro Morrione." (The Avars in Molise). Archeologia Via, p. 16–25. Also in: Journal Archaeological Science.

Russumanno, D. (n.d.). "Brigeage in south Italy. Made in South Italy" [Online]. Hamilton, Ontario. Available: www. madeinsouthitalytoday.com

Salmon, E. (2010). *Samnium and the Samnites.* NY: Cambridge University Press.

Sakellariou, E. (2012). *Southern Italy in Late Middle Ages: Demograpic, Institutional, and Economic Change in the Kingdom of Naples, c. 1440–1530.* Leiden: Brill.

Santucci, M. (Maggio-Giugno 2014). "Birra D'Abruzzo" [Abruzzo beer]. Il Barattolo, Anno XXXIV. (191): 11–14.

Sardella, B. (sett/dic 2018). "Nuove scoperte archeologiche nell'alta valle del Volturno" [New archaeological discoveries in the upper valley of the Volturno]. In Archeomolise, (32): 6–17.

Schindler, J. (2001). *Isonzo: The Forgotten Sacrifice of the Great War.* Westport, CT: Praeger Publishers.

Scrocca, D. e Tozzi, M. (1999). Tettogenesi mio-pliocenica dell'Appennino Molisano [Mio-pliocene tectogenesis of the Molise Apennines.]. Bollettino della Società Geologica Italiana, 118: 255–286.

Scutellà, M. et al. (2012). "Human papillomaviruses and cervico vaginal co-infections in a population of Molise." Microbiologia Medica, 27(4): 165–170.

Severgnini, B. (28 July, 2017). "Governing Italy turns a young man old." The New York Times [Online]. Available: www.nytimes.com.

Siviero, P., et al. (2000). "Pomodori pelati, le cultivar per il Molise" [Peeled tomatoes, the cultivars for Molise]. Terra e Vita, (16): 91–94.

Spartaco, G. e Guacci, C. (ottobre 2014). "L'orso marsicano nel Molise, ieri, oggi e . . . domani" [The Marsicano bear in Molise, yesterday, today e . . . tomorrow]? Quaderni di scienza e scienziati molisani, (17–18): 131–148.

Stamperia Reale, (1832). *Collection of Laws and Royal Decrees of the Kingdom of the Two Sicilies, Year 1832.* Naples: Royal Printing House.

Starratt, K. (9 Oct 2018). "Honoring the historic connection with Castel di Sangro: West Novia Scotia Regiment welcomes delegates from Kentville's twin community in Italy." Valley Journal Advertiser [Online]. Available: www.pressreader.com

Storti, D. (June 2016). "Innovazione e sviluppo nelle aree interne: Il caso delle aree prototipo in Puglia, Campania e Molise" [Innovation and development in inland areas:

The case of the prototype areas in Puglia, Campania and Molise.] Agriregionieuropa Anno, 12(45): 1–6.

Taylor, D. (2003). "The Spanish viceroyalty: The first hundred years. Naples: Life, Death, and Miracles" [Online]. Available: www. naplesldm. com/vicerealm1.php

Teti, A. (2013). *Castel di Sangro 1943–1945. Storia documentata degli avvenimenti bellici dal 1943 al 1945* [Castel di Sangro 1943–1945. Documented history of war events from 1943 to 1945]. Trento: Edizioni del Faro.

Teti, A. (2015). *Castel di Sangro, 13 maggio 1815: Una battaglia dimenticata* [Castel di Sangro, 13 May 1815: A forgotten battle]. Trento: Edizioni del Faro.

The Local (18 January 2016). "More than 50 earthquakes rock Italy's Molise in five days." In The Local. Stockholm. Available: www.thelocal.it

Thompson, M. (2010). *The White War: Life and Death on the Italian Front 1915–1919*. New York: Basic Books.

Tramontano, G. (Sept. 2010). "Verso un centro di mediazione penale in Molise" [Towards a penal mediation center in Molise]. Minori Giusticia, 1, 237. DOI: 10.3280/MG2010-001023.

Tucker, S. e Roberts, P. (2005). "The encyclopedia of World War I: A political, social, and military history." Santa Barbara, CA: ABC-CLIO.

Valente, F. (4 febbraio 2015). "La statua di S. Gaetano a Napoli e don Alfonso Carafa, duca di Montenero e Rionero e signore di Petrella" [The statue of St. Gaetano in Naples and don Alfonso Carafa, duke of Montenero and Rionero and lord of Petrella]. Franco Valente [Online]. Available: www.francovalente.it

Van der Bijl, N. (2006). *No. 10 (inter-allied) commeo 1942–1945: Britain's secret commeo*. Oxford: Osprey Publishing.

Vezzani L., Festa, A., e Ghisetti, F. (2010). "Geology and tectonic Evolution of the Central-southern Apennines, Italy. Supplementary material (DVD) for special paper 469." Boulder: The Geologicl Society of America.

von Salis-Marschlins, C. (1795). "Travels through various provinces of the Kingdom of Naples in 1789." Anthony Aufrere, (Trans.). London: T. Cadell, Jun. e W. Davies.

Wiegert, L. (2004). *Weaving Sacred Stories: French Choir Tapestries and the Performance of Clerical Identity*. Ithica, NY: Cornell University Press.

Wickham, C. (1985). *Early Medieval Italy: Central Power and Local Society 400–1000. Ann Arbor*, MI: University of Michigan Press.

Williams, M. (2017). "From Warsaw to Rome: General Eers' exiled Polish army in the Second World War." South Yorkshire: Pen and Sword Military.

INDICE ANALITICO

A
Abruzzi brigata, 187
Abruzzo, 24, 28, 33, 45, 47, 49, 55-56, 59, 61, 63, 67-68, 73, 75, 86-88, 93, 107, 112, 122, 148, 151-152, 163, 168, 173, 189, 194, 198, 209, 215, 218, 240, 249, 272, 312, 317, 321
Abruzzo 10° reggimento, 163
attività sismica, 46, 249, 257
Agnone, 15, 58, 108, 111, 113, 259, 290, 308
Alberto, re Carlo, 161, 163
Alfedena, 15, 47, 58-61, 63, 65-67, 71, 81-83, 86, 109, 111, 124, 131, 218-221, 224-226, 249
Alfonso, re, 89-101
Alto Molise, 38, 46-48, 53-55, 57, 59, 61, 92, 101, 148, 251, 258-259, 266, 317, 321
Alto Volturno, 46, 199
Aniello, Tommaso, 121-122, 124, 200
Annibale Barca, 68-69
Aquino, Tommaso, 91, 126
Arabi, 12-13, 75-78, 80, 84-87, 136, 321
Asburgo, 127, 129, 184
Attila l'Unno, 73
Austria, 14, 104-105, 127, 129, 145-146, 151, 154-156, 163-165, 184-189, 192, 196, 213, 222-223, 271
Austria-Ungheria, 184

B
Barbarossa, Federico, 90
Bari, 77, 214
Barrea, 47, 59, 61, 221, 226, 249
Battaglia di Benevento (Beneventum), 67
Battaglia di Caporetto, 186
Battaglia di Castel di Sangro, 14, 271
Battaglia di Civitate, 87
Battaglia di Isonzo, 186, 189-190, 192
battaglia del Sentino (Sentinum), 66
Battaglia di Tolentino, 154
Beata Vergine del Carmelo, 140, 283
Benevento, 62, 67, 69, 71, 74-78, 80, 84, 86-87, 91-92, 94, 101-102, 112, 130, 167
Benso, Camillo (Cavour), 161, 163, 167
Bianchi, generale Frederick, 154
biodiversità, 48, 53, 263, 267
Birra d'Abruzzo, 209, 272
Bisanzio, 71, 74, 76, 85
Bojano, 65-66, 71, 77, 90, 93, 249
Bonaparte, Giuseppe, 147, 152
Bonaparte, Napoleone, 147, 151, 153
Bonaminio, 23, 131, 134, 171, 174-175, 190-193, 204-205, 230, 277, 318
Bonaminio, Giuseppe, 191

Bonaminio, Paolo, 192-193
Bonaminio, Sergio, 193, 277
Borbone, 127, 130, 143-144, 147, 155-156, 163-164, 170, 172, 185, 291
Borrello, 82, 86-87, 90, 92, 108
Brigata Campobasso, 189-190
Brionna, 124, 275, 312
Broggia, Carlo Antonio, 123
Brown Avenue Food Market, 19, 23
Bucca, Beatrice, 110, 126
Bucca, Giovan Battista, 110
Bucca, Ludovico, 109
Bucca d'Aragona, Raniero, 110
Buongiorno, Denis, 312

C
Cacchione, Biase, 174, 190
Cacchione, Giuseppe, 38
Calvano, Giuseppe, 202
camoscio, 52
Campo Mezza Luna di Zossen, 28, 197
Campobasso, 46, 69, 111, 126, 167, 175, 178, 189-190, 196, 202, 214, 221, 225, 227, 258, 262, 295
Cantelmo, Giacomo, 109
Capece, Lucrezia, 109
Capua, 80, 86-87, 109, 164
Caracciolo, Giovanni, 108-109
Caracciolo, Gregorio, 109
Caraceni, 58-59, 62, 65-67
Carafa, Alfonso, 110, 129

343

Carafa, Andrea, 109
Carafa, Ettore, 146-147
Carafa, Giovanni, 129
Carafa famiglia, 92, 108-111, 129, 146-148, 307
Carafa, Muzio, 110
Carascosa, generale Michele, 155
Carlo I d'Angiò, 91, 93-94, 254
Carlo II, re di Spagna, 127
Carlo Magno, 72-73, 75
Cartagine, 67-70
Carusco, Giuseppe, 168
Carusco, Michele, 168
Caserta, Ernesta, 35-36, 230
Caserta, Ernesto, 230, 235
Caserta, Isidoro, 202
Caserta, Lucia, 7, 18-19, 30, 36, 77, 195-196, 201
Caserta, Oreste, 22, 36, 193-194, 220, 230
Caserta, Vincent, 11, 21, 23, 34, 39, 134, 194
Castel di Sangro, 14-15, 33, 38, 40, 47, 59, 65, 67, 110, 131, 155, 169-170, 175, 194, 209, 218-221, 223, 241, 249, 263, 271, 277, 288, 315
Castel di Sangro-Lucera tratturo, 59, 175
Castel San Vincenzo, 47, 82, 90, 113, 216, 219, 224
Catacombe di San Callisto, 136
Cattaneo, Carlo, 161
Catasto Onciario, 131-133, 301
Caudini, 58, 62
Cavalli pentro, 13, 43, 172, 260-261, 267-268, 275, 313, 316
Celti, 61, 66
Chicago, IL, 24, 134, 176, 178, 190

Cialdini, Generale Enrico, 168
cinghiale, 52-53, 57, 201
Cleveland, OH, 167
Collalto famiglia, 92, 109
colonia, 63, 69, 71, 105, 183-184, 212
Columbus Elementary School, 24
Corrado II, 91
Cadorna, Luigi, 28, 187
Chronicon Volturnensis, 14, 78-83
Codice napoleonico, 152-153, 155
Crispi, Francesco, 161, 183
Crocco, Carmine, 167-168
Croce, Benedetto, 99, 101, 104, 106, 122, 149, 159-161, 213, 230, 235, 254-255
Crociata, 88, 90

D
D'Avella, Paola, 40-41
De Arcangelis, Andrea, 299-301, 307
De Arcangelis, Gaetano, 173, 299
De Arcangelis Del Forno, Guido, 310
De Cesare, Michelina, 168
de Collanto, Robertina, 109
De Marco, Filomena, 168
De Marco, Giulia, 127
Del Forno casa, 171-172, 299-301
Depretis, Agostino, 183
Di Filippo, Antonio, 23
Di Filippo, Auturo, 23
Di Filippo, padre Don Pasquale, 137-139, 242, 284, 295-296, 308
Di Filippo, Marcuccio, 275
Di Fiore, Luca, 191
Di Fiore, Ludovico, 230
Di Fiore, Marylise, 278-281

Di Fiore, Sandra, 11, 281-282
Di Marco, Angela, 228
Di Marco, Aristide, 229
Di Marco, Berardino, 29, 34-35, 212
Di Marco, Carmine (Argentina), 29
Di Marco, Carmine, 41
Di Marco, Clemente, 29, 201
Di Marco, Edilio, 34
Di Marco, Filippo, 29
Di Marco, Mariano, 228
Di Marco, Michele, 7, 18, 30, 182, 195-197
Di Marco, Pasquale, 22
Di Marco, Pietro, 203
Di Marco, Serafino, 204, 228
Di Martino, Fiorenzo (guardia nazionale), 171
Di Nicola, Rosa, 229, 290
Di Sangro, Carlo, 109
Di Sangro, Alfonso, 109
Diocesi di Trivento, 15, 90, 124, 277, 290, 292, 307
Dogana of Foggia, 101
dopo lavoro, 195
Drogo, 87
Duke University, 230

E
Emanuele, re Vittorio, 160-161, 164-166, 169-170, 172-173, 211, 215, 297, 309
emigrazione, 9, 12, 15, 22, 29, 36, 70, 176-178, 183, 194, 196, 230, 238, 240, 262, 279
erbe, 21, 49, 124, 299
Ercolano, 144
Erie, PA, 9, 12, 18, 20-21, 24-27, 30-34, 36-39, 134, 176, 193, 195, 230, 319
Etruschi, 57, 65-67

F

Fabrizi, Nicola, 161
farfalle, 51, 53, 312
Farini, Luigi Carlo, 167
Felice, Giovanni, 172
Ferdinando I, re, 156
Federico II, 90-91
Ferdinand II, re, 104, 156, 163
Ferdinand IV, re, 129, 143, 145-147, 151, 156, 212
Ferrante I, re, 101-104
feudalesimo, 12, 89-92, 104, 108, 110-111, 119, 121, 125, 131, 144, 146, 148, 152-153, 155
fieno, 38, 43, 125, 170, 179, 275
Filangieri famiglia, 87
Filangieri, Gaetano, 145, 148, 158
Fiori, padre Don Elio, 277
Fiorenzo (Bonaminio), Nello, 23
fiume Piave, 186
fiume Sangro, 47, 99, 155, 209, 216, 218-220
fiume Trigno, 46-47, 216
fiume Zittola, 47, 59, 81, 155, 169, 201-202, 219, 224, 267, 312
Foggia, 14, 59, 94, 101, 174-175, 215, 283
Fonderia Pontificia Marinelli, 290, 308
Forche Caudine, 63
Forte di Fenestrelle, 167
Francia, 11-12, 14, 24, 36, 45, 78, 84, 93, 104, 108, 121, 126-127, 134, 145-147, 151, 153-155, 160, 163-165, 176, 184-185, 195, 197, 213, 278-280, 304
Francesco I, 156
Francis II, 164, 170-172
Franco, 75

Freda, Carmela, 21
Freda, Giulio, 190
Freda, Rinaldo, 36-37, 195
Frenkiel, Alan, 304-305
Frentani, 58

G

Gamble (Donatucci) Rose, 23
Garibaldi, Giuseppe, 158, 161, 164-165, 167, 170
gas velenoso, 186, 192
Genovesi, Antonio, 144, 148, 159, 230
Germania, 73, 90-91, 176, 183-185, 188, 197, 209, 213-218, 223, 226, 228, 231, 235, 318
Gigliotti, sindaco Pio, 171, 326
Giovanna II, Regina di Napoli, 99
Goti, 73-74
grano, 54, 80, 93, 112, 119, 125, 133, 183, 200-202, 212
Greco, Carlo, 110
Greco, Cesare, 110, 292
Greco, Francesco, 110
Grecia, 29, 60, 67, 71, 87, 144, 214, 229, 321
Guerra, Francesco, 168
Guerre d'Italia, 104
Guerra dei trent'anni, 119
guerra di indipendenza italiana, 165
Guerra di successione spagnola, 127
Guerra Latina, 63
Guerra napoletana del 1815, 154-155
Guerra pirrica, 67
Guerre puniche, 68
Guerra sannitica, prima, 62-63
Guerra sannitica, seconda, 63-65

Guerra sannitica, terza, 66-67
Guerra sociale, 62, 69-70
Guiscard, Roberto, 85, 88

H

Homo Aeserniensis, 57
Hotel Bellavista, 33
Hugo I, 90
Hugo II, 90, 94

I

Iacobozzi, Antonio (vicesindaco), 134
Iacobozzi, Ascenzo (guardia rurale), 172
Iacobozzi (Caserta), Filomena, 228
Iacabozzi, Florideo, 195
Iacobozzi, Pietro, 228
Irpini, 58, 62
Isernia, 15, 33, 46-47, 49, 53, 57, 59-63, 66, 70-71, 76-78, 90-91, 93, 109-111, 113, 137, 152, 168-171, 175, 205, 208, 218-219, 249, 258, 264, 268, 320
  saccheggio di, 90
Isernia La Pineta, 57, 264
Isonzo, 186, 189-190, 192

L

Ladies Montenero Society, 25
Lamberti, Lamberto, 42
lana, 58-59, 119, 125, 171
Landolfo, 88
Le legge Pica, 167
Lega Sannitica, 61-62
Legio Linteata
Legione del Lino, 66
Leopardi, Giacomo, 230
Linea Gustav, 29, 214-218, 221, 223, 226, 231, 234
Lombroso, Cesare, 167
Longobardi, 12, 74-78, 80, 84-87, 90, 94, 253

Lopez, Richard (Donatucci), 23
Lorain, OH, 24, 37, 134, 176
Luongo, Tonino, 314
lupo, 52, 76

M

malaria, 73, 81, 87, 89, 239-240, 275
Malacocchiara, 81, 83, 87
Malvezzi, Ludovico, 109
Manfredo, 91
Mannarelli, arciprete Angelo, 283
Mannarelli, Antonio, 189
Mannarelli, Domenico, 189
Mannarelli, Evangelista, 285
Mannarelli, Giuseppe, 189
Mannarelli, arciprete Pietro, 174-175
Mannarelli, Raffaele (guardia nazionale), 171
Mannarelli, Vincenzo, 301
Manzoni, Alessandro, 158, 160-161, 163, 230, 235
Marinelli, Ettore, 308
Marotta, Carmen, 11, 41, 314-315, 317
Martino, Guido, 202, 288
Martino, Nicola, 280, 282
Marzari, Alceste, 181, 327
Mazzini, Giuseppe, 160-161, 194
Mazzocco, Antonio, 230
Mazzocco, Filippo, 39, 41
Mazzocco, Luigi, 36
Miraldi, Lucia Elia, 22, 193, 230
Miraldi, Ernesto, 193-194
Miraldi, Matia, 193
Miraldi, Michele, 191, 315
Molise, 9-12, 15, 24, 28, 38, 41, 43-49, 53-55, 57-59, 61, 66-69, 74-75, 81, 87, 90, 92-94, 101, 105, 107-108, 110-112, 120, 129, 131, 148, 152, 167-168, 170, 176, 194, 209, 216, 218, 240, 249-251, 257-259, 262-269, 272, 293, 296, 312, 317-318
   i confini del Molise, 93-94
   origine del nome, 93-93
Monaco, Pietro, 168
Mons Nigro, 14, 81
Monte Cassino, 74-77, 86, 214, 216, 222
Monte San Michele, 187, 192
Montenero Men's Club, 25

***

Montenero Val Cocchiara

Montenero Val Cocchiara, 9, 19, 27-28, 46, 57, 93, 109, 113, 132-133, 137, 208, 214, 267, 295, 305, 308, 318
agricoltura, 199-209
aristocrazia, 108-112
   atteggiamento, 10, 42-43, 111, 247, 268, 319-320
   Bar Madison, 310
biblioteca, 131, 202, 286, 288, 300
   Caffè Lunik, 313
Cappella del Calvario, 307-309
   Cappella dell'Incoronata, 307, 310
Cappella della Madonna dell'Assunzione, 313-314
Cappella di Sant'Ilario, 86, 272
Cappella di Santa Teresa, 315
Casa Nuova Ristorante, 195, 296, 298
cimitero, 136, 229, 272-275, 308-309
clima, 43, 48-49, 221, 214, 227, 235
Comuni nella Provincia di Isernia, 95
Corniolo B&B, 276
corte, 228, 288, 304-307
F. Iovine Scuola Primaria, 275
farmacia, 173, 288, 299
fauna, 12, 45, 49, 52-55, 275
Festival di San Andun', 280-282
flora, 12, 45, 48-51, 275
futuro, 265-269
Mannarelli, casa di, 301-303
Mannarelli, edificio, 283
Maria Immacolata e San Clemente Martire, asilo, 275
Martino teatro, 280, 282, 288
Monumentino Mariano, 140, 220, 230, 275, 313
Monumento ai caduti, 275
Mulino Museo, 42, 200-201, 206-207, 276
Municipio, 177, 203, 286-288, 304
   Nadia Capotosto Panificio Forno, 309
Negozio di alimentari Bonaminio, 193, 277
Negozio di formaggi Albino, 309
Pachamama Bed and Breakfast, 42
Palazzo De Arcangelis del Forno, 12, 203, 299-301
Palazzo Ducale, 305-306
pantano, 12-14, 47, 81, 109, 153, 203, 209, 228, 230, 256, 264-268, 275, 278, 282, 304, 311-313
Piazza Municipale, 286, 288

Piazza Risorgimento, 276, 280, 284, 286, 299, 301, 304
Portanuova, 124, 203, 288-290, 304
porte, 124, 288-289
prima guerra mondiale, 188-197
Ranch Brionna, 275, 312-313
Rivolta della Torba, 14, 202-205, 209, 272, 288
Rodeo Pentro, 43, 260-261
Sale e tabacchi, 152, 193-194, 241,
San Clemente, 14, 16, 29, 127, 134-143, 275, 284, 286, 294 (altare)
Santa Maria di Loreto, chiesa, 110, 137, 140, 284, 286, 288-289, 292-297
San Nicola di Bari, chiesa, 277, 315
San Sebastiano, cappella, 275-276
scuole, 15, 152, 241-242, 275, 297
seconda guerra mondiale, 218-235
stazione ferroviaria, 14, 33, 155, 208-209, 219, 241, 271
sviluppo regionale, 250
terremoti, 283, 285, 292, 306
torre campanaria, 289-291, 315
Ufficio Comunale, 181, 193
Valcocchiara Retreat, 309-311
Via Crucis, 296, 307-309

Date importanti
1130 *Chronicon Volturnensis*, 78, 89
1447 censimento, 100, 298
1685 valutazione, 14, 124-126
1753 *Catasto Onciaro*, 14, 132-134
1821 fontana, 245, 313
1860 arresti politici, 14, 170-172
1870 Fiera della Concetta omicidi, 172
1879 terremoto a Bovino 174-176
1854 epidemia, 309
1886 Ufficio Comunale, sospeso, 178-179
1911 epidemia, 309
1913 Ufficio Comunale, sciolto, 181
1913-14 La rivolta della torba, 202-205, 209

***

Mulhouse, Francia, 24, 134, 176
Murat, Gioacchino, 151-156
Muscettola, Ippolita Maria, 126
Museo Archeologico Nazionale, 144
Museo Nazionale d'Abruzzo, 249

N
Nanco, Ninco, 168
Negri, colonnello Pier Eleonoro, 168
Normanni, 12, 84-90, 93-94

O
Oderisio I, 86
Oderisio II, 86
Olivierio, Marianna, 168
Orlando, Aqualino, 23
Orlando, Giovanni, 195
Orlando, l'agenzia di pompe funebri, 23
Orlando, padre Don Clemente, 169
Orlando, Rocco, 23

Orsini vipere, 54
orso, 49, 52-53, 55, 57, 201
Osci, 57-58, 61
Otto II, 84

P
Paglione, Giovanni Leo, 295-297
pane, 20, 107, 125, 200-201, 281, 309, 321
Parco Nazionale d'Abruzzo, Lazio e Molise, 47, 49, 55, 312
pecore, 58-60, 76, 101, 125, 155, 201, 281, 283, 295, 298
Pede, Carmelina, 41
Pede, Gianni, 296, 298
Pede, Pasquale, 34, 296-297
Pentri, 58-59, 62, 66, 69-70
Pescasseroli-Candela tratturo, 59, 271
peste, 96, 108, 126, 130, 294
peste nera, 96
Piccialli, Laura, 42
Pietrabbondante, 58, 70-71, 86, 90, 113, 264
Pignatelli (cardinale), 129
Pignatelli famiglia, 110-111, 126, 146, 155
Pignatelli, Francesco, 146
Pignatelli, Giacomo, 110, 126
Pignatelli, Margherita, 146
Pignatelli-Cerchiara, Andres, 154
Pino, Gennaro, 124
pirati, 77, 89, 117, 120, 148
Pizzone, 109, 113, 124, 126, 131, 221, 224, 249
placche tettoniche, 12, 45, 55
Pompei, 144, 251
prima guerra mondiale, 13-14, 28, 183-197, 202, 211, 213
vittime, 188
Procario, Matilde, 195

Pulinski (Bamberga), Phyllis, 37

R
Raimondo, Sergio, 318
"Re Marcone", 107
Re Roberto "il Saggio", 96
Reggia di Caserta, 143-144, 235
Regno d'Italia, 151, 159, 163-166, 170, 211, 215, 237
Regno delle Due Sicilie, 129, 156, 158, 163-164, 166-167, 169, 172, 200
Regno di Napoli, 93, 96, 99, 101, 104-106, 111, 117-119, 121, 123-124, 126, 129, 143, 145-147, 151, 155
Regno di Piemonte e Sardegna, 163-164
Regno di Sardegna, 164-165
Regno di Sicilia, 90, 92-93
reliquie, 14, 105, 117, 126-127, 136
Repubblica Napoletana (Partenopea), 146-147
Riccardo di Mandra, 94
Risorgimento, 159-161
Rivolta di Masaniello, 121-122, 124, 200
Rodolfo de Molisio, 93
Romani, 12, 42, 57, 62-71, 73-74, 80, 93, 253
Romania, 29, 42, 197
Roxy Bar, 40-41, 278-281
Ruffo, cardinale Fabrizio, 146
Ruggero di Mandra, 94

S
Sacro Monte, 189-190
Sacro Romano Impero, 74, 84, 86, 88, 90, 104, 127, 131, 253
Saint Paul's Church, Erie, 18
Salerno, 76-78, 80, 84, 87, 214-216
San Vincenzo al Volturno, 15, 75-81, 86, 88, 108-109, 265, 288
Sanniti, 12-13, 15, 58-67, 69-71, 93, 320
Sanniti, influenza su Roma, 70-71
Santilli, Diana, 34-35, 38
Saraceni, 76
Sardegna, 45, 67, 101, 157, 159, 161, 163-165
Savocchio, Daniel, 19, 24
Savocchio, Joyce, 26
Scalzitti, Albino, 309
Scalzitti, Nicola, 291
Scalzitti Terenza, 195
schiavitù, 13, 67, 69, 71, 80, 105, 107, 117-118, 123, 127, 143, 148, 234
Schiavone, Giuseppe, 168
Sciarra, Marco, 107
Scontrone, 124, 138, 155, 209
scorpione, 54-55, 201
seconda guerra mondiale, 15, 26, 29, 34, 131, 193, 200, 210-235, 245, 247, 257, 271, 275-276, 280, 285, 288, 299, 306, 309, 320
vittime, 235
Serpenti, 54-55, 201
Sicilia, 14, 24, 29, 45-46, 67, 76, 78, 85-93, 96, 99, 101, 105, 117, 128-129, 146-147, 151, 155-157, 159, 163-164, 167, 215, 240, 246-247, 249, 252
Simioli, Eugenio, 309, 313
Slow-Food Movement, 259
Società di Mutuo Soccorso Nazionale, 26-27
Spagna, 67-68, 92-93, 99, 104-106, 108-109, 111, 118-119, 121, 123, 126-129, 143, 145-146, 151, 184, 297
Spoleto, 74, 78, 80, 84, 86
Stato Pontificio, 74-5, 77, 89, 91, 151, 164-165
Sulmona, 33, 40, 86, 154, 175, 203, 208, 296

T
tartufo, 49, 259
Tavola dei Briganti, 173
Tenne, Marco, 176-177
Tenne, Roland, 176-178
terremoti, 13-14, 43, 46, 60, 66, 76, 107, 119, 126-127, 137, 152, 174-176, 180, 189, 249-250, 271, 283, 285, 292, 306
Tornincasa, Julius, 190
Trattato di Versailles, 188
tratturi, 59-60, 65-66, 71, 101, 175, 263, 271
Triplice Alleanza, 184-185
Triplice Intesa, 184-185, 188
Trivento, 15, 86, 90, 93, 124, 277, 290, 292, 307

U
Ungheria, 29, 80, 90, 96, 184, 190, 192
Università di Napoli, 91, 144

V
Valle del Liri, 62, 64
Vandali, 73
25esimo regimento ungherese, 190
vicereame, 104-108, 111-112, 117-124, 127, 129, 167
Viceré:
Don Pedro Afan de Riviera, 106
Don Pedro Álvarez de Toledo, 105
Juan de Zuniga, 117
Marquis del Carpio, 122

Olivares Enrico di Guzmàn, 108
Vico, Giambattista, 144, 148
Villetta Barrea, 47
Visigoti, 73
Vittorio Veneto, 186, 197

von Gavenda, Matthias, 155
Vulcano, 60

Y
Yacobozzi, Elmer, 23

Z
Ziroli, Pino, 309
Zuchegna, Alessio, 314, 327
Zuchegna, Filippo, 314, 327
Zuchegna, Quintino, 195

— INDICE —

Prefazione: della dottoressa Valeria Cocozza, Università del Molise — 9
Introduzione — 11

Capitoli

1. Quattro chiacchiere a tavola: le leggende del vecchio paese — 18
2. Un straniero scopre il villaggio ancestrale — 32
3. Un palco tra terra e cielo — 44
4. Le tracce di Isernia che portano alla romanizzazione — 56
5. Toc toc: l'invasione da nord e da sud — 72
6. La Spagna trasforma un regno in una colonia — 98
7. Nobili, contadini, ribelli e reliquie — 116
8. Il tentativo spagnolo di restaurazione del regno — 128
9. Il ritorno francese e il seguito spagnolo — 150
10. La quasi unificazione, l'instabilità sociale e il fenomeno migratorio — 162
11. Correnti politiche sotterranee e prima guerra mondiale — 182
12. Ritorno al lavoro: gli attrezzi, la terra e la casa — 198
13. Le nuove camicie nere che vestono la seconda guerra mondiale — 210
14. Gioie e dolori del dopoguerra — 236
15. Il futuro del Molise e il destino di Montenero — 256
16. Un possibile itinerario di viaggio di tre giorni a Montenero — 270

Postfazione: La grande relazione di Montenero — 317
Note — 323
Appendici: Elenco dei Sindaci / Podestà dal 1809 al 2015 — 326
Elenco di Arcipreti dal 1600 al 2018 — 328
Popolazione — 328
Bibliografia — 330
Indice Analitico — 343

L'AUTORE

Michele A. Di Marco ha studiato italiano all'Università per Stranieri di Perugia e si è laureato alla Seton Hall University. Nel 1991 ha fondato la Via Media Publishing, pubblicando libri e un trimestrale. Ha scritto un centinaio di articoli che sono stati pubblicati in diversi periodici. Michele è un istruttore altamente qualificato di tai chi, che ha avuto il piacere di insegnare al Val Cocchiara Retreat a Montenero. Michele vive a Santa Fe, in New Mexico.

www.ingramcontent.com/pod-product-compliance
Lightning Source LLC
Chambersburg PA
CBHW081344080526
44588CB00016B/2369